中文社会科学引文索引（CSSCI）来源集刊

制度经济学研究

总第六十七辑（2020年第1期）

黄少安　主编

中国财经出版传媒集团
经济科学出版社
Economic Science Press

图书在版编目（CIP）数据

制度经济学研究．2020 年．第 1 期：总第六十七辑/黄少安主编．—北京：经济科学出版社，2020. 3
ISBN 978 -7 -5218 -1385 -2

Ⅰ. ①制…　Ⅱ. ①黄…　Ⅲ. ①制度经济学 - 文集　Ⅳ. ①F091. 349 -53

中国版本图书馆 CIP 数据核字（2020）第 040716 号

责任编辑：宋　涛
责任校对：隗立娜
责任印制：李　鹏

制度经济学研究
总第六十七辑（2020 年第 1 期）
黄少安　主编
经济科学出版社出版、发行　新华书店经销
社址：北京市海淀区阜成路甲 28 号　邮编：100142
总编部电话：010 -88191217　发行部电话：010 -88191522
网址：www. esp. com. cn
电子邮箱：esp@ esp. com. cn
天猫网店：经济科学出版社旗舰店
网址：http：//jjkxcbs. tmall. com
北京季蜂印刷有限公司印装
787 ×1092　16 开　20. 5 印张　390000 字
2020 年 3 月第 1 版　2020 年 3 月第 1 次印刷
ISBN 978 -7 -5218 -1385 -2　定价：62. 00 元
（图书出现印装问题，本社负责调换。电话：010 -88191510）

制度经济学研究

Research of Institutional Economics

目　录

CONTENTS

调解与信任：司法调解对司法公信力影响的实证研究

李 树 何 玥*

【摘 要】本文使用CGSS2012和各省（自治区、直辖市）高级人民法院一审民事调撤率数据，实证考察了司法调解对司法公信力的影响。研究发现，司法调解显著促进了司法公信力的提升，一审民事调撤率增加一个标准差，能够使公民对司法“完全不信任”和“不太信任”的概率分别下降0.64%和1.87%左右，并使公民对司法“比较信任”和“非常信任”的概率分别上升0.64%和1.87%左右。另外，司法调解对司法公信力的影响在经验上并不是倒“U”型，过度调解论的观点并未得到经验证据的支持。上述发现意味着，深化推进司法体制改革，深入落实“调解优先、调判结合”，对实体正义的实现和司法公信力的提升都有显著的成效。

【关键词】**司法公信力 司法调解 司法裁判 实体正义**

中图分类号：**F069.9** 文献标识码：**A**

一、引 言

自2002年颁布《最高人民法院关于审理涉及人民调解协议的民事案件的若干规定》开始，2004年、2007年、2009年和2010年最高人民法院又相继颁布了《关于人民法院民事调解工作若干问题的规定》《关于进一步发挥诉讼调解在构建和谐社会中积极作用的若干意见》《关于建立健全诉讼与非诉讼相衔接的矛盾纠纷解决机制的若干意见》《关于进一步贯彻“调解优先、

* 李树，西南政法大学教授，博士生导师；地址：重庆渝北区宝圣大道301号西南政法大学（401120）；E-mail：lishu64@163.com。何玥（通讯作者），西南政法大学博士研究生，地址：重庆渝北区宝圣大道301号西南政法大学（401120），E-mail：hy_921105655@sina.com。

调判结合”工作原则的若干意见》，最终2010年8月，《中华人民共和国调解法》在人大常委会会议上获得通过以立法形式将调解确立为一种重要的民商事纠纷解决手段。

整理我国2006~2016年全国法院司法统计公报发现（结果见表1），2006~2012年，调解结案的比例呈现上升趋势，在2012年达到41.70%的高调解结案率，高出同年判决结案率近14个百分点；2013~2016年，调解结案率开始出现下降的趋势，这主要是因为案件总量的大幅度的上升。以2015年和2016年两年数据来看，案件总量同比上升12.41%，而调解结案的数量同比仅上升1.18%，尽管从2013年开始，一审民事调解结案率的比率出现下降趋势，但调解结案的案件总量仍处于较高的水平。

表1　我国2006~2016年全国法院民事审判（一审）结案基本情况

年份	结案（件）	调解		判决	
		数量（件）	比例（%）	数量（件）	比例（%）
2006	4 382 407	1 426 245	32.54	1 744 092	39.80
2007	4 682 737	1 565 554	33.43	1 804 780	38.54
2008	5 381 185	1 893 340	35.18	1 960 452	36.43
2009	5 797 160	2 099 024	36.21	1 959 772	33.81
2010	6 112 695	2 371 683	38.80	1 894 607	30.99
2011	6 558 621	2 665 178	40.64	1 890 585	28.83
2012	7 206 331	3 004 979	41.70	1 979 079	27.46
2013	7 510 584	2 847 990	37.92	2 316 031	30.84
2014	8 010 342	2 672 956	33.37	2 921 343	36.47
2015	9 575 152	2 754 843	28.77	3 943 097	41.18
2016	10 763 889	2 787 475	25.90	4 710 006	43.76

与此同时，我国目前正处于社会转型期，现存的社会权威和制度约束受到了强烈的冲击，在各种社会失范的矛盾中，信任危机开始凸显成为典型的社会问题。根据最高人民法院2016年全国法院司法统计公报数据显示，2016年全国法院处理信访总数量高达744 164件，其中来信161 499件，来访582 665件①，可见，司法公信力作为社会信任的一部分，也面临着信任危机的挑战，是亟待解决的重要社会问题。司法作为保障社会正义的最

① 《2016年全国法院司法统计公报》，http：//gongbao. court. gov. cn/Details/faccf2e3c1216069f9c87cd2dc535d. html，2019年5月4日访问。

后一道防线，一旦失守，社会公正和正义就会荡然无存，社会间的各种矛盾关系就极易演变成对抗关系，甚至是暴力关系，对我国社会主义和谐社会的构建产生巨大的影响。我国应该如何深入推进司法体制改革才能有效提升司法公信力水平，对这一问题的研究不仅直接关系着我国法治发展的进程，而且对中国特色社会主义和谐社会的建设具有重要的意义。

基于上述考虑，本文将采用 CGSS2012 和各省（自治区、直辖市）高级人民法院一审民事调撤率数据，实证考察了司法调解对司法公信力的影响。研究发现，司法调解能够显著促进司法公信力提升。具体来说，一审民事调撤率增加一个标准差，能够使公民对司法“完全不信任”和“不太信任”的概率分别下降 0.64% 和 1.87% 左右，并使公民对司法“比较信任”和“非常信任”的概率分别上升 0.64% 和 1.87% 左右。

文章余下的结构安排为：第二部分是相关文献的评述和梳理；第三部分是从理论上论证司法调解可能影响司法公信力的机制，并提出相关的理论假说；第四部分详细介绍了模型的构造和数据的处理；第五部分是实证分析；第六部分是对全文的总结。

二、文献综述

司法调解是当事人在法院法官的主持下，通过处分自己的权益来解决纠纷的一种重要方式。司法调解的最终目标是实现更迅速和更公正的司法。[①]从经济学角度分析，司法调解作为非诉讼纠纷解决（Alternative Dispute Resolution，ADR）的主要手段，其主要优点表现在降低争议解决的成本和风险、改进激励措施和改变纠纷频率[②]，从而达到社会福利最大化。随着近年来社会转型期矛盾激增、司法资源紧缺、证据难执行难等现实问题的突出，司法调解凭借其在纠纷解决方面所具有的独特优势受到了理论界和实务界的重视，并对其在提升司法公信力、深化司法改革中的作用寄予了厚望。理论上，由于司法公信力综合反映了公众对国家司法机关的信任感，常常被用来直接衡量一国法治水平的高低[③]，因此，司法调解能够多大程度上提高司法公信力水平，是当代社会法治建设研究的一个重要课题。

司法公信力在我国已提出近 20 年的时间，提高司法公信力也是法治现代

① Aditya Sharman and Manjeet Kumar Sahu，“Alternative Dispute Resolution：A New Judicial Mechanism of Modern Era”，International Journal of Research and Analysis，Vol. 2，2014，pp. 2347 – 3185.

② Steven Shavell，“Alternative Dispute Resolution：An Economic Analysis”，Journal of Legal Studies，Vol. 24，1995，pp. 1 – 28.

③ 汪习根、刘晓湧：《论司法调解对司法公信力的价值及其作用方式》，载于《河南省政法管理干部学院学报》2011 年第 2 期。

化建设的必由之路。然而，我国的司法公信力现状却不容乐观，从最高人民检察院工作报告中的数据显示：2010～2016年，每年所查处的司法腐败犯罪分别为2 721人、2 395人、12 894人、2 279人、1 771人、2 424人、2 183人。[①] 从趋势上看，2011年司法腐败案件数同比下降11.98%，2012年较2011年上升近4倍，2013年大幅下降82.33%，2014年同比下降22.29%，2015年又攀升36.87%，2016年下降9.9%，总体而言，近几年，司法腐败案件数量处于较高水平，以2012年最为突出，由此可见，司法公信力现状确实存在很大的问题。司法公信力包含司法权威、司法独立、司法公正和司法信仰四个结构性要素[②]，从经济学角度分析，司法机构作为“契约”代理人，常常与当事人（委托人）之间的利益发生冲突，由此会产生“逆向选择”（Adverse Selection）和“败德行为”（Moral Hazard），从而导致司法公信力失范。[③] 司法公信力的生成与公众的法律信仰（于慎鸿，2006；武阳、汪沛，2013）、司法体制改革（何家弘，2014）、司法人员的职业道德和专业素质（于慎鸿，2006；何家弘，2014）、司法程序的公正（于慎鸿，2005）、司法过程的公开（肖沛权，2015）等众多因素有关，同时，除去公众的个人特征（包括性别、年龄、民族、户口、政治面貌、工作类型等）（李峰，2013），社会分层情况（包括受教育程度、社会经济地位、个人年收入等）也对某省（自治区、直辖市）司法公信力水平有显著的影响（郭星华、郑日强，2016）。毫无疑问，这些文献不仅有助于我们理解司法公信力的生成和影响因素，而且对于司法改革的深化推进也具有重要的借鉴意义，但是上述已有的研究并没有触及问题的本质。事实上，司法改革进程中，非诉机制的推行才是提升司法公信力的重要动力。

司法公信力的生成与公众的法律信仰（于慎鸿，2006；武阳、汪沛，2013）、司法体制改革（何家弘，2014）、司法人员的职业道德和专业素质（于慎鸿，2006；何家弘，2014）、司法程序的公正（于慎鸿，2005）、司法过程的公开（肖沛权，2015）等众多因素有关，同时，除去公众的个人特征（包括性别、年龄、民族、户口、政治面貌、工作类型等）（李峰，2013），社会分层情况（包括受教育程度、社会经济地位、个人年收入等）也对某省（自治区、直辖市）司法公信力水平有显著的影响（郭星华、郑日强，2016）。

司法调解通过达成法院认可的协议来处分自己的权益，其程序简单、便

---

① 《最高人民检察院工作报告》，载于http：//www.spp.gov.cn/gzbg/，2019年5月6日访问。

② 关玫：《司法公信力的结构性要素》，载于《长春大学学报》2004年第5期。

③ 关玫、钱大军：《司法公信力的经济分析》，载于《北华大学学报（社会科学版）》2004年第5期。

捷经济、节约司法资源[①]、当事人的对抗性低，解决了诉讼中取证难与执行难的问题，最大限度地化解了纠纷，减少了法官的职业风险[②]，极大地提高了司法公正和司法效率，增强了司法公信力。现有经验研究证实，总体上来说，司法调解对司法公信力有正向的促进作用。但是，戈含锋和刘文岗发现，过度的司法调解对司法公信力也会产生制约和负面影响，这是由于司法调解程序过于灵活、调解范围过于宽泛，导致程序约束的"软化"问题，进而减弱了对实体正义的保障。[③] 同时，司法调解的人治性和个案性使得其宣告和示范作用远小于法院判决，阻碍了规则之治的确立。基于此，提出了"有限调解"的规则之治。

基于上述考虑，本文将采用一项覆盖中国大陆除海南和西藏外 29 个省份 11 765 组数据的大样本微观调查数据（CGSS2012），系统评估中国司法调解实施状况对司法公信力的影响及其程度。相比之前的研究，本文的研究不仅是对国外非诉纠纷解决机制价值研究的重要补充，也是对国内司法公信力影响因子研究的首篇实证研究文献，丰富了司法公信力研究的学术文献资料。正如前文所述，在司法改革如火如荼进行的当代中国，厘清影响司法公信力的确定因素毫无疑问是司法改革的重要内容。

三、司法调解与司法公信力：理论假说

接下来，我们将从经济学和法学理论两方面来梳理和探讨司法调解可能影响司法公信力的作用机制。首先，从经济学角度分析，法律的运行是需要成本的，这主要表现在司法资源和法律救济的支出。法院作为特殊的市场，诉讼和调解是市场交换中两种不同的方式，调解相比诉讼而言，具有灵活简便、成本低廉的特点。根据成本效益理论，成本降低会带来社会总收益上升，具体在司法活动中表现为当事人双方愉悦感和信任感的提升，进而提高了社会整体的司法公信力水平。其次，根据博弈论（Game Theory）理论，进入诉讼程序的当事人都是追求自身利益最大化"理性人"的典型体现，但现实中，当事人各方在知识、智力、财富、信息、影响力等多个方面都是不均衡的（戈含锋、刘文岗，2013），基于"囚徒困境"（prisoner's dilemma）博弈模型，在信息不对称情况下，诉讼双方会基于各自所掌握的信息做出有利于

① 刘武俊：《重估调解制度的价值》，载于《中国司法》2004 年第 1 期。

② 孙海龙、高伟：《调解的价值是如何实现的——以部分中、基层人民法院为研究样本》，载于《法律适用》2009 年第 10 期。

③ 戈含锋、刘文岗：《论诉讼调解在司法公信力建构中的作用与问题》，载于《京津沪渝法治论坛》2013 年。

自己的占优战略，从而得到一个占优战略均衡（纳什均衡），但此处的纳什均衡并不是帕累托最优。相反，调解是双方当事人基于自愿、通过平等商谈和协议解决纠纷的方式，在这一过程中，双方当事人充分获得信息并做出最优选择，使两方都达到满意的状态，从而提高了司法公信力水平。

从法学理论分析，司法调解可能通过以下五个作用机制对司法公信力产生影响。

第一，司法调解通过实现法律效果和社会效果的统一，进而影响司法公信力（杨兴坤，2013）。所谓法律效果是指通过严格的法律适用来发挥法律的作用和效果，而社会效果是指通过司法活动来实现法律的公平公正等价值效果，法律效果和社会效果的统一是我国重要的司法政策。① 与诉讼相比，司法调解强调在司法活动中严格的法律适用和自由的法官裁量相结合，是对诉讼判决非此即彼状态的柔性补足②，法官在调解的过程中呈现出较为明确的结果导向性。一般而言，调解是一个综合权衡和考量案件各方利益，包括对公共利益和个人利益、人身利益和财产利益、弱者利益和强者利益等利益的衡量，努力实现损害最小化、利益最大化的过程，在这一过程中司法的法律效果和社会效果同时得以实现，进而达到社会的稳定与和谐，这自然对司法公信力的提升有促进作用。

第二，司法调解通过降低当事人间的对抗性，最大限度地化解纠纷，从而提高司法公信力（孙海龙、高伟，2009）。一方面，司法调解是基于当事人的自愿而进行的，在调解的过程中始终贯彻着当事人的自由意志，这就降低了由于国家法律强制性而产生的当事人抵触情绪；另一方面，调解自愿非强制性的特点强化了当事人在司法活动中的主体地位③，调解过程中，法官由主导者变成了中间人，在帮助当事人了解各自权利和义务的同时，劝说当事人理性看待纠纷，减少了当事人之间的对抗性，增加了彼此间的信任感和对司法程序的认同感，从而提高司法公信力。

第三，司法调解通过拉近司法与公众间的距离提高司法公信力（戈含锋、刘文岗，2013；汪习根、刘晓湧，2011；侯学勇，2014）。前面已指出，法律的实施和当事人寻求法律救济都是需要成本的，前者主要指司法机关在司法活动中投入和使用司法资源所产生的成本，后者主要指当事人为追求正义、寻求司法救济的诉讼费用、律师费用及其他相关的成本投入。若过度追求诉讼程序上的当事人主义，当事人会因为高额的诉讼费用而对司法产生触

---

① 杨兴坤：《以社会公众评价为视角研究司法公信力之提升》，载于《人民论坛》2013 年第 29 期。

② 戈含锋、刘文岗：《论诉讼调解在司法公信力建构中的作用与问题》，载于《京津沪渝法治论坛》2013 年。

③ 侯学勇：《司法调解中的法官修辞及其对司法公信力的影响》，载于《法律科学（西北政法大学学报）2014 年第 1 期。

不可及的感觉，从而降低了司法的可接近性。相比诉讼而言，在司法调解中，诉讼费用和救济费用都大幅度降低使人们能够更容易接近司法、接近正义。另外，威严的法官和庄严的仪式都会使公众对其所求助和依赖的司法产生疑虑，而应对这些疑虑最好的方式就是司法调解。调解中，法官不再强调其所独占的专业性知识，由说法变为说理，对当事人双方的利益给予更多的关注，由此缩小了司法和当事人之间的距离，使司法体现出亲民的特点，从而增强公众对司法机关的信任程度。

第四，司法调解通过实现实体正义提高司法公信力。相对于司法审判程序严格的特点，司法调解对纠纷解决的程序要求更为宽松一些，当事人不必像审判那样必须严格遵守法律上规定的司法程序（侯学勇，2014）。法官在司法调解的过程中更关注当事人的利益是否实现，尤其在其运用最主要的领域——民商事纠纷案件中就主要体现为对程序正义的弱化和对实体正义的强调（戈含锋、刘文岗，2013）。因此，“调解结案更符合司法公正的实质要求。只有当事人最清楚纠纷的真相和自己的利益所在，经过自愿选择的处理结果应当最符合自己的利益需求，也最接近当事人追求的实体公正”。① 而实体正义的实现是司法的首要价值，也是司法公信力建立和确认的基础。

第五，司法调解通过解决证据难问题提高司法公信力（汪习根、刘晓湧，2011）。当事人由于不适应司法程序中所规定的证据规则，会使本来需要在司法活动中保持中立的法官，在证据问题上予以其“帮助”。而司法调解可以很好地解决这个证据难问题。首先，调解的程序灵活简便，当事人不会因为复杂的程序过程而产生不适应；其次，在诉讼过程中，当事人需要用证据说服作为主导者的法官，这在某种程度上很容易导致证据的隐瞒和夸大。相反，在调解过程中，法官只担当了辅助者的角色，当事人只需要说服对方，这就大大减少了在事实上纠缠的时间，直接进入利益协商阶段，从而化解了证据难问题，相应地也降低了纠纷解决的难度，而每一个纠纷的完美解决都对司法公信力的提高起着相应的促进作用。

上述理论探讨显示，司法调解可能通过多种作用机制影响司法公信力水平，而且这些作用机制对司法公信力的影响方向是一致的，即司法调解能够促进司法公信力水平的提高。因此，我们可以在理论上预期得到，司法调解是司法公信力的重要促增来源，加大司法调解力度能够显著提高司法公信力水平。第四和第五部分将采用 CGSS2012 调查数据，详细评估和检验上述理论假说。

---

① 《发挥司法调解在构建和谐社会中积极作用》，载于 http：//news. sohu. com/20061005/n245655282. shtml，2019 年 5 月 8 日访问。

四、模型构造与数据处理

（一）回归模型

为了检验司法调解对司法公信力的影响，我们将基准回归方程设定如下：

$$\text{Judicial Credibility}_j = \alpha_0 + \alpha_1 \text{Judicial Mediation}_j + \prod Z_j + \mu_j \quad (1)$$

其中，被解释变量 Judicial Credibility 是衡量司法公信力的指标。解释变量中，变量 Judicial Mediation 是衡量司法调解的指标，α_1 是其对应的回归系数；Z 是影响司法公信力的个人特征变量，$\prod$ 是其对应的回归系数；μ 是随机扰动项，下标 j 表示个体 j。

（二）变量定义

1. 司法公信力（Judicial Credibility）

本文用来衡量司法公信力的指标，来自 2012 年度“中国综合社会调查”（CGSS2012）中，被调查者对调查问题“您对下面这些人的信任程度如何？——法官”的回答。变量 Judicial Credibility 的赋值是 1～4，分别对应“完全不信任”“不太信任”“比较信任”“非常信任”。在全部 11 765 名被调查者中，选择“完全不信任”“不太信任”的比例分别是 1.75% 和 8.43%，选择“比较信任”和“非常信任”的比例分别是 29.83% 和 7.79%。主要原因是，一部分被调查者对这一问题的回答缺失，甚至选择拒绝回答，全部被调查者中按照问卷设计给出明确回答的总共 5 625 人（初筛样本），在这一部分被调查者中，选择“完全不信任”和“不太信任”的比例分别是 3.66% 和 17.64%（见表 2），选择“比较信任”和“非常信任”的比例分别是 62.40% 和 16.30%。不过，在 5 625 个被调查者中仍有一部分被调查者的个人特征变量缺失，因此，最终被纳入计量分析的可用样本量为 3 951 个。上述 3 951 个被调查者中，选择“完全不信任”和“不太信任”的比例分别是 3.77% 和 18.10%，选择“比较信任”和“非常信任”的比例分别是 64.11% 和 14.02%，与初筛样本没有明显的差异。因此，从全样本中剔除缺失数据不会导致样本分布情况的明显改变。

表 2　　司法公信力调查结果的分布情况

信任程度	初筛样本		最终样本	
	样本数（个）	比例（%）	样本数（个）	比例（%）
完全不信任	206	3.66	149	3.77
不太信任	992	17.64	715	18.10
比较信任	3 510	62.40	2 533	64.11
非常信任	917	16.30	554	14.02
合计	5 625	100	3 951	100

2. 司法调解（Judicial Mediation）

对于司法调解实施情况的衡量，本文手工收集整理了各省（自治区、直辖市）2012 年高级人民法院工作报告中的“一审民事调撤率”数据，分别得到了安徽、北京、福建、广东、贵州、河北、河南、黑龙江、吉林、湖北、湖南、江苏、江西、辽宁、青海、山西、上海、四川、天津、浙江、重庆共计 21 个省份数据。表 3 汇报了一审民事调撤率排名前 10 的省份情况。结果显示，在一审民事调撤率排名前 10 的省份中，华北区占 1 个（河北），并且位居榜首，东北区占 1 个（黑龙江），位居第二，华东区占 3 个（江苏、浙江、福建），中南区占 3 个（湖北、湖南、广东），西南区占 1 个（贵州），西北省占 1 个（青海），全国范围来看，排名前 10 的省份分布情况较为平均。

表 3　　一审民事调撤率排名前 10 的省份

省份	一审民事调撤率（%）
河北省	86.28
黑龙江省	81.90
广东省	73.02
青海省	72.70
湖北省	71.51
江苏省	71.33
浙江省	70.30
贵州省	68.38
福建省	66.37
湖南省	66.14

3. 控制变量

除去核心解释变量司法调解外，司法公信力还可能受到被调查者个人特征的影响（郭星华、郑日强，2016），因此，我们在回归方程中还构造了相应的控制变量。包括：性别（male），男性赋值为 1，女性赋值为 0；民族（nation_han），汉族赋值为 1，非汉族赋值为 0；政治面貌（commie），中共党员赋值为 1，其他赋值为 0；受教育程度（education），赋值 1～7 的整数，分别对应"没上过学""小学""初中""高中"（包括普通高中和职业高中）、"大专"（包括成人高等教育大学专业和正规高等教育大学专科）、"大学本科"（包括成人高等教育大学本科和正规高等教育大学本科）和"研究生以上"；婚姻状况（divorced），离异（包括分居）赋值为 1，非离异赋值为 0；工作单位（work unit），在体制内（包括党政机关和事业单位）工作赋值为 1，体制外工作赋值为 0；全年总收入的自然对数[①]（income）；社会态度（social attitude），数据来自对"社会中绝大多数人是否可信"的回答，赋值为 1～5 的整数，对应"非常不同意""比较不同意""说不上同意不同意""比较同意""非常同意"五个答案。

（三）数据描述

本文采用的微观调查数据来自 2012 年《中国综合社会调查（CGSS）》，CGSS2012 是由中国人民大学中国调查与数据中心主持，按照随机抽样原则收集整理了中国大陆除海南和西藏外 29 个省份共计 11 765 组数据。由于本文主要研究对象为司法公信力，因此，我们提取了 CGSS2012 中对司法公信力进行了评价的个人数据，并剔除了一些不满足实证分析要求的数据（例如：拒绝回答、不知道一类的回答数据）。最终数据涵盖了 21 个省份，其中，华北 4 个，东北 3 个，华东 6 个，中南 4 个，西南 3 个，西北 1 个（见表 4）。这说明样本省份的行政区划分布较为平均，具有较强的代表性。上述样本省份的调解机制实施情况统计数据，除特殊说明外，均摘自相应省（自治区、直辖市）2012 年《高级人民法院工作报告》。

表 4　　　　样本省份行政区划分布

行政区划	省份
华北	北京、天津、河北、山西
东北	黑龙江、吉林、辽宁
华东	上海、江苏、浙江、江西、安徽、福建

① 为了增加样本量，对于那些没有年收入的被调查对象，此变量赋值为 0。

续表

行政区划	省份
中南	湖北、湖南、河南、广东
西南	四川、贵州、重庆
西北	青海

表5汇报了主要变量及其描述性统计结果。结果显示，样本的司法公信力平均赋值是2.884，接近比较信任层次。同时，在样本省份中，司法调解实施情况的平均得分是68.1%，最小值是55.4%，最大值是86.28%，这说明各样本省份的司法调解情况存在明显的差异。

表5　　　　　　　　数据的描述性统计

变量	CGSS2012			
	均值	标准差	最小值	最大值
Judicial Credibility	2.884	0.677	1	4
Judicial Mediation	0.681	0.079	0.554	0.8628
Judicial $Mediation^2$	0.470	0.112	0.307	0.744
Male	0.512	0.450	0	1
nation_han	0.957	0.203	0	1
Commie	0.131	0.337	0	1
Education	3.149	1.422	1	7
Divorced	0.022	0.147	0	1
work unit	0.080	0.271	0	1
Income	3.768	1.283	0	6
social attitude	3.479	0.996	1	5

其他变量的统计结果显示，被调查者中男性占51.2%，汉族占95.7%，中共党员占13.1%，离异占2.2%，体制内工作的占8%，受教育程度的平均赋值为3.149，接近初中水平。全年总收入平均赋值3.768，大约平均22 489元。对社会大多数人的信任程度平均赋值（3.479）介于“说不上同意不同意”和“比较同意”之间，这说明社会整体信任处于中等水平。

五、实证分析

（一）基本结果

本文以被调查者司法信任程度的衡量指标 Judicial Credibility 为被解释变量，对衡量司法调解实施情况的指标 Judicial Mediation 以及其他控制变量进行回归。由于衡量司法公信力的被解释变量 Judicial Credibility 是一个有序变量，其赋值是 1 ~4 的整数，分别对应被调查者“完全不信任”“不太信任”“比较信任”“非常信任”的回答。因此，我们选择有序 probit（ordered probit）模型对方程进行回归。

表 6 报告了有序 probit（ordered probit）模型的回归结果，为了解释的方便，表 6 还汇报了各个解释变量对被解释变量司法公信力 Judicial Credibility 的边际概率影响（边际效果）。

表 6　　调解机制对司法公信力的影响：基准回归

变量	CGSS2012				
	回归系数	边际效果			
		完全不信任	不太信任	比较信任	非常信任
Judicial Mediation	-0.1642 (0.2712)	0.01259 (0.0209)	0.0365 (0.0603)	-0.0148 (0.0247)	-0.0342 (0.0565)
male	-0.0502 (0.0428)	0.0038 (0.0033)	0.0111 (0.0095)	-0.0045 (0.0039)	-0.0105 (0.0090)
nation_han	-0.0170 (0.0965)	0.0013 (0.0072)	0.0038 (0.0213)	-0.0015 (0.0080)	-0.0036 (0.0205)
commie	-0.0323 (0.0637)	-0.0024 (0.0047)	-0.0071 (0.0140)	-0.0027 (0.0051)	-0.0068 (0.0137)
education	-0.0838*** (0.0164)	0.0064*** (0.0014)	0.0186*** (0.0037)	-0.0076*** (0.0017)	-0.0175*** (0.0034)
divorced	-0.2695* (0.1525)	0.0261 (0.0182)	0.0619* (0.0356)	-0.0398 (0.0309)	-0.0482** (0.0229)
work unit	0.1362* (0.0740)	-0.0094** (0.0047)	-0.0295* (0.0156)	0.0087** (0.0031)	0.0303* (0.0174)

续表

变量	CGSS2012				
	回归系数	边际效果			
		完全不信任	不太信任	比较信任	非常信任
income	-0.0105 (0.0177)	0.0008 (0.0014)	0.0023 (0.0039)	-0.0010 (0.0016)	-0.0022 (0.0037)
social attitude	0.2057 *** (0.0225)	-0.0158 *** (0.0020)	-0.0457 *** (0.0052)	0.0186 *** (0.0030)	0.0429 *** (0.0047)
准 R^2	0.0236				
观测值	3951				

注：***、**、*分别表示通过了1%、5%、10%的显著性检验；括号中的数值是回归系数估计量的稳健性标准差；本表省略了汇报常数项的估计结果。

结果显示，核心解释变量 Judicial Mediation 的回归系数为负，这与上面的理论预期不符，可能的原因是，司法公信力与司法调解之间很可能存在反向的因果关系，即司法公信力也影响调解机制的实施。因为，调解机制的实施必须要基于自愿的原则，而自愿的基础是公众对司法权威的信任。司法公信力与调解机制之间的这种反向因果关系，将会使得解释变量 Judicial Mediation 是司法公信力决定方程中的内生解释变量，此时，极大似然法估计得到的有序 probit 模型的回归系数就不具有一致性。

（二）工具变量估计结果

为了克服回归方程的内生性偏误，以检验表6中的结果是否稳健，我们需要寻找解释变量 Judicial Mediation 的工具变量。有效的工具变量必须满足三个条件：其一，该变量与内生解释变量相关；其二，该变量是与随机扰动项 μ 不相关的外生变量；其三，工具变量只能通过影响内生解释变量，进而间接影响被解释变量，而不能直接影响被解释变量。基于此，本文选择以样本省份2011年调解委员会个数（NoM）、调解委员会同比增长率（GoM）和时任高院院长最高学历（AQ）作为 Judicial Mediation 的工具变量。现有的研究表明，调解委员会是调解制度的主要组织载体和最重要的实践样式（李婷婷，2012），调解委员会数量的多少及其同期增长率能够显著地反映当时社会调解机制的实施情况；同时，调解在制度和程序设计上都是法官司法职能不可分割的一部分（杜豫苏，2007），法官个人专业水平的高低决定了调解的实际效果，上述三个工具变量都是调解机制实施的一个重要的正向度量指标。另外，在衡量某地司法公信力水平时，调解委员会的数量增长、法官的学历高低可能并不是最重要的度量指标，意味着这些变量本身是回归方程的外生变量。

表7中汇报了司法公信力决定方程的 ordered probit 工具变量方法回归结果。结果显示，变量 Judicial Mediation 的回归系数在5%的显著水平上为正，说明司法调解能够显著提高司法公信力。具体来说，如果样本省份的一审民事调撤率每增加一个标准差（0.079），能够使公民对司法“完全不信任”和“不太信任”的概率分别下降0.64%和1.87%左右，并使公民对司法“比较信任”和“非常信任”的概率分别上升0.64%和1.87%左右。正如前面所述司法调解对司法公信力的提升有促进作用，理论上可能的解释包括：第一，司法调解有利于当事人双方充分获得信息，做出帕累托最优策略，使双方都达到满意状态，从而提高司法公信力水平；第二，司法调解使司法活动的法律效果和社会效果实现，达到社会的稳定与和谐，促进了司法公信力的提升；第三，司法调解自愿非强制性的特点强化了当事人在司法活动中的主体地位，降低了当事人间的对抗性，增加了当事人对司法程序的认同感，提高了司法公信力；第四，司法调解中法官由说法变为说理，对当事人双方的利益给予更多的关注，缩小了司法与当事人之间的距离，使司法体现出亲民的特点，增强了公众对司法机关的信任程度；第五，司法调解对程序正义的弱化和对实体正义的追求有利于提升司法公信力水平；第六，司法调解简化了司法审判繁杂的程序，使得当事人直接进入利益协商阶段，通过解决证据难问题提高了公众对司法的信任程度。

表7　调解机制对司法公信力的影响：ordered probit 工具变量方法估计

变量	CGSS2012						
	第一阶段回归	第二阶段回归					
	Judicial Mediation		Judicial Credibility	边际效果：完全不信任	不太信任	比较信任	非常信任
NoM	0.0863*** (0.0025)	Judicial Mediation	1.0944** (0.5503)	−0.0804** (0.0404)	−0.2365** (0.1193)	0.0807* (0.0413)	0.2362** (0.1191)
GoM	0.0346 (0.0247)	male	−0.0745** (0.0378)	0.0055** (0.0028)	0.0161** (0.0082)	−0.0055* (0.0028)	−0.0161** (0.0082)
AQ	0.0486*** (0.0022)	nation_han	0.0440 (0.0922)	−0.0034 (0.0073)	−0.0096 (0.0202)	0.0037 (0.0085)	0.0093 (0.0190)
male	−0.0011 (0.0025)	commie	0.05578 (0.0581)	−0.0039 (0.0040)	−0.0119 (0.0123)	0.0036 (0.0032)	0.0123 (0.0131)

续表

变量	CGSS2012						
	第一阶段回归	第二阶段回归					
	Judicial Mediation		Judicial Credibility	边际效果			
				完全不信任	不太信任	比较信任	非常信任
nation_han	-0.0343*** (0.0055)	education	-0.0840*** (0.0141)	0.0062*** (0.0011)	0.0182*** (0.0031)	-0.0062*** (0.0013)	-0.0181*** (0.0031)
commie	-0.0070** (0.0034)	divorced	-0.2771** (0.1309)	0.0259* (0.0152)	0.0624** (0.0301)	-0.0370* (0.0250)	-0.0513** (0.0204)
education	0.0018** (0.0009)	work unit	0.1697** (0.0679)	-0.0109** (0.0039)	-0.0354** (0.0136)	0.0068*** (0.0016)	0.0395** (0.0170)
divorced	0.0120* (0.0070)	income	-0.0127 (0.0160)	0.0009 (0.0012)	0.0027 (0.0035)	-0.0009 (0.0012)	-0.0027 (0.0035)
work unit	-0.0119** (0.0041)	social attitude	0.1957*** (0.0203)	-0.0144*** (0.0018)	-0.0423*** (0.0046)	0.0144*** (0.0024)	0.0422*** (0.0043)
income	0.0043*** (0.0009)						
social attitude	-0.0011 (0.0012)						
R^2/准 R^2	0.2049		0.0228				
观测值	3 951		3 951				

注：***、**、*分别表示通过了1%、5%、10%的显著性检验；括号中的数值是回归系数估计量的稳健性标准；本表省略了汇报常数项的估计结果。

其他控制变量的估计结果显示，女性比男性对司法具有更高的信任度，这与现有文献研究的发现结果一致（李峰，2013；郭星华和郑日强，2016），中共党员比非党员更信任司法，中共党员的政治身份能够使公民对司法“完全不信任”和“不太信任”的概率分别下降0.39%和1.19%左右，使公民对司法“比较信任”和“非常信任”的概率分别上升0.36%和1.23%左右。

个人受教育程度在1%显著水平上对司法公信力产生负向作用，具体来说，受教育程度每增加一个标准差（1.422），能够使公民对司法“完全不信任”和“不太信任”的概率分别上升0.88%和2.59%左右，使公民对司法“比较信任”和“非常信任”的概率分别下降0.88%和2.57%左右。主要原因是，不同的受教育群体有不同的信息获取渠道，一般来讲，受教育程度较高的公民会获得更多、更广的信息获知渠道，相比较低教育群体而言，他们对司法活动的认知水平也会更高。同时，信息获取渠道的不同也会导致群体间信息的不对称，掌握信息较多的高教育群体会更加全面地掌握司法活动的各项情况，包括对司法错案、司法腐败等负面信息的了解，而这些都是会显著降低其司法信任程度的影响因素。

婚姻状况显著影响了司法公信力，离婚降低了司法公信力，离婚的身份能够使公民对司法“完全不信任”和“不太信任”的概率分别上升2.59%和6.24%左右，使公民对司法“比较信任”和“非常信任”的概率分别下降3.70%和5.13%左右，对此的解释可能是，近十年来，中国经济社会变化较大，各类社会环境出现了比较大的变化，这些变化对婚姻赖以稳定地条件形成了一定的冲击，诸如个人社会面的变化。[①] 这里社会面的变化包括信任危机的产生，而离异比非离异的个人更难产生信任。

工作单位也显著影响了司法公信力，体制内的工作能够使公民对司法“完全不信任”和“不太信任”的概率分别下降1.09%和3.54%左右，使公民对司法“比较信任”和“非常信任”的概率分别上升0.68%和3.95%左右，原因是，就体制外工作的群体而言，体制内工作的居民有更为稳定的工作和收入，这在某种程度上会使得他们对现在的生活更为满意，风险意识偏低，进而对司法也显示出较高的信任水平。

个人收入水平对司法公信力有反向作用，具体而言，如果总收入增加10%[②]，将使公民对司法“完全不信任”和“不太信任”的概率分别上升0.0001%和0.0003%左右，使公民对司法“比较信任”和“非常信任”的概率分别下降0.0001%和0.0003%左右。根据“禀赋效应”（Endowment Effect）理论可以得出，当个人一旦拥有某项物品，那么他对该物品价值的评价要比拥有之前大大增加，卡尼曼和特沃斯基（Kahneman and Tversky, 1979）把这称为“损失厌恶”。[③] 具体而言，收入越高的人群会占有更多的社会资源，一旦纠纷发生，除司法以外，他们有更多的纠纷解决方式。同时，基于高收入人群“损失厌恶”的特质，随着他们个人收入的不断提高，这一部分人群对社会的信任程度会逐渐减低，以减小他们承担损失的可能性。

最后，被调查者的社会态度对司法公信力有显著的正向作用，在1%显著水平上，认为“社会中绝大多数人都是可信任的”的公众对司法公信力也有较高的信任水平。具体而言，社会总体信任水平每增加一个标准差（0.996），能够使公民对司法“完全不信任”和“不太信任”的概率分别下

① 《中国离婚率逐年攀升，是什么让婚姻变得脆弱?》，http：//www.chinanews.com/sh/2016/07-12/7935495.shtml，2019年5月9日访问。

② 样本被调查者全年总收入的平均值是22 489元，以此为标准计算得到个人全年总收入增加10%是2 248.9元。

③ 乔洪武、刘国华：《禀赋效应与信息的价值判断》，载于《经济评论》2005年第3期。

降1.43%和4.21%左右，使公民对司法“比较信任”和“非常信任”的概率分别上升1.43%和4.20%左右。对其可能的解释是，社会学中认为信任分为“一般信任”和“特殊信任”，“一般信任”指脱离了生活背景对社会一般成员的信任，而“特殊信任”指在特定的社会关系中产生的信任。① 根据科尔曼理论，信任与风险是联系在一起的，信任别人就相当于将自己拥有的资源主动放到其他人手中。② 因此，有较高“一般信任”水平的群体，能够承担较大的风险，基于此，也会对特殊群体，比如我们这里所说的司法，产生较高的信任水平。

（三）“过度调解”的实证检验结果

现有研究发现，司法调解的过度使用会在一定程度上降低司法公信力水平（戈含锋、刘文岗，2013；李炳烁，2016），按照此种理论，司法调解和司法公信力之间应该会呈现出一种倒“U”型关系，具体而言，当司法调解力度达到峰值之前，司法公信力会随着司法调解力度的增大而提高；超过峰值以后，司法公信力会随着司法调解力度的继续增强而出现下降趋势。学术界对此的解释是，随着社会关系的日益复杂化，许多案件可能会触及到社会的深层次矛盾，司法调解在适用法律和法定程序上并没有强制性的要求，调解成功与否主要与法官的社会经验、调解技巧和人格品行有关③，过度强调司法调解的适用对解决社会变迁过程中的深层次矛盾并没有起到有效作用，同时，过度调解的做法扭曲了司法权的本质，最终会导致法律虚无主义，对司法公信力产生倒推作用。④

基于此，我们试图通过实证的方法检验司法调解力度和司法公信力之间的关系，“过度调解理论”是否能够得到支持，是否真的会因为司法调解的过度使用而导致司法公信力水平的下降。我们将变量 Judicial Mediation 的数据进行平方得到新变量 Judicial $Credibility^2$，将其作为解释变量一并纳入回归方程中，通过 ordered probit 工具变量结果显示（见表8），Judicial Mediation 和 Judicial $Credibility^2$ 项系数均不显著，这说明司法调解与司法公信力之间的倒“U”型关系并不存在，前面所述的“过度调解”理论在这里并没有得到证实，也就是说，当司法调解力度超过峰值以后，司法公信力也不会随着司

① 胡安宁：《社会参与、信任类型与精神健康：基于 CGSS2005 的考察》，载于《社会科学》2014 第4期。

② 胡荣、李静雅：《城市居民信任的构成及影响因素》，载于《社会》2006年第6期。

③ 苏力：《中国法官的形象塑造——关于“陈燕萍工作法”的思考》，载于《清华法学》2010年第3期。

④ 张峰振：《法律虚无主义：过度调解对中国行政诉讼的危害》，载于《江苏行政学院学报》2013年第3期。

法调解力度的继续增强而出现下降趋势。对此的解释可能是，过度调解对司法公信力的消极作用主要表现在司法调解的适用范围过于宽泛，对某些不宜适用司法调解的案件过度强调了司法调解的适用，没有形成规范化的司法调解模式，而并不是因为数量的增加而导致司法公信力的流失。同时，司法调解在运用过程中可以运用“多方协调”① 技术，在面对某些触及社会深层次矛盾问题的案件时，能够预判出案件的风险等级以及其可能导致的社会问题，对矛盾冲突较为激烈、法律层面不宜解决的案件，“多方协调”通过与相关行政机构、当事人等多方进行沟通协调，“扩大协调参与者的范围”，寻求社会各方力量共同解决纠纷，避免了社会矛盾的升级，对构造和谐社会、提升司法公信力水平都具有促进作用。

表 8　　　　过度调解的实证检验结果

	CGSS2012
	回归系数
Judicial Mediation	-3.8668 (23.0758)
Judicial Mediation^2	3.6709 (17.0555)
控制变量	YES
准 R^2	0.0228
观测值	3 951

注：***、**、*分别表示通过了1%、5%、10%的显著性检验；括号中的数值是回归系数估计量的稳健性标准差；本表省略了汇报常数项的估计结果。

六、结　论

我国目前正处于社会转型期，现存的社会权威和制度约束受到了强烈地冲击，在各种社会失范的矛盾中，信任危机开始凸显成为典型的社会问题。目前，中国的司法衰败导致公众对司法的信任急剧下降，企图寻求政治手段解决问题，而司法的信任危机和政治化又会反过来加剧司法的继续衰败。因此，如何有效提高司法公信力水平，不仅直接关系着我国法治发展的进程，而且对中国特色社会主义和谐社会的建设具有重要的意义。

本文使用 CGSS2012 和各省（自治区、直辖市）高级人民法院一审民事

① 李炳烁：《论司法调解规范化的实践问题与路径选择》，载于《法学杂志》2016 年第 12 期。

调撤率数据，实证考察了司法调解对司法公信力的影响。研究发现，司法调解能够显著促进司法公信力提升，一审民事调撤率每增加一个标准差，能够使公民对司法“完全不信任”和“不太信任”的概率分别下降0.64%和1.87%左右，并使公民对司法“比较信任”和“非常信任”的概率分别上升0.64%和1.87%左右。同时，实证研究发现，“过度调解”理论并未得到支持。本文作为首篇运用数据实证研究司法调解与司法公信力关系的文章，对司法公信力影响因素研究的文献是一个完善和补充，是我国新时代下司法改革的战略深化推进的重要参考。

参考文献

1. Aditya Sharman and Manjeet Kumar Sahu, “Alternative Dispute Resolution: A New Judicial Mechanism of Modern Era”, International Journal of Research and Analysis, 2014, Vol. 2.

2. Steven Shavell, “Alternative Dispute Resolution: An Economic Analysis”, Journal of Legal Studies, 1995, Vol. 24.

3. 戈含锋、刘文岗：《论诉讼调解在司法公信力建构中的作用与问题》，京津沪渝法治论坛，2013年。

4. 关玫：《司法公信力的结构性要素》，载于《长春大学学报》2004年第5期。

5. 关玫、钱大军：《司法公信力的经济分析》，载于《北华大学学报(社会科学版)》2004年第5期。

6. 侯学勇：《司法调解中的法官修辞及其对司法公信力的影响》，载于《法律科学（西北政法大学学报)》2014年第1期。

7. 胡安宁：《社会参与、信任类型与精神健康：基于CGSS2005的考察》，载于《社会科学》2014年第4期。

8. 胡荣、李静雅：《城市居民信任的构成及影响因素》，载于《社会》2006年第6期。

9. 李炳烁：《论司法调解规范化的实践问题与路径选择》，载于《法学杂志》2016年第12期。

10. 刘武俊：《重估调解制度的价值》，载于《中国司法》2004年第1期。

11. 乔洪武、刘国华：《禀赋效应与信息的价值判断》，载于《经济评论》2005年第3期。

12. 苏力：《中国法官的形象塑造——关于“陈燕萍工作法”的思考》，载于《清华法学》2010年第3期。

13. 孙海龙、高伟：《调解的价值是如何实现的——以部分中、基层人民法院为研究样本》，载于《法律适用》2009 年第 10 期。

14. 汪习根、刘晓湧：《论司法调解对司法公信力的价值及其作用方式》，载于《河南省政法管理干部学院学报》2011 年第 2 期。

15. 杨兴坤：《以社会公众评价为视角研究司法公信力之提升》，载于《人民论坛》2013 年第 29 期。

16. 张峰振：《法律虚无主义：过度调解对中国行政诉讼的危害》，载于《江苏行政学院学报》2013 年第 3 期。

Mediation and Trust: An Empirical Study of the Influence of Judicial Mediation on Judicial Credibility

Li Shu　He Yue

(School of Economics, Southwest University of Political Science and Law, 401120)

[**Abstract**] In this paper, the influence of judicial mediation on judicial credibility is empirically investigated by using the data of CGSS2012 and the first instance civil withdrawal rate of the higher people's courts of all provinces (autonomous regions and municipalities directly under the central government). The study finds that the judicial mediation significantly contributes to enhancing judicial credibility. If the rate of civil withdrawal of first instance is increased by a standard deviation, the probability of citizens' total distrust and distrust of the judiciary can be reduced by about 0.64% and 1.87%. In addition, the influence of judicial mediation on judicial credibility is not Inverted U type, and the view of excessive mediation has not been supported by empirical evidence. The above finding means that deepening the reform of the judicial system and implementing mediation priority and the combination of adjustment and judgment have achieved remarkable results in the realization of substantive justice and the enhancement of judicial credibility.

[**Key Words**] Judicial Credibility　Judicial Mediation　Judicial Referee　Substantive Justice

JEL Classifications: B41　C12　C13

高铁开通、政府行为与TFP增长率*

孙广召**

【摘　要】随着高铁网络的逐渐完善，高铁给开通地区带来了极大的社会福利效应，这使得高铁经济逐渐深入到地方政府的执政理念之中，从而也对开通地区的政府行为产生了重要影响。本文利用中国279个地级市及直辖市2004~2014年的面板数据，基于DID模型分析检验了高铁开通如何通过政府行为影响开通地区的TFP增长率。研究发现，高铁开通能够影响开通地区的政府行为来提高其创新环境和医疗卫生环境，而且会通过影响政府行为来提高开通地区的TFP增长率。具体来说，高铁开通使得开通地区的政府会增加政府科技支出占比改善地区创新环境，提高地区医院床位数和医生数来改善开通地区的医疗卫生环境；同时，高铁会通过增加政府科技支出占比、增加地区医院床位数和医生数来提高开通地区的TFP增长率。但是，高铁通过影响政府行为来促进开通地区的TFP增长率具有异质性，即高铁通过提高开通地区的财政科技支出占比来促进开通地区的TFP增长率对西部的影响更大，通过改善开通地区的医疗卫生环境来提高开通地区的TFP增长率对于中部和西部地区的影响更大。本文进一步通过一系列的稳健性检验，发现本文的研究结论仍然稳健，并得出本文的研究结论。

【关键词】高铁开通　政府行为　财政科技支出占比　医疗卫生环境　TFP增长率

中图分类号：F53　文献标识码：A

---

* 基金项目：教育部人文社会科学青年基金项目“关键领域核心技术创新中的政府作用研究”（20YJC790165）；受“泰山学者工程专项经费”支持（负责人：黄凯南）。

** 孙广召，经济学博士，江西财经大学经济学院讲师；江西财经大学、江西省出版集团博士后；地址：江西省南昌市昌北国家经济技术开发区双港东大街169号江西财经大学经济学院（330013），电子信箱：guangzhao811@foxmail.com。

一、引　言

随着高速铁路及高铁网络的迅速发展，高铁对开通地区社会经济发展的推动作用越来越明显，而且由于高铁所导致人口、资本的流动和信息技术的传播给开通地区带来了巨大社会福利效应使得地区政府和人民对于设立高铁站点的呼声也越来越大。同时，有公开资料表明，高铁开通使得长沙城市群和武汉城市群的竞争优势越来越明显，第二产业的集聚和发展呈明显上升趋势，投资明显增长，尤其是长沙城市群承接了大量广东地区的工业企业的转移，从而促进了不同城市群之间的分工和协作进一步加强，实现了不同城市群之间的产业结构优化；也有研究发现，高铁会大幅度提高当地的旅游产业的发展（Pagliara et al.，2015；邓涛涛等，2016），而且根据国家铁路总局的研究预测发现，高铁开通城市的综合经济竞争力和可持续发展竞争力也要远远大于没有开通高铁的城市①。因此，这不仅导致了很多尚未开通高铁的城市开始越来越重视高铁对一个地区社会经济发展的作用，而且对于周围其他开通高铁城市可能会对当地经济发展造成的负面影响忧心忡忡，甚至担心没有修建高铁会导致其城市在未来区域经济竞争中处于劣势。

高铁给开通地区带来的巨大社会福利导致高铁成为一个地区社会经济发展和经济增长的一个重要特征，同时也逐渐深入到人民的心中和地方政府的执政理念之中。因此，建设高铁站点成为地方政府和人民群众的关注重点。为了引入高铁站点，高铁规划路线地区的人民和政府则积极采取各种措施来影响高铁规划站点的建设，如通过采取“舆论战”、政府公关、“群众施压”等多种形式的“高铁争路运动”，使得高铁站点落户本地区，“高铁争夺战”也由此打响（如沪昆高速铁路湖南段、郑万高铁襄阳段等）②③，这种积极应对的行为也被称为“高铁政治经济学”④。不仅如此，高铁开通地区的政府也都充分发挥地区自身的优势和主观能动性，采取不同的政策和措施来提高开通地区的区域优势和经济优势，吸引人才、资金的流入以及信息技术的交流和传播，促进地区社会经济的发展。同时，由于科技创新具有很强的正外部

① 凤凰网：郭天力，《高铁争夺战硝烟再起》，http：//www.ifengweekly.com/detil.php？id = 4489，《凤凰周刊》，2017年9月15日。

② 搜狐网：王彩娜，《高铁争夺战一览》，https：//www.sohu.com/a/192035181_115495，《中国经济时报》，2017年9月15日。

③ 新华网：安钟汝，《河南两地掀“高铁争夺战”民间组织比赛请愿》，http：//www.xinhuanet.com/politics/2015－01/29/c_127434095.htm，《新京报》，2015年1月29日。

④ 金融界：周靖祥，《高铁设站选址与争夺中的政治经济学》，http：//opinion.jrj.com.cn/2015/11/11055820052733.shtml，《上海证券报》，2015年11月11日。

性，政府对科技创新的财政支持和税收优惠政策等有利于提高企业的创新积极性和实现地区创新水平的提高（李左峰、张铭慎，2012；Czarnitzki et al.，2015），而且政府通过提高行政效率等改善制度环境和竞争环境吸引企业进入投资和创业创新活动（毕青苗等，2018）、改善基础设施环境等都吸引高科技企业或人才的流入（刘秉镰等，2010）等，这都有利于提高地区的创新环境和创新区位优势，从而实现地区的高质量经济发展。因此，为了充分发挥高铁所带来的优势，提高开通地区的社会经济福利和地方政府的政绩，促进开通地区的产业结构优化升级和高质量经济增长，开通地区政府会采取各种政策和措施进行支持和鼓励。但是，大多数学者是从宏观层面和微观经济层面研究高铁开通如何影响开通地区的经济发展，如张克中和陶东杰（2016）研究了高铁开通的经济分布效应，刘勇政和李岩（2017）研究了高铁建设如何影响开通地区的经济增长，卞元超等（2019）、孙广召和黄凯南（2019）分别研究了高铁开通对区域创新、地区 TFP 增长率的影响，而且黄凯南和孙广召（2019）进一步从微观企业层面实证分析了高铁开通对企业全要素生产率的影响及其影响机制。虽然很多学者从不同层面、不同主体来研究高铁开通对地区经济的影响，但是很少有学者从政府行为的视角出发，来分析高铁是否能够通过政府行为来影响开通地区的 TFP 增长率。鉴于数据可得性的困难，本文试图从政府财政科技支出占比、政府对医疗卫生环境的改善这两个方面分析高铁开通是否会影响政府行为，而且高铁是否会通过这两个方面的政府行为来影响开通地区的 TFP 增长率。

因此，在当前中国高质量发展的背景下，针对“高铁建设如何影响开通地区 TFP 增长率”这一问题，本文从政府行为的视角研究了高铁开通如何影响开通地区 TFP 增长率。本文基于面板 DID 模型，并利用中国 279 个地级市和直辖市 2004～2014 年的面板数据，实证研究了高铁开通是否会影响开通地区的政府行为，并进一步检验了高铁如何通过政府行为来影响开通地区的 TFP 增长率。本文研究在以下几个方面丰富了以往的研究：第一，从政府行为的视角研究了高铁开通如何影响开通地区的 TFP 增长率，这进一步丰富了高铁影响开通地区创新、全要素生产率及其增长率的研究视角和内在作用机制；第二，从政府行为的视角研究了高铁开通会如何影响开通地区的政府行为，即高铁开通会激励开通地区的政府改善开通地区的医疗卫生环境和地区创新环境，从而为开通地区的高质量发展创造良好的营商环境，这为地区政府的施政方针提供了一些政策建议；第三，进一步考察了高铁如何通过政府行为来影响开通地区的 TFP 增长率，并且这种影响机制具有区域异质性，即高铁开通使得开通地区的政府会增加政府科技支出占比、提高地区医院床位数和医生数来提高开通地区的 TFP 增长率，而且这种改善开通地区创新环境和医疗卫生环境对 TFP 增长率的促进作用，对西部地区的影响大于东部地区。

二、理论分析与研究假设

政府在中国市场经济活动中扮演着重要角色，政府行为对于一个地区的创新活动和高质量经济增长具有重要作用（Luca and Atuahene - Gima，2007），因此，政府如何通过自身行为来提高当地的创新水平和全要素生产率对于一个地区的经济发展尤为重要。研究表明，政府主要通过政策扶持、引导和保障等行为来促进地区科技创新活动（杨若愚，2016）。具体来说，财政分权使得地方政府在税收和财政支出方面具有更大的自主权，有利于地方政府通过采取财政补贴政策、税收优惠政策等改善当地的投资环境和创新环境，加大对高新技术产业的财政支持力度和优惠政策（黎文靖、郑曼妮，2016），从而提高当地的企业创新水平和全要素生产率（张凯、林小玲，2019）；政府也可以通过调整地区金融结构，缓解企业的融资约束，促进地区创业活动，提高地区创新水平（陈刚，2015）；而且，政府财政对科技支出的支持、地方政府绩效考核竞争等也有利于提高和改善地区创新环境，提高区域创新能力和创新水平（Lee，2011；吴非等，2018）。同时，由于高铁对一个地区的社会经济发展具有很强的正外部性，给开通地区的经济发展带来了很大的社会福利，为了抓住高铁开通带来的巨大机遇，地区政府通过各种行为来强化开通地区的区位优势，提供各种政策措施来吸引人才和企业的进入，这有利于提高开通地区的经济增长质量，也在一定程度上提高了开通地区的TFP增长率。因此，高铁不仅能够影响开通地区的政府行为，而且还可以通过政府行为影响开通地区的TFP增长率。

高铁缩短了开通地区之间的时间距离，降低了开通地区之间的沟通成本和交流成本，极大地提高了开通地区对企业厂商的吸引力和区位竞争优势，这都有利于促进开通地区的经济发展。为了进一步增强开通地区的区位优势和竞争力，以及地区科技创新水平和经济增长质量成为地区政绩考核的重要因素（韩晶、张新闻，2016），开通地区政府会积极采取各种手段和措施来提高开通地区的区位竞争优势，即通过改变政府行为来改善开通地区的创新环境和制度环境，从而提高开通地区的创新水平和经济增长质量。具体来说，由于财政分权下的政府科技支出占比会影响地区创新，为了提高开通地区的创新优势，吸引高技术产业的投资，开通地区的政府会更加重视对技术创新和高新技术产业的支持，提高政府科技支出占比；同时，高铁也会使得开通地区的政府为创新活动和高新技术产业提供更好的税收优惠政策和财政支持。为了进一步提高开通地区的区位优势和制度环境，吸引企业投资，开通地区政府不仅会通过简化行政审批程序、设置专门的行政窗口来提高开通地区的行政效率，也会通过人才补贴、住房补贴等政府行为来吸引人才的流入。同时，也有研究表明，一个地区的医疗卫生环境、教育环境等是影响其区位优势和地区吸引力的重要因素，良好的医疗卫生环境和教育环境不仅有利于人才的流入（Zheng and Kahn，2013），也会对企业厂商的选址和投资具有很强地吸引力。因此，为了进一步提高开通地区的区位优势和地区竞争力，开通高铁的地方政府会改善其医疗卫生环境，如增加对地区医疗卫生事业的政策支持和财政支出、提高开通地区的医生人数和医院床位数等，从而提高开通地区的医疗卫生条件，增强开通地区对人才和企业投资设厂的吸引力。

为了提高开通地区的区位优势和区域竞争力，地区政府会改变开通地区的政府行为，但是政府行为的改善也在一定程度上提高了开通地区的 TFP 增长率。具体来说，首先，高铁开通后的地方政府不仅会通过增加政府科技支出占比、提供更加优惠的税收政策等政府行为来进一步改善开通地区的社会经济环境和创新环境，而政府科技支出占比的增加、更加优惠的税收政策则有利于高新技术产业的进入和集聚，以及企业创新活动的增加，也使得开通地区的企业更加重视不同地区的交流和合作，这也提高了开通地区的协同创新水平和创新能力，进而提高了开通地区的 TFP 增长率。其次，良好的医疗卫生环境能够影响人才对工作地和居住地的选择，高铁开通的地方政府会通过改善医疗卫生环境来提高其地区优势，这不仅有利于吸引人才的流入，提高开通地区的创新能力，也促进了开通地区高新技术企业投资设厂的增加，进而提高了其技术创新水平；同时，也有利于中心城市周围开通高铁的地区承接中心城市的产业转移，从而引进了中心城市企业的先进技术和科学管理理念，并形成中心—外围高铁开通地区企业之间的协作，提高了开通地区之间的协同创新水平和能力；这些都有利于提高开通地区的 TFP 增长率。基于以上分析，本文提出以下两个研究假说：

假说 1：高铁使得开通地区的政府会改变其政府行为，即高铁使得开通地区的政府会通过增加财政科技支出占比、改善医疗卫生环境来改善其政府行为。

假说 2：高铁会通过政府行为影响开通地区的 TFP 增长率，即高铁开通会通过增加财政科技支出占比、改善医疗卫生环境来提高开通地区的 TFP 增长率。

不仅如此，由于不同地区的社会经济条件、发展程度和基础设施环境等都存在着较大的差异，因此高铁给不同开通地区所带来的区位优势也存在着很大的异质性，这也在一定程度上导致不同地区所采取的政府行为对于开通地区的 TFP 增长率具有异质性影响。由于东部地区的经济发展程度较高，高铁导致不同开通地区之间的交流和合作更加频繁，从而使得政府增加财政科技支出占比对于其协同创新水平和技术创新的影响则相对较小，因此更多靠自主创新，对TFP增长率的提升作用则相对较小；而对于西部地区，政府通过提高财政科技支出占比、提供优惠的财政税收政策等来鼓励开通地区的企业技术创新和发展高新技术产业，这使得当地企业在对外交流和合作过程中更加注重先进技术和管理理念的引进，而西部地区自身的TFP相对较低，这导致高铁通过财政科技支出占比对开通地区TFP增长率的提升作用更明显。同时，由于东部地区的基础设施相对比较完善，而中部和西部地区的基础设施则相对落后，因此地方政府通过改善基础设施环境等政府行为对于东部地区的影响要小于中部和西部地区。因此，高铁开通后地方政府通过增加地区医生数和医院床位数来改善开通地区的医疗卫生环境对于中部和西部地区TFP增长率的促进作用要大于东部地区，甚至由于东部地区的医疗卫生环境相对较好使得高铁开通后的地方政府通过改善开通地区的医疗卫生环境来提高开通地区TFP增长率的影响并不明显。根据以上分析，本文提出研究假说3：

假说3：高铁通过影响开通地区的财政科技支出占比、医疗卫生环境来促进开通地区的TFP增长率具有异质性，即高铁通过提高开通地区的财政科技支出占比来促进开通地区的TFP增长率对西部的影响更大，通过改善开通地区的医疗卫生环境来提高开通地区的TFP增长率对于中部和西部地区的影响更大。

三、研究设计

（一）模型构建

为了研究高铁开通如何通过政府行为影响地区的全要素生产率增长率（DTFP），首先条件是检验高铁是否能够影响开通地区的政府行为。由于双重差分方法可以将处理组和对照组之间的事前差异和时间差异分离出来，从而得到外生公共政策（即高铁开通）本来所带来的“处理效应”（即高铁开通对政府行为的影响）。所以，为了检验高铁开通对政府行为的影响，本文借鉴谭之博、周黎安（2015）采用的方法，并通过构造以下的DID模型来估计和分析高铁开通对政府行为的影响：

$$gov_{it} = \alpha + \beta_0 HRS_{it} + \sum_j \chi_j \cdot control_{it} + \gamma_t + \mu_i + \varepsilon_{it} \tag{1}$$

其中，i表示地级市和直辖市，t表示时间（年份）；被解释变量gov_{it}表示i地区在第t年的政府行为；HRS_{it}衡量不同地区在不同年份是否开通高铁。其中，$HRS_{it}=1$代表在样本期间内地区i在时间t开通了高铁或者高铁开通后有高铁经过，否则为0。μ_i 表示地区固定效应，代表能够影响地区 TFP 增长率的个体异质性特征；γ_t 表示时间固定效应，代表随时间变化而对 TFP 增长率造成影响的时间异质性；ε_{it} 表示随机误差项。$control_{it}$ 为一系列控制变量，表示一个地区随时间变化的社会经济特征和影响 TFP 增长率的因素。

为了进一步检验高铁是否能够通过影响政府行为进而影响地区的 TFP 增长率，本文借鉴李焰等（2011）所采用的方法，在模型（1）的基础上加入政府行为、高铁开通与政府行为的交叉项，进而估计高铁是否能够通过政府行为影响开通地区的 TFP 增长率，构建模型如下：

$$DTFP_{it} = \alpha + \beta_0 HRS_{it} + \beta_1 HRS_{it} \cdot gov + \beta_2 gov + \sum_j \chi_j \cdot control_{it} + \gamma_t + \mu_i + \varepsilon_{it} \quad (2)$$

其中，i 表示地级市和直辖市，t 表示时间（年份），$DTFP_{it}$ 表示 i 地区在第 t 年的 TFP 增长率①，HRS_{it} 表示 i 地区在 t 年是否开通高铁，μ_i 表示个体异质性特征；γ_t 表示时间异质性，ε_{it} 表示随机误差项，$control_{it}$ 为一系列控制变量。$HRS_{it} \cdot gov$ 表示高铁开通与政府行为的交叉项，gov 表示政府行为，分别用政府科技支出占政府支出的比重、地区医疗医院床位数（bed，单位：万张）、地区医生数（doctor，单位：万人）表示，分别用来表示政府对科技创新的重视和支持以及政府对地区医疗卫生环境的改善。

（二）变量界定和说明

由于本文所构建计量模型中的部分变量无法直接获得，本节需要对有关变量进行估计和测算。因此，本节首先对全要素生产率增长率进行估计和测算，然后对有关控制变量进行计算和说明。

1. 地区全要素生产率（TFP）增长率的测算

对于全要素生产率的测算，国内外有许多文献都有详细的论述，主要包括增长核算法、索洛生产函数方法和生产前沿方法，以及运用企业数据进行测算的 OP、LP 方法。对于宏观经济数据，现在大多数文献中比较常用的是索罗余值法、DEA 测算法、以及随机生产前沿方法。由于索罗余值法的假设比较严格，DEA 方法没有明确的经济学含义，加上随即前沿生产函数模型考虑到了随机因素对前沿生产函数的影响并且允许技术无效率的存在，本文利用 Kumbhakar（2000）的全要素生产率变化的方法，并基于超越对数生产函数的随机前沿生产函数模型，对样本期间内的全要素生产率增长率进行测算：

$$\ln Y_{it} = \beta_0 + \beta_k \ln K_{it} + \beta_k \ln L_{it} + \beta_t t + \beta_{kk}(\ln K_{it})^2 + \beta_{ll}(\ln L_{it})^2 + \beta_{tt} t^2 + \beta_{kl}(\ln K_{it})(\ln L_{it}) + \beta_{kt}(\ln K_{it}) t + \beta_{lt}(\ln L_{it}) t + v_{it} - u_{it} \quad (3)$$

① 由于 TFP 增长率的值很小，这里将 DTFP = TFP 增长率 ×100 来表示。

其中，Y_{it}表示以2003年为不变价格计算的各个地区实际GDP，K_{it}表示以2003年为不变价格计算各个地区的资本存量，L_{it}表示i地区在t期的劳动力人数，v_{it}表示随机误差项，u_{it}表示技术非效率项，是指第i个地区在第t期的生产无效率。

对于资本存量的衡量和处理，最常用的方法是采用永续存盘法进行估计。国内很多文献采用张军、吴桂英等（2004）的处理方法，但是大多数是针对全国层面或省级层面的数据进行资本存量的估算，由于本文数据是地级市层面和四个直辖市的数据，本文借鉴白重恩等（2007）、单豪杰（2008）以及王雨飞和倪鹏飞（2016）的处理方法，将2004年的固定投资总额除以折旧率与2004～2013年的固定投资总额的平均年度增长率之和来作为2003年各个地区的资本存量，2003年以后的资本存量采用地级市层面和四个直辖市层面的固定资产投资总额，并采用永续存盘法估算，具体公式如下：

$$K_{it} = K_{i,t-1}(1-\delta_t) + I_{it}/P_{it} \tag{4}$$

其中，K_{it}表示资本存量，I_{it}表示各个地区的固定资产投资总额；P_{it}表示各个地区的固定资产投资价格指数，但由于地级市层面数据的可得性困难，这里将省级层面的固定资产投资价格指数进行匹配；δ_t表示折旧率，本文假设折旧率为10.96%。

对于全要素生产率的测算和分解，本文根据Battese和Coelli（1992）、Kumbhakar和Lovell（2000）的定义①，并借鉴张健华和王鹏（2012）的计算方法，将全要素生产率的增长率（DTFP）定义为：

$$DTFP_{it} = \dot{TE}_{it} + \dot{TC}_{it} + \dot{SE}_{it} \tag{5}$$

其中，i表示地级市或直辖市，t表示年份。$DTFP_{it}$表示全要素生产率的增长率，$\dot{TE}_{it}$表示技术效率的改进，即$\dot{TE}_{it} = -du_{it}/d_t$（$u_{it}$表示技术非效率项）；$\dot{TC}_{it}$表示技术进步率，$\dot{TC}_{it} = \sum_j \ln f(x_{itj}, t)/\partial t$；$\dot{SE}_{it}$表示规模效率的改进，$\dot{SE}_{it} = (RTS_{it} - 1)\sum_j \lambda_{itj} x_{it}$：其中$x_{itj}$是指生产要素j的投入增长率（即资本$K_{it}$、劳动力$L_{it}$的投入增长率），$RTS_{it}$表示生产要素K（资本）、L（劳动力）的产出弹性之和，即$RTS_{it} = \sum_j \varepsilon_{itj} = \sum_j \partial \ln f(x_{itj}, t)/(\partial x_{itj}/x_{itj})$，$\varepsilon_{itj}$表示i地区在t年生产要素j的产出弹性，$\lambda_{itj}$是生产要素相对产出弹性，表示为$\lambda_{itj} = \varepsilon_{itj}/\sum_j \varepsilon_{itj} = \varepsilon_{itj}/RTS_{it}$。

本文利用式（5）超越对数生产函数的随机前沿模型分别计算出技术效率的改进、技术进步和规模效率的改进，进而求得全要素生产率的增长率。

① 由于要素价格信息、成本等数据的可得性较差，使得资源配置效率很难计算，这里按照以往文献的做法，将资源配置效率忽略不计，只考虑前面三种的变化。

2. 核心变量和控制变量

（1）核心变量：政府行为。本文所指的政府行为主要是指政府对地区科技创新的重视和支持以及对地区创新环境和医疗卫生环境的改善所做出的行为。由于一个地区的经济发展水平、创新环境、医疗卫生设施、自然绿化环境等都会影响一个地区的人口流动，而高铁会通过一个地区的制度环境、教育条件和医疗卫生设施是否完善等影响人口流动（尤其是人才的流动）(Zheng and Mattthew，2013)，同时，由于地级市数据可得性的限制，本文借鉴李政、杨思莹（2018）的研究方法，将政府科技支出占政府支出的比重（gov）来表示政府对地区科技创新的重视和支持，即对科技创新支持的政府行为；同时，也借鉴茹玉骢（2015）的研究将政府对医疗卫生基础设施供给的支持作为改善地区医疗卫生环境的政府行为，即用地区医院床位数（bed，单位：万张）、地区医生数（doctor，单位：万人）表示。

（2）控制变量。产业结构（theil）：本文借鉴袁航、朱承亮（2018）的测算方法，采用泰尔指数（theil）来测度不同地区产业结构的合理化程度，即 theil 值越大，则表示产业结构越不合理，theil 值越小则产业结构越合理。外商直接投资（lnfdi）：本文采用外商直接投资额的自然对数来表示。人力资本（human）：由于数据可得性有限，本文采用普通高等学校在校生数与地区年末人口总数的比值来衡量地级市层面的人力资本。城市化水平（pop）：本文采用城市化率表示，即城市化率 = 市辖区人口/城市总人口。信息化程度(internet)：本文采用地区国际互联网用户总数与地区总人口的比值表示。

（三）数据来源与描述性统计量

对于地级市和直辖市的高铁开通时间数据，主要来源于中国铁路总公司披露的高铁开通时间与《全国铁路旅客列车时刻表》的相关数据，并手工整理。此外，这里需要说明的是，第一，本文的高铁开通数据是指包括高速动车组和城际高速（G 和 C 开头的客运专线），而并不包括标准动车组（D 开头的客运专线）；第二，本文参照张克中和陶东杰（2016）文章中的划分，将一个地区上半年开通的高铁定义为当年开通，将下半年开通的高铁定义为下一年开通高铁①。

本文的主要研究数据来源于《中国区域经济统计年鉴》(2004～2015)、《中国城市统计年鉴》(2004～2015)。此外，将各个地级市和直辖市的 GDP、固定资产投资数据进行了分省的平减化处理，其中的 GDP 指数和固定资产价

① 需要注意的是，由于 2003 年 10 月开通的秦沈客运专线虽然设计时速为 200km/h，但是初始开行列车速度仅为 160km/h，在 2007 年第六次铁路大提速之后其运营速度提高到了 250km/h 及以上。因此，我们将秦沈客运专线经过地级市的高铁开通时间定义为 2007 年。

格指数均来源于国泰安数据库（CSMAR）。同时，对于存在部分数据缺失的城市，通过各个地区的统计公报和Wind数据库进行填补，个别无法获取的数据通过采取线性插值法对数据进行补齐。本文剔除数据缺失严重、行政区域变更较大的地级市、2003年后的新建地级市，包括海拉尔市、毕节市、拉萨市、铜仁市、海东市、中卫市、呼伦贝尔市、巢湖市、陇南市；同时，由于海南省、西藏自治区与我国整体铁路网以及高铁网络联系并没有形成紧密的联系，为了更加准确地衡量高铁对开通地区的效率影响，这里删除这两个省份的城市，最终以275个地级市和4个直辖市为研究样本（279个研究样本）。为了消除异方差，将非比重变量进行了对数化处理。主要变量的描述性统计量如表1所示。

表1　　主要描述性统计量

变量	观察值	均值	标准差	最小值	最大值
human	3 069	0.015	0.021	0	0.127
pop	3 069	0.341	0.235	0.038	1.000
lnfdi	3 069	9.326	2.615	-33.490	14.457
theil	3 069	0.275	0.217	0	1.721
internet	3 069	0.108	0.152	0	3.663
gov	3 069	0.028	0.054	0	0.497
bed	3 069	1.447	1.330	0.094	14.872
doctor	3 069	0.770	0.742	0	8.959
dtfp	3 069	19.189	4.081	-2.767	36.810

四、实证分析

（一）高铁开通对政府行为的影响

首先，估计高铁开通对政府行为的影响。考虑到本文分别用政府科技支出占政府支出的比例、地区医院床位数、地区医生数来表示政府行为，因此我们利用式（1）对这三组数据进行估计。表2中的模型（1）~模型（3）分别报告了高铁开通影响不同政府行为的实证结果。从模型（1）的回归结果来看，高铁开通对政府科技支出占比的回归系数显著为正，这说明高铁开通显著地提高了开通地区政府对科技支出的比重，即高铁开通会导致开通地区政府对科研创新的重视和支持。从模型（2）和模型（3）的回归结果来看，高铁开通影响地区医院床位数、地区医生数的回归系数在1%的显著性水平下为正，这说明高铁开通影响政府对医疗卫生基础设施的重视和支持，即高铁开通会使得政府为了提高地区的经济发展和区位优势而提高当地的医疗条件。

表2　　高铁开通、政府行为与TFP增长率

变量	(1) gov	(2) bed	(3) doctor	(4) dtfp	(5) dtfp	(6) dtfp
HRS	0.004** (0.002)	0.335*** (0.069)	0.172*** (0.041)	0.032 (0.208)	0.014 (0.203)	-0.038 (0.183)
c.HRS#c.gov				25.922*** (8.955)		
gov				2.443** (0.972)		
c.HRS#c.bed					0.185*** (0.064)	
bed					0.224* (0.124)	
c.HRS#c.doctor						0.419*** (0.110)
doctor						0.250** (0.122)
human	0.605*** (0.162)	6.841 (4.628)	2.714 (2.868)	22.848*** (5.680)	22.450*** (5.489)	22.839*** (5.508)
lnfdi	-0.000 (0.000)	0.002 (0.008)	-0.001 (0.004)	-0.090** (0.038)	-0.094** (0.039)	-0.092** (0.039)
pop	0.009 (0.013)	0.640 (0.680)	-0.058 (0.235)	3.017*** (0.850)	2.732*** (0.877)	2.971*** (0.858)
theil	-0.000 (0.004)	-0.359** (0.174)	-0.129* (0.076)	-0.409 (0.358)	-0.250 (0.348)	-0.286 (0.349)

续表

变量	(1) gov	(2) bed	(3) doctor	(4) dtfp	(5) dtfp	(6) dtfp
internet	0.009 * (0.005)	−0.009 (0.092)	0.086 (0.081)	0.662 ** (0.287)	0.881 *** (0.293)	0.806 *** (0.275)
Constant	−0.005 (0.005)	0.860 *** (0.257)	0.632 *** (0.108)	23.483 *** (0.441)	23.335 *** (0.469)	23.333 *** (0.453)
个体效应	是	是	是	是	是	是
时间效应	是	是	是	是	是	是
Observations	3 069	3 069	3 069	3 069	3 069	3 069
R − squared	0.885	0.550	0.260	0.955	0.956	0.956

注：（1）括号内的为聚类稳健性标准误；（2） *、**、*** 分别表示在10%、5%、1%的水平上显著。

对于控制变量，从模型（1）~模型（3）的回归结果来看，人力资本影响地区政府科技支出占比、地区医院床位数、地区医生数的回归系数为正，其中模型（1）的系数在1%的水平上显著为正，这说明地区的人力资本越高，政府就越重视对科研创新和医疗卫生基础设施的支持和投入，从而提供良好的科技创新环境和医疗环境，进而吸引人才和促进经济的高质量发展。同时，外商直接投资、城市化水平对于政府科技支出占比、地区医院床位数、地区医生数的回归系数并不显著，这说明外商直接投资、城市化水平对政府行为的影响并不大，即不会影响政府对科研创新和医疗卫生基础设施的投入和支持。而产业结构合理化对政府行为的回归系数则大部分显著为负，这说明一个地区的产业结构越合理，就越容易影响政府行为，即地方政府就越有动力去改善地区的创新环境和医疗环境。模型（1）中信息化程度对政府科技支出占比的影响显著为正，这说明一个地区的信息化程度越高，地方政府就越能意识到科技创新对地区经济发展的影响，从而增加对科技的支出和财政科技支出比重；而信息化程度对地区医疗条件（地区医院床位数、地区医生数）的影响并不大。

（二）高铁开通、政府行为与TFP增长率

为了进一步检验高铁开通是否能够通过政府行为影响开通地区的TFP增长率，我们利用式（2）进行实证分析。由于本文分别采用政府科技支出占政府支出的比例、地区医院床位数、地区医生数来表示政府行为，因此我们分别加入政府行为、政府行为与高铁开通的交叉项，实证结果如表2

的模型（4）~模型（6）所示。从模型（4）可以看出，政府科技支出占比对TFP增长率的回归系数显著为正，这说明政府加大政府支出中的政府科学技术支出比重有利于促进地区的TFP增长率；政府科技支出占比与高铁开通的交叉项系数在1%的水平上显著为正，这说明高铁开通会通过影响政府科技支出占比进而提高开通地区的TFP增长率。从模型（5）和模型（6）可以看出，地区医院床位数、地区医生数与地区TFP增长率的系数显著为正，这说明一个地区的医疗条件越好，越有利于提高地区的TFP增长率；地区医院床位数、地区医生数与高铁开通交叉项系数在1%的水平上也显著为正，这说明高铁会通过影响开通地区的卫生医疗条件进而影响开通地区的TFP增长率，即高铁开通提高了开通地区的区位优势，为了更好地提高开通地区的区位优势和地区经济的高质量发展，高铁开通地区的政府更有激励去改善当地的医疗卫生条件，更有利于吸引企业和人才的引进，从而促进开通地区的TFP增长率。因此，从模型（4）~模型（6）的回归结果可以看出，高铁开通会通过影响政府行为进而促进开通地区的TFP增长率。

对于控制变量，从模型（4）~模型（6）的回归结果来看，人力资本、城市化水平影响地区政府科技支出占比、地区医院床位数、地区医生数的回归系数显著为正，这说明地区的人力资本越高、城市化水平越高，越有利于促进地区TFP增长率的提高。同时，外商直接投资对于政府科技支出占比、地区医院床位数、地区医生数的回归系数则显著为负，这说明外商直接投资对地区全要素生产率的促进作用越来越小。而产业结构合理化对地区TFP增长率的回归系数为负，但是并不显著，这说明一个地区产业结构的合理化对于地区TFP增长率的促进作用并不明显。信息化程度对地区TFP增长率的影响则显著为正，这说明一个地区的信息化程度越高，就越有利于促进TFP增长率的提高。

（三）高铁开通、政府行为与TFP增长率的区域差异

由于不同地区自身的经济特征和资源禀赋存在着差异，而且不同地区的文化习俗和制度环境也存在着明显的不同，这在一定程度上会导致高铁开通对不同地区政府行为和TFP增长率的影响也存在区域差异。因此，我们按照大多数文献中采用的国家划分东部、中部和西部的标准将中国不同的地级市和直辖市分为东、中、西三部分，然后根据式（2）将高铁开通对东部、中部和西部地区TFP增长率的影响进行分样本回归，进而分析和检验高铁通过政府行为影响开通地区TFP增长率是否存在区域异质性，回归结果如表3所示。

表 3　　高铁开通、政府行为与 TFP 增长率的区域差异

变量	(1) 东部 dtfp1	(2) 中部 dtfp1	(3) 西部 dtfp1	(4) 东部 dtfp1	(5) 中部 dtfp1	(6) 西部 dtfp1	(7) 东部 dtfp1	(8) 中部 dtfp1	(9) 西部 dtfp1
HRS	-0.106 (0.203)	-0.053 (0.186)	-0.962 (0.655)	0.345 (0.215)	-1.033*** (0.230)	-0.830 (0.587)	0.237 (0.244)	-0.873*** (0.236)	-0.972* (0.510)
c. HRS#c. gov	27.672*** (4.465)	6.987 (6.030)	129.289*** (41.565)						
gov	2.657* (1.531)	-1.100 (1.757)	6.037*** (1.525)						
c. HRS#c. bed				0.028 (0.043)	0.514*** (0.092)	0.233 (0.165)			
bed				0.918*** (0.185)	-0.196 (0.149)	0.218 (0.314)			
c. HRS#c. doctor							0.187 (0.140)	0.908*** (0.200)	0.695*** (0.137)
doctor							0.568* (0.289)	-0.116 (0.190)	-0.072 (0.122)
Constant	25.187*** (0.856)	24.679*** (0.588)	21.501*** (0.991)	23.916*** (0.829)	24.840*** (0.626)	21.377*** (1.088)	24.775*** (0.854)	24.535*** (0.603)	21.522*** (1.060)

续表

变量	(1) 东部 dtfp1	(2) 中部 dtfp1	(3) 西部 dtfp1	(4) 东部 dtfp1	(5) 中部 dtfp1	(6) 西部 dtfp1	(7) 东部 dtfp1	(8) 中部 dtfp1	(9) 西部 dtfp1
控制变量	是	是	是	是	是	是	是	是	是
个体效应	是	是	是	是	是	是	是	是	是
时间效应	是	是	是	是	是	是	是	是	是
Observations	1 243	1 056	638	1 243	1 056	638	1 243	1 056	638
R - squared	0. 954	0. 973	0. 948	0. 956	0. 975	0. 948	0. 954	0. 975	0. 948

注：（1）括号内的为聚类稳健性标准误；（2）*、**、*** 分别表示在 10%、5%、1% 的水平上显著。

首先，我们从表3的模型（1）~模型（3）中可以看出，东部、西部地区高铁开通与政府科技支出占比交叉项的回归系数显著为正，而中部地区高铁开通与政府科技支出占比交叉项的回归系数则并不显著，而且西部地区高铁开通对政府科技支出占比的回归系数远远大于东部地区，这说明对于西部地区来说，高铁通过政府科技支出占比来促进开通地区TFP增长率的影响大于东部地区，而对于中部地区来说则并不明显。从模型（4）~模型（6）则可以看出，东部、中部和西部地区的高铁开通与医院床位数的回归系数都为正，但是对于东部和西部地区都不显著，只有中部地区的交叉项显著为正；同时，从模型（7）~模型（9）的实证结果可以看出，中部和西部地区高铁开通与地区医生数交叉项的回归系数在1%水平上均显著为正，而且中部地区的回归系数大于西部地区，而东部地区高铁开通与地区医生数交叉项的回归系数并不显著；这说明对于中部和西部地区来说，高铁能够通过影响开通地区的医疗卫生条件来促进开通地区的TFP增长率，而且中部地区的这种效应最大，但对于东部地区则并不明显。这可能是由于东部地区本身的医疗基础设施相对比较完善，高铁开通后政府通过改善当地医疗条件的优势并不明显，因而对于人才和企业的吸引力并不大，而中部和西部地区的医疗卫生条件和医疗卫生设施相对较差，因此开通地区的政府通过改善当地医疗条件后使得当地的优势相对更加明显，从而吸引周围其他城市人才和企业的进入，从而提高了当地的TFP增长率。因此，高铁通过政府行为来影响开通地区的TFP增长率具有区域异质性，这也从实证上验证了前面理论分析中的假说3。

五、稳健性检验

（一）缩尾处理

由于不同地区的经济发展水平和资源禀赋等都存在着很大差异，而且暂时性的政策性行为也会对地区的TFP增长率产生很大的影响，从而导致地区的TFP增长率会变得很大或者很小，如果将这些极端值与其他样本一起进行回归分析，则会在一定程度上导致回归结果的偏差和不准确，从而影响研究的结论。因此，为了使得本文的研究结论更加可信和稳健，本文进一步对因变量（TFP增长率）在5%的水平上进行缩尾处理（TFP2），然后利用式（2）对缩尾处理后的TFP增长率进行回归［模型（1）~模型（3）］，并进一步在引入政府科技支出占比、政府科技支出占比与高铁开通的交叉项的模型中分别加入地区医院床位数与高铁开通的交叉项、地区医生数与高铁开通的交叉项［模型（4）、模型（5）］，并进行回归估计，结果如表4所示。模型（1）中的政府科技支出占比对TFP增长率的回归系数显著为正，这说明政府科技支出占比有利于提高地区的TFP增长率；政府科技支出占比与高铁开通交叉项的系数显著为正，这说明高铁会使得开通地区的政府增加对科技支出的比重，进而提高了开通地区的TFP增长率。从模型（2）和模型（3）可以看出，地区医院床位数与高铁开通交叉项的系数、地区医生数与高铁开通交叉项的系数都显著为正，这说明高铁会通过影响开通地区的医院床位数、地区医生数来促进开通地区TFP增长率的提高。从模型（4）、模型（5）可以看出，政府科技支出占比与高铁开通交叉项的系数、地区医院床位数与高铁开通交叉项的系数、地区医生数与高铁开通交叉项的系数都显著为正，进一步说明了高铁会通过影响开通地区的政府科技支出占比、地区医院床位数、地区医生数进而影响开通地区的TFP增长率。因此，从表4中的模型（1）~模型（5）可以发现，高铁会通过影响开通地区的政府行为（政府科技支出占比、地区医院床位、地区医生数）来提高开通地区的TFP增长率，即高铁开通会使得政府提供良好的创新环境和医疗环境来吸引企业设厂和人才流入，这促进了开通地区的TFP增长率和高质量经济发展，这也与前面的研究结论相一致。

表4　　高铁开通、政府行为与TFP增长率（缩尾处理）

变量	(1) tfp2	(2) tfp2	(3) tfp2	(4) tfp2	(5) tfp2
HRS	-0.036 (0.200)	-0.052 (0.192)	-0.095 (0.174)	-0.329* (0.178)	-0.323* (0.184)
c. HRS#c. gov	26.298*** (8.814)			20.351** (8.159)	16.841** (7.311)
gov	1.986** (0.895)			1.933** (0.865)	2.018** (0.859)
c. HRS#c. bed		0.192*** (0.061)		0.129** (0.064)	
bed		0.179 (0.115)		0.221* (0.120)	
c. HRS#c. doctor			0.420*** (0.104)		0.325*** (0.108)

续表

变量	(1) tfp2	(2) tfp2	(3) tfp2	(4) tfp2	(5) tfp2
doctor			0.211* (0.113)		0.217* (0.115)
Constant	23.497*** (0.380)	23.391*** (0.410)	23.374*** (0.390)	23.344*** (0.388)	23.374*** (0.374)
控制变量	是	是	是	是	是
个体效应	是	是	是	是	是
时间效应	是	是	是	是	是
Observations	3 069	3 069	3 069	3 069	3 069
R - squared	0.964	0.964	0.965	0.965	0.965

注：(1) 括号内的为聚类稳健性标准误；(2) *、**、*** 分别表示在10%、5%、1%的水平上显著。

同时，我们从表5的模型（1）~模型（3）中可以看出，东部、西部地区高铁开通与政府科技支出占比交叉项的回归系数显著为正，而中部地区高铁开通与政府科技支出占比交叉项的回归系数则并不显著，而且西部地区高铁开通与政府科技支出占比交叉项的回归系数远远大于东部地区，这说明对于西部地区来说，高铁通过政府科技支出占比来促进开通地区TFP增长率的影响大于东部地区，而对于中部地区来说则并不明显。从模型（4）~模型（6）则可以看出，东部、中部和西部地区高铁开通与医院床位数交叉项的回归系数都为正，但是对于东部和西部地区都不显著，只有中部地区交叉项的系数显著为正；同时，从模型（7）~模型（9）的实证结果可以看出，中部和西部地区高铁开通与地区医生数交叉项的回归系数在1%水平上均显著为正，而东部地区交叉项的回归系数则并不显著；这说明对于中部和西部地区来说，高铁能够通过影响开通地区的医疗卫生条件来促进开通地区的TFP增长率，但对于东部地区则并不明显。这可能是由于东部地区本身的医疗基础设施相对比较完善，高铁开通后政府通过改善当地医疗条件的优势并不明显，因而对于人才和企业的吸引力并不大，而中部和西部地区的医疗卫生条件和医疗卫生设施相对较差，因此开通地区的政府通过改善当地医疗条件后使得当地的优势相对更加明显，从而吸引周围其他城市人才和企业的进入，提高了当地的TFP增长率。因此，高铁通过政府行为来影响开通地区的TFP增长率具有区域异质性，这也从实证上验证了前面理论分析中的假说3。

表 5　高铁开通、政府行为与 TFP 增长率的区域差异（缩尾处理）

变量	(1) 东部 tfp2	(2) 中部 tfp2	(3) 西部 tfp2	(4) 东部 tfp2	(5) 中部 tfp2	(6) 西部 tfp2	(7) 东部 tfp2	(8) 中部 tfp1	(9) 西部 tfp2
HRS	-0.072 (0.180)	0.074 (0.137)	-0.842 (0.592)	0.409 ** (0.206)	-0.549 *** (0.203)	-0.893 * (0.458)	0.282 (0.215)	-0.873 *** (0.236)	-0.808 ** (0.403)
c. HRS#c. gov	24.930 *** (3.984)	2.123 (3.690)	104.647 ** (42.256)						
gov	2.140 * (1.247)	-0.673 (1.383)	4.469 *** (1.057)						
c. HRS#c. bed				-0.002 (0.044)	0.312 *** (0.082)	0.303 *** (0.105)			
bed				0.799 *** (0.147)	-0.139 (0.116)	-0.098 (0.184)			
c. HRS#c. doctor							0.143 (0.115)	0.908 *** (0.200)	0.549 *** (0.110)
doctor							0.443 * (0.250)	-0.116 (0.190)	-0.110 (0.117)
Constant	24.773 *** (0.593)	24.409 *** (0.478)	22.858 *** (0.793)	23.683 *** (0.635)	24.540 *** (0.495)	22.878 *** (0.829)	24.472 *** (0.621)	24.535 *** (0.603)	22.909 *** (0.850)

续表

变量	(1) 东部 tfp2	(2) 中部 tfp2	(3) 西部 tfp2	(4) 东部 tfp2	(5) 中部 tfp2	(6) 西部 tfp2	(7) 东部 tfp2	(8) 中部 tfp1	(9) 西部 tfp2
控制变量	是	是	是	是	是	是	是	是	是
个体效应	是	是	是	是	是	是	是	是	是
时间效应	是	是	是	是	是	是	是	是	是
Observations	1 243	1 056	638	1 243	1 056	638	1 243	1 056	638
R - squared	0. 967	0. 977	0. 959	0. 969	0. 978	0. 959	0. 967	0. 975	0. 959

注：（1）括号内的为聚类稳健性标准误；（2）*、**、*** 分别表示在 10%、5%、1% 的水平上显著。

（二）基于 PMS—DID 模型的高铁开通对 TFP 增长率的异质性影响

由于中国地域辽阔，不同地区之间的资源禀赋、民族风俗习惯、文化制度背景等都存在着较大的差异，这在某种程度上使得不同地区的社会经济特征存在着很大的异质性。而且，不同地区社会经济特征的差异，会导致其时间效应并不能达到完全一致，使得没有开通高铁的控制组和开通高铁的处理组不能进行很好的匹配，从而导致样本选择偏差问题，影响估计结果的准确性，而倾向得分匹配法（PMS）则可以在某种程度上解决样本选择偏差问题。首先，我们对不同地区的样本进行平衡性检验，从表 6 中的平衡性检验结果可以发现，与匹配前的样本相比，匹配后的大多数协变量的标准化偏差都大幅度减小（变化程度都超过 50%），而且大多数变量的 t 检验结果均接受原假设，即处理组与控制组无系统差异，即控制组与处理组的样本数据特征在匹配后已经趋于一致，这说明了协变量通过了平衡性检验，即符合控制组与处理组的可比性要求。

表 6　　　　高铁开通的平衡性检验结果

协变量		均值		标准化偏差	标准化偏差变化（%）	t 检验	
		处理组	对照组			t 值	p 值
human	匹配前	0.03171	0.01226	74.7	80.0	18.55	0.000
	匹配后	0.03161	0.02771	15.0		1.83	0.067
lnfdi	匹配前	11.22300	9.03650	102.6	98.9	16.36	0.000
	匹配后	11.22000	11.19700	1.1		0.23	0.819
pop	匹配前	0.42246	0.32849	38.9	90.3	7.58	0.000
	匹配后	0.42104	0.43011	-3.8		-0.47	0.637
theil	匹配前	0.23153	0.28114	-23.5	87.7	-4.30	0.000
	匹配后	0.23189	0.23800	-2.9		-0.40	0.687
internet	匹配前	0.22509	0.08977	78.3	85.5	17.52	0.000
	匹配后	0.22075	0.24037	-11.3		-1.09	0.274

因此，为了使得估计结果更加精确和稳健，本文采用 PMS—DID 方法进一步对式（1）和式（2）进行回归，然后进一步对东部、中部和西部地区进行分样本回归，回归结果如表 7、表 8 所示。从表 7 中的模型（1）~模型（3）可以看出，高铁开通对政府科技支出占比的回归系数、高铁开通对地区

医院床位数的回归系数、高铁开通对地区医生数的回归系数均显著为正，这说明高铁开通会影响开通地区政府对政府科技支出占比、地区医疗卫生设施的投入和支持力度，即高铁会影响开通地区的政府行为，从而改善开通地区的创新环境和医疗卫生环境，这与前面的研究结论一致。从模型（4）~模型（6）进一步可以看出，政府科技支出占比与高铁开通交叉项的回归系数、地区医院床位数与高铁开通交叉项的回归系数、地区医生数与高铁开通交叉项的回归系数均显著为正，这说明高铁会通过影响政府科技支出占比、地区医院床位数和地区医生数来提高开通地区的 TFP 增长率，即高铁会通过影响开通地区的政府行为来提高开通地区的 TFP 增长率，也说明了高铁会通过影响开通地区政府对科研创新的重视和支持，以及对医疗卫生基础设施的重视和支持，进而提高了开通地区的 TFP 增长率，这与理论假说 2 和前文的研究结论相一致。这进一步验证了前文的研究结论，使得研究结果也更加稳健和精确。因此，高铁不仅会影响开通地区的政府行为，也会通过影响政府行为进而促进开通地区的 TFP 增长率。

表 7　　高铁开通、政府行为与 TFP 增长率（PMS—DID）

变量	(1) gov	(2) bed	(3) doctor	(4) dtfp1	(5) dtfp1	(6) dtfp1
HRS	0.003* (0.002)	0.296*** (0.071)	0.147*** (0.041)	-0.097 (0.196)	-0.134 (0.183)	-0.181 (0.172)
c. HRS#c. gov				25.036*** (8.460)		
gov				1.042 (1.059)		
c. HRS#c. bed					0.189*** (0.057)	
bed					0.181 (0.111)	
c. HRS#c. doctor						0.418*** (0.102)
doctor						0.189* (0.110)
Constant	-0.006 (0.007)	1.031** (0.410)	0.704*** (0.160)	24.468*** (0.458)	24.441*** (0.473)	24.417*** (0.449)

续表

变量	(1) gov	(2) bed	(3) doctor	(4) dtfp1	(5) dtfp1	(6) dtfp1
控制变量	是	是	是	是	是	是
个体效应	是	是	是	是	是	是
时间效应	是	是	是	是	是	是
Observations	2 667	2 667	2 667	2 667	2 667	2 667
R - squared	0. 872	0. 567	0. 274	0. 966	0. 967	0. 967

注：(1) 括号内的为聚类稳健性标准误；(2) *、**、*** 分别表示在 10%、5%、1% 的水平上显著。

同时，进一步从表 8 的模型（1）~ 模型（3）中可以看出，东部、中部和西部地区高铁开通与政府科技支出占比的回归系数依然显著为正，而中部地区则并不显著，而且西部地区的回归系数大于东部地区，这与前面的研究结论一致。从模型（4）~ 模型（9）则可以看出，东部、中部和西部地区高铁开通与医院床位数交叉项的回归系数都为正，但是只有对中部地区显著为正；同时，中部和西部地区高铁开通与地区医生数交叉项的回归系数在 1% 水平上均显著为正，而对于东部地区则并不显著，而且中部地区高铁开通与地区医生数交叉项的回归系数大于西部地区；这进一步说明了对于中部和西部地区来说，高铁能够影响开通地区政府通过改善当地的医疗卫生条件，进而促进开通地区的 TFP 增长率，而且这种作用对于中部的影响最大，但是对于东部地区则并不明显。这与前文的研究结论一致，也进一步验证了研究假说 3，即高铁通过政府行为来促进开通地区的 TFP 增长率具有区域异质性。

六、主要结论及政策建议

高速铁路的迅速发展及高铁网络的逐渐完善，不仅极大地改变区域之间的经济格局，也对不同地区的地理区位产生了重要影响，这使得开通地区政府为了进一步利用其高铁开通的优势，从而改善开通地区的经济发展环境，实现开通地区的高质量经济发展。本文从高铁对政府行为的角度研究了高铁开通、政府行为与地区 TFP 增长率之间的关系。本文以 2004 ~ 2014 年中国 279 个地级市和直辖区为研究样本，并以 2004 ~ 2014 年的面板数据实证分析了高铁开通如何通过政府行为来影响开通地区的 TFP 增长率。本文研究发现，高铁开通提高了开通地区的政府科技支出占比和医疗卫生环境，而且高

表 8　　高铁开通、政府行为与 TFP 增长率的区域差异（PMS—DID）

变量	(1) 东部 dtfp1	(2) 中部 dtfp1	(3) 西部 dtfp1	(4) 东部 dtfp1	(5) 中部 dtfp1	(6) 西部 dtfp1	(7) 东部 dtfp1	(8) 中部 dtfp1	(9) 西部 dtfp1
HRS	-0.194 (0.197)	0.026 (0.180)	-1.515 ** (0.630)	0.235 (0.195)	-0.938 *** (0.213)	-1.104 * (0.551)	0.131 (0.226)	-0.766 *** (0.226)	-1.396 *** (0.503)
c. HRS#c. gov	27.988 *** (4.439)	6.059 (5.212)	157.858 *** (37.132)						
gov	2.467 (1.533)	-1.374 (1.623)	2.281 (2.219)						
c. HRS#c. bed				0.050 (0.039)	0.472 *** (0.085)	0.201 (0.135)			
bed				0.805 *** (0.152)	-0.109 (0.136)	0.356 (0.248)			
c. HRS#c. doctor							0.217 (0.132)	0.834 *** (0.194)	0.733 *** (0.144)
doctor							0.456 * (0.255)	-0.033 (0.186)	0.031 (0.056)
Constant	24.740 *** (0.715)	24.900 *** (0.587)	21.739 *** (0.953)	23.664 *** (0.727)	24.841 *** (0.603)	21.395 *** (0.964)	24.445 *** (0.747)	24.612 *** (0.591)	21.709 *** (0.940)

续表

变量	(1) 东部 dtfp1	(2) 中部 dtfp1	(3) 西部 dtfp1	(4) 东部 dtfp1	(5) 中部 dtfp1	(6) 西部 dtfp1	(7) 东部 dtfp1	(8) 中部 dtfp1	(9) 西部 dtfp1
控制变量	是	是	是	是	是	是	是	是	是
个体效应	是	是	是	是	是	是	是	是	是
时间效应	是	是	是	是	是	是	是	是	是
Observations	1 209	947	381	1 209	947	381	1 209	947	381
R - squared	0. 968	0. 979	0. 958	0. 970	0. 980	0. 959	0. 968	0. 980	0. 958

注：（1）括号内的为聚类稳健性标准误；（2） *、**、*** 分别表示在 10%、5%、1% 的水平上显著。

铁会通过提高开通地区的政府科技支出占比和改善开通地区的医疗卫生环境来促进开通地区的TFP增长率。同时，本文通过进一步的研究发现，高铁通过政府科技支出占比和医疗卫生环境影响开通地区的TFP增长率具有区域异质性。首先，高铁会通过增加东部和西部开通地区的政府科技支出占比来促进开通地区TFP增长率的提高，而对于中部地区的影响则并不显著；而且与东部地区相比，高铁通过政府科技支出占比来影响西部开通地区TFP增长率的效应更大。其次，高铁会通过改善中部和西部地区的医疗卫生来促进开通地区TFP增长率的提高，但是对于东部地区则并不显著；而且，对于西部地区来说，高铁通过改善医疗卫生环境来促进开通地区TFP增长率的提高作用更大。

因此，对于开通高铁地区的政府来说，不仅应该进一步加大对科技创新的投入和支持，改善开通地区的医疗卫生环境和基础设施，还应该从制度环境等其他方面进一步改善其投资环境和居住环境，创造更好的社会经济环境，如简化行政审批效率、设置专项审批窗口、提供创新激励政策等，提高其区位优势，从而吸引更多人才的流入和企业的投资设厂，进而提高开通地区的TFP增长率和经济的高质量发展。对于并没有开通高铁的地区来说，由于周围地区开通高铁在一定程度上降低了其区位优势，因此政府应该更加积极地改善交通条件和引进高铁，同时也要创造良好的经济环境，充分发挥和扩大自身的资源禀赋优势和独特的自然环境，加大对企业投资设厂的鼓励和支持，为人才的引进提供良好的政策环境和条件，降低周围其他地区高铁开通对其造成的负向影响，从而促进当地经济的健康发展。不仅如此，由于高铁通过政府行为对东部、中部、西部地区的TFP增长率具有区域异质性，因此不同地区的政府应该因地制宜地采用不同的鼓励政策和措施，提高开通地区和非开通地区的区位优势，吸引人才的流入和企业的进入，从而提高当地的创新水平和TFP增长率。

参考文献

1. 白重恩、谢长泰、钱颖一：《中国的资本回报率》，载于《比较》2007年第4期。

2. 毕青苗、陈希路、徐现祥、李书娟：《行政审批改革与企业进入》，载于《经济研究》2018年第2期。

3. 卞元超、吴利华、白俊红：《高铁开通是否促进了区域创新?》，载于《金融研究》2019年第6期。

4. 陈刚：《金融如何促进创业：规模扩张还是主体多样》，载于《金融经济学研究》2015年第5期。

5. 单豪杰：《中国资本存量K的再估算：1952～2006年》，载于《数量经济技术经济研究》2008 年第 10 期。

6. 邓涛涛、赵磊、马木兰：《长三角高速铁路网对城市旅游业发展的影响研究》，载于 2016 年第 1 期。

7. 韩晶、张新闻：《绿色增长是影响官员晋升的主要因素么？——基于 2003 ~ 2014 年省级面板数据的经验研究》，载于《经济社会体制比较》2016 年第 5 期。

8. 黄凯南、孙广召：《高铁开通如何影响企业全要素生产率？——基于中国制造业上市企业的研究》，载于《中国地质大学学报（社会科学版）》2019 年第 1 期。

9. 黎文靖、郑曼妮：《实质性创新还是策略性创新？——宏观产业政策对微观企业创新的影响》，载于《经济研究》2016 年第 4 期。

10. 李焰、秦义虎、张肖飞：《企业产权、管理者背景特征与投资效率》，载于《管理世界》2011 年第 1 期。

11. 李政、杨思莹：《财政分权体制下的城市创新水平提升——基于时空异质性的分析》，载于《产业经济研究》2018 年第 6 期。

12. 李左峰、张铭慎：《政府科技项目投入对企业创新绩效的影响研究——来自我国 95 家创新型企业的证据》，载于《中国软科学》2012 年第 12 期。

13. 刘秉镰、武鹏、刘玉海：《刘玉海. 交通基础设施与中国全要素生产率增长——基于省域数据的空间面板计量分析》，载于《中国工业经济》2010 年第 3 期。

14. 刘勇政、李岩：《中国的高速铁路建设与城市经济增长》，载于《金融研究》2017 年第 11 期。

15. 茹玉骢：《基础设施供给、产业异质性与比较优势》，载于《国际贸易问题》2015 年第 7 期。

16. 孙广召、黄凯南：《高铁开通对全要素生产率增长率的异质性影响分析》，载于《财经研究》2019 年第 5 期。

17. 谭之博、周黎安、赵岳：《省管县改革、财政分权与民生——基于“倍差法”的估计》，载于《经济学（季刊）》2015 年第 3 期。

18. 王雨飞、倪鹏飞：《高速铁路影响下的经济增长溢出与区域空间优化》，载于《中国工业经济》2016 年第 2 期。

19. 吴勋、白蕾：《财政分权、地方政府行为与雾霾污染——基于 73 个城市 PM2.5 浓度的实证研究》，载于《经济问题》2019 年第 3 期。

20. 杨若愚：《市场竞争、政府行为与区域创新绩效——基于中国省级面板数据的实证研究》，载于《科研管理》2016 年第 12 期。

21. 袁航、朱承亮：《国家高新区推动了中国产业结构转型升级吗》，载于《中国工业经济》2018 年第 8 期。

22. 张健华、王鹏：《中国全要素生产率：基于分省份资本折旧率的再估计》，载于《管理世界》2012 年第 12 期。

23. 张军、吴桂英、张吉鹏：《中国省际物质资本存量估算：1952—2000》，载于《经济研究》2004 年第 10 期。

24. 张凯、林小玲：《财政分权、金融发展与全要素生产率提升》，载于《经济与管理评论》2019 年第 1 期。

25. 张克中、陶东杰：《交通基础设施的经济分布效应——来自高铁开通的证据》，载于《经济学动态》2016 年第 6 期。

26. Battese, G E, and Coelli, T J, "Frontier Production Functions, Technical Efficiency and Panel Data: With Application to Paddy Farmers in India." *Journal of Productivity Analysis*, 1992, 3 (1/2): pp. 153 – 169.

27. Czarnitzki D, Hussinger K, Schneider, Cédric, "R&D Collaboration with Uncertain Intellectual Property Rights", *Review of Industrial Organization*, 2015, 46 (2): pp. 183 – 204.

28. De Luca L M, Atuahene – Gima K, "Market Knowledge Dimensions and Cross – Functional Collaboration: Examining the Different Routes to Product Innovation Performance", *Journal of Marketing*, 2007, 71 (1): pp. 95 – 112.

29. Kumbhakar S C, Denny M, Fuss M, "Estimation and decomposition of productivity change when production is not efficient: a paneldata approach", *Econometric Reviews*, 2000, 19 (4): pp. 312 – 320.

30. Lee C Y, "The differential effects of public R&D support on firm R&D: Theory and evidence from multi-country data", *Technovation*, 2011, 31 (5 – 6): pp. 260 – 269.

31. Pagliara F, La Pietra A, Gomez J, et al., "High Speed Rail and the tourism market: Evidence from the Madrid case study", *Transport Policy*, 2015, 37: pp. 187 – 194.

32. Zheng S, Kahn M E, "China's bullet trains facilitate market integration and mitigate the cost of mega city growth", *Science Foundation in China*, 2013, 110 (1): pp. E1248 – E1253.

High-speed Rail Opening, Government Behavior and TFP Growth Rate

Sun Guangzhao

(School of Economics, Jiangxi University of Finance and Economics, 330077)

[**Abstract**] With the gradual improvement of the high-speed rail network, the high-speed rail has brought great social welfare effects to the opening areas, which has made the high-speed rail economy gradually penetrate into the local government's ruling philosophy. And high-speed rail opening also had an important impact on the government's behavior in the opening areas. Based on the panel data of 279 prefecture-level cities and municipalities in China from 2004 to 2014, this paper examines how the high-speed rail opening effect affects the TFP growth rate of the opening regions through government behavior. The study found that the opening of high-speed rail can affect the government's behavior in the opening areas to improve its innovation environment and health care environment, and will increase the TFP growth rate in the opening areas by affecting government behavior. Specifically, the opening of high-speed rail will enable the government in the opening area to increase the proportion of government science and technology expenditures to improve the regional innovation environment, increase the number of hospital beds and doctors to improve the medical and health environment in the opening areas. At the same time, the high-speed rail will increase government spending on science and technology. Increase the number of hospital beds and the number of doctors in the district to increase the TFP growth rate in the opening area. However, the growth rate of TFP in open areas is heterogeneous by influencing government behavior. That is to say, high-speed rail promotes the growth rate of TFP in the opening area by increasing the proportion of fiscal expenditure on science and technology. It has a greater impact on the central and western regions by improving the medical and health environment in the opening area.

[**Key Words**] High-speed Railway Opening Government Behavior Proportion of Financial Expenditure on Science and Technology Medical and Health Environment TFP Growth Rate

JEL Classifications: R40 O18

行政审批效率与企业进入*

路　瑶**

【摘　要】作为一种政府规制经济的直接形式，行政审批体现了政府与市场的互动关系。行政审批有快慢，以行政审批项目取消和下放为特征的行政审批制度改革的主要目的是提高审批效率，节约企业交易成本从而降低市场准入门槛，提高整个社会的经济活力。在实证上，本文采用 1997 ~2013 年工业企业数据，并手工收集整理全国 281 个地级市新建一家企业花费时间的数据研究行政审批效率对企业进入的影响。估计结果显示，设立行政审批局的地级市，规模以上工业企业的市场进入率显著地提高 1% ~1.5%，同时，早设立一年行政审批中心，规模以上工业企业的市场进入率能显著提高 3% ~6%。这表明，以行政审批效率提高为核心的简政放权能够提高企业的市场准入。

【关键词】**行政审批效率　行政审批局　企业进入率**

中图分类号：**F425**　文献标识码：**A**

一、引　言

综观世界经济发展的历史，迄今为止的主流经济学观点几乎均是围绕政府与市场的关系展开。从亚当·斯密“看不见的手”的无为政府，到凯恩斯“政府干预理论”下的全能政府，政府在市场中的地位和作用越发显现，政

* 本文受到重庆市社科规划项目（项目批准号：2017YBJJ026）；重庆市社科规划特别委托重点项目（项目批准号：2018TBWT－ZD09）和重庆市“十三五”教育规划重点项目（项目批准号：2018－GX－094）的资助。

** 路瑶，西南政法大学经济学院讲师，西南政法大学法与经济研究中心研究员。地址：（401120）重庆市渝北区宝圣大道 301 号西南政法大学经济学院。E-mail：luyao1118@163. com。

府在市场中应担当的角色也逐渐成为理论研究关注的焦点。

行政审批作为一种政府规制经济的直接形式，承担着政府为了社会公共利益而干预经济的职能，其制度改革体现了政府职能的转变，以及对政府和市场边界的重新定位。党的十九大报告提出大幅度放宽市场准入。简政放权作为新一届政府改善企业营商环境，放宽市场准入、提高市场活力的重要改革举措，其核心内容即提高行政审批效率。实施了近五年的简政放权政策在各级地方政府效果如何，提高了效率的行政审批是否降低市场准入门槛、有效地筛选企业，吸引更多的新鲜血液进入市场、激活市场活力，这些命题的研究需要实证检验的证据。因而，本文试图以行政审批效率为切入点，考察行政审批效率对企业进入市场的影响。

新成立的企业取代日渐没落的企业被认为是“创造性破坏”，企业的进入和退出这一过程最终会成为经济增长的重要因素（Schumpeter，1934）。在“创造性破坏”研究框架下，由于外部异质性技术冲击而导致效率低下的产品和技术被逐出市场在经济衰退时期可以被理解为市场“净化”过程，从而有利于经济的复苏与增长（Baldwin et al.，2001）。允许企业进入，市场能够增加产品的多样性，促使企业获得更高的利润，为企业积累更多的资本，吸引更多的企业进入市场，从而形成有效的经济循环。美国企业的市场进入和退出贡献了25%的国内经济增长，中国企业的市场进入和退出贡献了高达72%的国内经济增长（Brandt et al.，2012）。潜在的市场进入者需要支付市场进入成本才能开始从事商业活动。政府设定行政审批的主要目的之一就是为市场准入设置一定的门槛，限制企业的市场进入。阿西莫格鲁和曹（Acemoglu and Cao，2015）在熊彼特内生增长模型基础上将在位企业技术创新纳入模型，实证检验发现对企业潜在进入者设置壁垒可能会增加经济均衡增长率。不同的企业进入同一行业或市场承担的进入成本不同，制度因素或制度壁垒被认为是吸引厂商进入市场的一主要因素（Dunne et al.，2013）。政府对企业市场进入设置的制度壁垒通过行政审批实现，不同国家的审批效率不同，同样注册新建一家企业，在莫桑比克需要花费至少149天，在意大利至少要等62天，在加拿大只需要2天（Djankov et al.，2002）。世界银行（2008）公布中国创业者新设企业仍需处理烦冗的行政审批，设立一个企业平均需要14个步骤，共花费4~8周的时间（World Bank Group，2008），同时，根据世界银行2012年中国企业调查数据，回答问题“从申请到获得营业执照大概多少天”的企业共148个，数据显示平均一个企业需要花费21天才能获得营业执照，其中时间最长的企业花费了180天。在一些低收入、欠发达国家，烦冗的市场准入程序、漫长的行政审批时间将更多的潜在市场进入者推向非正规经济，从而可能带来消费价格提高和寻租腐败（Shleifer and Vishny，1993；Rin et al.，2009）。

20世纪90年代，国内学者开始围绕进入壁垒研究企业的市场进入问题。

在我国，新进入的高效率企业引起在位企业退出的“替代效应”和在位企业的退出导致新企业进入增加的“真空效应”均存在（杨天宇和张蕾，2009）。市场开放激发了以非国有企业为主体的大规模的进入和动态竞争过程；通过竞争的激励效应和跨企业的资源再配置效应，进入促进了企业层面和总体层面的全要素生产率增长（李平等，2012）。中国政府对企业市场进入的监管主要通过行政审批的形式实现。行政审批制度的改革是中国改革开放以来政府不断放权让权于市场的重要内容，政府的简政放权、废除冗余制度也是我国近几年主要的制度红利（杨友才等，2018）。国内研究行政审批制度改革的文献主要以地级市是否成立行政审批中心作为衡量地区行政审批制度改革的指标（朱旭峰和张友浪，2015；夏杰长和刘诚，2017；王永进和冯笑，2018；毕青苗等，2018）。行政审批中心从机制上通过各单位设立窗口集中审批从而节约审批时间，提高了审批效率，因此，行政审批制度改革的主要内容是提高审批效率，节约企业交易成本。然而，国内学者对于行政审批效率的研究还非常有限。田野和陈全（2012）以行政审批主体自主裁量审批权的执行效率和实施效果作为评价行政审批效率的指标。李善民和万自强等（2014）借鉴美国食品与药物管理局审批效率的度量方法，采用审批所需时间作为衡量行政审批效率的标准。

综观现有行政审批和市场进入的相关研究，虽成果丰富，也对行政审批制度改革影响企业市场进入的行为研究有所涉及，但以行政审批效率作为影响变量，广泛而深入地研究对企业进入市场行为的影响尚未引起社会和学者们的广泛关注。同时，现有文献在研究视角上，未能关注企业异质性的影响，缺乏行政审批效率对企业进入市场影响的微观分析，对影响和传递机制分析不够；在方法上，总体比较单一，描述性研究居多；在内容上，侧重设立行政审批中心对企业进入影响的研究，行政审批制度改革度量的准确性和科学性略显不足。在对以上不足之处借鉴的基础上，笔者从行政审批效率的视角，以企业市场进入为考察对象，重点检验行政审批效率对企业进入市场的影响，基于静态与动态结合研究，寻求提高企业进入市场的制度性思路，使行政审批制度改革改善企业营商环境，吸引企业进入市场，激活市场活力，从而形成良性的经济循环，由此才能真正构建起科学合理的政府与市场的互动关系，从而为中国社会主义经济发展提速增效。

本文将沿袭现有理论文献的思路，在规制经济学研究的框架下，采用中国工业企业数据分析行政审批效率对企业进入市场的影响。我们认为与已有的研究相比，本文具有以下三方面的贡献：第一，本文可能是首篇测量行政审批效率对企业市场进入影响的文献，丰富了对市场进入和行政审批制度改革领域的研究。中国作为最大的转型国家，其政府监管对市场准入的研究成为热点话题。中国政府对企业市场准入的监管主要通过行政审批的形式实现。

行政审批制度的改革也是中国改革开放以来政府不断放权让权于市场的重要内容，尤其是新一届政府推行的“简政放权”改革可能不仅有助于提升中国经济的创业活力，而且有助于平衡各群体间的就业机会，进而促进社会公平（陈刚，2015）。早期的行政审批改革研究主要在行政分权的框架下展开（路瑶和张国林，2014）。但正如前文所述，行政审批作为企业进入市场的重要壁垒，其制度改革在很大程度上会影响一个地区企业进入行为。行政审批制度的深入改革核心内容就是行政审批效率的提高，然而迄今为止，尚未有研究对行政审批效率对企业进入的影响进行实证研究。因此，厘清行政审批效率对企业进入市场行为的影响毫无疑问是理解行政审批制度改革影响中国经济长期增长的重大问题。第二，在指标构建上，本文首次采用审批时间、审批事项窗口和审批事项部门比值作为评价行政审批效率的指标，具体考察行政审批效率对企业市场准入的影响，为行政审批制度改革的评价提供有效的证据。第三，本文拓宽行政审批制度改革的内涵，不同于其他文献以建设行政审批中心为标志的新型行政审批制度（朱旭峰和张友浪，2015），首次提出将行政审批局的建设纳入新型审批制度改革的标志之一。

二、理论分析

限制企业的市场进入是政府设置行政审批项目的目标之一。政府对经济活动的事前审批是干预经济强度最高的形式（Ogus，2004）。而事前审批项目中最具代表性的就是对企业的准入审批。政府通过设置限制企业进入的行政审批，旨在筛选合格的个人和企业进入市场从事经济活动，然而，较高的市场准入一方面将一些规模较小的企业拒之门外，维护了在位企业的既得利益，影响市场活力；另一方面行政审批权为政府官员寻租提供了可能性。烦冗的行政审批可能会严重限制一个地区的创业活动，阻碍经济增长（De Soto，1990）。因此理论上，行政审批对企业市场进入存在两种相反的效应：“筛选效应”和“门槛效应”。公共利益理论认为政府规制能够弥补市场失灵的缺陷，政府通过设置限制企业进入的行政审批，旨在筛选合格的个人和企业进入市场从事经济活动，最大化社会福利（Pigou，1938）。公共利益理论为行政审批的合理性提供了解释，即行政审批限制的是本身不具备市场竞争力的劣质企业，审批实际提高了市场效率。同时，政府监管能够避免企业为了降低成本而采取忽视环境标准的恶性竞争（Baumol，2015）。公共选择理论认为政府的市场准入监管只会带来低效，并不能有效筛选企业（Peltzman，1976；杨大威和郑江淮，2017）。公共选择理论认为市场本身具有自我调节的功能，保持市场进出、交易、经营等经济活动的自由可以让资源自动调节，配置到需要的地方，政府的规制只会引起腐败和无效，严格的准入监管会带来就业机会的减少（Ciccone and Papaioannou，2007）。多数学者认为政府管制对企业市场进入行为在一定程度上会产生影响，是企业家进入市场的壁垒。一方面，市场在位企业为了获得市场控制和垄断利润，不惜向政治家和官僚行贿，提高市场准入门槛，为潜在市场进入者设置障碍（Stigler，1971）。另一方面，政治家和官僚为了获得贿赂、选票和竞选的商业利益而不是为了社会利益进行市场准入监管（Shleifer and Vishny，1993；陈朝兵，2015）。因此，政府管制行为体现了政府“特殊利益”的动机，并不是为了筛选出不合格的企业，而是为了寻租和保护市场中的企业（Rajan and Zingales，2003）。

市场准入登记被认为是影响市场准入的主要因素之一，复杂的市场准入程序会将更多的创业者推向非正规经济，提高消费价格和寻租（Vivarelli，2007）。一般而言，更发达的国家具有更好的信息系统、更规范的产品监管和质量监控、更有效的合同和法律的执行，因此，发达国家的创业者会更自律，如果行政性准入规定是为了有效地筛选企业，那么相对于高收入国家，行政性准入规定在低收入国家或腐败的国家应该更有效，同理，我们应该发现准入监管在腐败的国家尤其有效，然而，实证结果表明准入监管在高收入国家更有效（Klapper et al.，2004），同时，低收入或腐败国家的行政性准入规定可能是无效的（Shleifer and Vishny，1998）。在过去 20 年，世界范围的政策制定者逐渐简化和减少政府规制政策。世界银行营商数据报告 183 个国家的数据显示，新建一个企业花费的时间和程序均在减少。詹科夫（Djankov，2009）发现全世界 119 个国家在 2003 ~ 2008 年共实施了注册企业文件标准化、降低最低注册资本要求、减少注册登记现场办理次数等 193 项放松市场准入改革措施，其中改革主要发生在东欧和非洲国家。

从前期文献可以看出，关于政府管制对于经济运行主要存在“正向”还是“负向”影响关系？学界没有获得一致的结论，同时，对于作为政府规制经济的主要形式的行政审批，其效率水平对于企业进入市场行为的影响是“筛选效应”还是“门槛效应”也没有得到足够的重视。因此，本文将对此问题展开深入研究，建立基于中国地级市行政审批效率水平对企业进入市场行为效应影响模型，利用 1997 ~ 2013 年中国工业企业数据实证检验各地级市行政审批效率水平与企业进入市场效应关系。

三、数据来源、变量与模型设计

（一）数据来源

本文的数据主要来源于四个方面：第一，1997 ~ 2013 年企业层面的数据，来源于中国工业企业数据库，其统计对象为全部国有企业和主营业务收入大于500万元（规模以上）的非国有企业。该数据库报告了企业代码、名称、开工年份、注册类型和行业类别等基本信息以及总资产、负债和利润等财务信息。借鉴布兰特（Brandt，2012）的匹配方法，将确实属于同一企业的观测样本赋予相同的法人指标。同时，为了避免高估企业市场进入率，本文剔除了非国有企业由规模以下转变为规模以上导致的市场进入（毛其淋和盛斌，2013；毕青苗等，2018），使用企业第一次开工的年份视为该企业的进入年份。第二，地级市行政审批中心和行政审批局的数据来源于地方行政审批中心官方网站、政府文件和新闻报道先后顺序进行收集，需要注意的是，地方行政审批中心官方网站称谓不同，大多数省份采用的是政务服务网站的称谓。第三，地级市企业设立审批时间的数据来源于地方行政审批中心官方网站或地级市工商部门官方网站。第四，1997～2013年城市经济发展的数据来源于《中国城市统计年鉴》。

（二）变量定义

本文主要变量是企业市场进入率、企业设立天数、行政审批中心和行政审批局，在此我们对它们的测度方法做简要说明。

1. 企业市场进入率（Entry）

关于企业进入市场的定义，我们采用j城市t期到t+n期新进入企业的数量和t+n期市场中的企业数量之比表示j城市t期企业市场进入率E_{ij}。

$$1997\sim2013\text{年企业市场进入率}=\frac{1997\sim2013\text{年新进入的企业数量}}{2013\text{年企业数量}}$$

2. 企业设立天数（Founding Days）

行政审批中心和行政审批局的设立大大缩短了企业办理行政审批程序的时间。对于注册一家企业所通过行政审批的时间也应该相应减少。根据《中华人民共和国公司法》《中华人民共和国公司登记管理条例》规定，企业设立登记应该先申请名称预先核准，通过名称预先核准之后，企业向企业登记机关提交规定的相应文件申请设立公司，然后，企业登记机关审核公司提交的材料，审核通过后向申请者发放公司营业执照。不同地级市规定的法定办结时限、法定核准登记时限和承诺期限不同，其中，最快规定1天法定办结，最慢规定为30天法定办结；最快核准登记需要1天，最慢需要60天。由于法定办结和核准时限规定了办理时间的上限，但是不同地区工商局落实情况不同，因此，我们采用地级市工商局公布的承诺期限来衡量设立企业审批时间。可以看出，设立企业主要的审批程序有两个，一是名称核准，二是提交文件申请设立。由于法律统一规定了设立企业的审批程序，因此剔除设立企业审批程序这个指标。但是，法律法规没有对企业登记机关审核企业名称和企业登记文件的时间做出规定，因此，在我国不同省市设立企业通过审批的时间可能不一样。结合设立企业审批程序，我们将各地级市法定承诺设立企业通过名称预先审批的时间和通过登记文件审批的天数加总为衡量设立企业通过审批的时间。

3. 行政审批中心（Approval Center）

相对集中行政审批制度是中国行政审批制度改革的一大亮点（黄小勇等，2011）。行政审批中心是指以集中、组织和协调政府不同部门间审批权为核心功能的“一站式”便民服务平台（宋林霖，2016）。行政审批中心的审批模式比之前各个单位分割式的审批提高了行政工作效率，为政府和企业都节约了成本，而且通过各部门合作监督减少寻租的可能性，但同时也存在一些弊端。行政审批中心的这种运行模式实际上是人员和功能的组合，而非权力的整合，其没有从实质上改变审批模式和程序。截至2013年，在286个地级市中，有275个城市建立了行政审批中心（夏杰长和刘诚，2017），截至2015年底，全国333个地级市有326个地级市设立行政审批中心（毕青苗等，2018）。由于只有极少数偏远地区的地级市尚未设立行政审批中心，绝大多数地级市已设立行政审批中心，本文认为以地级市是否设立行政审批中心来作为测度行政审批改革的指标并不能实现准确性。因此，本文采用地级市设立行政审批中心的年份作为测度地区行政审批效率的指标之一。

4. 行政审批局（Approval Department）

有效的行政审批制度改革需要形成一个独立建制、统一的行政审批专业化机构，配备隶属于该机构的窗口服务工作人员，配置独立的公章，不需要通过原有各职能单位的审批，直接在该机构实现一站式审批。2008年4月，成都市武侯区在全国成立第一家行政审批局，实现了“一个印章管审批”的审批模式。2014年5月，天津市滨海新区行政审批局成立。2015年3月，中央编办和国务院法制办印发《相对集中行政许可权试点工作方案的通知》，为行政审批局试点提供了法律依据。与行政审批中心相比，行政审批局行使原审批项目的职能部门的各项审批权，表现为“一局一章”，原职能项目主要负责审批监管责任；在人员编制方面，不同于行政审批中心工作人员隶属于原职能部门，行政审批局工作人员隶属于审批局。行政审批局将原职能部门的审批权剥离，降低企业交易成本与政府的行政成本，提高行政效率。根据2016年2月中国行政体制改革研究会对天津滨海新区行政审批局改革效果评价，滨海新区企业设立审批时间比北京西城区、珠海金湾区节约4/5（宋林霖，2016）。由于集中审批节约了审批时间，提高了审批效率，因此，行政审批局的设立是衡量行政审批效率的指标之一，设立行政审批局的地级市Approval Department取值为1，否则为0。

5. 其他变量

我们要检验的主要是行政审批效率对企业进入市场的影响。为此，我们控制了其他可能影响企业进入市场的描述宏观经济环境的变量：人均 GDP（pgdp）、人口密度（population）、职工平均工资水平（wage）、企业规模（enterprise）、地区开放度（openness）、产业结构（industry）和国有企业占比（state）。其中，地区开放度采用外商实际投资额衡量，产业结构采用第二产业占 GDP 比重表示。数据来源于《中国城市统计年鉴》，其中人均 GDP、职工平均工资水平、企业规模取对数形式。同时，由于同一省份不同地级市设立行政审批中心的时间可能受省级政府统一安排的影响，如浙江省，共 11 个地级市，其中杭州、宁波和绍兴率先在 2000 年设立行政审批中心，衢州最晚在 2002 年设立行政审批中心，其余 8 个地级市均在 2001 年设立行政审批中心。因此，我们控制了省份（Province）的影响。

（三）模型设定

根据本文的研究目的及逻辑分析，实证模型的设定是基于行政审批效率对企业市场进入的影响。鉴于此，参照 Klapper，Laeven 和 Rajan（2006），本文基准回归模型假定如下：

$$Entry_i = \alpha + \beta_1 FD_i + \beta_2 AC_i + \beta_3 AD_i + \beta_4 X_i + \eta_i + \varepsilon_i \tag{1}$$

其中，$Entry_i$ 为各地级市的企业市场进入率，FD_i 表示各地级市企业设立天数，AC_i 表示各地级市行政审批中心成立年份，AD_i 表示各地级市是否成立行政审批局，X_i 为影响企业进入市场的其他控制变量，η_i 表示省份固定效应，ε_i 表示随机扰动项，i 代表城市。

基于数据的可获得性，本文考察 1997～2013 年，地级市设立企业审批效率对企业进入率的影响。本文采用毕青苗等（2018）方法匹配中国行政审批效率数据与中国工业企业数据库。首先，我们参照布兰特等（2012）方法，识别企业市场进入和退出状态。其次，我们采用聂辉华（2012）数据处理方法，剔除工业企业数据库中的异常值，然后，删去工业数据库中直辖市企业样本，并统一不同年份的地级市行政区划代码。最后，我们采用统一的行政区划代码匹配行政审批效率数据与工业企业数据。本文采用 1997～2013 年规模以上企业样本，计算企业市场进入率。

四、实证检验

（一）描述性统计

截至 2018 年 12 月，通过数据收集发现全国 281 个地级市均成立地级市行政审批中心，其中有64个城市或所属县已经建立行政审批局。在281个地级市中，1997～2001年有62个城市建立行政审批中心；2002年和2003年仅两年时间，共有99个城市建立行政审批中心；2004～2018年，其余117个城市建立行政审批中心。可以看出，在2001年之后，行政审批中心开始在地级市迅速成立，到2013年，全国281个地级市中有273个地级市成立了行政审批中心，这意味着在2013年启动的新一轮的深化行政审批制度改革之前，全国绝大多数地级市已经成立了行政审批中心。有64个地级市成立了行政审批局，成立率为23%。

本文手工收集整理了全国281个地级市设立企业通过审批时间的数据。①281个地级市中，设立企业两个程序通过审批时间共花费在6～10天之内的城市达到119个，占总样本42%。徐州市、宿迁市、衢州市、滁州市、来宾市和昆明市设立企业两个程序只需要一天的时间办理，张家界市设立企业时间最长，需要60天完成企业名称预审核和文件审核。对于企业名称预先审核程序，281个城市中，最快可即时办理，最慢的承诺15天办理，其中，有40个城市承诺企业名称预先审核即时办理，有5个城市承诺15天办理企业名称预先审核。对于企业文件资料审核程序，新乡市承诺即时办理，有6个城市承诺1天办理，有115个城市承诺5天之内办理，占总样本41%（见表1）。

表1　　　　描述性统计

变量	样本量	平均值	中位数	标准差	最小值	最大值
企业市场进入	281	0.739	0.752	0.102	0	0.965
企业设立天数	281	7	6	5.937	1	60
行政审批局	281	0.228	0	0.420	0	1
行政审批中心	281	2 004.178	2 003	3.759	1 997	2 018
人均 GDP	281	4.709	4.302	0.252	3.401	5.248
人口密度	281	2.453	2.319	0.365	0.670	3.360
平均工资	281	4.985	4.573	0.108	3.770	5.143
企业规模	281	2.599	2.591	0.436	1.404	3.771
开放度	281	3.714	3.690	0.786	0.301	5.669
产业结构	281	1.847	1.650	0.109	1.282	1.934
国有企业占比	281	0.036	0.021	0.033	0	0.196

① 我国《公司法》《公司登记管理条例》中对于有限责任公司和股份有限公司的公司设立规定不同，本文以有限责任公司为研究对象，在各地区行政服务网或工商局官网收集有限责任公司设立的审批数据。

（二）回归结果

本节首先报告 OLS 的基本回归结果，然后进行稳健性检验。从表 2 报告的基本回归结果可以看出，企业设立的天数越短、行政审批中心设立年份越早的地级市，企业的市场进入率越高。

表 2　　企业设立审批效率与企业市场进入率：基准回归

项目	(1)	(2)	(3)	(4)	(5)
	被解释变量：1997～2013 年企业市场进入率				
企业设立天数	-0.003*** (0.001)	-0.002** (0.001)	-0.002** (0.001)	-0.001 (0.001)	-0.001 (0.001)
行政审批中心设立年份		-0.006*** (0.002)	-0.005*** (0.002)	-0.003*** (0.001)	-0.003*** (0.001)
是否设立行政审批局			0.015*** (0.005)	0.011*** (0.004)	0.010*** (0.003)
国有企业占比				-0.981*** (0.193)	-1.275*** (0.222)
人均 GDP					0.009 (0.042)
人口密度					-0.083*** (0.148)
平均工资					-0.197*** (0.071)
企业规模					-0.044* (0.024)
开放度					0.035** (0.015)
产业结构					0.016 (0.073)
省份	是	是	是	是	是
N	281	281	281	281	281
R^2	0.029	0.058	0.067	0.134	0.220

注：***、** 和 * 分别代表 1%、5% 和 10% 的显著性水平；括号里是稳健标准误。下表同。

表 2 第 1 列为没有引入任何控制变量的检验结果。企业设立天数的估计

系数为0.003，符号为负，通过了显著性水平为1%的回归检验。表2第2列引入行政审批中心设立年份指标，行政审批中心设立年份的估计系数为0.006，符号为负，通过了显著性水平为1%的回归检验，企业设立天数的估计系数略微降为0.002，符号仍为负，通过了显著水平1%的回归检验。表2第3列进一步纳入行政审批局指标。行政审批局与行政审批中心地理上的集中审批相比，实现了权力的集中，提高了审批的效率。从回归结果来看，行政审批局的回归系数为0.015，符号为正，设立行政审批局的地级市，企业的市场进入率显著地提高1.5个百分点。

表2第4列引入国有企业占比。国有企业占比的估计系数为0.981，符号为负，能够通过显著水平为1%的统计检验。实证结果表明，国企占比越高，企业整体市场进入率越低。面对激烈的市场竞争，国有企业较民营企业更容易获取资源，拥有天生的制度优越性，对民营企业具有挤出效应。国有企业比例越高的地级市，市场活力不足，可能留给民营企业发展空间越有限，进入市场的民营企业相对也越少。

表2第5列则进一步控制各地级市的宏观环境，引入各市的人均GDP、人口密度、平均工资、企业规模、城市开放度和产业结构。这时，企业设立天数、行政审批中心和行政审批局的估计系数分别为0.001、0.003和0.009，其中，企业设立天数和行政审批中心的估计系数为负，行政审批局的估计系数为正，且均能够通过显著水平为1%的统计检验。同时，国有企业占比对企业市场进入率具有显著的负相关影响，回归系数增加到1.275，国有企业的挤出效应更加明显；人口密度的估计系数为0.083，符号为负，通过了显著水平1%的统计检验，表明人口密度越低的地级市，企业市场进入率越高；平均工资的估计系数为0.197，符号为负，能够通过显著水平为1%的回归检验，表明平均工资越低，企业市场进入率越高；企业规模对企业市场进入具有显著负相关影响，企业规模越小的地级市，企业市场进入率越高；城市的开放度对企业市场进入具有显著正相关影响，越开放的地级市，企业市场进入率越高。

（三）稳健性检验

各个审批部门通过在行政审批中心设立窗口，实现了多个审批事项集中处理。但是，办理一个事项可能需要不同部门、不同窗口的审批。理论上，行政审批中心进驻的部门数量越多、开设的窗口数量越多，越能够节约审批处理时间，提高审批效率。因此，我们用行政审批中心的审批窗口数量和审批项目数量的比值，即单个审批项目需要通过审批的窗口数量来衡量地方行政审批效率。单个审批事项需要通过窗口数量越少，则审批通过的时间越短，该市的审批效率则越高。

表3报告的是用审批数量与审批窗口比值衡量审批效率的估计结果。从检验结果来看，行政审批效率对企业市场进入依然具有显著的正向影响。表3的第2列表明，行政审批中心越早设立，企业的市场进入率越高。行政审批局对企业市场进入依然具有显著的正向影响。宏观层面指标人口密度、平均工资、企业规模和开放度对企业市场进入具有显著影响。

表3　　行政审批中心效率与企业市场进入率

项目	(1)	(2)	(3)	(4)	(5)
	被解释变量：1997~2013年企业市场进入率				
行政审批中心效率	0.001** (0.000)	0.001** (0.000)	0.001** (0.000)	0.001** (0.000)	0.001** (0.000)
行政审批中心设立年份		-0.006*** (0.002)	-0.006*** (0.002)	-0.003*** (0.002)	-0.003*** (0.001)
是否设立行政审批局			0.016 (0.005)	0.009 (0.003)	0.011 (0.004)
国有企业占比				-0.982*** (0.189)	-1.329*** (0.221)
人均GDP					0.003 (0.042)
人口密度					-0.087*** (0.020)
平均工资					-0.201** (0.074)
企业规模					-0.046* (0.024)
开放度					0.036** (0.015)
产业结构					0.018 (0.073)
省份	是	是	是	是	是
N	281	281	281	281	281
R^2	0.025	0.047	0.058	0.135	0.220

注：***、**和*分别代表1%、5%和10%的显著性水平；括号里是稳健标准误。下表同。

等级化的城市行政管理体制，使我国各个行政等级的城市拥有不同的获取资源分配权限（李澎和范毅，2017）。省会和副省级城市在我国地方政府中处于次高的行政层级，在行政审批改革过程中往往先行启动，各省的其他城市再向省会和副省级城市看齐。因此，为了更好地检验企业设立行政审批效率对企业市场进入的影响，我们剔除省会和副省级城市进行检验，结果发现，企业设立天数对企业市场进入的影响仍然显著，企业设立时间每缩短1天，企业市场进入率提高2～3个百分点（见表4）。

表4　剔除省会及副省级城市的企业设立审批效率与企业市场进入率

项目	(1)	(2)	(3)	(4)	(5)
	被解释变量：1997～2013年企业市场进入率				
企业设立天数	-0.003*** (0.001)	-0.002** (0.001)	-0.002** (0.001)	-0.002* (0.001)	-0.002* (0.001)
行政审批中心设立年份		-0.005*** (0.002)	-0.005*** (0.002)	-0.002 (0.002)	-0.002 (0.002)
是否设立行政审批局			0.013 (0.016)	0.006 (0.016)	0.005 (0.016)
国有企业占比				-0.914*** (0.207)	-1.013*** (0.212)
人均GDP					0.005 (0.006)
人口密度					-0.082*** (0.015)
平均工资					-0.191** (0.098)
企业规模					-0.037* (0.023)
开放度					0.033** (0.015)
产业结构					0.017 (0.016)
N	252	252	252	252	252
R^2	0.028	0.052	0.055	0.124	0.236

注：***、**和*分别代表1%、5%和10%的显著性水平；括号里是稳健标准误。下表同。

传统的经济地理理论认为，不同地区之间地理差异会导致地区经济发展差距。我们选用一个城市的经纬度描述该地区的地理位置，检验一个城市的地理位置是否会影响该地区的企业市场进入。实证结果表明，一个城市的经度对该城市的企业市场进入率具有显著影响，经度越高的城市，企业市场进入率越高；一个城市的纬度对该城市的企业进入率没有显著影响。在我国，经度较高的地区为东北地区，东北地区的企业市场进入率较高。一方面可能是由于东北地区企业总体数量的存量相比东部地区较小，另一方面由于国家振兴东北老工业基地的政策支持，东北地区投资创业环境在改善，打造良好的企业营商环境（见表5）。

表5　　不同地理位置城市的企业市场进入率

项目	(1)	(2)	(3)	(4)	(5)
	被解释变量：1997~2013年企业市场进入率				
城市经度	0.005*** (0.001)	0.005*** (0.001)	0.005*** (0.001)	0.005*** (0.001)	0.003** (0.001)
城市纬度	-0.001 (0.001)	-0.001 (0.001)	-0.001 (0.001)	-0.001 (0.001)	0.001 (0.001)
沿海地区		-0.009 (0.021)	-0.010 (0.021)	-0.122 (0.204)	-0.023 (0.203)
企业设立天数			-0.002* (0.001)	-0.001 (0.001)	-0.001 (0.001)
行政审批中心设立年份				-0.004** (0.002)	-0.003** (0.002)
是否设立行政审批局					0.008 (0.015)
国有企业占比					-0.801*** (0.217)
人均GDP					0.006 (0.004)
人口密度					-0.080*** (0.011)
平均工资					-0.251** (0.010)
企业规模					-0.051** (0.020)
开放度					0.037** (0.013)

续表

项目	(1)	(2)	(3)	(4)	(5)
	被解释变量：1997～2013年企业市场进入率				
产业结构					0.013 (0.016)
N	279	279	279	279	279
R^2	0.092	0.093	0.102	0.125	0.167

注：***、**和*分别代表1%、5%和10%的显著性水平；括号里是稳健标准误。下表同。

中国经济政策改革的模式经常以沿海地区作为试验田向内陆城市推动，由于中国实施了倾向于沿海地区的经济政策，带来沿海城市与内陆城市经济发展政策和地区经济水平的差距（Fujita and Hu，2001；Kim and Knaap，2001；金煜等，2006）。因此，我们选用沿海地区作为虚拟变量，考察沿海城市和内陆城市的企业市场进入率，结果发现沿海城市对企业市场进入率的影响并不显著。

五、研究结论与启示

本文选取行政审批效率为切入点，旨在分析放管服背景下的行政审批改革能否吸引更多的企业进入市场。基于此，本文以全国各地级市开办企业天数衡量行政审批效率，实证检验行政审批效率对企业进入市场的影响。通过手工收集整理全国281个地级市开办企业天数、设立行政审批中心、设立行政审批局、审批事项和窗口等相关数据，并与中国工业企业数据库匹配，实证检验结果发现，1997～2013年，设立行政审批局的地级市，规模以上工业企业的市场进入率显著地提高1～1.5个百分点，同时，早设立一年行政审批中心，规模以上工业企业的市场进入率能显著提高3～6个百分点。

本文的发现为改善创业制度环境，深化行政审批改革，优化企业营商环境提供了经验证据。但是，目前的工作还是宏观层面的检验论证，未来将从以下两个方面入手进一步研究。一是行政审批改革对不同行业的企业行为影响，由于不同行业的市场进入壁垒不同，行政审批改革对于不同行业的影响程度可能有所区别；二是行政审批改革对于企业经营绩效和研发创新、投资决策等经营行为的影响显然是一个值得研究的话题。

参考文献

1. 毕青苗、陈希路、徐现祥、李书娟：《行政审批改革与企业进入》，载于《经济研究》2018 年第 2 期。

2. 陈朝兵：《“负面清单”管理在我国的缘起、应用价值与推广路径》，载于《现代经济探讨》2015 年第 8 期。

3. 黄小勇、闫晶、张爱军：《推进相对集中行政许可权改革的思考》，载于《国家行政学院学报》2011 年第 3 期。

4. 金煜、陈钊、陆铭：《中国的地区工业集聚：经济地理、新经济地理与经济政策》，载于《经济研究》2006 年第 4 期。

5. 李澎、范毅：《行政等级结构下的中国城市规模效率及其影响》，载于《制度经济学研究》2017 年第 3 期。

6. 李平、简泽、江飞涛：《进入退出、竞争与中国工业部门的生产率——开放竞争作为一个效率递进过程》，载于《数量经济技术经济研究》2012 年第 9 期。

7. 李晴、陈鹏：《推进中国行政审批制度改革途径初探》，载于《求实》2013 年第 1 期。

8. 李善民、万自强、习超、史欣向：《产权性质、收购制度与行政审批效率——基于豁免强制要约收购审批的研究》，2014 年中国管理学年会论文。

9. 路瑶、张国林：《财政分权、行政分权改革与经济增长实证研究——来自省级面板数据的证据》，载于《制度经济学研究》2014 年第 1 期。

10. 毛其淋、盛斌：《中国制造业企业的进入退出与生产率动态演化》，载于《经济研究》2013 年第 4 期。

11. 聂辉华、江艇、杨汝岱：《中国工业企业数据库的使用现状和潜在问题》，载于《世界经济》2012 年第 5 期。

12. 宋林霖：《“行政审批局”模式：基于行政组织与环境互动的理论分析框架》，载于《中国行政管理》2016 年第 6 期。

13. 田野、陈全：《政府监管、自主裁量与审批效率》，载于《金融研究》2012 年第 3 期。

14. 王永进、冯笑：《行政审批制度改革与企业创新》，载于《中国工业经济》2018 年第 2 期。

15. 夏杰长、刘诚：《行政审批改革、交易费用与中国经济增长》，载于《管理世界》2017 年第 4 期。

16. 杨大威、郑江淮：《后发国家政府在资源配置中的作用：经验、教训与借鉴》，载于《现代经济探讨》2017 年第 7 期。

17. 杨天宇、张蕾：《中国制造业企业进入和退出行为的影响因素分析》，载于《管理世界》2009 年第 6 期。

18. 杨友才、史倩姿、王希：《制度结构、技术进步、交易费用与经济增长》，载于《制度经济学研究》2018 年第 3 期。

19. 朱旭峰、张友浪：《创新与扩散：新型行政审批制度在中国城市的兴起》，载于《管理世界》2015 年第 10 期。

20. Acemoglu, D., and D. V. Cao. Innovation by Entrants and Incumbents. *Journal of Economic Theory*, 2017, 157 (5): pp. 255 – 294.

21. Antonio, C., and E. Papaioannou. Red Tape and Delayed Entry. *Journal of the European Economic Association*, 2007 (5): pp. 444 – 458.

22. Audretsch, D. B., and Keilbach, M. C. Entrepreneurship Capital and Economic Performance, *Regional Studies*, 2004, 38 (8): pp. 949 – 959.

23. Baldwin, R. E., Martin P., Ottaviano, GIP. Global Income Divergence, Trade, and Industrialization: The Geography of Growth Take – Offs. *Journal of Economic Growth*, 2001, 6 (1): pp. 5 – 37.

25. Brandt, L., J. Van Biesebroeck, and Y. Zhang. Creative Accounting or Creative Destruction? Firm – Level Productivity Growth in Chinese Manufacturing. *Journal of Development Economics*, 2012, 97 (2): pp. 339 – 351.

26. Djankov, S., La Porta R., Lopez – de – Silanes F., and Shleifer A. The Regulation of Entry. *Quarterly Journal of Economics*, 2002, 117 (1): pp. 1 – 37.

27. Djankov, S. The Regulation of Entry: A Survey. *The World Bank Research Observer*, 2009, 24 (2): pp. 183 – 203.

28. Dunne, T., Shawn D. Klimek, M. J. Roberts, Daniel Yi Xu. Entry, Exit and the Determinants of Market Structure. *RAND Journal of Economics*, 2013, 43 (3): pp. 462 – 487.

29. Fujita, M. and Hu, Dapeng. Regional Disperity in China 1985 – 1994: the Effects of Globalization and Economic Liberalization," The Annals of Regional Science, 2001 (35): pp. 3 – 37.

30. Kim, Tschangho John and Knaap, Gerrit. The Spatial Dispersion of Economic Activities and Development Trends in China: 1952 – 1985," The Annals of Regional Science, 2001 (35): pp. 39 – 37.

31. Klapper, L., Laeven. L, and Rajan. R. Entry Regulation as a Barrier to Entrepreneurship. *Journal of Financial Economics*, 2006, 82 (3): 591 – 629.

32. Ogus, A. Regulation: Legal Form and Economic Theory. *Oxford: Hart Publish*, 2004.

33. Peltzman, S. Toward a More General Theory of Regulation, 1976, 19 (2): pp. 211 – 240.

34. Rajan. R., and Zingales, L.. The great reversal: The Politics of Financial Development in the 20th century. *Journal of Financial Economics*, 2003, 69

(1): pp. 5 –50.

35. Schumpeter, J. A. The Theory of Economic Development. Cambridge: Harvard University Press, 1934.

36. Thurik, R. Entrepreneurship and Unemployment in the UK. *Scottish Journal of Political Economy*, 2003, 50 (3): pp. 264 –290.

37. Varga, A, and Schalk, J. Knowledge Spillovers, Agglomeration and Macroeconomic Growth: An Empirical Approach. *Regional Studies*, 2004 (38): pp. 977 –989.

38. Vivarelli, M. Entry and Post-entry Performance of Newborn Firms. London: Routledge Press, 2007.

Administrative Examination and Approval Efficiency and Enterprise Entry

Lu Yao

(School of Economics, Southwest University of Political Science and Law, 401120)

[**Abstract**] As a direct form of government regulation of economy, administrative examination and approval reflects the interaction between government and market. The main purpose of the reform of administrative examination and approval system characterized by the cancellation and decentralization of administrative examination and approval items is to improve the efficiency of examination and approval, save the transaction cost of enterprises, reduce the threshold of market access and enhance the economic vitality of the whole society. Empirically, this paper uses the data of industrial enterprises from 1997 to 2013, and collects and collates the time-consuming data of a new enterprise in 281 prefecture-level cities in China by hand to study the impact of administrative approval efficiency on enterprise entry. Estimated results show that the market entry rate of industrial enterprises above the scale increases significantly by 1% -1.5% in prefecture-level cities with administrative approval bureaus. At the same time, the market entry rate of Industrial Enterprises above the scale increases by 3% -6% with the establishment of an administrative approval center one year earlier. This shows that simplified administration and decentralization with the improvement of administrative examination and approval efficiency as the core can improve the market entry of enterprises.

[**Key Words**] Administrative Examination and Approval Efficiency Administrative Examination and Approval Bureau Enterprise Entry Rate

JEL Classifications: L29 L53 R58

女性高管、企业违规与社会责任的履行

王晓丹　孙　涛*

【摘　要】随着女性高管队伍的逐步壮大，其影响力已全面渗透到公司治理的各层面，本文以2009～2016年我国A股上市公司为样本，实证检验了女性高管对企业社会责任履行的影响。研究显示：女性高管占比对企业社会责任的履行有显著的负向影响，其重要的作用机制是女性高管通过抑制公司违规行为而降低企业履行社会责任的积极性。当企业违规被公告造成公司声誉损失时，挽回公司形象是企业履行社会责任的重要动机，实证结果显示企业违规被公告将导致企业社会责任履行水平提升2.5%左右；但女性高管对声誉资本的高度重视直接抑制了企业违规行为，最终导致女性高管占比越高，企业履行社会责任的水平越低，且女性高管占比对企业慈善捐赠的抑制作用更加明显。要合理发挥女性高管对企业承担社会责任的作用，需要为女性提供更加公平的竞争平台，以利用其性格特质更积极地投身公益事业，激发企业回馈社会的主动意识。

【关键词】**女性高管　社会责任　企业违规　声誉资本**

中图分类号：**F27**　文献标识码：**A**

一、引　言

作为市场经济的重要参与者，企业本着利润最大化的原则组织生产经营

* 王晓丹，山东大学经济研究院博士研究生；地址：（250100）山东省济南市历城区山大南路27号山东大学（中心校区）经济研究院；邮箱：870026094@ qq. com；孙涛，山东大学经济研究院副教授；地址：（250100）山东省济南市历城区山大南路27号山东大学（中心校区）经济研究院；邮箱：tao_sun@ sdu. edu. cn。

活动，随着经济和社会的进步，企业已不仅是一个盈利主体，也逐步承担着相应的社会责任，如增加就业、保护环境、慈善捐助等。然而在现实生活中也不乏为追求短期利益而不顾伦理责任、违反法律法规损害社会整体利益的企业存在，如三鹿奶粉、长生疫苗、违法排污等恶性事件的发生，使企业的社会责任成为舆论的焦点，更成为商业伦理和公司治理等领域的研究热点。企业高级管理者作为参与企业组织结构中的关键人物，在企业社会责任的履行中将起到直接作用，而女性高管对企业社会责任履行的影响通常被验证为正向作用。但从公司承担社会责任的动机出发，考虑到当公司出现违规行为影响公众形象时，履行社会责任可能是公司弥补声誉损失的被动选择，而女性高管的风险厌恶、声誉维护等性格特征能否促使企业更积极的履行社会责任、为社会整体福利的提升做贡献等视角的研究尚未有深入探讨。

二、文献综述

20 世纪 90 年代以来国外众多知名企业已普遍将企业社会责任作为企业发展的核心组成部分，而近年来国内各家企业对社会责任问题也开始逐步重视，企业社会责任报告的数量和质量均呈持续增长趋势。企业社会责任的承担可以通过降低资金成本（Goss and Roberts，2014；Cheng et al.，2014）、获取竞争优势（Porter and Kramer，2006；胡珺等，2017）、获取政治资源（张敏等，2013；杜勇等，2016）、获取公司声誉等战略型资源（Schnietz and Epstein，2005）、进行风险管理（Godfrey et al.，2009）等渠道提升公司的财务绩效，企业履行社会责任既是遵从商业伦理的利他行为，更是提升企业财务绩效的有效途径（李国平等，2014），是企业软实力的显著体现。克拉森和怀巴特（Klassen and Whybark，1999）的研究显示企业可能因履行社会责任动用公司资源导致企业提升核心竞争力的资源减少，但对中国企业履行社会责任的研究显示，社会责任有助于降低企业风险（冯丽艳等，2016）。影响企业社会责任履行程度的内外部因素众多，如外资企业带来的供应链压力（黄伟和陈钊，2015）、舆论压力和竞争环境（贾兴平和刘益，2014）、股权结构（王海妹等，2014）、产权性质（潘奇等，2015）等；从企业的内部控制人层面，包括股东和高级管理人员，对企业社会责任履行情况的影响可由其团队的稳定性（李坤鹏，2018）、高管的海归背景（徐细雄等，2018）、高管变更（陈丽蓉等，2015）等多种因素解释，而高管的履历如出生地贫困程度或“大饥荒”经历（许年行和李哲，2016）、宗教信仰（曾建光等，2016）等都会促进公司的慈善捐赠行为。但高管履行社会责任的动机较为复杂，一方面，高管通过社会责任的履行提升经营绩效，使私人利益与企业股东等各方利益相关者的目标一致，从而增强了高管的薪酬激励，获得更高的薪酬（潘婷和宋玉，2017）；另一方面，高管可能利用公司资源从事企业社会责任活动而提升自身的社会声誉或谋取政治资源，使企业过度履行社会责任，即存在企业社会责任的代理成本问题（Barnea and Rubin，2010；金鑫等，2014）。

随着上市公司各行业女性高管比例的上升，对公司治理方面的研究关注点更多的投向了更具关怀主义伦理的女性（周泽将，2014）。而女性高管对企业社会责任影响的研究表明，存在女性高管的企业在慈善捐赠等方面的社会责任表现更好，其影响机制包括女性高管的比例（翟华云和刘小文，2015）、信任环境（黄荷暑和周泽将，2015）、法律环境（杜颖洁和杜兴强，2014）、企业产权性质等制度环境（杜兴强和冯文滔，2012）。但朱文莉和邓蕾（2017）在验证了女性高管人数和比例对企业社会责任的正向相关的基础上分析其影响机制发现，女性高管通过抑制企业过度投资而促使企业履行社会责任，而女性高管权利的过度集中又会抑制企业履行社会责任。因此从女性高管的不同利益角度出发考虑其对企业社会责任的影响将得到各异的结论。

在竞争激烈的高管职位获取过程中，女性往往需要积累更多的人力资本、声誉资本、社会资本等以彰显自身实力，并向外界发出证明公司实力的积极信号（吕英和王正斌，2015），因此女性高管可能对于公司形象的维护尤为关注。公司声誉作为企业的无形资产，虽难以估计却以信号机制为公司创造巨大的价值，而声誉资本需长期积累且易受损害，如高管的婚变直接影响高管声誉，会为企业带来短期的负面影响（徐莉萍等，2015），其中企业违规行为的公布无疑对企业声誉产生重大冲击。路军（2015）证明了女性高管对公司违规概率具有显著的负向作用，但对经营违规和领导人个体的违规行为影响不大。从这一角度出发，在高管职位的激烈竞争中，女性高管因累积声誉资本的强烈需求而更加迫切的维护公司声誉，从而抑制公司违规行为；而存在违规行为的公司又往往以履行社会责任的渠道弥补公司声誉损失，女性高管对履行企业社会责任的影响可能因企业是否违规这一机制而有所不同。一方面，当公司因外部因素或内部治理过程中发生违规行为导致公司整体形象受损时，履行企业社会责任的过程正是提升自身及公司整体形象、挽回公司声誉损失的绝佳方式，从而女性高管可能会促进社会责任的履行；另一方面，若因女性高管显著的抑制公司违规行为，则公司从维护声誉角度出发履行社会职责的动机将明显下降，表现为女性高管对企业社会责任的降低作用。本文将关注存在以公司违规为代表的声誉资本损失是否是女性高管影响企业社会责任履行的另一重要机制。

三、研究设计

（一）研究样本与数据来源

本文以 A 股上市公司 2009～2016 年数据为基础，研究女性高管对企业社会责任履行的影响。其中企业社会责任数据来源于润灵环球责任评级数据库，企业慈善捐赠、高管特征和公司特征数据均源于国泰安数据库，并剔除金融行业股和 ST 股。

（二）变量设计

对被解释变量即企业社会责任的衡量标准众多，如企业慈善捐赠（张敏等，2013；杜勇等，2016；胡珺等，2017）、企业利益相关者的支付情况（田虹和姜雨峰，2014；朱文莉和邓蕾，2017），其中润灵环球责任评级机构（以下简称 RKS）出具的社会责任报告评价指数已为众多研究者采纳（权小峰等，2015；徐细雄等，2018），本文以 RKS 对各上市公司的社会责任评分为被解释变量；此外，也将企业慈善捐赠作为企业社会责任的代理变量做稳健性检验。

主要的解释变量包括女性高管的特征变量和企业违规。其中女性高管影响力的代理变量包括女性高管的比例、高管团队中是否存在女性、女性高管人数、女性是否兼任董事长和 CEO、独立董事中是否存在女性、女性高管特征的控制变量包括女性高管持股比例、女性高管学历、政治背景、海外背景、女性高管薪酬等。而公司违规的衡量指标为虚拟变量，即只要公司出现违规行为并被监管部门处罚则定义为 vio1 = 1，否则 vio1 = 0；其中公司违规行为主要包括：虚构利润、虚列资产、虚假记录、推迟披露、出资违规、内幕交易、操纵股价、违规担保①等。

控制变量主要包括公司经营情况、盈利能力、成长能力、发展能力、债务杠杆、流动性、股权集中度、董事会规模及独立董事比例、国有股权性质等，并控制企业行业性质和年份。各变量定义如表 1 所示。

① RKS 评分主要以各上市公司披露的利润、分红、环保、公益捐赠等项目为关键绩效，与公司违规行为的各项记录之间不具有重叠性。

表1　　主要变量定义

变量名称	符号	变量定义
企业社会责任	CSR	润灵环球 RKS 社会责任报告评价指数对数
女性高管比例	FER	女性高管人数/高管总数
女性高管存在性	FED	虚拟变量，存在取1，否则取0
女性高管人数	FEN	性别为女性的高管人数
女性兼任董事长、CEO	DUA	虚拟变量，兼任取1，否则取0
独董中是否有女性	FEID	虚拟变量，存在取1，否则取0
女性高管持股比例	FEH	女性高管年末平均持股比例
女性高管学历	DEG	虚拟变量，女性高管具有硕士及以上学历为1，否则为零
女性高管海归背景	OVERS	虚拟变量，女性高管具有海归背景为1，否则为零
女性高管政治背景	GOV	虚拟变量，女性高管具有政府任职背景为1，否则为零
女性高管薪酬水平	FES	女性高管年薪均值的对数
企业发展能力	ASG	公司总资产增长率
债务杠杆	LEV	公司年度负债/总资产
流动能力	CASH	现金及现金等价物期末余额/流动负债
企业规模	SIZE	公司总资产的对数
产权性质	STATE	上市公司为国有产权则取值为1，否则取值为0
行业	IND	证监会行业分类

（三）模型建立

女性高管、企业违规行为和企业履行社会责任三者的关系，可分别检验女性高管对企业违规行为、企业社会责任履行的作用，并以企业违规与企业社会责任的相关性为联结。首先为直观检验女性高管对企业社会责任的影响程度，设定模型（1）：

$$CSR_{it} = \alpha + \beta FE_{it} + \theta X_{it} + \nu_i + \mu_t + \varepsilon_{it} \tag{1}$$

其中，FE_{it}是指女性高管的各类特征变量，包括女性高管比例、数量等；X_{it}指各类控制变量，包括高管背景控制变量和公司特征变量。

其次检验企业违规行为是否作为女性高管对企业履行社会责任的影响机制之一，由模型（2）的 Probit 模型做检验：

$$VIO_{it} = \alpha + \beta FE_{it} + \delta VIO_{i,t-1} \times FE_{it} + \theta X_{it} + \nu_i + \mu_t + \varepsilon_{it} \tag{2}$$

其中，除女性高管特征和公司特征外，$VIO_{i,t-1} \times FE_{it}$指前一期存在违规行为的公司是否存在女性高管的虚拟变量。

四、实证分析

（一）描述性统计

对2009～2016年企业社会责任评分情况、女性高管占比、企业违规行为及主要控制变量的描述性统计如表2所示，剔除缺失值后的样本数量为763家公司共计4 097个观测样本。

表2　　　　主要变量的描述性统计

变量	观测数量	最小值	最大值	均值	标准差
CSR	4 097	2. 590	4. 477	3. 577	0. 302
FER	4 097	0	0. 800	0. 120	0. 141
VIO	4 097	0	1. 000	0. 104	0. 306
ASG	4 097	-0. 972	47. 927	0. 162	0. 808
LEV	4 097	0. 008	1. 345	0. 490	0. 201
CASH	4 097	0	41. 590	0. 692	1. 544
SIZE	4 097	19. 198	28. 508	22. 957	1. 451

（二）回归结果

实证结果首先报告女性高管对企业社会责任履行的影响，其次反映女性高管对公司违规行为的作用，最后检验公司违规行为是否是女性高管对企业社会责任履行的影响机制。

1. 女性高管与企业社会责任的回归

我们分别以女性高管占比、存在性、女性高管数量、是否兼任董事长和CEO、有无女性独立董事作为女性高管影响力的衡量指标，如表3回归（1）至（5）列所示。其中，女性高管占比对企业社会责任的履行有16%的显著负向影响，而女性独董的存在对社会责任有2.8%的正向影响；其余各女性高管的衡量指标皆不显著；女性高管背景特征的各控制变量中仅学历水平和工资水平对社会责任有显著的正向影响。比较回归（1）至（5）的结果可见，女性高管的占比、数量、职位等对企业社会责任的影响存在一定的差异，根据已有文献的实证指标选取，以女性高管占比为衡量女性在企业中影响力的主要指标。而结果（6）将女性高管各衡量指标共同回归发现，女性高管占比对企业社会责任履行的负向影响高达28.8%，而女性高管的数量和女性独董对社会责任履行的正向影响也更加显著。另外，企业总资产增长率、财务杠杆率、企业现金流水平都与社会责任履行呈负相关，而企业规模越大企业社会责任履行水平越高，综合企业各特征变量可见，生命周期趋于成熟的企业能更好地承担其社会责任。

表3　　女性高管对企业社会责任的影响

变量符号	(1)	(2)	(3)	(4)	(5)	(6)
FER	-0.160** (0.087)					-0.288*** (0.103)
FED		0.004 (0.009)				0.006 (0.009)
FEN			0.008 (0.008)			0.019** (0.009)
DUA				0.008 (0.049)		-0.014 (0.049)
FEID					0.028*** (0.014)	0.027** (0.014)
FEH	0.209 (0.172)	0.238 (0.172)	0.244 (0.172)	0.234 (0.172)	0.254 (0.172)	0.238 (0.172)
DEG	0.168** (0.084)	0.075 (0.068)	0.054 (0.072)	0.077 (0.068)	0.072 (0.068)	0.177** (0.084)
OVERS	-0.084 (0.251)	-0.135 (0.251)	-0.158 (0.252)	-0.128 (0.250)	-0.108 (0.068)	-0.112 (0.252)
GOV	0.026 (0.111)	0.011 (0.111)	0.011 (0.111)	0.009 (0.111)	-0.001 (0.111)	0.033 (0.112)
FES	0.032*** (0.009)	0.026*** (0.008)	0.024*** (0.008)	0.026*** (0.008)	0.025*** (0.008)	0.032*** (0.009)
ASG	-0.045*** (0.010)	-0.045*** (0.010)	-0.045*** (0.010)	-0.045*** (0.010)	-0.044*** (0.010)	-0.044*** (0.010)
LEV	-0.184*** (0.048)	-0.183*** (0.048)	-0.183*** (0.048)	-0.184*** (0.048)	-0.181*** (0.048)	-0.178*** (0.048)
CASH	-0.007** (0.003)	-0.007** (0.003)	-0.007** (0.003)	-0.007** (0.003)	-0.008*** (0.003)	-0.007** (0.003)

续表

变量符号	(1)	(2)	(3)	(4)	(5)	(6)
SIZE	0.258 *** (0.012)	0.262 *** (0.012)	0.261 *** (0.012)	0.262 *** (0.012)	0.262 *** (0.012)	0.253 *** (0.012)
_CONS	-2.554 *** (0.252)	-2.592 *** (0.251)	-2.565 *** (0.253)	-2.589 *** (0.252)	-2.582 *** (0.251)	-2.338 *** (0.257)
R^2	0.214	0.213	0.214	0.213	0.213	0.219
Hausman	Chi2(11) = 151.34 ***	Chi2(11) = 152.2 ***	Chi2(11) = 144.53 ***	Chi2(11) = 147.35 ***	Chi2(11) = 148.87 ***	Chi2(11) = 148.86 ***

注：*、**、***分别表示10%、5%、1%的显著性水平，以下表同。

2. 女性高管对企业违规行为的影响

以企业当年是否存在被公告的违规行为做被解释变量的Probit模型结果如表4所示，其中结果（1）至（6）中的女性高管衡量指标与表3相同。类似于表3回归（1）的结果，女性高管占比对企业违规行为的影响约-55.1%，而女性兼任董事长和CEO及女性独立董事对企业违规行为均存在显著的促进作用，但女性高管的背景特征对企业违规行为无明显影响；而存在女性高管且前一期已被公告存在违规行为的企业，当期被公告违规的概率也显著的提高，说明企业违规行为存在一定的惯性。另外，总资产增长率低、规模大的国有性质的企业违规行为较少，而财务杠杆水平和现金流水平较高的企业违规行为相对较多，一定程度上反映出成熟企业的违规行为相对较少。

表4　　女性高管对企业违规行为的影响

变量符号	(1)	(2)	(3)	(4)	(5)	(6)
FER	-0.551 * (0.325)					-0.739 * (0.440)
FED		-0.068 (0.099)				-0.155 ** (0.078)
FEN			0.022 (0.038)			0.097 ** (0.049)
DUA				1.137 *** (0.290)		0.957 *** (0.246)
FEID					0.129 * (0.076)	0.101 (0.081)
LVIO × FE	1.334 *** (0.283)	0.439 *** (0.131)	0.142 *** (0.035)	-0.963 (0.686)	0.239 (0.204)	0.364 *** (0.128)

续表

变量符号	(1)	(2)	(3)	(4)	(5)	(6)
FEH	0. 582 (1. 076)	0. 528 (1. 075)	0. 517 (1. 083)	0. 639 (1. 065)	0. 434 (1. 062)	0. 682 (1. 049)
DEG	-0. 099 (0. 469)	-0. 288 (0. 496)	-0. 383 (0. 485)	-0. 201 (0. 489)	-0. 308 (0. 492)	-0. 043 (0. 479)
OVERS	-0. 755 (1. 559)	-0. 913 (1. 513)	-0. 958 (1. 604)	-1. 407 (1. 558)	-0. 918 (1. 567)	-1. 522 (1. 588)
GOV	0. 168 (0. 579)	0. 066 (0. 544)	0. 105 (0. 549)	-0. 228 (0. 568)	-0. 048 (0. 631)	-0. 074 (0. 577)
FES	0. 053 (0. 055)	0. 036 (0. 051)	0. 021 (0. 045)	0. 002 (0. 055)	0. 013 (0. 047)	-0. 002 (0. 064)
ASG	-0. 478 * (0. 274)	-0. 487 * (0. 286)	-0. 492 * (0. 276)	-0. 526 ** (0. 273)	-0. 502 * (0. 278)	-0. 523 ** (0. 260)
LEV	0. 928 *** (0. 356)	0. 954 *** (0. 368)	0. 916 *** (0. 352)	0. 967 *** (0. 365)	0. 945 *** (0. 363)	0. 943 *** (0. 370)
CASH	0. 048 *** (0. 018)	0. 049 *** (0. 018)	0. 048 *** (0. 018)	0. 051 *** (0. 017)	0. 047 *** (0. 017)	0. 050 *** (0. 018)
SIZE	-0. 084 ** (0. 036)	-0. 075 ** (0. 035)	-0. 069 ** (0. 034)	-0. 073 ** (0. 034)	-0. 068 ** (0. 034)	-0. 085 ** (0. 036)
STATE	-0. 179 * (0. 108)	-0. 182 * (0. 108)	-0. 175 * (0. 109)	-0. 194 * (0. 107)	-0. 168 * (0. 104)	-0. 189 * (0. 105)
_CONS	0. 309 (0. 672)	0. 245 (0. 669)	0. 235 (0. 688)	0. 589 (0. 743)	0. 281 (0. 669)	0. 865 *** (0. 761)
R^2	0. 045	0. 042	0. 044	0. 051	0. 043	0. 055

注：*、**、*** 分别表示 10%、5%、1% 的显著性水平。

3. 女性高管对企业社会责任的影响机制

表 5 报告了女性高管与企业违规行为同时加入对企业社会责任的影响，女性高管占比对企业社会责任的负向影响提高至 -27. 7%，而女性担任独立董事对企业社会责任的影响仍为正向约 3. 9%；而对于被公告存在违规行为的企业其社会责任的履行水平也提高了约 2. 5%。(2) 栏以不存在女性高管的企业为对照组，结果显示，不存在女性高管的企业，违规行为的公布对企业社会责任的履行存在约 6. 2% 的提升作用，较 (1) 栏结果有所提高，说明企业行使社会责任的重要动机之一是弥补因企业违规行为的披露对企业声誉造成的不良影响，同时反映出女性高管与企业社会责任之间存在企业违规行为的影响机制，即验证了女性高管通过抑制企业违规而降低社会责任的履行。

另外，公司特征的各控制变量仍显示出成熟的大型企业社会责任的履行更强。

表5　　　　女性高管对企业社会责任的影响机制分析

变量符号	(1)	(2)
FER	-0.277*** (0.107)	
FED	-0.002 (0.009)	
FEN	0.018* (0.01)	
DUA	0.001 (0.009)	
FEID	0.039*** (0.049)	
FEH	0.266 (0.242)	
DEG	0.151* (0.464)	
OVERS	-0.292 (0.272)	
GOV	-0.009 (0.113)	
FES	0.022** (0.009)	
VIO	0.025*** (0.014)	0.062*** (0.014)
LVIO	0.001 (0.012)	0.058*** (0.015)
ASG	-0.032*** (0.009)	-0.013*** (0.278)
LEV	-0.188*** (0.051)	-0.188*** (0.359)
CASH	-0.002 (0.004)	-0.004 (0.005)
SIZE	0.219*** (0.014)	0.221*** (0.014)

续表

变量符号	(1)	(2)
_CONS	-1.549 (0.295)	-1.455 (0.328)
R^2	0.227	0.211
Hausman	Chi2(17) = 80.78***	Chi2(7) = 56.38***

注：*、**、***分别表示10%、5%、1%的显著性水平。

（三）稳健性检验

以企业年度慈善捐赠额的对数作为企业社会责任履行水平的代理变量，替换企业社会责任评级。表6中（1）列、（2）列、（3）列分别是女性高管对企业慈善捐赠的面板回归结果，女性高管对企业违规行为的Probit回归，以及女性高管与企业违规行为对企业慈善捐赠的面板回归。同样的，列（1）显示女性高管占比对企业慈善捐赠有2.46%的显著负向影响，列（2）显示女性高管占比对企业违规行为有1.77%左右的抑制作用，列（3）显示加入企业违规行为后，女性高管占比对企业慈善捐赠的负向影响有所增强，而企业违规行为的公布对企业慈善捐赠的促进作用也非常显著。另外，以女性高管存在性和女性高管人数为代理变量的结果显示，存在女性高管的企业其女性人数越多，企业慈善捐赠越多且企业违规倾向越强，但女性兼任董事长和CEO及女性独立董事的存在对企业慈善捐赠和违规行为并未有显著影响。由此可见，以女性高管占比为衡量女性高管影响力的代理变量更加稳健，即女性高管通过抑制企业违规行为的发生而降低了企业慈善捐赠的水平。

表6　企业慈善捐赠的稳健性结果检验

变量符号	(1)	(2)	(3)
FER	-2.463* (1.456)	-1.766*** (0.772)	-2.537* (1.419)
FED	0.258** (0.125)	0.221* (0.140)	0.206* (0.121)
FEN	0.179 (0.137)	0.230*** (0.039)	0.192 (0.134)
DUA	-0.163 (0.207)	-0.293 (0.239)	-0.144 (0.201)
FEID	0.072 (0.396)	0.092 (0.087)	0.079 (0.384)

续表

变量符号	(1)	(2)	(3)
VIO × FE		0.246 (0.965)	
VIO			2.102*** (0.241)
LVIO			-0.194 (0.178)
FEH	10.431 (6.477)	2.432 (1.587)	9.582 (6.283)
DEG	-0.102 (1.141)	0.298 (0.502)	-0.223 (1.107)
OVERS	-0.506 (3.341)	-2.504** (1.513)	-0.376 (3.241)
GOV	1.246 (1.719)	0.404 (0.662)	0.747 (1.673)
FES	0.141 (0.119)	0.075 (0.052)	0.125 (0.045)
ASG	0.127 (0.122)	-0.134 (0.192)	0.058 (0.118)
LEV	0.274 (0.672)	-0.026 (0.225)	0.157 (0.665)
CASH	-0.038 (0.034)	0.025 (0.026)	-0.063* (0.034)
SIZE	0.416*** (0.157)	0.024 (0.041)	-0.032 (0.217)
STATE	0	-0.229** (0.098)	0
_CONS	9.848*** (3.352)	-3.17*** (0.642)	0.898 (4.74)
R^2	0.100	0.05	0.078
Hausman	Chi2(15) = 58.24***		Chi(17) = 39.87***

注：*、**、*** 分别表示 10%、5%、1% 的显著性水平。

上述实证研究表明，以女性高管占比衡量女性在企业中的影响力为解释变量，对企业社会责任的履行存在显著的负向作用，其主要影响机制和作用渠道是女性高管对企业违规行为的抑制。违规行为被公告的企业为了弥补声誉损失，其履行社会职责的动机有所增强；但女性高管的存在明显抑制了企业违规行为的发生，进而表现为对企业社会责任履行的负向影响。

五、结论及展望

本文以女性高管对企业社会责任履行的影响为主要研究对象，以企业违规为主要影响机制时发现，女性高管因抑制了企业违规一定程度上降低了企业履行社会责任的水平。从实证检验结果可反映出，企业履行社会责任的重要动机是出于弥补自身的声誉损失，维护公司形象，要实现企业真正自主自觉的回馈社会仍需漫长的过程。另外，与已有文献中女性高管对企业社会责任影响多为正向的结论有所不同，女性高管影响力和企业社会责任评价的不同衡量指标或者传导渠道的差异也将导致二者关系各异的结果。

高管群体作为社会精英阶层，其人力资本的累积导致性别的差异在经营决策中的作用逐渐淡化，或者女性身上的如风险厌恶等方面的特质也被隐藏，甚至为在激烈的竞争中谋求职业发展，女性高管需要付出更多的努力，比如文中强调的声誉资本的累积。另外，女性高管的家庭角色、是否婚配、是否生育，以及子女性别等因素，也会影响其在企业中对违规行为和社会责任履行的态度。此外，为更好地发挥女性促进企业承担社会责任的积极作用，仍需为女性提供更加公平开放的竞争平台，才能更好地激发企业履行社会责任的主动性。

参考文献

1. 陈丽蓉、韩彬、杨兴龙：《企业社会责任与高管变更交互影响研究——基于A股上市公司的经验证据》，载于《会计研究》2015年第8期。

2. 杜勇、陈建英：《政治关联、慈善捐赠与政府补助——来自中国亏损上市公司的经验证据》，载于《财经研究》2016年第5期。

3. 杜颖洁、杜兴强：《女性董事、法律环境与企业社会责任——基于中国资本市场的经验证据》，载于《当代会计评论》2014年第1期。

4. 杜兴强、冯文滔：《女性高管、制度环境与慈善捐赠——基于中国资本市场的经验证据》，载于《经济管理》2012年第11期。

5. 冯丽艳、肖翔、程小可：《社会责任对企业风险的影响效应——基于我国经济环境的分析》，载于《南开管理评论》2016年第6期。

6. 胡珺、王红建、宋献中：《企业慈善捐赠具有战略效应吗？——基于产品市场竞争的视角》，载于《审计与经济研究》2017年第4期。

7. 黄伟、陈钊：《外资进入、供应链压力与中国企业社会责任》，载于《管理世界》2015 年第 2 期。

8. 黄荷暑、周泽将：《女性高管、信任环境与企业社会责任信息披露——基于自愿披露社会责任报告 A 股上市公司的经验证据》，载于《审计与经济研究》2015 年第 4 期。

9. 贾兴平、刘益：《外部环境、内部资源与企业社会责任》，载于《南开管理评论》2014 年第 6 期。

10. 金鑫、雷光勇、王文忠：《企业社会捐赠：政治资本还是代理成本?》，载于《财经研究》2014 年第 5 期。

11. 李国平、韦晓茜：《企业社会责任内涵、度量与经济后果——基于国外企业社会责任理论的研究综述》，载于《会计研究》2014 年第 8 期。

12. 李坤鹏：《高管团队稳定性、产权性质与企业社会责任》，载于《财会月刊》2018 年第 10 期。

13. 路军：《女性高管抑制上市公司违规了吗？——来自中国资本市场的经验证据》，载于《中国经济问题》2015 年第 5 期。

14. 吕英、王正斌：《国外女性董事参与公司治理的影响因素研究述评》，载于《妇女研究论丛》2015 年第 6 期。

15. 潘婷、宋玉：《企业社会责任在高管薪酬契约中的作用——激励机制还是薪酬辩护工具》，载于《财会月刊》2017 年第 8 期。

16. 潘奇、朱一鸣、林枫：《两难困境下国有企业最优捐赠策略——基于产权性捐赠差异及其绩效的实证发现》，载于《中国工业经济》2015 年第 9 期。

17. 权小锋、吴世农、尹洪英：《企业社会责任与股价崩盘风险："价值利器"或"自利工具"?》，载于《经济研究》2015 年第 9 期。

18. 田虹、姜雨峰：《企业社会责任履行的动力机制研究》，载于《审计与经济研究》2014 年第 6 期。

19. 王海妹、吕晓静、林晚发：《外资参股和高管、机构持股对企业社会责任的影响——基于中国 A 股上市公司的实证研究》，载于《会计研究》2014 年第 8 期。

20. 许年行、李哲：《高管贫困经历与企业慈善捐赠》，载于《经济研究》2016 年第 12 期。

21. 徐细雄、朱红艳、淦未宇、李万利：《"海归"高管回流与企业社会责任绩效改善——基于文化趋同视角的实证研究》，载于《外国经济与管理》2018 年第 5 期。

22. 徐莉萍、赖丹丹、辛宇：《不可承受之重：公司高管婚变的经济后果研究》，载于《管理世界》2015 年第 5 期。

23. 张敏、马黎珺、张雯：《企业慈善捐赠的政企纽带效应——基于我国上市公司的经验证据》，载于《管理世界》2013 年第 7 期。

24. 翟华云、刘小文：《女性高管特征对企业社会责任表现的影响研究——来自我国上市公司的经验证据》，载于《财会通讯》2015 年第 5 期。

25. 周泽将：《女性董事影响了企业慈善捐赠吗？——基于中国上市公司的实证研究》，载于《上海财经大学学报：哲学社会科学版》2014 年第 3 期。

26. 曾建光、张英、杨勋：《宗教信仰与高管层的个人社会责任基调》，载于《管理世界》2016 年第 4 期。

27. 朱文莉、邓蕾：《女性高管真的可以促进企业社会责任履行吗？——基于中国 A 股上市公司的经验证据》，载于《中国经济问题》2017 年第 4 期。

28. Barnea Amir, Rubin Amir, "Corporate Social Responsibility as a Conflict Between Shareholders", *Journal of Business Ethics*, Vol. 97 No. 3, 2010, pp. 71 – 86.

29. Cheng Beiting, Ioannou, Ioannis, Serafeim George, "Corporate social responsibility and access to finance", *Strategic Management Journal*, Vol. 35 No. 1, 2014, pp. 1 – 23.

30. Godfrey Paul C, Merrill Craig B, Hansen Jared M., "The Relationship between Corporate Social Responsibility and Shareholder Value: An Empirical Test of the Risk Management Hypothesis", *Strategic Management Journal*, Vol. 30 No. 4, 2009, pp. 425 – 445.

31. Goss Allen, Roberts, Gordon S, "The impact of corporate social responsibility on the cost of bank loans", *Journal of Banking & Finance*, Vol. 35 No. 7, 2011, pp. 1794 – 1810.

32. Klassen Robert D, Whybark D Clay, "The Impact of Environmental Technologies on Manufacturing Performance", *Academy of Management Journal*, Vol. 42 No. 6, 1999, pp. 599 – 615.

33. Porter Michael E, Kramer Mark R, "Strategy and society: The link between competitive advantage and corporate social responsibility", *Harvard Business Review*, Vol. 84 No. 12, 2006, pp. 78 – 92.

Female Executives, Corporation Violations and Social Responsibility

Wang Xiaodan Sun Tao

(Center for Economic Research, Shandong University, 250100)

[**Abstract**] With the growing ratio of female executives, their influence has deeply infiltrated in almost every level of corporation management. Based on the data of China's A – stock listed companies from 2009 to 2016, this paper focus on the relationship between the female executives and the effectiveness of the corporation social responsibility. The empirical research shows that the ratio of female executive has significantly negative effect on the performance of the corporation social responsibility. One of the most important mechanisms is that, by reducing the probability of the violations being declared, the female executives could bring down the enthusiasm of the corporations to carry on their social responsibility. Because when the violations has been declared, the corporation would suffer the reputation loss, while social responsibility brings perfect opportunities to redeem the corporation image, and the empirical test shows that the declare of the violations will increase the social responsibility level up to 2.5%. Whereas female executives pay too much attention to their reputation capital to reduce the happens of the violations, with the result that the higher the ratio of female executives, the lower the level of corporation social responsibility performance. Moreover, female executives ratio shows much significant negative effect on corporation social responsibility when using charitable donation measures the responsibility level. For the sake of female executives playing the leading role in improving the public benefit, corporations should provide more fair competition platforms for females to enhance their passions to realize corporation social responsibility.

[**Key Words**] Female Executives Social Responsibility Corporation Violations Reputation Capital

JEL Classifications: M14

医疗保险悖论：医药价格与自付率成反比的假说及其在中国的验证*

盛 洪 张 林**

【摘　要】医疗保险的本意在于减少医疗支出的不确定性。然而我们的研究发现，由于医疗保险削弱了价格信号，加上医疗机构本身的垄断性，却带来了医保悖论：医疗价格与自付率成反比。这意味着医疗保险最终有可能放大，而非减少了疾病带来的费用支出，即医疗支出风险。本文发展了以自付率（α）和垄断程度（e）为主要变量的分析方法，利用 CHARLS 微观数据及《中国卫生统计年鉴》数据，验证了医疗保险悖论在中国的存在，保险覆盖下的医疗支出为无保险时的 2.1 倍。同时，本文提出了医保改革方案，以增加医保收益，降低医保悖论带来的损失。

【关键词】**医疗保险悖论　自付率　医药价格**

中图分类号：**F06**　文献标识码：**A**

一、问题的提出：医疗保险的福利增量是否真的大于其成本？

从个人角度看，一个人的得病与否和医疗效果具有奈特所说的不确定性，即不知其概率分布的不确定性。正如奈特所说，“很少有人能够就某一具有唯一性的事例计算出概率”（奈特，2005：第 173 页）。但是从整体来看，奈特说，“一类事例中的不确定性要比单个事例中的不确定性更小”（奈特，

* 本文的内容是《中国医疗制度的理论研究、效果评价和改革方案》研究的一部分。本文作者作为该研究的参与者将上述部分做了修订，独立成章。

** 盛洪，独立学者；E-mail：shenghong54@ vip. sina. com。张林，中诚信国际信用评级有限责任公司分析师，E-mail，zhanglin@ unirule. org。

2005：第176页）。人群中得病的概率分布，通过统计分析，是大致可预知的，因而又可被称为奈特意义上的“风险”，即能预知其概率分布的不确定性。所以奈特建议说，要用“整合”与“专业化”来应对风险。“整合”就是“通过概率归类来减少不确定性”，“专业化”就是“通过选择一些乐于‘承担’不确定性的人来减少不确定性。”（奈特，2005：第176页）。这正是保险的思路。

肯尼思·阿罗说，由于存在着不确定性，由于人们厌恶风险，他们倾向于选择一个确定的收益；而不是一个同等的收益均值，实际收益围绕着这一均值波动。人们是否得病，以及医疗服务的成本，要比一般产品或服务具有更大的不确定性，所以由一个保险公司或政府提供一种价格确定但能完全支付以后不可预期的医疗服务费用的保险，将会给每个厌恶风险的人带来福利增量。由于大多数人是厌恶风险的，并且保险公司能将众多互相独立的个人的保险金汇集起来，以对付对个人来讲不确定、但从社会来讲呈现出一定概率的风险，则会总体上极大地降低风险，从而使整个社会也会有一个明显的福利增量。这就是医疗保险所依据的基本道理（Arrow，1963）。

那么，医疗保险到底能够给消费者带来多少收益，一般通过间接的方法来估计，即通过有无保险人群之间的消费差异来判断医疗保险的好处。

在间接估算方面，根据一些学者的测算（甘犁、刘国恩，2010；臧文斌、刘国恩，2012；朱铭来，奎潮，2012；李晓嘉，2014），表明有医疗保险的家庭对非医疗消费品的支出增加比例为7% ~13%。而白重恩等（2012）的研究则发现，医疗保险给农民带来约5.6%的非医疗消费增加，扣除政府补贴的收入效应（17元），非医疗消费约增加了5%。因为我国农民的收入水平相对处于较低的位置，而保险带来的对消费的影响会随着收入水平的提高而减少，白重恩等的估计可能更为可信。然而，他们的数据较早，最晚是2006年的数据，而我们知道，随着新农合的发展保险报销支付率在上升。所以我们选取5% ~13%的中间值，9%作为保险带来的好处的估计。2014年我国居民人均非医疗消费支出占人均GDP的比重约为25%，消费者支付保费除了获得医药费报销外，医疗保险为消费者增加了相当于人均GDP2.25%的确定性效用，这大约相当于人均医疗费用的44.3%。

另外，保险也有其成本。这包括道德风险、逆向选择、机构成本、买方垄断、推动价格上涨和过度医疗（Martin S. Feldstein，1973）等。关于这些成本，已有大量文献讨论，本文不再赘述。然而，这还没有穷尽医疗保险的问题。一个最为重要的问题是，当人们购买保险以后，他们的支付方式发生了变化，医疗费用全部或部分由保险公司支付，他们就失去了对价格的敏感性。这不仅在总体上推动了对医疗服务的需求，使价格持续上升，而且缺少了对不同医生、不同医疗服务和不同医药产品的分散选择和评价，也就不会形成对这些医生、服务和产品的分别定价，也就不能形成有效的市场相对价格结构，也就不会为这些服务和产品的供给和投资提供正确的价格信号。这会带来资源配置效率的损失。

本文正是从这个角度出发，提出“医药价格与保险下自付率成反比”的假说，即在有保险的情况下，对医药费用的保险支付率越高、即自付率越低，从宏观结果来看，医药价格上涨幅度越大。这个假说能否成立呢？

二、医疗保险制度使医疗需求函数发生变化

由于病人对医疗服务的基本需求是“病愈”，对于更为复杂的疾病，消费者也对治疗报有一定的预期效果。为此，病人不会因为医疗服务或者药品价格的降低就去增加诊疗和药品服用。这种假设得到了一些印证。如舍曼·富兰德等指出，“我们得到的大多数弹性值都位于缺乏弹性的范围内，即在 -1.0 ~0.0”（富兰德等，2010，第238页）。他们在《卫生经济学》一书中引用的需求弹性数据，尤其是与直接医疗有关的数据，就更接近零。

病人的需求价格缺乏弹性，这意味着医疗市场的价格主要取决于医疗服务供给方的市场结构和供给成本。而一些研究表明，由于保险的存在使得病人的医疗需求更有弹性。如兰德公司的保险实验发现，保险中的自付率“对平均医疗花费的影响相当大”；从95%的自付率到免费或零自付率，“家庭平均医疗费用上升了近50%，从679美元上升至982美元”。

值得注意的是，这种需求弹性是对自付率的弹性，而不是对价格的弹性。消费者在购买保险后，已经支付的费用相当于沉没成本，当他们得病并进行治疗时，他们考虑的是边际成本。一般而言，除了他们看病所耗费的时间外，边际成本主要指的是他们在保险制度下的自己支付的部分，这一部分占全部医疗费用的比率，我们称为自付率。但人们购买了保险以后，就只将注意力放在自付的部分上。即使在实际医疗费用一样的情况下，自付率的不同会导致人们不同的反应。

利用中国健康与养老追踪调查（china health and retirement longitudinal study，CHARLS）的数据，该调查提供4 496人的2011年、2013年和2015年三年的微观数据①，可以回归得出与上面兰德实验类似的结论。医疗费用与自付率的关系可以表示为：

---

① 数据来源于2011年、2013年、2015年CHARLS调查当中“上月多次去过门诊”的样本。由于调查间隔有两年，而且记录的是调查当月的上月统计，仅有少部分样本在连续三次调查当中都有记录，不宜视作面板，因此这里采用了混合截面方法处理数据。本节下文的数据来源及处理方法与此处相同。

$C = 1\ 419.4 - 902.95\alpha$，其中 α 为自付率，$0 \leqslant \alpha \leqslant 1$。

按照估算，如果我国的平均自付率为50%，则有保险的人要比没有保险的人多花费87%的医疗费用。事实很清楚简单。不过我们要注意，保险制度下的自付率下降并不等价于绝对价格下降，从作为宏观后果的名义价格来看，有了保险之后医疗支付的绝对价格是上升的，甚至有可能自付的部分价格也高于原来的绝对价格。这重新构造了消费者对医疗的需求函数。

我们继续利用CHARLS提供的微观数据回归有无保险的线性需求函数①，

当无保险时，$q = 3.86 - 0.00094p$，平均次数3.71，平均支出159.9元。

当有保险时，$q = 3.97 - 0.00066p$，平均次数3.73，平均支出369.4元。

图1直观地说明，医疗保险带来了个人门诊需求的两个重要变化。第一是整个需求曲线右移，这意味着收入的增加，但这种增多的收入不能用于购买其他商品；但右移的幅度是很小的，横轴上的截距几乎在同一个点上，微小的距离可以认为是误差所至。第二个特点就是有保险的需求曲线向右转动了一个角度，即斜率更小了，价格弹性更小了。

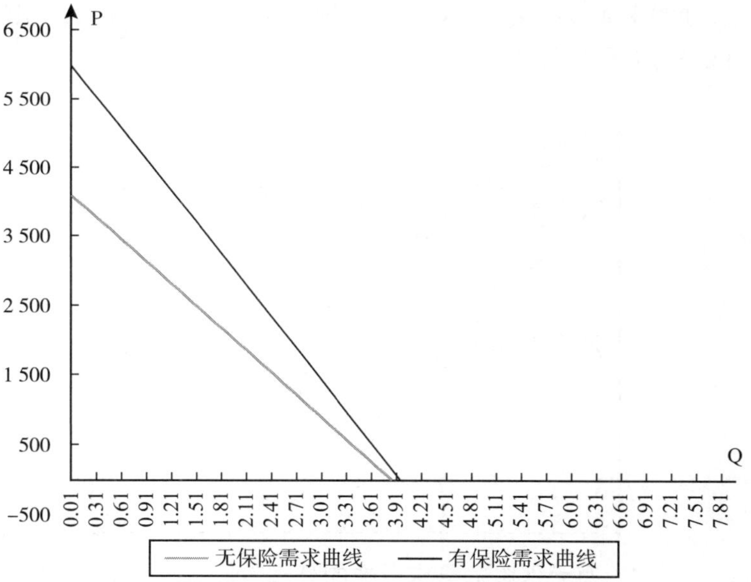

图1　利用CHARLS数据得出的无保险需求函数和有保险需求函数曲线

① 这里同样使用某月多次在门诊就医的微观数据，为了简单起见，需求函数当中的价格为次均价格，数量为门诊次数。

三、保险效用的两个组成部分

到底是因为有了保险支付使实际价格显得更便宜了，还是因为有了保险的支持使消费者认为自己收入增加了，似乎很难判断。在这里，我们套用斯勒茨基方程的方法，也许能够稍微理清问题。图1与斯勒茨基用来分析两商品比价变动的图形如出一辙。只要我们把价格看作是一种标准商品，就可以用斯勒茨基方法来分析。图1中有保险需求曲线这样的旋转，可以看作是横轴上的每一次医疗服务更贵了，也可以说纵轴上的货币更便宜了。

我们也可以借用斯勒茨基方程，估算出替代效应和收入效应。根据上述CHARLS有无保险人群的不同数据，我们以无保险人群的平均支出与平均次数为均衡点①，按有保险的平均支出估算替代效应，约为2.11次，为保持在无保险时的就医次数，需要增加779元的支出；而收入效应为0.02次，又需要增加支出7.4元。总共需要增加786元的支出。换句话说，消费者增加支出779元以使需求曲线以无保险均衡点为轴心向右转动，再增加支出7.4元，使需求曲线平行右移。具体如图2所示。

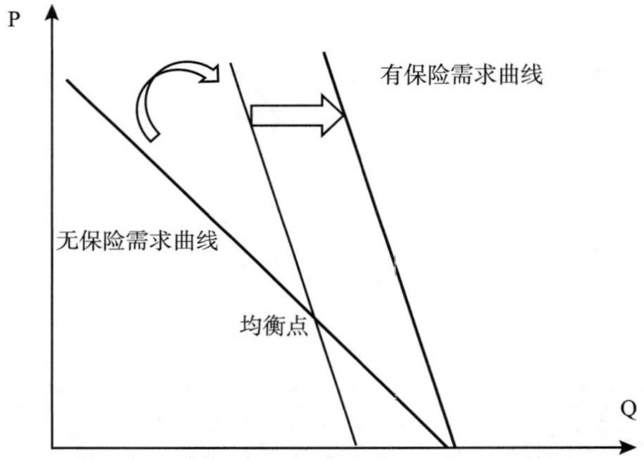

图2　有无保险的需求函数的替代效应和收入效应

增加支出就意味着消费者要增加收入以抵偿支出的增加。所以反过来看，斯勒茨基的替代效应和收入效应在这里都是要由收入增加支撑的。而所谓“收入增加”，在保险制度下就是因为有保险公司的报销，自付率的下降而产

① 平均支出与平均次数所在的点并非完全等价于均衡点。由于无法得知具体的供给曲线，为了简单起见，在这里用平均值代替均衡值。

生的“收入幻觉”。之所以有这种幻觉，是因为消费者把已经支付过的购买保险的支出看作是沉没成本，在面对现实的医疗费用时则考虑的是当下的边际成本。由于有了保险公司的报销，就相当于价格降低了，在斯勒茨基方程的意义下也相当于收入增加。之所以称之为“幻觉”，是因为消费者其实已经为保险公司的报销支付过费用了，并非真实的收入增加。

实际上在保险制度的情况下，与斯勒茨基方程描述的情形是不同的。后者是假定价格发生变化后，对消费者选择的影响；而前者是因为消费者本身的收入幻觉导致了价格和数量的变化。当千千万万个消费者加入保险制度后，共同产生的收入幻觉会形成一种改变市场价格的巨大力量。2016 年，我国居民从医疗保险系统中获得赔付约为 14 783 亿元（其中也包含政府补贴），如此大的货币量被消费者作为有幻觉的“收入”来支出，就会整体提高医药市场的价格水平和数量水平。

这种收入幻觉又可称为“保险幻觉”或“保险效用”，就是消费者对自付率的两种反应，即保险效用的两个方面：一是因感觉到收入增加而增加了对医药的需求，即为 U1；二是认为贵的药品能够带来的边际收益高，其消费者剩余要远大于较便宜的医药，且保险报销的数额也大于较便宜的药品，这也是一种“效用”，记为 U2。U1 和 U2 两部分构成了保险效用。

先看第一类。人们参加保险后发现，过去购买满足“治愈”的量的医疗服务或药品，现在可以部分地或全部地由保险报销。这相当于收入增加，他们就可能愿意购买更多的量，以前可以不去医院的“小病”现在也去，还可以多开药用于家庭备用，或送给亲戚朋友等。这是在不改变相对价格情况下的需求增加。见图 3。

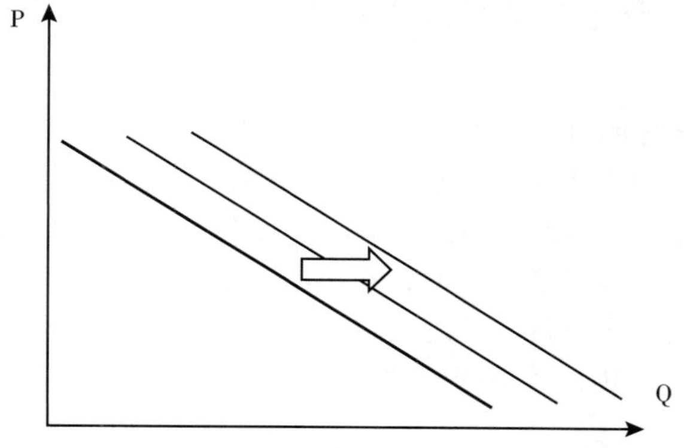

图 3　自付率变化对效用曲线的影响示意图（1）

说明：图 3 中，粗线是没有保险时的需求曲线。在参加保险后，因自付率下降产生的收入效应，使消费者愿意在原来同样的价格下购买更多的医疗服务或药品。

再看第二类保险效用。由于医疗费用会部分地甚至全部由保险报销，人们可能就会选择更贵的服务或产品。在这时，需求曲线随着自付率的减少而向上倾斜，价格弹性也会随之减小（见图4）。

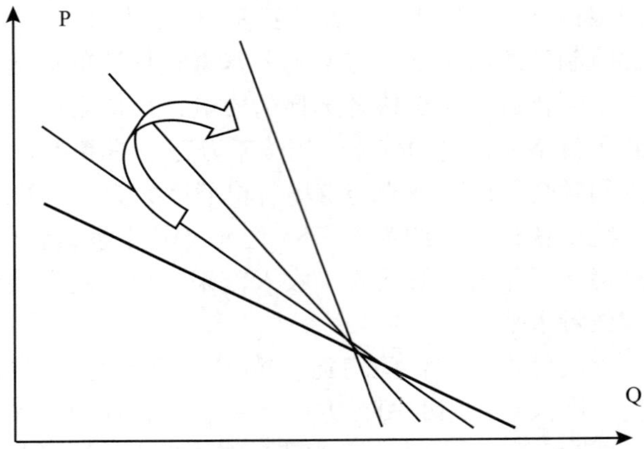

图4　自付率变化对效用曲线的影响示意图（2）

说明：人们参加保险后，由于部分地甚至全部地由保险支付，随着人们自付率的降低，他们愿意购买更贵的药品。形成向右旋转、向上倾斜的需求曲线。

在实际中，这两种保险效用会综合地体现出来，即在同一价格下，有保险的人比无保险的人倾向于买多；在同一数量下有保险的人比无保险的人倾向于买贵。这种判断得到了CHARLS数据的支持。

四、关于保险会同比提升价格水平的假说

根据上一部分的讨论，可以把保险制度带来的消费者需求函数的变化，以及对总体市场的价格和数量水平的影响进行更为一般化的分析。这里提出有关价格水平的“保险悖论”，即医疗保险推高了医药的市场价格。描述保险制度的核心因素是自付率，在供给垄断条件下，其推高的倍数为保险自付率的倒数。我们将会发现，将自付率加入到需求函数中，将会产生的结果与前面CHARLS数据回归的需求函数，以及与斯勒茨基方程描述的情形颇为一致。

证明：

假设市场上有N个消费者，其个人的需求函数为：

$$Q_i = a_i - b_i P$$

其中，b_i为斜率，它与点弹性（E）的关系是：$b_i = E \times Q/P$；

约束条件为：

$$0.4I_i \geqslant Q_iP$$

其中，Q_i 包含 Q_{0i}，Q_{0i}是消费者 i 的真实的缺乏弹性的医疗需求；I_i 为消费者 i 的收入，该公式意为消费者 i 的医疗费用不应超过他当年收入的 40%，否则就会被看作是超出了他的支付能力。

需求的价格函数为：

$$P = (a_i - Q_i)/b_i,$$

消费者面对市场价格做个人决策，并不考虑自己的选择对市场的影响。市场的需求曲线则为单个消费者的加总：

$$D = \sum Q_i$$

特别地，当无保险时：

$$\sum Q_{0i} = Q_0$$

其中，Q_0是 N 人缺乏弹性的医疗需求的累加。

假设市场供给函数为：

$$S = Q_0，\text{当无保险时；}$$

$$S = Q_0 + eP，\text{当有保险时。}$$

市场价格为市场供需的函数：

$$P = f(D, S)$$

在无保险情况下，当市场均衡时：

$$S = D = Q_0$$

$$P = c$$

其中，c 为完全竞争条件下的边际成本，表现为一条水平直线。

由于我们主要讨论供需在有保险条件下的问题，所以我们只用当 $S \geqslant Q_0$ 时的供给函数：

$$S = Q_0 + eP$$

其价格函数为：

$$P = (S - Q_0)/e$$

则，该市场描述为：

$$Q_i = a_i - b_iP$$

$$D = \sum Q_i = \sum (a_i - b_iP)$$

$$S = Q_0 + eP$$

$$P = f(D, S)$$

市场均衡时，市场价格为：

$$P = (\sum Qi - Q_0)/e$$

假定在医疗保险的条件下，在每一价格下患者的自付率为 α，$0 \leqslant \alpha \leqslant 1$，则个人需求的价格函数为：

$$P_r\alpha = (a_i - Q_i)/b_i \tag{1}$$

这相当于价格降低为原来的 α 倍，即小于原价格的一个数。根据斯勒茨基方程，这也可以被理解为收入增加了，它使得无保险时的需求函数的弹性或斜率变小，如下式所示。因 α 小于 1，所以 αb_i 小于 b_i。

$$P_u = (a_i - Q_i)/\alpha b_i \tag{2}$$

因为直观地，$1/\alpha b_i > 1/b_i$，前者是后者的 $1/\alpha$，也就是：

$$P_u/P_r = 1/\alpha$$

在这里，P_u 为保险制度下的市场价格。

如果每个消费者都参加了保险，则市场需求则是他们各自需求的累加：

$$D = \sum Q_i = \sum (a_i - \alpha b_i P_u)$$

假定：

$$A = \sum a_i \quad i = 1,2,3,4,\cdots,N$$

$$b = \sum b_i$$

上式可改写为：

$$D = A - \alpha b P_u$$

市场均衡时，S = D，则有：

$$P_u = (A - Q_0)/(e + \alpha b) \tag{3}$$

显然，当 e = 0 时，即完全垄断时，价格严格决定于自付率的倒数，$1/\alpha$。保险下的价格水平与无保险的价格水平之比：

$$\begin{aligned} r_p &= P_u/P_r = [(A - Q_0)/(e + \alpha b)] \times [(e + b)/(A - Q_0)] \\ &= (e + b)/(e + \alpha b) \end{aligned}$$

即：

$$r_p = (e + b)/(e + \alpha b) \tag{4}$$

在这里，e 是供给函数的斜率，当 e = 0 时，表示供给是完全垄断的。

这时，$r_p = 1/\alpha$；即保险后的医药价格与原价格之比是自付率的倒数。

验证一下。利用前面用 CHARLS 数据回归得出的无保险时的需求函数 $q = 3.86 - 0.00094p$，采用 $b_i = -0.00094$。将样本 4 496 人横向累加成市场需求函数，代入式（3），则有：

$A = 3.97 \times 4\,496 = 17\,355$，

$b = 0.00094 \times 4\,496 = 4.23$，

$Q_0 = 3.71 \times 4\,496 = 16\,680$，

假设 e = 0，则有：

$$P_u = (17\,355 - 16\,680)/(4.23\alpha)$$

很显然，α = 0.25 时的价格是 α = 1 时的 4 倍。

其导数是：

$$P'_u = -7\ 500/(47\alpha^2)$$

图5的含义是，式（3）表明，随着自付率α从1向0减小，价格会上升。尤其是在接近零的时候更是如此。见图中实线。纵坐标可理解为是以元为单位的价格。上图中的虚线表示的式（3）的导数，它说明，随着自付率α趋向零，价格会更快的上升，尤其是约在$\alpha=0.5$的点后再向左移动，价格变动会更快；低于0.25后，价格急剧上升。

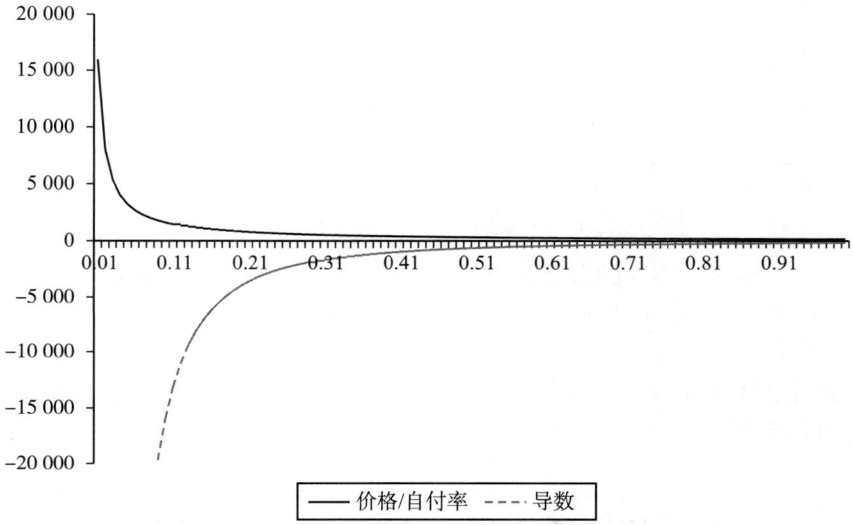

图5　自付率（%）对价格的影响及其导数

供给函数的斜率e反映了供给的垄断程度；e越大，竞争程度越高；e越小，垄断程度越高。我们再看一下，供给函数的斜率变动，在不同自付率下对价格的影响。

利用上面的需求函数，假定供给函数的斜率e在0与10之间变动，自付率α分别为100%，75%，50%，25%，则：供给函数的斜率e在0到10区间内的变化对价格水平的影响如图6。

图6说明，e越接近0，供给越是垄断，价格水平越来越高；当$e=0$时，价格水平为自付率$\alpha=100\%$时的$1/\alpha$倍。这与前面的结论一致。当$e>0$并逐渐变大，因自付率变小而引起的价格水平上涨的现象就会减弱，这时价格水平相当于自付率$\alpha=100\%$时的$1/\alpha\times1/(e/\alpha+b)$倍。只要$1/(e/\alpha+b)>1$，这种情况就会存在。

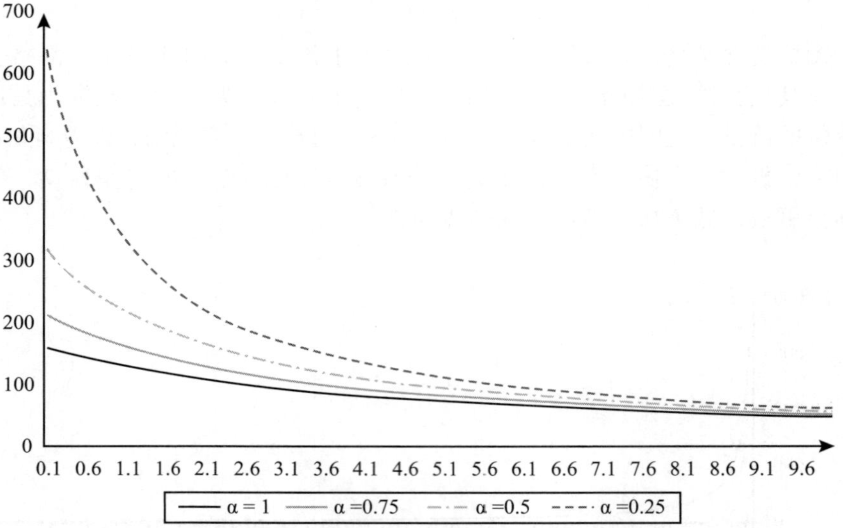

图 6　不同的垄断程度（e）下，自付率与价格的关系

说明：图 6 中，横轴为供给函数的斜率 e，0≤e≤10，纵轴为价格水平。

另外，图 6 也说明，自付率降得越低，垄断带来的价格水平上涨就更显著。自付率越低，价格水平越高。

五、保险带来的过度医疗的数量分析

第四部分我们曾假定，如果自付率较低，消费者更倾向于“多买”，即过度医疗。现在我们根据第四部分发展的方法，分析一下过度医疗的数量。

我们已经有需求函数和供给函数：

$$P_r = (A - D)/b$$

$$P_r = (S - Q_0)/e$$

保险的自付率 α 影响了需求函数，这组函数为：

$$P_u = (A - D)/\alpha b$$

$$P_u = (S - Q_0)/e$$

市场均衡时，S = D，上组公式改写为：

$$P_u = (A - Q)/\alpha b$$

$$P_u = (Q - Q_0)/e$$

当供给价格与需求价格相等时，市场达到了均衡，则有：

$$(Q - Q_0)/(A - Q) = e/\alpha b$$

上式改写为：

$$Q = [(e/\alpha b)A + Q_0]/(1 + e/\alpha b) \tag{5}$$

套用上面的参数，图形如图 7 所示。

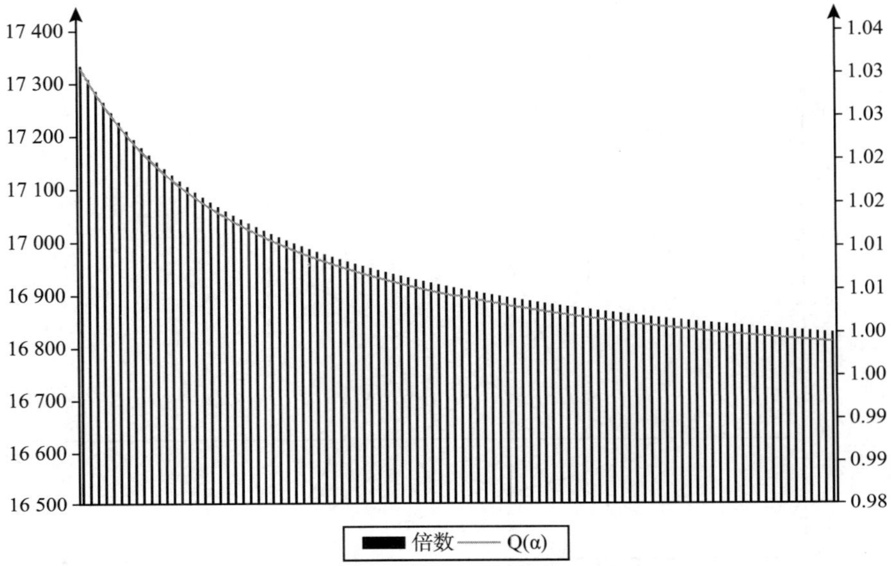

图 7　自付率对数量的影响及数量倍数

说明：图中黑色曲线表示自付率对医疗需求数量的影响，左侧为总支出价格；黑色直方图则表示保险后需求数量为保险前的倍数，以右侧轴为标度。

这说明，随着自付率的下降，保险效用除了导致价格上升外，还导致了需求量的增长，这部分需求可被视为过度需求。但是自付率下降导致的需求量的上升并不是很显著①。同理，保险制度下的需求数量也会受到供给垄断程度的影响，因篇幅限制，不再赘述。

这一分析也告诉我们，如果保险确实产生了“保险效用”，并随着自付率的降低和供给垄断的提高，不可避免地使需求函数和供给函数发生变化，导致价格上涨和需求过度，那么道德风险的问题就是保险与生俱来的，对道德风险的对抗性措施可能注定是无法完全奏效的。

六、保险制度下的医疗市场

综前所述，在保险制度下，有两个重要的变量，一个是自付率（α），一

① 这和一些关于“诱导性需求”的研究相符，一般认为在医疗器材、药品和医生技术服务方面过度供给的倾向并不严重。本文也得出类似结果，并进一步认为过度供给，或者过度需求主要表现为价格的上涨。

个是供给函数的斜率（e）。前者影响了保险会带来价格上涨和过度医疗的程度，后者则决定着垄断与竞争程度的消长，从而也影响着因自付率低于100%而产生的价格上涨或过度需求的数量（见图8）。

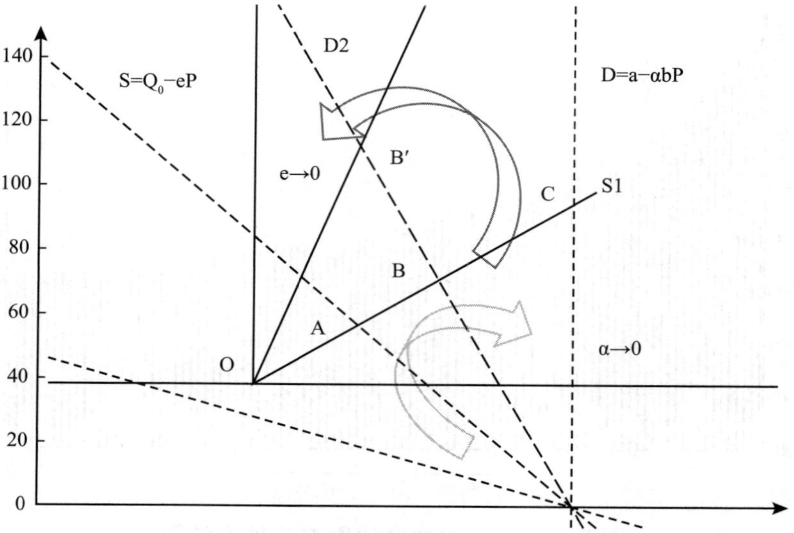

图8　自付率（α）变动和垄断程度（e）变动覆盖整个市场情形

说明：图8中，黑色虚线代表需求曲线，$D=A-\alpha bP$，随着自付率（α）从1减小到0而自左下向右上旋转；黑色实线代表供给曲线，$S=Q_0-eP$，随着供给函数斜率（e）从∞减小到0，而自右下向左上旋转。

自付率（α）在0~1区间变动，而供给函数的斜率（e）则理论上在0~∞之间变动。

调整这两个参数，使需求曲线和供给曲线旋转。自付率（α）从1到0旋转，逐渐变陡，最后变成一条垂直线；供给函数的斜率（e）从无穷大向0旋转，使供给曲线与需求曲线反向转动，最后也成为一条垂直的线。这两条线相交，就会形成一种均衡；这两条线在旋转时形成了许多均衡，覆盖了在保险制度下医疗市场的绝大部分情形。包括完全自付和完全免费，也包括充分竞争和完全垄断，以及这两对极端之间的所有相交点。

根据式（4），有无保险的价格比为：

$$r_p=(e+b)/(e+\alpha b)$$

因式（4）不包含价格和函数截距等参数，为简化起见，我们取b=－1。我们可将e在0至100之间变动，α在0至1间变动，可以得到一个覆盖各种市场情形的矩阵。我们称这个矩阵为R_p（见图9）。在两个极端，当完全垄断（e=0）和自付率（α）等于1%时，价格水平将是完全竞争（e=100）和自付率（α）等于100%时的100倍。其间的任何中间状态，只要我们指定

e 和 α 的数值，都可以得到相应的有无保险的价格比值（r_p）。

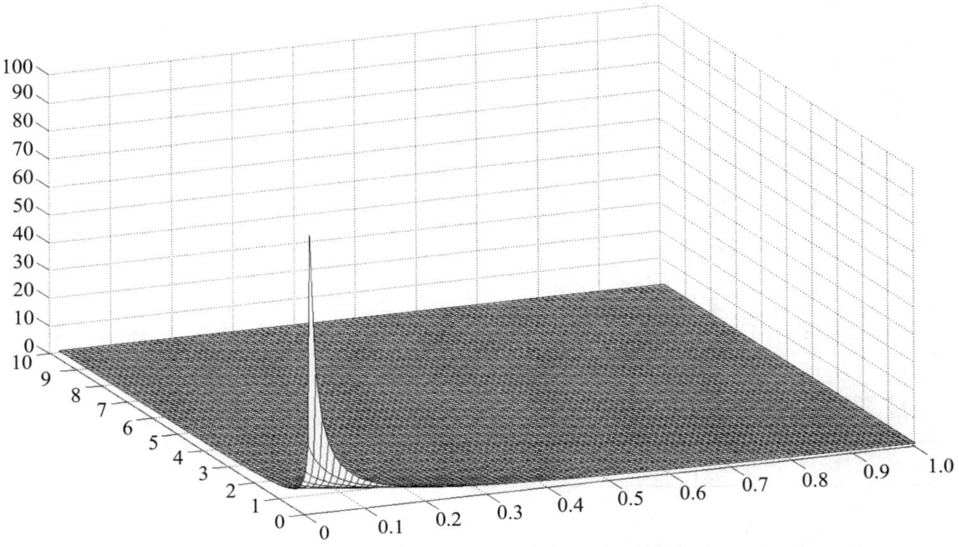

图 9　有无保险价格比值矩阵空间视图

下面是这个价格比值矩阵（R_p）的简化矩阵，α 以 0.05 为单位，从 0.05 到 1；e 以 0.1 为单位，从 0 到 0.9。本研究所涉及的参数在表 1 中均可查到。

表 1　有无保险价格比值矩阵

α	e									
	0	0.1	0.2	0.3	0.4	0.5	0.6	0.7	0.8	0.9
0.05	20.00	7.33	4.80	3.71	3.11	2.73	2.46	2.27	2.12	2.00
0.10	10.00	5.50	4.00	3.25	2.80	2.50	2.29	2.13	2.00	1.90
0.15	6.67	4.40	3.43	2.89	2.55	2.31	2.13	2.00	1.89	1.81
0.20	5.00	3.67	3.00	2.60	2.33	2.14	2.00	1.89	1.80	1.73
0.25	4.00	3.14	2.67	2.36	2.15	2.00	1.88	1.79	1.71	1.65
0.30	3.33	2.75	2.40	2.17	2.00	1.88	1.78	1.70	1.64	1.58
0.35	2.86	2.44	2.18	2.00	1.87	1.76	1.68	1.62	1.57	1.52
0.40	2.50	2.20	2.00	1.86	1.75	1.67	1.60	1.55	1.50	1.46
0.45	2.22	2.00	1.85	1.73	1.65	1.58	1.52	1.48	1.44	1.41
0.50	2.00	1.83	1.71	1.63	1.56	1.50	1.45	1.42	1.38	1.36

续表

α	e									
	0	0.1	0.2	0.3	0.4	0.5	0.6	0.7	0.8	0.9
0.55	1.82	1.69	1.60	1.53	1.47	1.43	1.39	1.36	1.33	1.31
0.60	1.67	1.57	1.50	1.44	1.40	1.36	1.33	1.31	1.29	1.27
0.65	1.54	1.47	1.41	1.37	1.33	1.30	1.28	1.26	1.24	1.23
0.70	1.43	1.38	1.33	1.30	1.27	1.25	1.23	1.21	1.20	1.19
0.75	1.33	1.29	1.26	1.24	1.22	1.20	1.19	1.17	1.16	1.15
0.80	1.25	1.22	1.20	1.18	1.17	1.15	1.14	1.13	1.13	1.12
0.85	1.18	1.16	1.14	1.13	1.12	1.11	1.10	1.10	1.09	1.09
0.90	1.11	1.10	1.09	1.08	1.08	1.07	1.07	1.06	1.06	1.06
0.95	1.05	1.05	1.04	1.04	1.04	1.03	1.03	1.03	1.03	1.03
1.00	1.00	1.00	1.00	1.00	1.00	1.00	1.00	1.00	1.00	1.00

这给分析带来了便利。我们知道，在一特定的保险制度（有着确定的自付率）和既定的供给结构中（用供给函数的斜率描述），必有一个均衡。我们只需分析这个特定的情境，就能得出某种数量上的判断。例如在图 8 中，由特定自付率决定的需求曲线为 D2，既定的供给结构决定了供给曲线为 S1，两者相交于 B。这一点决定的价格乘以数量就是医疗费用，显然比 O 点时（没有保险，竞争供给）的医疗费用要大得多。

除了静态分析，我们还可以对某一参数的变动进行分析，以备制度改革参考。如假定供给结构不变（这至少比较符合现实情况），改变保险制度下的自付率。这相当于图 9 中固定供给曲线为 S1，改变自付率（α），让需求曲线沿着 S1 转动，那么供需曲线的交点也就沿着 S1 滑动。在图 9 中，交点经过了 A，B，C 三点，都是在 S1 的直线上。显然，随着交点从 A 到 B 再到 C，价格和数量都在增加，因而医疗费用随着自付率的下降在增加。

反过来，固定需求曲线，转动供给曲线也是类似的情形。如固定需求曲线为 D2，转动供给曲线，两曲线的交点会沿着 B 到 B′的方向在 D2 上滑动。任一交点都给出一对价格和数量的数值，两者相乘即为医疗费用。

由于我们有了有无保险的价格比值矩阵 R_p，根据供给函数，我们可得有无保险的数量比值：

$$r_q = [1 + (e/Q_0) P_u] / [1 + (e/Q_0) P_r]$$

简化起见，我们令 $P_r = 1$，则 P_u 等于对应的 r_p；令 $Q_0 = 1$，即平均每人在无保险情形下的需求量。于是有下面的公式：

$$r_q = (1 + e \times r_p) / (1 + e) \tag{6}$$

我们可得 R_q，即有无保险的数量比值矩阵。只要我们知道确定的 α 值和 e 值，我们就能找到相应的有无保险的数量比，亦即过度医疗的数量。将 R_p 和 R_q 相乘，我们就能得到有无保险的医疗费用之比值，我们可称之为 Rc。

参照 R_p 空间视图和矩阵简表，我们可得 R_q 和 Rc。的空间视图和矩阵简表。

分析告诉我们，在保险制度出来以后，医疗市场总体上有了比较显著的扩张。这主要是因为保险制度带来的保险效用，使人们倾向于购买更贵和更多的医疗服务与产品。

在供给一侧，由于需求特性发生了根本性的变化，即人们倾向于买贵，而只有垄断程度的提高和产品差异化才能诱使人们买贵的服务或产品，所以医疗服务或产品的供给者就有动力提高垄断程度。

由于人们的收入水平并没有随着医疗费用的上涨而同步上涨，所以医疗费用与人们收入的比例在上涨。尤其是重大疾病的费用更因为显著上涨而可能突破人们收入水平的承受能力，反而使人们的金融风险增大。

特殊地，我们还要考虑，如果某些疾病属于重大疾病，它以很高的医疗价格和垄断性供给为特征，那么在需求方就不会出现过度需求的情况。这是因为即便有报销制度，报销之后消费者仍然会面对非常高的价格，此时的“占便宜”效用被高昂的自付价格所抵销，消费者不愿意去过度消费，即需求曲线处于接近垂直状态。

更进一步，对于重大疾病而言，病患由于收入水平所限会具有一条最高消费线，超过这条线的花费是患者所不能承受的，此时病患会选择放弃医治。极端的，假设“占便宜”的效用如此之大，以至于整个需求曲线没有近垂直部分，此时保险只有在最高消费线之上才能避免保险效用带来的市场扭曲。但应强调的是，这已与设立保险制度的初衷相违背。

保险公司和管理式医疗组织虽然有动机抑制价格上涨和过度医疗，但在这种医疗市场上各个经济主体都有动力推动医疗费用上涨的强大趋势上，它们的努力是相当无力的。

七、保险制度对我国医药价格水平和过度医疗的推动

关于保险制度对我国的医药价格和过度医疗的推动，我们可以用前面的两种方法来估计。一种就是根据 CHARLS 门诊数据回归得出的有无保险的需求函数进行估计。我们已知，有保险人群每次看病的费用是 369.4 元，无保险的平均是 159.9 元，而前者是后者的 2.3 倍；有无保险的平均看病次数分别为 3.73 次和 3.71 次。前者是后者的 100.5%。将价格和数量一并考虑，有

保险的平均医药费用是无保险的 2.32 倍。这很直观地告诉我们，保险带来了医药费用的显著增加。

我们既然得出了价格比（r_p）为 2.3，我们又得出了无保险时的需求函数斜率 $b=0.00094$，并将其代入式（4），$r_p=(e+b)/(e+\alpha b)$，得出 $e=0.47$。这为我们估计医药供给市场的垄断程度提供了一个间接的参照。当然，CHARLS 数据还是有两个局限，一是仅有 4 496 个样本，一是仅有门诊数据比较充分，而住院的数据较少。

这样，我们就要借重于我们在前面发展出来的一般性方法，对我国的具体情形进行分析。根据我国医疗服务和药品的市场结构及具体情境，由于斜率 b 只有与自付率（α）相比的意义，并且为了简化，所以仍然令 $b=-1$。而自付率则依不同的人群而不同。我们知道，价格并不决定于平均水平，而是在边际上决定的。所以我们仍然选取城镇职工的门诊费用的自付率，即 25%；住院费用的保险支付为 90%，即自付率为 10%。考虑到还存在约 21.4% ~27.2% 的自费药，取中值 24.3%，保险支付范围为 75.7%，住院费用的平均保险支付率为 68.1%，自付率为 31.9%；门诊保险支付率为 56.8%，自付率为 43.2%。

当 $e=0.47$，$\alpha=0.43$ 时，$r_p=1.63$；当 $\alpha=0.32$ 时，$r_p=1.86$。

据《中国卫生统计年鉴》的数据估计，人均小病（门诊）费用和人均大病（住院）费用分别占人均医疗费用的 57% 和 43%，加权平均，保险制度推动我国医疗服务与药品价格上涨了 73%。

根据同样的方法，我们运用关于有无保险的数量比值矩阵（R_q），我们也可以给出过度医疗损失的数量描述。则：

当 $e=0.47$，$\alpha=0.43$ 时，$r_q=1.20$；当 $\alpha=0.32$ 时，$r_q=1.28$。

考虑到门诊费用报销的起付线下，病人一般不会有过度医疗，而这部分占全部门诊费用的约 20%，所以稍做修正，$r_q=1.16$。加权平均，保险制度使消费者多购买了 21% 的医疗服务或药品。

将价格上涨和过度医疗的数据代入本研究的平均数模型，采用 2017 年的统计数据，我们得出，在保险制度下的人均医疗费用约为 3 081 元时，没有保险制度的医疗费用约为 1 432 元。即保险制度下，人们比没有保险时多支付了 115% 的医疗费用，或者说有保险的医疗费用是无保险的 2.15 倍，与前面根据 CHARLS 数据计算的 2.3 倍相差不多，可互相印证。由此估计，在现有保险制度下，2017 年，全国个人的医疗费用总和约为 42 826 亿元；在没有保险的情况下，全国个人的医疗费用总和应为 19 919 亿元。也就是说，保险比没有保险增加了 22 907 亿元的医疗费用。

以当年人均 GDP 59 201 元比之，3 081 元比 1 432 元高出 2.78% 个人均 GDP；再剔除保险制度之外的医疗费用，这里主要指药店的销售额（约为小病医疗费用的7.6%），约为2.69%，如果再考虑保险带来的确定性效用（本研究估计为人均 GDP 的 2.25%）而将其扣除，则这个数字修正为 0.44%。以 2017 年全国 GDP 的 820 754 亿元乘之，约为 3 611 亿元。也就是说，尽管我们考虑到保险制度带来的确定性效用，保险制度仍带来静态效率损失约 3 611 亿元。这是一个纯粹的负值。

因而，仅对医疗保险的作用进行评判，似乎得不偿失（见图 10）。

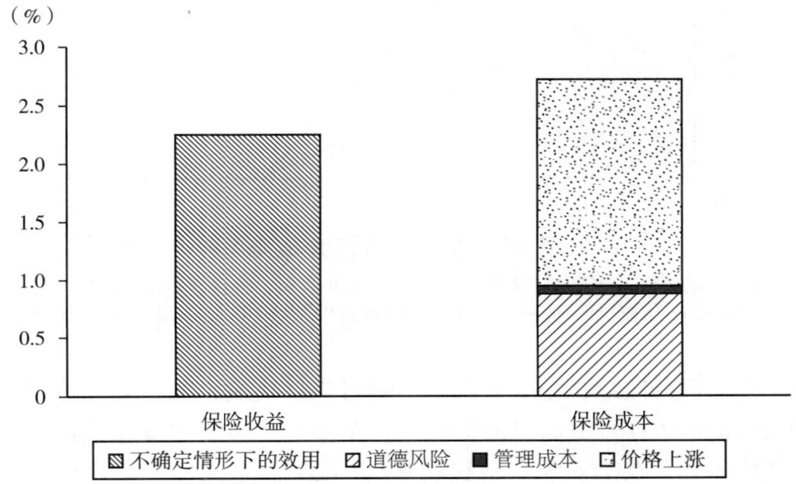

图 10　保险利弊比较

八、改革方案：提高自付率、提高竞争程度和大病救助国家基金

若想解决医疗费用持续高涨的问题，首先，要解决保险制度带来的问题。而根据前面的分析，最重要的两个变量就是保险制度下的自付率（α）和垄断程度（e）。我们的研究发现，自付率越低，越会带来医药价格和医疗费用的上涨。因而，提高自付率是一个重要举措。

其次，我们的研究还发现，医疗市场中供给方的垄断程度越高，医疗费用上涨的幅度越大。并且在自付率较低的情况下，垄断会放大其带来的价格上涨和过度医疗的负面作用。因而，降低供给垄断程度，是改革的另一个要点。

具体而言，对于小病（门诊），基本上完全自付，即将自付率提高到 100%（见图 11）。

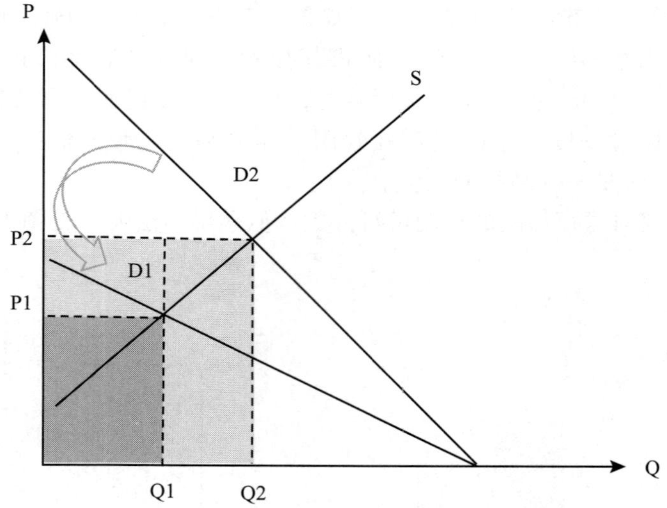

图 11　取消门诊保险效果

说明：对于小病医疗，由于我们建议的改革方案取消的保险，将自付率提高到 100%，人们的保险需求消失，图中的需求曲线从 D2 回归为 D1，价格会从 P2 降为 P1，需求量从 Q2 降为 Q1。

对于这一部分医疗，完全可以由消费者自己决定，根本无须由保险来承担。如果考虑到医疗服务需求的低弹性，至多可以考虑建立小病医疗的个人账户，平均而言，在个人收入中扣款 0.9% 足矣。个人账户可以用于门诊的支付，也可以用于药店购买药品。账户中未用完的钱可以由后代继承。甚至都无须建立小病个人账户，直接由个人掏腰包即可。因为即使考虑到不同人之间的差别，小病的费用一般也不足以使一个人承担不起。

我们建议的大病（住院）保险改革，是取消起付线，将自付率从 10% 至 50% 不等统一调整为 70%；从医疗费用的第一元起，由保险支付 30%（见图 12）。

根据有无保险价格比值矩阵 R_p，我们只需从中查找对应于相应自付率的价格比值即可。

当 $b=-1$，$e=0.47$，$\alpha=1$ 时，$r_p=1$；当 $\alpha=0.7$ 时，$r_p=1.26$。

此时人均小病（门诊）费用和人均大病（住院）费用分别占人均医疗费用的 57% 和 43%，加权平均，这种制度会比没有保险制度推动医疗服务与药品价格上涨 11%；而与现有的保险制度相比，我们在前面得出其推动价格上涨了 73%，则有着抑制价格上涨 62% 的下行力量。按 2017 年数据，大概可节约 14 049 亿元，为 GDP 的 1.7%。当然，这不必然带来价格下降，因为改革是逐步实现的，所以直接表现为对每年的医药价格上涨的抑制。

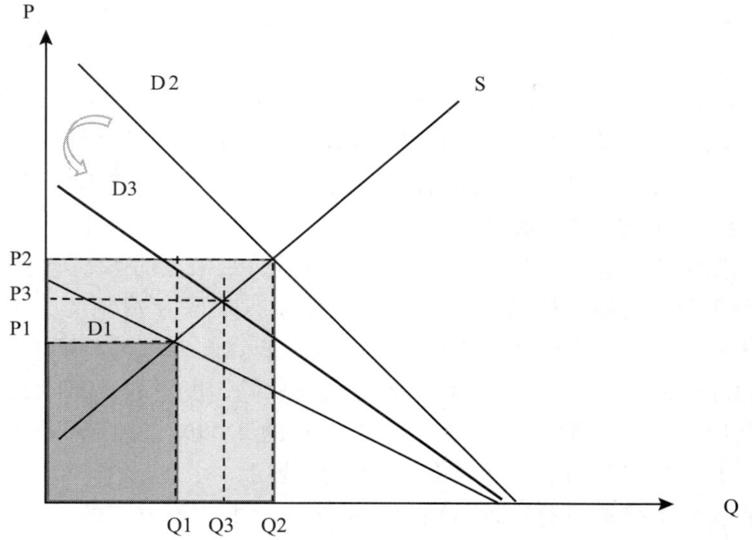

图 12　住院医疗保险取消起付线，提高自付率效果

说明：由于我们建议的改革方案取消了大病医疗费用的起付线，即可以从第一元开始由保险机构报销，但自付率提高到 70%，使得保险需求减少，图中的需求曲线从 D2 移动到 D3 的位置，但还没有完全回归到 D1。

提高自付率的改革，不仅会抑制医药价格的上涨，还会减少在数量上的过度需求。

当 $\alpha = 1$ 时，$r_q = 1$；当 $\alpha = 0.7$ 时，$r_q = 1.082$。

加权平均，约会比没有保险时增加 3.5% 的数量需求，比现有保险制度下的增加 21% 减少了约 17.5%，按 2017 年数据，相当于节约了 3 965 亿元，约为 GDP 的 0.48%。

继续采用前面的方法，在医疗费用比值矩阵：

$$Rc = Rp \times Rq$$

中选择对应的医疗费用比值。

当 $\alpha = 1$ 时，$r_c = 1$；当 $\alpha = 0.7$ 时，$r_c = 1.359$。

门诊与住院费用加权平均，约为 1.15。即是说，我们建议的改革方案会比没有保险时多 15% 的医疗费用；与现有保险制度的医疗费用是无保险时的 215% 相比，减少了 100%。

另外，我们要在医药的供给领域打破垄断，提高竞争程度。这表现为供给函数的斜率（e）的增大，根据我们的模型，如果从现有的 0.47 增大为 2，对比一下：

当 $e = 0.47$，$\alpha = 1$ 时，$r_p = 1$；当 $\alpha = 0.7$ 时，$r_p = 1.26$，$r_q = 1.082$，$r_c = 1.359$

当 $e=2$，$\alpha=1$ 时，$r_p=1$；当 $\alpha=0.7$ 时，$r_p=1.12$，$r_q=1.074$，$r_c=1.193$

可以看出，当竞争程度提高（$e=2$）时，对完全自己支付（$\alpha=1$）的情况没有影响，也就是对改革后的门诊费用没有影响；而对自付率为0.7的情况有影响，使价格相对于无保险时的上涨倍数为1.12，比垄断程度高时低了14个百分点，而对数量影响不大，只低了0.8个百分点。总体而言，提高竞争程度使住院费用进一步降低了16.6个百分点，带来人均127元的节约。

按照我们的模型，提高自付率的改革使得人均医疗费用约为1 671元，提高竞争程度的改革也会使人均医疗费用进一步降低127元，降为1 544元，虽比无保险时的1 432元要高，但远低于现有保险制度下的3 081元。即每人的医疗费用节约了1 537元，约为人均GDP的2.59%，以13.9亿人乘之，使得这一改革方案节约了21 364亿元的医疗费用。

在收入和医疗费用的分布不平衡的情况下，本改革方案的一个重点，就是要改进对贫穷且多病的群体的医疗费用的分担。由于商业保险不可能进行财富上的重新分配，对这部分人的支持，就主要靠财政资金。首先我们要估计这类群体有多大，将会动用多少财政资金。

如果考虑收入分布的波动和健康状况分布的波动，上述依据平均数的设想就不能完全实现。本文作者另外利用"蒙特卡洛方法的通用模型"模拟了收入分布的波动和患病问诊分布的波动，并用蒙特卡洛方法估计了如果进行我们建议的改革，将大病医疗费用的自付比率确定为70%，我们将考虑范围缩小到当年全部医疗费用的自付部分超过当年收入的40%的人，根据上述模型，这部分人平均约占全部人口的2.45%。以13.9亿人乘之，约3 406万人。如果对当年医疗费用超出当年收入40%的部分进行补贴，约在5 000元到13 000元不等。平均而言，如果设立一个大病救助国家基金，其规模在2 500亿元左右，标准差约为300亿元。这约为全国GDP的0.3%。

九、小　结

本文提出的改革方案主要包括：

（1）取消门诊医疗费用的保险；可采取自掏腰包或个人账户的形式支付。

（2）将住院医疗费用保险的自付率提高到70%。

（3）建立国家大病重病救助保障基金，对当年大病（住院）医疗费用的自付部分超当年收入40%的人予以补助。

根据本研究的模型测算：

（1）带来抑制价格上涨62%的下行力量；大概可节约14 049亿元，为

GDP 的 1.7%。

（2）带来抑制过度医疗约 17.5% 下行力量，相当于节约了 3 965 亿元，约为 GDP 的 0.48%。

（3）进一步打破垄断、鼓励竞争，即供给函数斜率（e）从 0.47 变为 2，则可每人进一步节约 127 元医疗费用，全国总共会节约 1 765 亿元。

（4）每人的医疗费用将节约 1 537 元，约为人均 GDP 的 2.6%，全国共可节约 21 364 亿元的医疗费用。

（5）当年全部医疗费用的自付部分超过当年收入的 40% 的人，占全部人口的约 2.45%；如果设立一个大病救助国家基金，其规模在 2 500 亿元左右，约为全国 GDP 的 0.3%。

（6）当医疗费用的上涨受到抑制，相当于大量资源得到了节约，保险的好处又会显露出来（见图 13）。

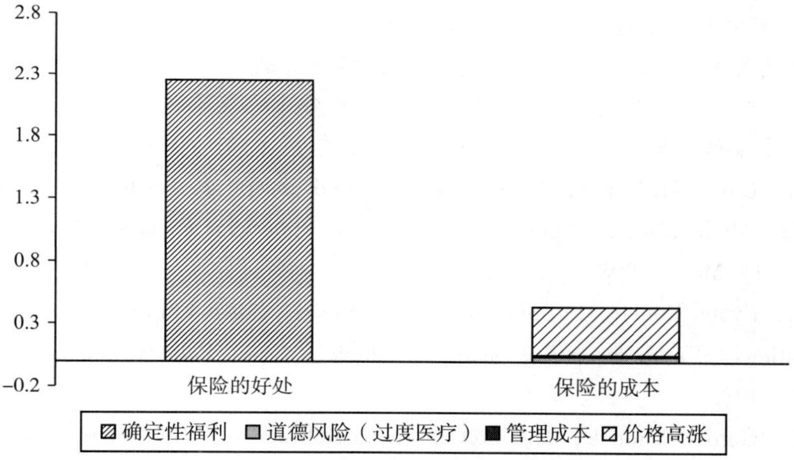

图 13　本文改革方案导致保险费用下降

（7）总体而言，本改革方案会将人均医疗费用从人均 GDP 的 5.2% 降低到了 2.6%，降低幅度为 49.9%。

（8）本改革方案也将使保险覆盖的医疗费用水平从人均 GDP 的 3.3% 降低到 0.4%，降低幅度为 87%。如果以现有城镇职工的医疗保险扣款来表示，保险的扣款将从原来的工资总额的共 9.5% 降低到 1.2%，这也大幅度降低了企业的负担。

参考文献

1. 白重恩、李宏彬、吴斌珍：《医疗保险与消费：来自新型农村合作医疗的证据》，载于《经济研究》2012 年第 2 期。

2. 保罗·菲尔德斯坦:《卫生保健经济学》,经济科学出版社 1998 年版。

3. 富兰德、古德曼、斯坦诺:《卫生经济学》,中国人民大学出版社 2010 年版。

4. 甘犁、刘国恩、马双:《基本医疗保险对促进家庭消费的影响》,载于《经济研究》2010 年第 s1 期。

5. 李国锋、刘黎明:《个税起征点改革对纳税能力的影响:基于居民收入分布的估算》,载于《数量经济技术经济研究》2015 年第 8 期。

6. 李晓嘉:《城镇医疗保险改革对家庭消费的政策效应——基于 CFPS 微观调查数据的实证研究》,载于《北京师范大学学报(社会科学版)》2014 年第 6 期。

7. 富兰克·奈特:《风险、不确定性和利润》,中国人民大学出版社 2005 年版。

8. 魏华林等主编:《保险经济学》,高等教育出版社 2011 年版。

9. 臧文斌、刘国恩、徐菲、熊先军:《中国城镇居民基本医疗保险对家庭消费的影响》,载于《经济研究》2012 年第 7 期。

10. 朱铭来、奎潮:《医疗保障对居民消费水平的影响——基于省级面板数据的实证研究》,载于《保险研究》2012 年第 4 期。

11. David M. Cutler, Mark McClellan and Joseph P. Newhouse, What Has Increased Medical – Care Spending Bought? *The American Economic Review*, Vol. 88, No. 2, May, 1998, pp. 132 – 136.

12. Evans Robert, Supplier-induced Demand: Some Empirical Evidence and Implications, *The Economics of Health and Medical Care*, Palgrave Macmillan 1974, pp. 162 – 173.

13. Gordon Tullock, The Cost of Medical Progress, *The American Economic Review*, Vol. 85, No. 2, May, 1995, pp. 77 – 80.

14. Kenneth J. Arrow, Uncertainty and the Welfare Economics of Medical Care: Reply (The Implications of Transaction Costs and Adjustment Lags) Author (s), *The American Economic Review*, Vol. 55, No. 1/2 (Mar. 1, 1965), pp. 154 – 158.

15. Kenneth J. Arrow, Uncertainty and the Welfare Economics of Medical Care, *The American Economic Review*, 1963 (53): 941 – 973.

16. Martin Feldstein, The Economics of Health and Health Care: What Have We Learned? What Have I Learned? *The American Economic Review*, Vol. 85, No. 2, January 6 – 8, 1995 (May, 1995), pp. 28 – 31.

17. Richard Arnott and Joseph E. Stiglitz, Moral Hazard and Nonmarket Institutions: Dysfunctional Crowding Out of Peer Monitoring? *The American Economic*

Review, Vol. 81, No. 1 (Mar., 1991), pp. 179 – 190.

18. Roger Feldman, Health Insurance in the United States: Is Market Failure Avoidable? *The Journal of Risk and Insurance*, Vol. 54, No. 2 (Jun., 1987), pp. 298 – 313.

Medical Insurance Paradox: A Hypothesis of Medical Price' Increasing Proportionally While Copayment Rate's Decreasing and its Verification in China

Sheng Hong

(Independent Scholar)

Zhang Lin

(China Chengxin International Credit Rating Co. Ltd. , 100010)

[**Abstract**] The purpose of medical insurance is to reduce the uncertainty of medical expenditure. However, we find that because medical insurance weakens the price signal and coupled with the monopoly nature of the medical institutions, it brought the paradox of medical insurance: the medical prices increase proportionally while the copayment rate decreases. This means that health insurance may eventually magnify rather than reduce the cost of illness, which is also the risk of medical spending. This paper develops an analysis based on the copayment rate (α) and the level of monopoly (e) and using CHARLS micro-data and National Health Care Data, to verify the existence of the Medicare paradox in China. The medical expenditure covered by insurance is 2. 1 times of that without insurance. At the same time, this paper proposes a reform resolution of medical insurance to increase medical insurance utility and reduce the loss by medical insurance paradox.

[**Key Words**] Medical Insurance Paradox   Medicare Prices   Copayment Rate

JEL Classifications: H51

网络中心度、结构洞与中国高校科技产出绩效

——基于64所教育部直属高校联盟数据的实证研究*

刘业进　温　馨**

【摘　要】中国高校联盟呈现出"新趋势"，高校联盟动态聚合及相互嵌入形成了高校联盟网络。基于社会网络理论，透过高校联盟网络"形"的表现，探索节点高校与联盟纽带的形态与本质，揭示高校联盟网络的生成逻辑与形态构成；基于"形"的认知，以教育部直属高校及其主要联盟关系为研究样本，探索高校联盟网络对网络教育资源的配置效应，进而揭示高校联盟网络对高校科技发展绩效的价值效应，即"实"的本质。结果表明：高校联盟网络的度数中心度与接近中心度越高，高校的科技产出绩效越好；而高校的中介中心度对科技产出绩效影响不显著。除网络中心度外，结构洞位置对高校科技产出具有显著的积极影响。通过对高校联盟网络"形"与"实"的探索，进一步深化了高等教育与高校联盟的研究成果，拓展了社会网络理论在高等教育领域的应用研究。

【关键词】**高校联盟网络　网络中心度　结构洞　科技产出**

中图分类号：**G647**　文献标识码：**A**

---

* 本文获得全国教育科学规划课题《简政放权与推进教育管办评分离的制度改革设计研究》（DFA14022）资助。

** 刘业进，首都经济贸易大学城市经济与公共管理学院教授，博士生导师；地址：（100070）北京市丰台区张家路121号首都经济贸易大学城市经济与公共管理学院；Email：hayeking@163.com。温馨，首都经济贸易大学城市经济与公共管理学院硕士研究生；Email：dais ybs@163.com。

一、问题的提出

近年来，高校联盟逐渐成为中国高等教育场域中愈加普遍的现象。从2009年C9联盟成立至今，中国高校联盟层出不穷。除了卓越联盟、北京高科大学联盟、长三角研究型大学联盟等国内高校战略联盟，中国高校还与国际一流大学建立了国际合作联盟，如中欧精英大学联盟、中欧工科大学联盟以及中俄新闻教育高校联盟等。在高等教育领域，资源优化配置的信息基础取决于分工和交易的合作系统，系统所需的局部知识（资源）由分散的主体进行创造、收集、传递、处理和运用，并积极决策、参与以实现更大范围的联合与合作（刘业进、柯文进，2016）。中国高校希望通过构建校际的战略联盟来实现资源共享、资源互补、风险共担、价值共创等战略目标。学界普遍将高校联盟视为中国高等教育未来发展的新趋势、新方向。

围绕高校联盟的价值效应，已有研究探讨了高校联盟的内涵、形成逻辑、特征分类以及实践模式，揭示出了高校联盟作为一个多边合作组织，在有效的治理结构与完善的制度安排下如何通过资源互补、资源共享、责任共担等机制实现联盟高校整体的共同利益、战略目标以及核心竞争力提升。虽然已有研究较为全面地探讨了高校联盟的本质内涵、战略功能以及治理模式，但对高校联盟的网络聚合及其影响效应缺乏应有关注。

与格兰诺维特（Granovetter，1985）所提出的“嵌入性”观点一致，高校作为联盟行动者被镶嵌于若干联盟关系之中，因此一旦不同高校及其所属的联盟关系相重叠就必然构成了一个相互嵌入的网络结构，从而使得各高校基于联盟关系形成了高校的联盟网络。因此，高校联盟网络的研究视角不同于单一的高校联盟研究，而是在后者的基础上将不同的高校联盟进行加总和聚合，进而更为完整地呈现出高校与高校之间基于联盟关系所形成的组织间结构。可见，透过社会网络理论视角可以发现不同高校联盟是相互嵌入于一体的，应该全面统筹高校的联盟关系，摒弃单独考察单一联盟的研究视角，进而才能揭示高校联盟在结构形态上呈现出的平面网络结构特征；高校构成了联盟网络的节点，而高校之间签订的联盟契约关系成了高校联盟网络的纽带。

针对高校联盟相关研究对联盟网络结构及其影响效应关注的缺失，本文以高校联盟的社会网络结构观为基础，探讨中国高校联盟网络的生成逻辑及其结构形态，通过手工收集2009~2016年教育部直属高校联盟的相关数据对高校联盟网络结构及其影响效应进行实证探索，从而回答如下核心问题：(1) 在“形”的层面，中国高校联盟网络为何而生？具有哪些构成要素？呈现出怎样的结构形态？（2）基于高校联盟网络“形”的基础，在“实”的层面进一步探讨联盟网络结构对于高校科技发展绩效具有怎样的影响。

二、高校联盟的网络结构：生成逻辑与形态构成

（一）高校联盟网络结构的生成逻辑

1. 共享与互补

高校联盟网络结构生成的逻辑基础之一在于联盟网络结构所具有的资源配置功能。当前，中国高等教育步入大众化甚至普及化阶段，高等教育规模的快速扩张使得各个高校面临着不同程度的资源约束；经费不足、优质人才短缺、政府支持不足等问题成为制约中国高校可持续与高质量发展的重要“瓶颈”。针对上述资源约束的现实背景，“抱团发展”的战略联盟构想为中国高等教育突破资源约束提供了一个崭新路径。高校通过相互建立战略联盟以实现资源获取渠道的拓展，建立资源共享或交易平台，使得高校之间的剩余资源、优质资源得以便捷地共享、交换与互补，最终形成了一种介于科层与市场之间的治理模式。这一模式被拉尔森（Larrson）形象地归纳为“握手理论”，即网络组织模式协调了科层这只“看得见的手”与市场这只“看不见的手”，实现了两种传统资源配置模式的“握手”；在新制度经济学中这种治理模式被称为“关系性契约”。高校联盟网络能够基于共同的利益目标、松散的治理结构以及完善的治理机制有效实现高校间的资源共享与资源互补，既避免了大规模的“高校合并”所带来的资源使用低效与兼容成本问题，也能够规避完全市场竞争情境下的高交易成本，实现高校的多元化资源在科层与市场的中间层次自发且迅速地流动、共享与配置。

2. 对话与协同

除资源配置效率外，高校联盟网络也是有效的对话与协同机制，是高等教育领域为适应激烈的竞争环境所提出的一种共赢发展理念。一方面，建立高校联盟网络促进了高等教育场域中各个高校之间的信息互动与融合，促进了高校之间信任资源的积累、共同目标的建立以及合作规范的形成，构建了共同发展、共担风险的“命运共同体”，从而有效避免了高校对于有限资源的激烈竞争甚至恶性争夺，从而使得高校将有限资源集中用于人才培养、科学发展、服务社会等核心职能。另一方面，建立高校联盟网络不仅缓解了高校之间的恶性竞争，还在高校之间形成了显著的协同效应，发挥各自资源优势，促进了高校之间的资源互补、模仿以及学习。因此，高校联盟网络对于

信息资源与组织行为的传递与配置促进了高等教育场域中的对话与协同，进一步促进了高校之间信任资源的长期积累、战略合作关系的有效维系以及共同核心价值导向的形成，最终将有效提升高校联盟网络整体的人才培养、发展科学以及服务社会等核心能力。

3. 高校联盟的网络聚合与网络生成

随着高校联盟的数量增长，高校联盟逐渐向聚合的网络结构演化。已有研究依据缔盟高校及其特征、联盟动因等要素对高校联盟进行模式划分，进而孤立地考察各类联盟模式的战略功能、治理结构、治理机制以及实践模式。然而基于格兰诺维特的“嵌入性”观点，本文认为不仅高校及其经济行为嵌入于高校联盟之中，不同联盟也存在相互嵌入的情形。因此若将不同高校联盟统筹在同一时空，不同的联盟就会聚合成为高校联盟网络。上述联盟网络聚合的演示过程如图1所示。

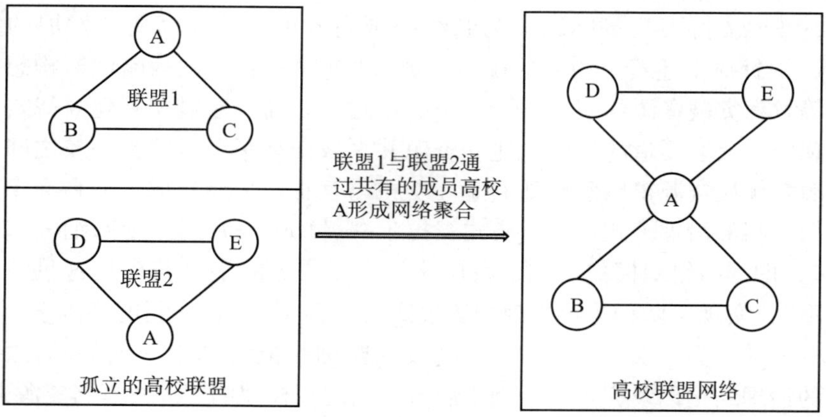

图1　高校联盟的网络聚合

通过图1可以看出，当孤立地考察各个高校联盟及其价值效应，难以揭示高校群体之间真实的组织社会关系。首先从结构形态来看，联盟1和联盟2仅仅揭示了部分高校之间的关系结构，如高校A、B、C之间的完全连通关系或高校A、D、E之间的完全连通关系。但上述孤立地考察单一联盟无法完整揭示所有高校之间的组织网络及关系结构；一旦通过全局视角同时考察所有联盟，则联盟1和联盟2能够通过共同的成员高校A发生相互交流、聚合甚至嵌入，从而使得联盟1和联盟2相互聚合进而演化为一个整体的高校联盟网络。其次从价值效应实质来看，孤立考察联盟1或联盟2仅仅能够得出高校联盟有助于共享资源、共担风险等结论，联盟成员高校之间具有平等的结构地位，因此对于资源获取具有相同的获取与控制能力。但当我们统筹考察联盟1和联盟2时，可以发现联盟网络结构中的各个高校并非具有同等的结构地位，处于核心地位的高校将具有更强的竞争优势。如图 1 中，联盟 1 和联盟 2 聚合成了高校联盟网络，高校 A 在网络结构中充当了联盟 1 和联盟 2 的“桥梁中介”，因此其能够获取来自高校 B、C、D、E 的网络资源，从而使得 A 具有更强的资源获取与控制能力，进而在联盟网络结构中形成了战略竞争优势。可见，只有全面统筹考察所有高校联盟，才能识别高校联盟真实的网络结构，进而才能够解释同一联盟中高校之间绩效差异的根源所在。

综上所述，高校联盟的网络结构源于各个高校联盟的相互聚合与嵌入，进而生成为一个更为广泛的高校及其联盟关系的集合，即高校联盟网络。基于高校联盟聚合而演化出的高校联盟网络不仅具有资源共享和互补、促进对话与协同的价值功能，同时还会导致高校网络结构位置的差异，进而使得不同位置的高校具有不同的资源获取与控制能力。

衡量网络位置的核心指标主要包括网络中心度与结构洞。网络中心度是衡量个体行动者与网络中其他行动者联结程度的指标，包括度数中心度、接近中心度以及中介中心度，分别表示个体与其他个体之间的联系广度、接近程度以及对其他个体间联系的控制程度，因此居于核心位置的个体在联盟网络中具有位置优势。结构洞是指在网络中的某些个体之间缺乏联系，使得网络结构产生一种“留白”或“空洞”现象；当某一个体将上述无连接的个体联系起来，那么这个个体就占据了结构洞位置，进而相对于非直接联系的个体而言其获取了一个天然的位置优势。

（二）高校联盟网络的形态构成

基于上述高校联盟网络的生成动因，可以发现高校联盟网络的形态是以若干高校联盟为基础而构成的。因此高校联盟网络的基本构成要素为高校和高校之间的联盟关系，充当了高校联盟网络结构的节点（node）与纽带（tie）。

就网络节点来看，具有不同资源基础、组织身份等特征的高校构成了高校联盟网络的节点，是高校联盟网络的参与人与构建者。具有不同资源基础的高校将自有的物质资源、人力资源以及信息资源等随同自身共同嵌入于高校联盟网络之中，进而使得上述资源能够在网络结构中进行流动与交易，在不转移所有权的情况下进行灵活的资源配置，使得高校联盟网络范围内的教育资源得以充分、高效地共享与使用。高校通过参与联盟网络，能够拓宽自身的资源获取渠道，获取网络中互补的或难以模仿的稀缺资源，进而提升自身的人才培养能力、科学发展能力以及服务社会能力；同时，通过联盟网络，高校联盟成员间建立身份认同，由此声誉高的高校与声誉相对低的高校之间存在潜在声誉溢出效应的可能性；而同一质量水平的课程实质性共享、学分互认，科研资源共享，也能够让网络高校获取类似经济中的规模经济效应。

此外，通过占据关键的网络位置，还能为高校带来进一步竞争优势，增强自身核心竞争力。

就网络纽带来看，高校联盟网络中的连接纽带较为多样化，取决于多元的高校联盟模式。根据已有研究文献，本文将高校联盟网络的连接纽带划分为契约型纽带、情感型纽带以及外生型纽带。

契约型纽带是高校联盟网络最重要、最普遍的连接形式。基于共同的战略目标，不同高校之间通过契约形式构建关系纽带；基于不同类型契约的实质内容，形成了具有不同战略功能的高校联盟。契约作为一种灵活的正式制度安排，既能不断调整以适应环境的不断变化，又能作为一项正式制度高效约束、引导各方组织行为，从而保证了高校联盟的有效运转与行动协同，实现了各项资源在联盟中的有效配置。例如北京大学、清华大学、复旦大学等9所首批“985工程”建设高校基于《一流大学人才培养合作与交流协议书》的签订建立了C9联盟。联盟中的9所中国顶级高校基于契约这一制度形式和内容实质实现缔约各方的优势资源互补与人才共同培养，包括建立人才联合培养、教师联合发展以及活动联合开展机制，在教材、教学、专业实践、学术评审等方面建立合作平台，并最终引领中国人才培养向世界一流大学接轨。截至目前，中国大多数高校联盟都具有契约型特征，通过契约的内容实质界定了联盟的战略功能，以契约的法定形式保障了联盟的稳定运行且抑制了签约各方的道德风险，凸显了契约型纽带具有的良好的稳定性、适当的灵活性、有效的约束性以及有力的协同性，从而使得基于契约纽带构建的高校联盟网络具有权责明晰、协调成本低、道德风险低、交易成本适中等优势，但同时也面临着不完全契约引发的治理困境，导致或有交易费用较高。

情感型纽带的实质是合作与信任资源的积累。基于情感型纽带建立的高校联盟往往基于长期的合作经历，可以被视为联盟合作的一种高级形式。依据格兰诺维特（1973）的观点，连接关系的强度取决于时间积累、紧密程度、熟悉程度以及互惠性。在高等教育场域，合作行为及其所产生的互惠性决定了高校之间信任资源的积累，最终影响了高校之间关系纽带的连接强度。因此情感型契约纽带可以看作是契约型纽带逐渐发展的高级形式，其关系实质是基于合作经历与持续互惠性所产生的信任与认同。因此通过情感型纽带连接而成的高校联盟可能缺乏契约等正式的制度安排，也可能仅仅将契约作为高校之间“情感”的形式载体。例如美国“常春藤”高校联盟发展至今已经演化成为一个典型的情感型纽带联盟。联盟建立之初，高校之间的合作领域仅限于体育赛事合作。但随着时间的积累、合作关系不断紧密以及互惠行为的增加，“常春藤”高校联盟的成员之间积累了丰厚的信任资源，相互具有强烈的身份认同，进而建立起了连接强度更高的情感型纽带，进而联盟内的合作领域不断扩大，从最初的体育赛事合作联盟拓展为人才培养、科学研究、资源共享以及制度共建等全面战略联盟。但自C9联盟建立以来，中国高校联盟仅仅经历了10年的建设与发展，因此难以在各高校之间形成强连接的情感型纽带，使得该种形式的高校联盟在中国高等教育场域中鲜有出现。

外生型纽带的生成往往基于高校自身以外的因素，并非基于高校的战略发展动机或主观情感而建立。因此，高校自身以外的自然因素、政治因素甚至社会文化因素等往往成为促生外生型纽带的重要因素，如天然地域相邻、政府引导等。例如浙江大学倡议，联合复旦大学、上海交通大学、南京大学等高校成立长三角研究型大学联盟，目的在于整合长三角地区优质的高等教育资源，建立互联互通、紧密合作、开放共享的联合体。可见上述高校联盟的形成有赖于相邻的天然地理因素，为高校建立战略联盟提供了连接纽带。此外，很多高校联盟（尤其是国际合作联盟）的建立往往有政府的背后推动，而构建的部分动因则承载着政府的经济发展战略或外交策略，如中俄综合性大学联盟等。由于基于外生型纽带构建的高校联盟并非完全自发于高校战略发展的内生需求，或囿于自然因素而放弃选择更为适当的联盟对象，因此其在资源共享与优势互补、利益目标的整合与协调等层面未必能够取得良好的战略效果。

综上所述，本文针对中国高校联盟的主要连接纽带及其特征总结如表1所示。

表1　　高校联盟纽带的类型及特征

联盟纽带	纽带类型的举例	纽带优势	纽带劣势
契约型纽带	资源共享型、资源互补型、一致行动型等	合作关系稳定、正式的制度约束、满足自身发展需要、灵活性适当、资源配置效率高、协调成本低	不完全契约导致的潜在道德风险
情感型纽带	长期合作型、战略互信型等	灵活性强、较低的交易成本、资源互补效果理想、资源配置效率高	合作对象相对不足甚至稀缺、缺乏正式的制度约束
外生型纽带	区域合作型、政府主导型等	具有自然便利或政府支持、合作兼容成本低	资源获取渠道有限、联盟对象范围狭窄、协调成本高、灵活性较低

基于上述研究，本文以教育部直属高校为研究对象，考察了上述高校在2009～2016年形成的主要高校联盟关系，进而构建出不同高校联盟在每一年份聚合而成的高校联盟网络。以2009年与2016年高校联盟网络图为例，这一网络图能够阐释中国高校联盟网络的动态变迁，具体如图2和图3所示。

图 2　2009 年教育部直属高校联盟网络

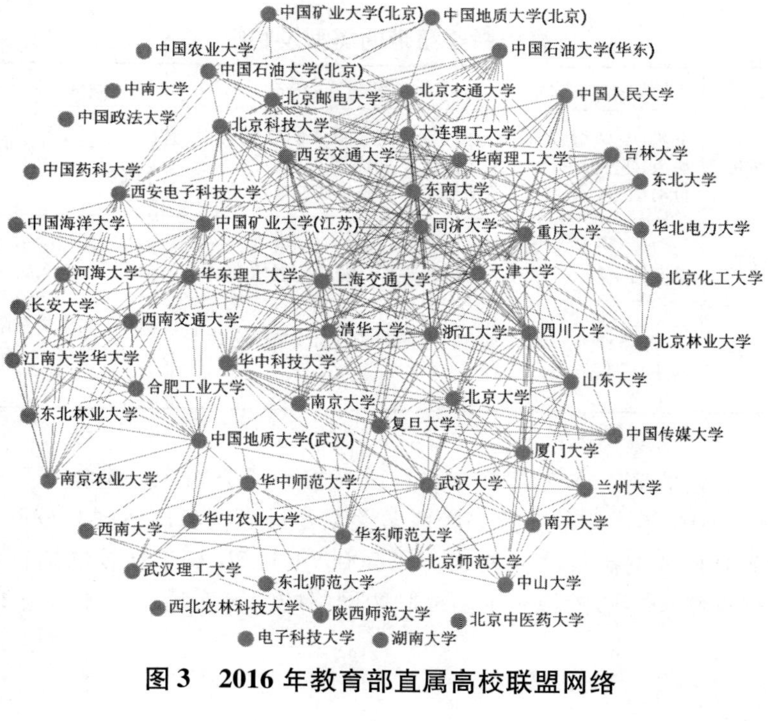

图 3　2016 年教育部直属高校联盟网络

首先，从网络规模看，由于研究样本限制在教育部直属高校之中，故2009年与2016年的网络节点均为64个（剔除数据缺失的高校）；但8年间，上述高校之间的联盟纽带数快速增加，从2009年的90条增加为2016年的434条，增长近5倍，体现出中国高校联盟的快速发展，越来越多高校之间建立了联盟合作纽带。联盟与联盟之间的交叉与相互嵌入构成了以高校为节点、以联盟关系为纽带的联盟网络，体现了高校之间的社会关系结构。其次，从网络连通性来看，2009年的平均度数中心度为2.81，表示样本高校中每一高校平均与2.81个高校建立了联盟关系；而2016年这一数据增长为13.56，增长近5倍。在8年时间里，高校联盟纽带和连通性增长5倍，这显然是不同寻常的现象，这背后一定存在某种可观的“收益”。通过两年的联盟网络初步对比，可以发现联盟网络规模快速发展，网络连通性逐渐增强，联盟网络已经成为信息沟通、事务合作以及资源交易的重要渠道与平台，进而成为高校之间重要的资源配置机制，对高校的资源基础与战略发展发挥了显著的影响效应。

三、高校联盟网络与科技产出

基于上文对高校联盟网络“形”的认知，可以发现高校联盟网络是若干高校联盟经过聚合演化而形成的高校及其联盟关系的集合。相较于高校联盟，高校联盟网络能够更为完整地反映联盟网络关系及其结构对高校战略发展的影响效应。作为高校的核心功能之一，科学发展始终是高校战略发展中的关键环节，科学创新绩效也始终是评价一所高校声誉地位、核心能力以及发展趋势的核心指标，反映了其对于国家科技进步的贡献程度。因此本文以科学发展绩效作为高校的战略发展结果，探索高校联盟网络对高校的科学发展具有怎样的价值效应。

已有研究往往独立考察单一的高校联盟，如图1中的联盟1或联盟2。孤立考察单一高校联盟必然会发现参与联盟的高校都是相互连通的，因此联盟内高校对联盟资源的获取与运用具有同等的结构地位，从而得出高校联盟对各高校具有同等的价值效应。但当把若干高校联盟统筹考察（事实上各高校联盟也是在同一时间和空间共存的），可以发现在高校联盟聚合而成的联盟网络结构下，不同高校其实是占据着不同的结构位势，如图1高校联盟网络结构中的高校A。具有不同网络位置的高校将对高校联盟网络中的资源具有不同的获取与控制能力，进而为其带来了更丰富的资源基础与更强的竞争优势。因此，对于高校联盟“形”的认知的改变，使得我们重新思考其“实”的本质。一方面，高校联盟乃至高校联盟网络确实为资源共享、资源互补、行动协同以及信息交流等构建了平台，从而对联盟网络中高校的战略发展具有普遍的价值效应。另一方面，由于部分高校在联盟网络结构中具有核心或者关键的位置优势，从而使其在获取普遍价值效应的基础上能够获取更多的稀缺资源，从而使其在联盟网络中获取了“超额”的竞争优势，促使其取得更好的科学发展绩效。

依据社会网络的结构观，网络节点在网络结构的位置决定了节点所能获取的网络资源的多寡以及优劣，体现了网络节点在社会网络结构中的资源获取能力与资源控制能力。因此在基于联盟聚合而形成的高校联盟网络中，处于核心位置的高校将具有更加优势的结构地位，能够对联盟网络的资源具有更强的获取与控制能力，进而使得其拥有更多的物质资源、人力资源以及信息资源开展科学发展工作，最终取得更加突出的科学发展绩效。

在上述结构观的基础上，通过考察高校在联盟网络结构的位置中心度以及“结构洞”指数，能够良好地刻画各高校在联盟网络中的位置核心程度以及关键程度，进而反映其资源获取能力与资源控制能力。首先，网络中心度是计量社会网络位置的核心指标之一，具体包括度数中心度、中介中心度以及接近中心度，其能够反映高校能够利用的信息渠道数量以及对网络资源的获取能力和影响能力；其次，“结构洞”指数反映了高校在联盟网络位置中的“中介”程度，能够反映其对异质性信息资源的获取程度以及对资源流动的控制程度。

就网络中心度来看，度数中心度衡量了高校对外建立关系纽带的数量，反映高校占有的网络资源获取渠道的数量及广度，体现了其对联盟网络资源的获取能力；度数中心度越高，高校的资源获取渠道就越多，从而其具有较低的资源搜寻成本与交易成本。接近中心度反映高校在网络结构中与其他高校之间的距离，从而反映其在网络中接触其他高校资源的便捷性，体现的是其资源获取渠道的长度或深度，衡量其资源或信息的传输与接收能力。当接近中心度越高，说明高校越能够便捷地接触网络中的其他高校及其资源。中介中心度反映的是高校在网络结构中充当“桥梁”中介角色的程度。当高校能够中介于其他高校便捷的连接路径之中，那么该高校就对网络中的资源传递具有一定的控制能力；此外，“中介”程度较高的高校往往连接的是两个孤立“联盟”，因此其能够从不同联盟获取更多的异质性资源，导致其具有更强的资源基础优势。综上所述，高校在联盟网络结构中的网络中心度越高，其越容易拥有更强的资源获取能力，从而对其科学发展具有更强地促进作用。据此提出如下假设：

假设1：在高校联盟网络结构中，高校的网络中心度越高（度数中心度、中介中心度和接近中心度），科学发展绩效越好。

就结构洞位置来看，占据结构洞关键位置的高校将在网络资源配置中占有位置优势。“结构洞”的概念源于经济社会学的结构视角。在社会网络中，当任一组织或个体都与其他组织或个体具有直接的连接关系时，这个网络是完全连接且无破损的，称为“无洞”结构；而一旦某个组织或个体与其他网络组织或个体缺乏直接联系，出现了网络节点之间的关系断裂现象，这就使得网络结构看似出现了“洞穴”，因此称其存在“结构洞”。具体就高校联盟网络而言，“结构洞”在高校的经济社会活动中构成了一种回报丰厚的社会结构，能够为占据关键位置的高校提供更多的获利机会。首先，结构洞位置能够带来资源的攫取收益。由于处于结构洞位置的高校连接了两个相对孤立的联盟，从而使其具有从不同联盟获取异质性资源的优势。而那些居于唯一联盟之中的高校难以占据结构洞的关键位置，使得其只能获取同一联盟内冗余的同质资源。其次，结构洞位置为高校带来先机优势。由于处于结构洞位置的高校连接了不同联盟，因此其对各联盟的资源具有先机获取优势。连通的联盟数量越多，其越能优先发现各联盟内的优质资源。最后，结构洞位置能够带来举荐优势。原因在于处于结构洞位置的高校能够获得更多的机会与推荐，从而获取更多的资源优势。因此，结构洞位置优势使得高校具有更强的资源获取与控制能力，收获更多的“中介”收益，从而将促进高校获取更好的科学发展绩效。据此提出如下假设：

假设 2：在高校联盟网络中，结构洞越丰富的高校将获得更好的科学发展绩效。

四、研究设计

（一）数据来源与样本选择

选取 64 所教育部直属高校为研究样本（剔除了数据缺失的样本高校），手工收集了上述高校及其之间 2009～2016 年联盟关系。基于上述样本高校及其之间的联盟关系，构建了每一年度的高校联盟网络，进而开展网络计量分析测度每一高校不同年份的网络位置状况，最终得到了上述年度期间的 512 个观测值。

除高校联盟网络的相关数据外，科技人力、科研项目数、经费拨入以及高校所在地区文化教育文化水平等相关数据来源于教育部科技司发布的《高等学校科技统计资料汇编》以及《中国统计年鉴》。此外，为避免极端值影响，本文对连续变量进行了 Winsorize 处理。

（二）变量界定与模型设计

1. 变量界定

高校科技产出。参照已有研究，本文以高校当年的论文发表数量（取对数）衡量高校科技产出情况。结合我国高校学术成果转化率不高等现实情况，本文认为我国高校的科研产出仍然主要表现为论文产出，因此以各年《高等学校科技统计资料汇编》中所列示的高校“发表学术论文篇数”的对数（lnpaper）来测度高校当年的科技产出。

高校的联盟网络中心度。网络中心度主要包括度数中心度（Degree）、中介中心度（Betweenness）和接近中心度（Closeness）。度数中心度能够反映网络结构中与某一高校连接的其他高校数量，体现高校能够获取网络资源的渠道数量及资源获取能力；接近中心度反映某一高校到达其他高校的最近距离，体现其对网络资源获取的路径长度，衡量其对资源的传播或接收能力；中介中心度反映某一高校对其他高校之间的资源传递渠道的控制程度，体现其对网络中资源传递的控制能力。本文借鉴弗里曼（Freeman）的计量方法对上述网络中心度进行测算。

高校的结构洞位置。结构洞的约束指数（CI）是常用来衡量网络节点结构洞丰富程度的常用指标。因此本文借鉴伯特（Burt）对于结构洞约束指数的计算方法测算网络结构中每一高校的结构洞约束指数。由于 CI 的最大值为 1，且数值越大表示高校所占据的结构洞关键位置越少，因此学者们常用 1 - CI 的值代表结构洞的丰富程度（SH）；SH 值越高，代表高校在网络中越占据优势的结构洞位置，在网络中受到的结构约束越小。

此外，本文还选取了两组必要的控制变量。（1）在区域环境层面，控制了高校所在地区的文化发展水平，用本地区每十万人口中高校在校生的人数（取对数）来衡量。（2）在高校科研投入以及知识存量层面，控制了高校科技经费拨入数、研究与发展人员数（取对数）、上一年的学术论文发表篇数（取对数）以及上一年的研究与发展项目数（取对数）。此外，本文也对高校所在地区和年度进行了控制。具体变量界定如表 2 所示。

表 2　　变量界定

变量分类	变量名称	变量符号	变量定义
被解释变量	高校科技产出	Lnpaper	第 t 年高校 i 发表学术论文篇数的对数
解释变量	度数中心度	Degree	第 t 年高校 i 在联盟网络中的度数中心度，计算方法参考弗里曼（1978）

续表

变量分类	变量名称	变量符号	变量定义
解释变量	接近中心度	Closeness	第 t 年高校 i 在联盟网络中的接近中心度，计算方法参考弗里曼（1978）
	中介中心度	Betweenness	第 t 年高校 i 在联盟网络中的中介中心度，计算方法参考弗里曼（1978）
	结构洞	SH	第 t 年高校 i 在联盟网络中的结构洞指数，为 1 - CI；计算方法参考伯特（1992）
控制变量	地区文化发展水平	Lnculture	第 t 年高校 i 所在省、自治区或直辖市的每 10 万人口中高校在校生人数（取对数）
	科技经费拨入	Income	第 t 年高校 i 所获得的科技经费拨入金额
	研究与发展人员	Lnresearcher	第 t 年高校 i 投入的研究与发展人员数量（取对数）
	上一年学术论文发表数	$Lnpaper_{t-1}$	第 t - 1 年高校 i 发表学术论文篇数的对数
	上一年研究与发展项目数	$Lnproject_{t-1}$	第 t - 1 年高校 i 研究与发展项目立项数的对数

2. 模型设计

依据本文的核心假设，建立如下计量模型来探索高校的联盟网络位置对科技产出绩效的影响效应。具体如下：

$$\begin{aligned} Lnpaper_{i,t} = {} & \beta_0 + \beta_1 Degree_{i,t}(Betweenness_{i,t}/Closeness_{i,t}/SH_{i,t}) \\ & + \beta_3 Lnculture_{i,t} + \beta_4 Income_{i,t} + \beta_5 Lnresearcher_{i,t} \\ & + \beta_6 Lnpaper_{i,t-1} + \beta_7 Lnproject_{i,t-1} + District\ effect \\ & + Year\ effect + \varepsilon \end{aligned}$$

其中，β_0 为截距项，β_i 为解释变量和控制变量的系数，District effect 和 Year effect 为地区虚拟变量和时间虚拟变量，ε 为随机误差项。模型的核心解释变量是网络中心度（包括度数中心度、中介中心度和接近中心度）以及结构洞指数（SH）。若上述核心解释变量的系数显著为正，则能够验证假设 1 和假设 2，表明高校的联盟网络位置核心程度以及结构洞丰富程度对其自身的科技产出绩效具有积极的促进作用。

五、实证检验与结果分析

（一）描述性统计与相关分析

主要变量的描述性统计结果如表 3 所示。Lnpaper 均值为 7.878，标准差为 0.961，各高校科技产出绩效之间存在着较为明显的差异。网络中心度中，度数中心度均值为 0.17，接近中心度均值为 0.317，而中介中心度均值约为 0.008，可见在高校联盟网络中位置的平均核心程度并不高，各高校之间的网络位置中心程度具有较大差别。在研究与发展经费拨入方面（Income），样本高校中最大值是最小值的 900 多倍，表明样本部属高校之间存在着巨大的经费差异。相较于经费差异，高校之间的研究与发展人员投入差异比较小，表明高校之间资源配置的差距主要体现在财务资源方面。

表 3　　描述性统计分析

变量	样本量	均值	标准差	最小值	最大值
Lnpaper	512	7.878	0.961	3.258	9.682
Degree	512	0.170	0.137	0	0.429
Closeness	512	0.317	0.199	0	0.607
Betweenness	512	0.008	0.014	0	0.046
SH	512	0.556	0.334	0	0.879
Income	512	8.013	7.433	0.055	50.78
Lnculture	512	8.127	0.356	7.490	8.766
Lnresearcher	512	6.898	0.859	3.807	8.671
$Lnpaper_{t-1}$	512	7.838	0.981	2.398	9.773
$Lnproject_{t-1}$	512	7.113	0.964	1.609	9.083

表 4 列示了各主要变量之间的 Pearson 相关系数。通过相关分析可以发现网络中心度的三个核心指标（度数中心度、接近中心度和中介中心度）与科技产出绩效（Lnpaper）呈现出显著的正相关关系，初步验证了假设 1；同时，结构洞指数与科技产出绩效的相关系数显著为正，能够初步支持假设 2。此外，科技经费拨入以及研究发展人员（Lnresearcher）等资源投入指标均与科技产出呈现出显著的正相关关系；而知识存量（$Lnpaper_{t-1}$ 与 $Lnproject_{t-1}$）

与科技产出绩效同样具有显著的正相关关系。

表 4　　　　主要变量的相关系数分析

变量	Lnpaper	Degree	Closeness	Betweenness	SH	Income	Lnculture
Lnpaper	1						
Degree	0.499***	1					
Closeness	0.406***	0.885***	1				
Betweenness	0.316***	0.758***	0.562***	1			
SH	0.407***	0.845***	0.963***	0.486***	1		
Income	0.679***	0.597***	0.448***	0.376***	0.390***	1	
Lnculture	-0.353***	-0.025	-0.052	0.011	-0.046	-0.063	1
Lnresearcher	0.839***	0.474***	0.366***	0.272***	0.366***	0.674***	-0.356***
$Lnpaper_{t-1}$	0.963***	0.490***	0.397***	0.320***	0.401***	0.674***	-0.359***
$Lnproject_{t-1}$	0.808***	0.564***	0.487***	0.381***	0.472***	0.664***	-0.262***
变量	Lnresearcher	$Lnpaper_{t-1}$	$Lnproject_{t-1}$				
Lnresearcher	1						
$Lnpaper_{t-1}$	0.842***	1					
$Lnproject_{t-1}$	0.845***	0.826***	1				

注：*** 表示在 1% 水平下显著，** 表示在 5% 水平下显著，* 表示在 10% 水平下显著。

（二）基本模型的估计结果与讨论

基于固定效应模型对假设 1 和假设 2 开展回归分析，实证检验高校的联盟网络位置对其科技产出绩效的影响效应，从而揭示在高校联盟网络中客观存在的资源配置差异，从社会网络结构观解释高校联盟网络如何形塑了高校间差异化的竞争优势。同时，为了避免可能存在的异方差问题，在回归分析中使用了稳健标准误。模型 1 为基础模型，列示了控制变量与高校科技产出绩效之间的关系；模型 2 检验了度数中心度与高校科技产出之间的逻辑关系，结果表明高校在联盟网络中的度数中心度与学术论文产出之间在 5% 的显著性水平上正相关；模型 3 检验了接近中心度与高校科技产出之间的逻辑关系，结果表明二者在 5% 的水平上显著正相关；模型 4 验证了中介中心度与高校科技产出之间存在正相关关系，但这一正向的促进效应在统计上并不显著。然而作为同样衡量高校网络位置"中介性"的指标，结构洞指数与高校科技产出绩效却在 5% 水平上呈现出显著的正相关关系（如模型 5 结果所示）。出现中介中心度不显著而结构洞指数显著的现象，一个可能的原因是不同高校联盟之间具有显著的结构洞特征，但单一联盟内的高校却完全连通，从而导致高校联盟网络的中介中心度相较于结构洞指数具有较弱的解释地位，而结构洞指数更好地揭示了“桥梁”高校对不同高校联盟资源的获取与控制能力。综上可见，高校在联盟网络中的位置中心度与结构洞能够显著促进高校的科技产出绩效，为高校在联盟聚合网络中获取进一步的竞争优势。

表 5　　　　回归结果分析

变量	模型 1	模型 2	模型 3	模型 4	模型 5
Constant	3.652** (2.409)	3.762** (2.514)	3.893** (2.596)	3.857** (2.643)	3.947** (2.620)
Degree		0.334** (2.279)			
Closeness			0.216** (2.435)		
Betweenness				1.211 (1.075)	
SH					0.122** (2.300)
Income	0.017** (2.598)	0.013* (1.834)	0.012* (1.694)	0.016** (2.336)	0.014** (2.161)
Lnculture	-0.029 (-0.153)	-0.028 (-0.147)	-0.036 (-0.190)	-0.030 (-0.162)	-0.044 (-0.233)
Lnresearcher	0.103 (1.406)	0.089 (1.222)	0.091 (1.258)	0.073 (1.130)	0.092 (1.268)
Lnpapert-1	0.489*** (8.341)	0.491*** (8.400)	0.485*** (8.345)	0.489*** (8.207)	0.484*** (8.333)
Lnprojectt-1	-0.030 (-0.509)	-0.040 (-0.688)	-0.045 (-0.779)	-0.029 (-0.530)	-0.046 (-0.784)
District/Year	YES	YES	YES	YES	YES
Obs	512	512	512	512	512
R^2	0.287	0.293	0.296	0.286	0.296
Adj_R^2	0.280	0.285	0.288	0.278	0.287
F 值	29.21	25.23	25.77	20.75	25.64

注：括号内为 t 值，*** 表示在 1% 水平下显著，** 表示在 5% 水平下显著，* 表示在 10% 水平下显著。

六、研究结论与政策建议

通过上述研究，本文得出如下研究结论：

（1）高校和高校联盟并非是孤立存在的，而是通过动态聚合进一步构成了高校联盟网络。已有研究结论往往孤立考虑单一的高校联盟，进而探索联盟的组织结构、治理机制以及对高校所产生的影响效应，故其研究结论也局限于单一的联盟结构之中。因此，联盟孤立视角下的不同高校联盟在同一时间与空间中是并行存在，联盟与联盟之间没有重叠与联系。但随着高校联盟数量的不断发展，通过社会网络视角来统筹考察各高校联盟，本文发现不同高校联盟并非孤立存在，而往往是通过某一共同高校使得若干联盟相互嵌入与连接，进而使得“孤立”的高校联盟动态聚合成为更为广泛的联盟网络，上述“形”的转变将封闭的联盟组织结构转化成为一个开放的高校网络结构，从而更为真实地还原了中国高校之间的社会结构，有助于揭开联盟网络结构对高校战略联动发展的影响机理，进一步丰富了社会网络理论相关的实证研究和应用。

（2）高校联盟网络并非是均等的资源配置机制；占据不同网络位置的高校具有不同的资源获取能力与控制能力，进而形成不同的战略竞争优势。纳尔逊和温特的组织“惯例”（routine）被认为和基因在生物演化理论中的作用相似。“惯例”演化逻辑很好地解释了单一的高校在联盟网络中不断“搜寻”更好的惯例（大学制度、办学资源等），修正原有的惯例与资源基础，变异并留存为新的“惯例”与“资源”，以期获得竞争优势并转化为高校的核心竞争力。单一的高校不再“孤立存在”，使得高校之间形成了更为复杂与广泛的联盟网络；而不同高校由于参与各联盟的情形各有差异，因此其在联盟网络结构中必然占据了不同的结构位势，从而对网络资源展现出差异化的控制能力。可见，在高校联盟网络结构下，联盟的本质不再是一个“公平而均等”的资源共享平台，嵌入其中的高校依然会凭借不同的网络位置优势获取差异化的竞争优势，从而表现出优劣分明的整体绩效。具体而言，越占据网络核心位置的高校以及拥有结构洞关键位置的高校能够对网络资源具有更强的获取与控制能力，从而具有更好的网络资源基础，在战略竞争中更容易积累竞争优势。同时，本研究结果能够为高校提升绩效（声誉）提供一种全新的思路，即高校应该关注并改善自身在高校联盟网络中的位置。

基于上述研究结论，本文对我国高校联盟网络建设提出如下几点政策建议：

第一，正确认识高校联盟网络的“形”与“实”，充分利用联盟网络所产生的战略价值。基于多元联盟关系形成的网络结构为高校之间的资源流动和交换提供了流通渠道，使稀缺的教育资源能够在各高校之间进行共享与交易。这有利于教育资源的最优配置与广泛运用，实现有限教育资源的价值最大化。目前，我国高校联盟网络的形成动因更多是基于行政、地域等要素，其联盟关系缺乏市场要素，从而使得高校联盟网络的资源流动性不足。因此在未来的联盟网络发展中，高校之间应注重建立长期、稳定、全面且多元的合作关系，积累信任资源，让不同层次、不同种类的教育资源充分流动，最终由高校联盟网络机制向建立高校市场机制进行演化。

第二，高校联盟网络的合理运用能够缓解高校之间资源配置的不平等，有助于各高校形成核心竞争力。高校联盟网络一方面具有促进资源共享的功能，另一方面其也具有建立竞争优势的功能价值。因此面对不平等的资源分配，资源匮乏的高校应积极识别并参与能够获取所需资源的高校联盟，并在网络结构中寻求核心位置或关键位置，从而能够通过网络资源的获取与控制优势改善自身资源基础匮乏的劣势，进而才能缩短其与领先高校之间的绩效差距。

此外，高校参与和管理联盟网络的策略应与自身战略目标相结合。如追求专业化发展的高校应重视网络核心度的建立，通过核心的网络位置掌握强大的资源获取能力，从而最大化地吸收有利于培养核心竞争力的网络资源，专业化程度在密集的网络中聚合、强化；而追求多元化发展的高校可以寻求联盟之间关键的“中介”位置，从而能够及时获取不同联盟的异质性资源，为其学科多元化发展提供多样化的资源支持，形成百家争鸣的教育发展态势。

参考文献

1. 陈运森：《社会网络与企业效率：基于结构洞位置的证据》，载于《会计研究》2015 年第 1 期。

2. 陈运森、谢德仁：《网络位置、独立董事治理与投资效率》，载于《管理世界》2011 年第 7 期。

3. 韩萌、张国伟：《战略联盟：世界一流大学群体发展的共生机制研究》，载于《教育研究》2017 年第 6 期。

4. 孔德琳：《共同利益界定、权力配置与制度设计——高校联盟内部治理结构探析》，载于《高教探索》2018 年第 6 期。

5. 刘业进、柯文进：《教育家精神、资源配置的信息基础与高等教育管办评分离改革》，载于《当代教育科学》2016 年第 13 期。

6. 李兵宽、乐国林：《试析场域共生性大学战略联盟：内涵与结构要素》，载于《高教探索》2013 年第 6 期。

7. 马连福、张琦、王丽丽：《董事会网络位置与企业技术创新投入——

基于技术密集型上市公司的研究》，载于《科学学与科学技术管理》2016 年第 4 期。

8. 聂永成：《大学战略联盟：理论基础与实践模式》，载于《教育发展研究》2014 年第 11 期。

9. 苏秋斌、吴树雄：《大学战略联盟中社会资本的整合问题研究》，载于《高教探索》2015 年第 2 期。

10. 吴越：《基于理性选择制度主义的高校联盟分类研究》，载于《中国高教研究》2014 年第 7 期。

11. 王晓红、张奔：《校企合作与高校科研绩效：高校类型的调节作用》，载于《科研管理》2018 年第 2 期。

12. 万良勇、郑小玲：《董事网络的结构洞特征与公司并购》，载于《会计研究》2014 年第 5 期。

13. 吴光飚：《企业发展的演化理论》，上海财经大学出版社 2004 年版。

14. 向东春：《美国大学联盟的生成逻辑与运行特点》，载于《高等教育研究》2014 年第 3 期。

15. 肖鸿：《试析当代社会网研究的若干进展》，载于《社会学研究》1999 年第 3 期。

16. 袁文榜：《高校战略联盟动因、分类及问题分析》，载于《高校教育管理》2012 年第 2 期。

17. 阳荣威：《后合并时代高校的选择：战略联盟》，载于《高等教育研究》2005 年第 9 期。

18. 朱炎军、夏人青：《高校战略联盟的效应与模式：基于资源优化的视角》，载于《高教探索》2015 年第 5 期。

19. Freeman, "Centrality in social networks conceptual clarification", *Journal of Social Networks*, Vol. 1 No. 3, March, 1978, pp. 215 – 239.

20. Granovetter, "The Strength of Weak Ties", *American Journal of Sociology*, Vol. 78 No. 6, June, 1973, pp. 1360 – 1380.

21. Granovetter, "Economic Action and Social Structure: The Problem of Embeddedness", *American Journal of Sociology*, Vol. 91 No. 3, March, 1985, pp. 481 – 510.

22. Larsson, "The Handshake between Invisible and Visible Hands", *Journal of International Studies of Management & Organization*, Vol. 23 No. 1, January, 1993, pp. 87 – 106.

23. Burt, Structure Holes: The Social Structure of Competition, Orlando, Academic Press, 1992.

Network Centrality, Structural Hole and Innovation Performance of Universities in China

—An Empirical Study Based on 64 Universities Alliance

Liu Yejin　Wen Xin

(Capital University of Economics and Business,
School of Urban Economics and Public Administration, 100070)

[**Abstract**] University alliance in China presents a "new trend". It dynamically polymerizes and embeds each other to form an alliance network structure. Based on the social network theory, through the structure of the university alliance network, explore the essence of the nodes and ties, reveal the logic and morphological composition of the college alliance network. Taking the the universities directly under the Ministry of Education as a researching sample, exploring the effect of college alliance network on the education resources configuration, and revealing the value effect of college alliance network on the innovation performance of university, that is the essence of alliance network. The results show that the university which possess higher degree centrality and closeness centrality will perform better in innovation; The betweenness centrality has no significant effect on the performance of the technology output. In addition, the location of structural holes has a significant positive impact on the performance of universities innovation. Through the exploration of the university alliance network, our research expanded higher education and college alliances research, and further applied network theory in higher education studies.

[**Key Words**] College Alliance Network　Network Centrality　Structural Hole　Technology Performance

JEL Classifications: A14　D85　I23

创新驱动下金融发展对经济增长的异质性影响*

——兼论技术的传导作用

王曼怡　甄晗蕾**

【摘　要】本文建立了一个内生增长模型发现，金融发展会通过技术创新影响一国的经济增长。随后本文利用全球 180 个国家和地区 1960 ~ 2017 年样本数据对此展开验证，发现：以股票市场为代表的直接金融市场发展能够显著促进经济增长，而以信贷市场为代表的间接金融市场发展会抑制经济增长，这在不同计量模型设计、不同估计方法、不同金融发展程度样本中稳健成立。本文还探究了金融发展影响经济增长的技术渠道，发现全要素生产率、创新投入和创新产出都能传递金融发展对经济增长的作用。进一步，本文还探究了宏观结论是否在微观视角下成立，中国企业层面微观数据显示，金融发展的确能够通过技术创新影响企业经济增长，这与宏观视角下的结论吻合。本文的政策含义体现在，在金融支持实体经济创新活动时，要有针对性地发展股票市场，引导信贷市场，发挥金融市场的积极作用。

【关键词】**金融发展　金融结构　技术创新　经济增长**

中图分类号：**F831**　文献标识码：**A**

---

* 本文为国家社科基金“金融资源依赖与中国特大城市产业结构调整的关联机制研究”（项目编号：15BJL094）的阶段性研究成果。

** 王曼怡：首都经济贸易大学金融学院教授、博士生导师。甄晗蕾：首都经济贸易大学金融学院博士研究生；地址：（100070）北京市丰台区张家路口 121 号敏行楼；E-mail：zhenhanlei@ outlook. com。

一、引　言

创新是企业保持持续竞争力的根本因素，也是一个国家经济长期繁荣的保证。特别是我国经济进入“新常态”之后，政府提出“大众创业、万众创新”，技术创新已经成为经济增长的最主要驱动力之一。2019 年政府工作报告强调了经济发展过程中金融市场的有效支持作用，如何以创新驱动中国经济获得长足稳定的增长，引导资金精准流入实体经济部门精准对接，其关键在于理解金融发展、技术创新以及经济增长三者之间存在的内在联系。

经济学家熊彼特（Schumpeter，1912）首先开始研究金融和经济增长之间的联系，他指出一国的经济和收入增长都离不开金融部门的发展，后续学者进一步研究发现只有完善的金融系统，才能推动一国的经济发展。从减小宏观经济波动角度来说，王宇鹏和赵庆明（2015）发现国家金融发展水平的提升也是大有裨益的。艾伦和盖尔（Allen and Gale，1999）将金融细分为金融中介机构和金融市场展开进一步讨论，后续研究贝克等（Beck et al.，2000）、龚强等（2014）指出不同金融市场对经济增长的促进作用并不一致，因而其影响具有不确定性。关于经济增长和技术创新之间的联系，早在 1986 年罗默（Romer，1986）就指出技术创新能够不断推动生产力发展从而使经济获得增长，最近叶德珠和曾繁清（2019）使用 OECD 国家数据再次验证全要素生产率的提高将促进经济高质量增长。而金融发展与技术创新之间的关系尚有争论，刘降斌和李艳梅（2008）发现我国四大科技区域中金融发展对自主创新存在支持效应，徐等（Hsu et al.，2016）以全球 32 个国家作为样本发现信贷市场阻碍了外部融资依赖行业的专利创新，刘培森（2018）发现信贷市场发展对企业创新研发具有正向作用。毋庸置疑，重新审视和厘清三者的关系是十分必要的，尤其在当前创新驱动发展的时代背景下。

鉴于这样的研究背景，本文开展以下四个层面的研究：第一步，本文构建了一个内生经济增长模型，并引入了金融部门，在此基础上探究了金融发展、技术创新与经济增长的理论联系；第二步，本文构建全球面板数据模型，利用全球 1960 ~ 2017 年样本数据，将金融发展分为资本市场发展和信贷市场发展两个层面，研究了金融发展与经济增长之间的关系，并从金融发展程度分组中考虑了不同金融发展阶段的异质性影响；第三步，本文探究了以全要素生产率（total factor productivity，TFP）、以研发支出（R&D）为代表的技术创新投入、以专利数量为代表的技术创新产出在金融发展与经济增长之间的传导作用；第四步，本文从中国企业层面数据中寻找了金融发展与技术创新之间的联系是否在微观层面也成立。

本文研究发现：以股票市场为代表的直接金融市场发展能够显著促进经济增长，而以信贷市场为代表的间接金融市场发展会抑制经济增长，这在不同计量模型设计、不同估计方法、不同经济发展程度样本和不同金融发展程度样本中稳健成立。本文还探究了金融发展影响经济增长的技术渠道，发现全要素生产率、创新投入和创新产出都能传递金融发展对经济增长的作用。进一步，本文还探究了宏观结论是否在微观视角下成立，中国企业层面微观数据显示，金融发展的确能够通过技术创新影响企业经济增长，这与宏观视角下的结论吻合。本文的政策含义体现在，如何引导金融中介精准投放，避免资金空转和脱实向虚的经济活动，使金融资源准确流入技术创新型企业从而形成有效支持。

本文可能的贡献之处在于：第一，识别金融发展与经济增长之间的技术创新、技术投入和技术产出的中介效应，发现金融通过技术进步促进经济增长。区别于以往文献将以 TFP 为代表的技术创新作为关注点，本文研究以研发投入为代表的技术投入，以及以专利申请为代表的技术产出的渠道作用，是对这一领域渠道识别文献的一个补充。第二，本文从宏观和微观数据中寻找支持证据，这对于单独开展宏观或微观证据研究是一个有效的结合。

二、本文的理论框架

假设经济中包含四个部门：最终产品生产部门、中间产品生产部门、研究开发部门和金融部门。全部劳动只用来生产最终产品和研发活动，即若假设用于最终产品部门的劳动占比为 α，那么用于研发部门的劳动占比是 1 - α，用于中间产品生产部门和金融部门的劳动均为 0。

（一）最终产品生产部门

假设最终产品部门厂商的生产函数是柯布—道格拉斯规模报酬不变函数，最终产品部门使用劳动 αL_t 和一系列具有差异的中间产品 x(i) 来生产且处于完全竞争状态，凭借雇佣劳动力和中间产品部门厂商的产量进行生产。最终产品 Y 的生产函数可表示为：

$$Y = A(\alpha L_t)^{1-\beta}\int_0^{N_t} x(i)^{\beta} di \tag{1}$$

其中，A > 0 表示外生一般生产力技术水平；α 为生产最终产品时所投入的劳动比例；L_t 代表最终产品部门投入的劳动力；$0 < \beta < 1$。N_t 为中间产品的种类数目，N_t 是连续的可避免整数约束，代表经济中知识存量，当 N_t 增大时

即技术进步，技术进步的具体形式为 $N_t'>0$，且提高人均产量 Y/L_t；$x(i)$ 为用来生产最终产品 Y 的中间产品 i 的投入量，$0\leqslant i\leqslant N_t$。

最终产品生产者处于完全竞争状态，因而其利润为 0，故生产最终产品的利润函数如下：

$$\pi_{L_t,x(i)} = p_y A(\alpha L_t)^{1-\beta}\int_0^{N_t} x(i)^{\beta} di - \omega\alpha L_t - \int_0^{N_t} p_i x(i) di \tag{2}$$

其中，p_y 为最终产品价格，标准化取值为 1；ω 为最终产品生产部门的劳动力工资水平，p_i 为第 i 种中间产品的价格。

最终产品生产者所获取的利润取决于中间产品数量和劳动力数量，最优化问题求解即利润函数对 L_t 和 $x(i)$ 分别求一阶偏导，劳动力工资水平等于边际产出，中间产品价格等于边际产出：

$$\begin{aligned}\frac{\partial\pi_{L_t,x(i)}}{\partial L_t} &= A(1-\beta)\alpha^{1-\beta}L_t\int_0^{N_t} x(i)^{\beta} di - \omega\alpha \\ &= (1-\beta)A(\alpha L_t)^{1-\beta}\int_0^{N_t} x(i)^{\beta} di - \omega\alpha L_t \\ &= (1-\beta)Y - \omega\alpha L_t \\ &= 0\end{aligned}$$

$$\frac{\partial\pi_{L_t,x(i)}}{\partial x(i)} = A\alpha^{1-\beta}L_t(1-\beta)x(i)^{\beta-1}\beta - \omega\alpha = 0$$

整理可得，最终产品生产者实现利润最大化的条件如下：

$$\omega = \frac{(1-\beta)Y}{\alpha L_t} \tag{3}$$

$$p_i = A\beta(\alpha L_t)^{1-\beta}x(i)^{\beta-1} \tag{4}$$

（二）中间产品部门

假设在［0，N］上存在着无数个生产独立商品的中间产品生产商，他们购买研发部门的新产品设计图进行生产，其生产的产品具有创新性且不完全可复制，其生产具有垄断性，市场并非完全竞争。在生产过程中，率先拥有设计图的部分厂商获得垄断利润，其他厂商也会逐步开始创新性生产，直至获得更先进的创新技术。因此，中间产品市场是垄断竞争市场。

罗默（Romer，1986）指出，中间产品生产商生产任意一单位中间产品 $x(i)$ 需要使用 1 单位的物质资本，物质资本由生产厂商通过向资本市场租借获得，物质资本总量为：

$$K_t = \int_0^{N_t} x(i) di \tag{5}$$

当中间产品部门需要采办新产品的设计图时，厂商投入的成本为固定成本。根据假设得，中间产品生产者的收入为 $p_i x_{(i)}$，r 为资本市场上每单位资本的实际租金利率，生产任意中间产品 x(i) 需要投入可变成本 rx(i)，因此每个中间产品生产商的利润函数如下：

$$\pi_i = p_i x_{(i)} - rx(i) \tag{6}$$

其中，π_i 表示中间产品生产商的利润，p_i 为中间产品的价格，r 为市场实际利率。

对中间产品价格函数求导，可得：

$$\frac{\partial p_i}{\partial x(i)} = A\beta(\alpha L_t)^{1-\beta}(\beta - 1)x(i)^{\beta-2}$$

根据中间产品价格弹性的定义：

$$\xi_d = \frac{\partial x(i)}{\partial p_i} \times \frac{p_i}{x(i)}$$

可以推导出中间产品价格弹性如下：

$$\xi_d = \frac{1}{1-\beta} \tag{7}$$

由于中间产品市场为垄断竞争市场，p_i 为垄断价格可表示为：

$$p_i = p_x = \frac{r}{\beta} \tag{8}$$

可得：

$$x_i = \left[\frac{A\beta(\alpha L_t)^{1-\beta}}{p}\right]^{\frac{1}{1-\beta}} \tag{9}$$

考虑到中间产品生产厂商生产单一产品，均衡时产量和价格都相同，即 x(i) = x 和 $p_i = p_x$，经济中物质资本总量可写为：

$$K_t = \int_0^{N_t} x(i)\,di = N_t x \tag{10}$$

可得到均衡产量：

$$x = \frac{K_t}{N_t} \tag{11}$$

结合式（1）、式（10）与式（13），推导中间产品部门的生产函数如下：

$$Y = A(\alpha L_t)^{1-\beta}\int_0^{N_t} x(i)^{\beta}\,di$$

$$Y = A(\alpha L_t)^{1-\beta} N_t \left(\frac{K_t}{N_t}\right)^{\beta}$$

中间产品部门的生产函数为：

$$Y = A(\alpha L_t)^{1-\beta} K_t^{\beta} N_t^{\beta-1} \tag{12}$$

（三）研究开发部门

研究开发部门新技术的生产函数如下，在生产过程中需要部分劳动投入以及金融部门的介入：

$$\dot{N}_t = B[(1-\alpha)L_t]^{\chi}N_t^{\phi}F^{\eta} \tag{13}$$

其中，B 为移动系数，代表不变的新知识生产的技术系数，χ 为劳动的产出弹性，代表投入劳动变化时带来的产品产量变化，ϕ 表示技术的外部性程度，F 代表实体经济中金融产品的数量，η 表示金融产品在技术创新过程中的外部性，如果金融系统的发展程度越高或金融产生的外部性越大，那么金融发展对技术创新的正向效应就会越大。

将式（13）进一步改写，我们发现现有技术水平、研究开发部门的劳动投入量以及金融部门的发展水平共同决定了新技术的创新。

$$\frac{\dot{N}_t}{N_t} = B[(1-\alpha)L_t]^{\chi}N_t^{\phi-1}F^{\eta} \tag{14}$$

（四）金融部门

金融部门具有把储蓄转化成投资的能力，S 为总储蓄，θ 为投资转化率，I 为总投资，它的大小由金融系统的发展水平决定，$I=\theta S$，δ 为资本折旧率，当期的总投资可以表示为：$I_t = K_t - (1-\delta)K_{t-1}$。

假设消费者将全部收入用于消费和储蓄 $Y=S+C$，结合式（12）则有：

$$S_t = Y_t - C_t = A(\alpha L_t)^{1-\beta}K_t^{\beta}N_t^{\beta-1} - C_t \tag{15}$$

$$\dot{K}_t = \theta A(\alpha L_t)^{1-\beta}K_t^{\beta}N_t^{\beta-1} - \theta C_t - \delta K_{t-1} \tag{16}$$

（五）消费者部门

根据拉姆齐（Ramsey，1928）模型，无限期生存的消费者将其劳动收入和资本收入全部用于消费和储蓄活动以最大化自身的效用，假设人口增长率为 $n>0$，初始人口 $L_0=1$，则 t 期人口 $L_t = L_0e^{nt} = e^{nt}$，人口增长率可表示为：

$$\frac{\dot{L}_t}{L_t} = n \tag{17}$$

个体消费者效用函数如下：

$$U = \int_0^{\infty} u(c_t)e^{-\rho t}dt \tag{18}$$

其中，c_t 代表消费者在 t 期的消费水平，$u(c_t)$ 表示消费者当期效用。ρ 为主观贴现率（$0<\rho<1$），ρ 取值越大，表明对于消费者而言，未来消费折现到当前消费处于较高水平，此时未来消费需求会越高，消费者的储蓄意愿会上升。

本文参考斯迈茨和沃特斯（Smets and Wouters，2007）对消费者当期效用函数进行如下设定：

$$u(c_t)=\frac{c_t^{1-\sigma}}{1-\sigma} \tag{19}$$

其中，σ 为相对风险回避系数（$\sigma>0$），$1/\sigma$ 为消费者跨期替代弹性。当 σ 的数值较小时，若消费者增加自己的消费，消费带来的边际效用会减小，并且这种减小的速度会逐渐减慢，也就是说，一阶导数大于 0，二阶导数小于 0。当 σ 取 0 时，消费者的效用可表示为线性函数 $u(c_t)=c_t$；当 $\sigma=1$ 时，消费者的效用可表示为对数函数 $u(c_t)=\ln c_t$。

消费者决策问题可以表述为如下优化形式：

$$\max U=\sum_{t=0}^{\infty}\rho^t U(c_t) \tag{20}$$

$$C_t+I_t=W_tL_t \tag{21}$$

（六）平衡增长路径

在平衡增长路径上，经济向平衡增长路径收敛，每个变量的增长率都是常数，即最终产品部门、中间产品部门、消费者部门以及资本与劳动的增长速度保持一致，可以表示如下：

$$\frac{\dot{Y}}{Y}=\frac{\dot{N}_t}{N_t}=\frac{\dot{C}}{C}=\frac{\dot{K}_t}{K_t}=\frac{\dot{L}_t}{L_t} \tag{22}$$

$$g_{N_t}=\frac{\dot{N}_t}{N_t},\ n=\frac{\dot{L}_t}{L_t},\ g_F=\frac{\dot{F}}{F} \tag{23}$$

结合式（16），取 ln 对数后对 t 求导，推导过程如下：

$$\ln g_{N_t}=\ln B+\chi\ln(1-\alpha)+\chi\ln L_t+(\phi-1)\ln N_t+\eta\ln F_t$$

$$\begin{aligned}\frac{\partial g_{N_t}}{\partial t}&=\chi\frac{d\ln L_t}{dt}+(\phi-1)\frac{d\ln N_t}{dt}+\eta\frac{d\ln F_t}{dt}\\&=\chi\frac{\dot{L}_t}{L_t}+(\phi-1)\frac{\dot{N}_t}{N_t}+\eta\frac{\dot{F}_t}{F_t}\\&=\chi n+(\phi-1)g_N+\eta g_F\end{aligned}$$

可以推导出长期技术创新率 g_{N_t}：在平衡增长路径上，g_{N_t} 为常数，g_{N_t} 的增长率为 0，关于 g_{N_t}：

$$0<\eta<1,\ 0<\phi<1$$

$$\frac{\dot{g}_{N_t}}{g_{N_t}} = n\chi - (1-\phi) g_{N_t} + \eta g_F = 0 \tag{24}$$

$$g_{N_t} = \frac{\chi_n + \eta g_F}{1-\phi} \tag{25}$$

平衡增长路径上的产出长期增长率为 g_Y：

$$g_Y = \frac{(\chi_n + \eta g_F)}{1-\phi} + n = \frac{\chi_n}{1-\phi} + \frac{\eta}{1-\phi} g_F + n \tag{26}$$

当 $g_F > 0$，即金融部门发展时，可以提高中间产品部门创新技术系数，从而促进技术创新和经济增长。g_F 直接影响 g_Y，但影响大小取决于 η 和 ϕ。本文假设技术应用与技术创新具有相同的重要性，换而言之，技术创新是技术的生产过程，技术应用是技术转化为生产力的过程。金融系统可以通过一系列方式推动技术应用过程，减少资产交易成本、为企业提供长期资金支持、监管企业行为，进而推动一个国家的技术进步和经济增长。

三、金融发展与经济增长的实证检验

（一）宏观面板模型

本部分研究金融发展与经济增长的关系，建立基准计量模型如下：

$$Growth_{i,t+1} = \lambda_0 + \lambda_1 FinD_{i,t} + \lambda_3 Z_{i,t+1} + \eta_i + \mu_t + \varepsilon_{i,t+1} \tag{27}$$

其中，i、t 分别表示地区和年份。被解释变量 $Growth_{i,t+1}$ 表示 i 地区 t+1 年的经济增长水平，解释变量 $FinD_{i,t}$ 表示金融发展变量，借鉴谈儒勇（1999）从金融中介发展和股票市场发展两个层面来考虑金融发展，衡量指标包括信贷市场发展程度和股票市场发展程度。引入的控制变量集 $Z_{i,t+1}$ 包括产业结构、政府干预、贸易开放程度、资本开放程度、通货膨胀和人口结构等，处理计量模型中可能由于遗漏变量引发的内生性问题。η_i 和 μ_t 为未观测到的国家固定效应和未观测到的时间固定效应。

（二）变量、数据说明及估计方法

1. 变量选取

经济增长水平。本文以 GDP 增长率作为地区经济增长水平的代理变量。

技术创新水平。本文从三个角度来衡量一国的技术创新水平。具体而言：（1）全要素生产率（TFP），表示以美国的 TFP 水平为基准的横向可比的全要素生产率；（2）技术创新投入：研发投入强度（R&D），表示研发经费投入占 GDP 的份额；（3）技术创新成果产出：人均专利申请数（Patent），表示每百万居民的人均专利申请数量。

金融发展水平。金融中介和资本市场这两个金融系统的不同组成部分对实体经济的影响是相互独立的。本文参考贝克等（Beck et al.，2000）和左志刚（2012）的研究设计，首先以债务性金融渠道金融中介和股权性金融渠道资本市场进行二分法讨论，其次将债务性质的金融渠道 Credit 具体定义为国内信贷部门对私人部门的信贷总额与 GDP 的比值，数据最终来源于世界银行的世界发展指标数据库；股权性金融渠道 Stock 借鉴何安妮和唐文琳（2016）的做法，将其具体定义为股票总市值与该国 GDP 的比值，代表一个国家（地区）债务性质的金融渠道的发展程度。

控制变量，用以控制产业结构、政府干预、贸易开放程度、资本开放程度、通货膨胀和人口结构等因素对一国经济增长的影响，处理计量模型中可能由于遗漏变量引发的内生性问题。Z1 表示农业部门增加值占 GDP 的份额，用来控制产业结构变迁对经济增长的影响；Z2 表示政府消费性总支出占 GDP 的份额，用来控制政府行为对国家经济增长的影响；Z3 表示进出口贸易总额占 GDP 的份额，用来控制贸易开放程度对经济增长的影响；Z4 表示 FDI 占 GDP 的份额，用来控制资本开放度对经济增长的影响；Z6 表示 GDP 平减指数用来控制通货膨胀、经济稳定性；Z7 表示固定资本形成总额占 GDP 的份额，用来控制资本形成率对经济增长的影响；Z8 表示总人口抚养比，用来控制人口结构对经济增长的影响。

2. 数据与估计方法

本文中技术进步数据来源于宾夕法尼亚大学世界数据库（Penn World Table，PWT）；金融数据来自全球金融发展数据库（The Global Financial Development Database，GFDD）；经济增长与控制变量来自世界发展指数（World Development Indicators，WDI）。本文最终构建了全球 1960 ~ 2017 年的面板数据，其中包括中国、越南等转轨经济体国家。

估计方法上，首先，使用矩估计方法获得静态模型的固定效应（FE）模型系数，以此处理实证模型中遗漏与个体有关的不随时间而变的个体固定效应变量，以及遗漏与时间有关的不随个体而变的时间趋势变量而造成的内生性问题，通过固定效应估计获得一致估计量。本文还将采用异方差稳健标准误进行区间估计，以防止由于异方差而导致的估计结果非有效。其次，本文将被解释变量滞后期引入到解释变量之中，使得计量模型实现动态化，在动态模型中即使采用固定效应估计也无法避免解释变量与扰动项相关的内生性问题，会造成估计结果不一致。此时需要采用水平矩估计（Level - GMM）、差分矩估计（DIF - GMM）或系统矩估计（SYS - GMM）方法估计系数。参照布伦德尔和邦德（Blundell and Bond，1998），本文选择系统矩估计方法。

与差分矩估计相比，系统矩估计包含对水平方程的估计，因此可以估计不随时间变化的变量的系数，能更大程度地提升估计的效率。

（三）基准估计结果

本文首先估计金融规模与经济增长的关系，基准估计结果报告与表 1 第（1）~第（4）列，其中第（1）和第（2）列为固定效应（FE）估计结果，第（3）和第（4）列为系统矩估计（SYS－GMM）估计结果。第（1）和第（3）列为信贷规模作为金融发展代理变量估计结果，第（2）和第（4）列为股票规模作为金融规模代理变量估计结果。表 1 报告了解释变量和常数项估计的系数、标准误以及显著性检验结果。本文以异方差稳健标准误进行区间估计来防止估计结果非有效的发生。

表 1　　金融规模与经济增长的估计结果

项目	(1)	(2)	(3)	(4)	(5)	(6)
	基准估计结果				内生性的讨论	
	FE		SYS－GMM		IV－GMM	
信贷规模	－0.0342*** (0.0063)		－0.0121*** (0.0033)		－0.0123*** (0.0025)	
股票规模		0.0142*** (0.0030)		0.0036*** (0.0011)		0.0022** (0.0009)
GDP_{t-1}			0.2218*** (0.0346)	0.2336*** (0.0065)	0.2248*** (0.0050)	0.2580*** (0.0053)
产业结构	0.0121 (0.0303)	0.0721 (0.0616)	0.0134 (0.0134)	0.0493*** (0.0054)	0.0144*** (0.0036)	0.0451*** (0.0060)
政府支出	－0.1575*** (0.0405)	－0.3150*** (0.0631)	－0.1005*** (0.0194)	－0.0902*** (0.0129)	－0.0840*** (0.0081)	－0.1058*** (0.0120)
进出口额	0.0283*** (0.0068)	0.0110* (0.0060)	0.0069*** (0.0019)	0.0040*** (0.0005)	0.0077*** (0.0008)	0.0027*** (0.0005)
FDI	－0.0125 (0.0110)	－0.0053 (0.0058)	－0.0056 (0.0050)	－0.0067*** (0.0005)	－0.0066*** (0.0008)	－0.0090*** (0.0008)
通货膨胀	0.0001 (0.0003)	0.0005 (0.0009)	－0.0004*** (0.0002)	0.0003 (0.0003)	－0.0003*** (0.0001)	－0.0001 (0.0002)
投资	0.1028*** (0.0379)	0.1463*** (0.0432)	0.0902*** (0.0307)	0.1418*** (0.0124)	0.0976*** (0.0053)	0.1081*** (0.0089)

续表

项目	(1)	(2)	(3)	(4)	(5)	(6)
	基准估计结果				内生性的讨论	
	FE		SYS - GMM		IV - GMM	
人口结构	0.0083 (0.0168)	-0.0015 (0.0192)	-0.0002 (0.0102)	0.0108 (0.0069)	0.0047 (0.0038)	-0.0020 (0.0052)
Cons	2.3513 (1.4983)	3.2368 * (1.7883)	2.3447 ** (1.1203)	-0.6293 (0.9324)	1.4801 *** (0.5316)	1.3101 ** (0.6586)
N	4 146	2 250	4 137	2 219	4 137	2 219
R^2	0.2242	0.2627				
F - test	0.0000	0.0000				
AR(1)			0.000	0.000	0.000	0.000
AR(2)			0.995	0.242	0.971	0.306
Sargan			0.920	0.993	0.798	1.000

注：表中*、**、***分别表示在10%、5%和1%的水平上显著，括号中数值为稳健标准误。
资料来源：作者利用STATA/SE 14.0软件运算并整理。

表1第（1）~第（4）列估计结果表明，信贷规模显著减缓经济增长，而股票规模能够显著促进经济增长。具体而言：（1）本文的FE和SYS - GMM估计结果均表明，信贷规模上升会显著负向影响经济增长，这在控制了诸多因素之后显著成立；（2）股票规模上升能够显著正向影响经济增长，这在不同估计方法和控制了诸多因素之后显著成立。这可以归纳为：信贷市场的发展对经济增长具有抑制作用，而股票规模对经济增长具有积极作用。这与徐等（Hsu et al.，2016）的研究结果相一致。

（四）内生性讨论

考虑到金融发展会影响经济增长，而经济增长反过来也会影响金融发展，二者互为因果。金融发展滞后1期在一定程度上满足作为工具变量的相关性和排他性两个条件，即金融发展滞后一期与金融发展当期具有相关性，能且只能通过金融发展当期影响下一期的经济增长。

为了克服这一问题，本文采用工具变量的系统GMM方法进行估计，估计时采用解释变量滞后1期作为当期的GMM式工具变量，估计结果报告于表1第（5）~第（6）列。动态面板模型的IV - GMM估计结果显示，信贷规模上升会显著负向影响经济增长、股票规模上升能够显著正向影响经济增长，与基准FE和SYS - GMM估计结果相比，发现估计系数与显著性均没有发生明显改变。因此，本文的估计结果在静态面板模型和动态面板模型中结论一致。

（五）分组估计结果

为进一步保证估计结果的稳健性，本文也考虑了不同分组样本对基准结果的影响，将样本国家分为金融发展程度发达地区和欠发达地区两类，分别利用系统矩估计（SYS－GMM）和工具变量方法对子样本进行再估计。按金融发展程度分组回归估计金融发展水平与经济增长的关系，估计结果报告于表2，其中第（1）~第（4）列为金融发展程度相对发达的上50%地区的估计结果、第（5）~第（8）列为金融发展程度欠发达的下50%地区的估计结果。第（1）和第（2）列、第（5）和第（6）列为系统矩估计（SYS－GMM）估计结果，第（3）和第（4）列、第（7）和第（8）列为工具变量法矩估计（IV－GMM）估计结果。第（1）和第（3）列、第（5）和第（7）列为信贷规模作为金融规模代理变量估计结果，第（2）和第（4）列、第（6）和第（8）列为股票规模作为金融规模代理变量估计结果。表中报告了解释变量和常数项估计的系数、标准误以及显著性检验结果。为剔除异方差带来的估计结果非有效，本文在估计标准误时采用异方差稳健标准误进行估计。

表2　　　　按金融发展程度分组回归的估计结果

项目	(1)	(2)	(3)	(4)	(5)	(6)	(7)	(8)
	上50%地区				下50%地区			
	SYS－GMM		IV－GMM		SYS－GMM		IV－GMM	
信贷规模	－0.0118*** (0.0032)		－0.0096** (0.0045)		－0.0361*** (0.0123)		－0.0731*** (0.0123)	
股票规模		0.0088*** (0.0020)		0.0019* (0.0010)		0.0127*** (0.0047)		0.0092* (0.0052)
GDP_{t-1}	0.1626*** (0.0344)	0.1992*** (0.0129)	0.2615*** (0.0331)	0.2609*** (0.0054)	0.2073*** (0.0124)	0.1713*** (0.0189)	0.2253*** (0.0208)	0.2075*** (0.0185)
产业结构	0.0261 (0.0244)	0.0892*** (0.0143)	0.0227 (0.0241)	0.0650*** (0.0070)	－0.0035 (0.0054)	0.0407*** (0.0046)	0.0025 (0.0054)	0.0237*** (0.0051)
政府支出	－0.1198*** (0.0181)	－0.1017*** (0.0182)	－0.0968*** (0.0188)	－0.0887*** (0.0145)	－0.0705*** (0.0087)	－0.0870*** (0.0180)	－0.0349** (0.0159)	－0.1089*** (0.0199)
进出口额	0.0041** (0.0016)	0.0015** (0.0008)	0.0039*** (0.0015)	0.0035*** (0.0003)	0.0153*** (0.0015)	0.0008 (0.0024)	0.0164*** (0.0022)	0.0007 (0.0025)

续表

项目	(1)	(2)	(3)	(4)	(5)	(6)	(7)	(8)
	上 50% 地区				下 50% 地区			
	SYS - GMM		IV - GMM		SYS - GMM		IV - GMM	
FDI	-0.0047 (0.0045)	-0.0039*** (0.0006)	-0.0082* (0.0043)	-0.0028*** (0.0002)	-0.0272*** (0.0030)	-0.1487*** (0.0084)	-0.0309*** (0.0019)	-0.1238*** (0.0089)
通货膨胀	-0.0011 (0.0008)	-0.0032*** (0.0008)	-0.0007 (0.0007)	-0.0025*** (0.0003)	-0.0002*** (0.0001)	0.0004 (0.0003)	-0.0001 (0.0001)	0.0002 (0.0003)
投资	0.1479*** (0.0255)	0.0916*** (0.0148)	0.1278*** (0.0255)	0.0813*** (0.0123)	0.0412*** (0.0090)	0.1296*** (0.0179)	0.0554*** (0.0134)	0.1062*** (0.0214)
人口结构	0.0002 (0.0139)	-0.0180* (0.0093)	0.0030 (0.0132)	-0.0107 (0.0068)	0.0106 (0.0088)	0.0085 (0.0131)	0.0266* (0.0138)	0.0059 (0.0143)
Cons	1.7778 (1.2537)	2.5946** (1.1041)	1.1617 (1.2754)	2.3914*** (0.9051)	2.1011 (1.3860)	-0.1446 (1.6298)	0.1229 (1.8520)	1.1326 (1.7353)
N	2 457	1 009	2 457	1 009	1 681	1 129	1 681	1 117
AR(1)	0.000	0.000	0.000	0.000	0.000	0.000	0.000	0.000
AR(2)	0.217	0.062	0.525	0.083	0.621	0.401	0.513	0.521
Sargan	0.931	0.931	1.000	1.000	1.000	0.631	0.978	1.000

注：表中 *、**、*** 分别表示在 10%、5% 和 1% 的水平上显著，括号中数值为稳健标准误。
资料来源：作者利用 STATA/SE 14.0 软件运算并整理。

表 2 第（1）~第（8）列估计结果表明，按照金融发展程度分组样本估计发现，上文的基准结论即信贷市场的发展对经济增长具有抑制作用，而股票规模对经济增长具有积极作用，这在不同金融发展程度样本中依然稳健成立。

（六）进一步估计：金融结构与经济增长

本文在基准估计的基础之上，还进一步估计了金融结构与经济增长之间的联系。也即，本文认为，信贷市场发展会显著抑制经济增长，而股票市场或资本市场的发展会显著促进经济增长。但是这种影响在以信贷市场与资本市场相对规模衡量的金融结构中表现又会如何？因此，本文参考叶德珠和曾繁清（2019）等，使用一国银行部门的规模与股票市场的规模的比率来代表该国的金融结构 - 金融结构 1 变量，估计了金融结构与经济增长之间的联系，估计结果见表 3 中第（1）、第（3）和第（5）列。FE、SYS - GMM 和 IV - GMM 估计结果均表明，金融结构对经济增长具有显著的负向影响，这在不同估计方法和控制了诸多因素之后显著成立。

除采用常规的金融结构变量以外，本文还根据林毅夫（2003）、叶德珠（2019）等对金融结构内涵的界定，设置了金融结构 2 变量，具体定义为银行向私人部门贷款额占股市交易总量的份额，估计结果见表 3 中第（2）、第（4）、第（6）列。估计结果显示，进一步变换金融结构指标，金融结构对经济增长具有显著的负向作用仍然稳健存在。综上可知，在以二者相对规模为衡量的金融结构中，以信贷市场为主导的金融结构对经济增长具有抑制作用。这与何安妮和唐文琳（2016）的研究结果相契合。

表 3　　金融结构与经济增长的估计结果

项目	(1)	(2)	(3)	(4)	(5)	(6)
	基准估计结果				内生性的讨论	
	FE		SYS – GMM		IV – GMM	
金融结构 1	−0.0033*** (0.0008)		−0.0015*** (0.0005)		−0.0016*** (0.0005)	
金融结构		−0.0043*** (0.0013)		−0.0001* (0.0001)		−0.0001*** (0.0000)
GDP_{t-1}			0.1509*** (0.0273)	0.1588*** (0.0147)	0.1769*** (0.0438)	0.2275*** (0.0062)
产业结构	0.0475 (0.0683)	−0.0110 (0.0677)	0.0484*** (0.0183)	0.04564*** (0.0084)	0.0555*** (0.0209)	0.0593*** (0.0084)
政府支出	−0.3212*** (0.0645)	−0.2949*** (0.0781)	−0.0543* (0.0329)	−0.0822*** (0.0182)	−0.0350 (0.0406)	−0.0739*** (0.0041)
进出口额	0.0183*** (0.0068)	0.0115* (0.0069)	0.0018 (0.0018)	0.0031*** (0.0008)	0.0025 (0.0022)	0.0024*** (0.0003)
FDI	−0.0074 (0.0078)	−0.0061 (0.0056)	−0.0035 (0.0036)	−0.0052*** (0.0005)	−0.0036 (0.0041)	−0.0070*** (0.0004)
通货膨胀	0.0007 (0.0014)	−0.0004 (0.0017)	−0.0007 (0.0010)	0.0005 (0.0008)	−0.0007 (0.0006)	0.0001 (0.0002)
投资	0.1253*** (0.0460)	0.1212*** (0.0443)	0.0791* (0.0433)	0.1313*** (0.0199)	0.0645** (0.0323)	0.1185*** (0.0025)
人口结构	0.0085 (0.0219)	−0.0025 (0.0214)	−0.0057 (0.0202)	0.0030 (0.0105)	−0.0124 (0.0173)	−0.0081 (0.0064)
Cons	4.0810** (1.8153)	4.8577** (2.1988)	1.3730 (2.4602)	0.6582 (1.4362)	1.5878 (1.5054)	1.1959*** (0.3692)

续表

项目	(1)	(2)	(3)	(4)	(5)	(6)
	基准估计结果				内生性的讨论	
	FE		SYS－GMM		IV－GMM	
N	1 951	1 655	1 301	1 518	1 301	1 531
R^2	0.3002	0.1954				
F－test	0.0000	0.0000				
AR(1)			0.000	0.000	0.000	0.000
AR(2)			0.243	0.144	0.294	0.192
Sargan			0.993	1.000	1.000	1.000

注：表中*、**、***分别表示在10%、5%和1%的水平上显著，括号中数值为稳健标准误。
资料来源：作者利用STATA/SE 14.0软件运算并整理。

四、金融发展与经济增长技术的渠道作用

（一）渠道识别方案

本章研究金融发展通过促进技术创新使得一国经济保持增长，借鉴温忠麟等（2004）提出的中介效应检验程序构建以下三个模型，旨在识别技术创新在金融发展促进经济增长过程中的中介效应和渠道作用。

$$Growth_{i,t+1} = \lambda_0 + \lambda_1 FinD_{i,t} + \lambda_3 Z_{i,t+1} + \eta_i + \mu_t + \varepsilon_{i,t+1} \quad (28)$$

$$Innovation_{i,t+1} = \beta_0 + \beta_1 FinD_{i,t} + \beta_2 Z_{i,t+1} + \eta_i + \mu_t + \varepsilon_{i,t+1} \quad (29)$$

$$Growth_{i,t+1} = \xi_0 + \xi_1 Innovation_{i,t+1} + \xi_2 FinD_{i,t} + \xi_3 Z_{i,t+1} + \eta_i + \mu_t + \varepsilon_{i,t+1} \quad (30)$$

其中，i、t分别表示地区和年份。被解释变量$Growth_{i,t+1}$表示i地区t+1年的经济增长水平；$Innovation_{i,t+1}$表示i地区在t+1年的技术创新水平，本文参考孙伍琴和王培（2013），从三个角度度量技术创新，衡量指标包括全要素生产率、技术创新投入、技术创新成果产出；解释变量$FinD_{i,t}$表示金融发展变量，衡量指标包括信贷市场发展程度和股票市场发展程度。引入的控制变量集$Z_{i,t+1}$包括产业结构、政府干预、贸易开放程度、资本开放程度、通货膨胀和人口结构等，处理计量模型中可能由于遗漏变量引发的内生性问题。η_i和μ_t为未观测到的国家固定效应和未观测到的时间固定效应。

本章检验技术创新产出是否是金融发展影响经济增长的中介变量，可以分为三步来进行：第一步，探究金融发展是否显著影响经济增长，如果

系数 λ 显著则进行第二步检验，否则停止分析；第二步，检验金融发展是否显著影响技术创新，通过前面实证结果可知，系数 β 显著；第三步，检验技术创新是否显著影响经济增长，如系数 ξ_1 显著，则继续检验金融发展对企业增长的系数 ξ_3 是否显著。如果 ξ_3 不显著，则为完全中介过程；否则，则仅是部分中介过程。式（28）、式（29）、式（30）组成了完整的中介效应回归模型。

（二）渠道估计结果

1. 金融发展与技术创新

本文首先以 TFP 作为创新的代理变量估计了金融发展与技术创新的关系，估计结果报告与表 4 第（1）和第（2）列，估计方法为 SYS - GMM。我们在表中报告了解释变量和常数项估计的系数、标准误以及显著性检验结果。为剔除异方差带来的估计结果非有效，本文在估计标准误时采用异方差稳健标准误进行估计。表 4 第（1）和第（2）列结果显示，金融发展对技术进步影响的估计系数在 5% 显著性水平下显著，且信贷规模对技术进步的影响方向为负，而股票规模对技术进步的影响方向为正。

表 4　金融发展与技术创新的估计结果

项目	(1)	(2)	(3)	(4)	(5)	(6)
	TFP		Patent		R&D	
信贷规模	-0.0571* (0.0308)		-0.0013*** (0.0004)		-0.0002* (0.0001)	
股票规模		0.0139*** (0.0029)		0.0007*** (0.0001)		0.0006* (0.0004)
Y_{t-1}	-0.0062 (0.0283)	0.0358** (0.0143)	0.8879*** (0.0047)	0.9445*** (0.0114)	0.9894*** (0.0079)	1.0025*** (0.0107)
产业结构	0.00592 (0.0080)	0.1044*** (0.0147)	-0.0020*** (0.0006)	-0.0013 (0.0011)	-0.0006 (0.0009)	0.0001 (0.0013)
政府支出	-0.1163*** (0.0304)	-0.0566 (0.0431)	0.0125*** (0.0013)	0.0055 (0.0018)	0.0013 (0.0011)	0.0038*** (0.0012)
进出口额	-0.0033 (0.0042)	0.0006 (0.0038)	-0.0005*** (0.0001)	-0.0004*** (0.0001)	0.0000 (0.0001)	0.0001 (0.0001)
FDI	-0.0584*** (0.0099)	0.0237*** (0.0031)	0.0017*** (0.0005)	0.0004 (0.0001)	0.0002* (0.0001)	0.0005 (0.0004)

续表

项目	(1)	(2)	(3)	(4)	(5)	(6)
	TFP		Patent		R&D	
通货膨胀	0.0062*** (0.0023)	-0.0010 (0.0019)	0.0000 (0.0000)	-0.0001 (0.0000)	0.0000 (0.0000)	0.0000** (0.0000)
投资	0.02271 (0.0256)	-0.0619 (0.0557)	0.0042*** (0.0016)	0.0070*** (0.0006)	0.0030*** (0.0009)	0.0022* (0.0013)
人口结构	-0.0684*** (0.0266)	-0.0663** (0.0318)	-0.0065*** (0.0009)	-0.0038*** (0.0007)	0.0001 (0.0005)	0.0008 (0.0008)
Cons	6.9581** (3.5396)	5.0297 (4.0520)	0.5245*** (0.1235)	0.2021 (0.0596)	-0.0734 (0.0594)	-0.1554* (0.0797)
N	1 653	1 319	1 399	1 469	1 031	626
AR(1)	0.002	0.023	0.001	0.000	0.000	0.001
AR(2)	0.784	0.577	0.126	0.150	0.128	0.504
Sargan	1.000	0.643	0.890	0.985	1.000	1.000

注：表中*、**、***分别表示在10%、5%和1%的水平上显著，括号中数值为稳健标准误。
资料来源：作者利用STATA/SE 14.0软件运算并整理。

进一步，本文还考察了以信贷规模和股票规模为代表的金融发展程度对技术产出的影响，技术产出采用专利数量作为代理变量，估计结果见表4第（3）和第（4）列。结果表明，金融发展对技术产出影响的估计系数在1%显著性水平下显著，且信贷规模对技术产出的影响方向为负，而股票规模对技术产出的影响方向为正。

最后，本文还考察了金融发展对技术投入的影响，技术投入采用研发费用占比作为代理变量，估计结果见表4第（5）和第（6）列。结果表明，结果表明，金融发展对技术投入影响的估计系数在1%显著性水平下显著，且信贷规模对技术投入的影响方向为负，而股票规模对技术投入的影响方向为正。

本文的这一发现与刘培森（2018）等文献结论一致。但是，也有部分文献得出了相反的结论，如孙伍琴和王培（2013）利用中国省级面板数据发现，银行规模与专利衡量的技术创新显著正相关。本文解释为：第一，中国特定的金融发展现状可能模糊了金融与创新背后的理论联系。第二，技术投入与银行规模之间可能存在两方面作用：一方面，以银行为代表的信贷规模的扩张，能够为技术活动提供资金，表现为正向作用；另一方面，信贷规模的上升会加剧企业或经济体的负债压力，结合创新活动产出的时滞性，在短期内或者一定时期内，信贷规模的扩张对技术投入会产生抑制作用。本文从全球数据中发现，信贷对于技术投入的抑制作用大于促进作用，表现为信贷规模与技术投入之间存在显著的反向变化关系。

2. 金融发展、技术创新与经济增长

本节采用IV－GMM方法估计金融发展、技术创新与经济增长的关系，估计结果报告于表5，其中第（1）和第（2）列为TFP估计结果，第（3）和第（4）列为Patent估计结果，第（5）和第（6）列为R&D估计结果。第（1）、第（3）和第（5）列为信贷规模作为金融规模代理变量估计结果，第（2）、第（4）和第（6）列为股票规模作为金融规模代理变量估计结果。表5中报告了解释变量和常数项估计的系数、标准误以及显著性检验结果。

表5　金融发展、技术创新与经济增长的估计结果

项目	(1)	(2)	(3)	(4)	(5)	(6)
	TFP		Patent		R&D	
信贷规模	−0.0082*** (0.0029)		−0.0118*** (0.0019)		−0.0183*** (0.0009)	
股票规模		0.0094*** (0.0031)		0.0024*** (0.0006)		0.0070** (0.0031)
TFP	0.0049** (0.0023)	0.0080** (0.0038)				
Patent			0.0735** (0.0327)	0.0610*** (0.0209)		
R&D					0.1607** (0.0816)	0.4780** (0.2412)
Y_{t-1}	0.2505*** (0.0120)	0.2837*** (0.0149)	0.3366*** (0.0080)	0.2641*** (0.0060)	0.2107*** (0.0058)	0.2249*** (0.0434)
产业结构	0.0392*** (0.0049)	0.0491*** (0.0149)	0.0276*** (0.0035)	0.0635*** (0.0118)	0.0029 (0.0077)	0.0814** (0.0334)
政府支出	−0.0727*** (0.0238)	−0.1089*** (0.0295)	−0.1077*** (0.0090)	−0.1138*** (0.0089)	−0.1162*** (0.0044)	−0.0755* (0.0412)
进出口额	0.0049** (0.0020)	0.0050** (0.0023)	0.0043*** (0.0006)	0.0002 (0.0005)	0.0048*** (0.0003)	0.0036 (0.0022)
FDI	−0.0072*** (0.0022)	−0.0026* (0.0015)	−0.0104*** (0.0010)	−0.0112*** (0.0012)	−0.0064*** (0.0006)	−0.0055 (0.0040)
通货膨胀	0.0002 (0.0010)	−0.0088** (0.0035)	−0.0003*** (0.0000)	−0.0020* (0.0012)	−0.0085*** (0.0012)	0.0004 (0.0012)
投资	0.0639*** (0.0137)	0.0831*** (0.0274)	0.0991*** (0.0067)	0.1208*** (0.0052)	0.1830*** (0.0043)	0.1804*** (0.0355)

续表

项目	(1)	(2)	(3)	(4)	(5)	(6)
	TFP		Patent		R&D	
人口结构	-0.0109 (0.0077)	-0.0083 (0.0158)	0.0026 (0.0048)	-0.0171** (0.0077)	0.0209*** (0.0008)	0.0264 (0.0259)
Cons	2.8206** (1.1221)	1.7833 (1.8396)	1.5698** (0.6371)	2.2025*** (0.5728)	0.0000*** (omitted)	-2.1040 (2.2345)
N	2 065	1 305	2 083	1 563	1 008	987
AR(1)	0.000	0.000	0.000	0.000	0.000	0.000
AR(2)	0.364	0.909	0.031	0.005	0.010	0.006
Sargan	1.000	1.000	1.000	1.000	0.952	1.000

注：表中*、**、***分别表示在10%、5%和1%的水平上显著，括号中数值为稳健标准误。
资料来源：作者利用STATA/SE 14.0软件运算并整理。

（三）渠道识别结果讨论

本章在探究金融发展影响经济增长的技术渠道时，成功识别技术创新为金融发展影响经济增长的中介变量。首先，根据表1的估计结果可知，金融发展显著影响经济增长；其次，根据表4的估计结果可知，本文发现金融发展显著影响技术创新；最后，根据表5的估计结果可知，一是技术创新显著影响经济增长；二是金融发展显著影响经济增长。经过中介效应识别，本文发现金融发展对经济增长的影响有一部分是通过中介变量技术创新实现的，且信贷市场发展通过抑制技术创新对经济增长具有负向作用，股权市场发展通过促进技术创新使得经济持续增长。

区别于以往文献中更多关注以TFP为代表的技术创新，本文还涉及了以研发投入为代表的技术投入，以及以专利申请为代表的技术产出的渠道作用，验证了以全要素生产率（total factor productivity，TFP）、以研发支出（R&D）为代表的技术创新投入、以专利数量为代表的技术创新产出在金融发展与经济增长之间的传导作用，发现全要素生产率、创新投入和创新产出都能传递金融发展对经济增长的作用，完成了对金融发展与经济增长之间的技术创新、技术投入和技术产出中介效应的识别。

五、进一步讨论：来自中国的微观证据

进一步，本文还探究了宏观结论是否在微观视角下成立。本文综合了我

国31个省区市、20个制造业子行业2002~2014年的微观企业数据，设定三维面板固定效应模型，研究金融发展如何支持微观企业的技术创新，从而激发经济增长活力。进一步探讨了信贷市场和股权市场对于微观企业创新影响的差异，以及金融市场对于微观企业创新影响的行业差异，为实施金融助力创新政策提供有益思考。

（一）计量模型的设定与数据来源

本文参考拉詹和津格尔斯（Rajan and Zingales，1998）的开创性方法并结合李连发和辛晓岱（2009）、贵斌威（2013）、徐等（Hsu et al.，2016）、王曼怡和甄晗蕾（2019）等发展性文献，将RZ框架延伸至企业层面，选取2002~2014年沪深A股制造业上市公司作为研究对象，引入金融发展变量与外部融资依赖变量的交叉项，构造涵盖行业、地区和年份的三维模型：

$$\begin{aligned}\text{Innovation}_{j.i,t+1} = & \beta_0 + \beta_1(\text{Equity}_{i,t} \times \text{Dependence}_j) \\ & + \beta_2(\text{Credit}_{i,t} \times \text{Dependence}_j) \\ & + \beta_3 Z_{j.i,t+1} + \eta_{i,t+1} + \mu_j + \varepsilon_{j.i,t+1}\end{aligned} \tag{31}$$

其中，行业创新水平作为被解释变量，从研发投入和专利产出两个角度进行衡量，具体指标包括从Wind资讯数据库收集的研发费用数据$R\&D_{j,i,t}$和从国家专利局数据库收集的专利数据$Patent_{j,i,t}$；外部融资依赖度变量由Wind资讯数据库中上市企业的财务数据测算而得；代表金融发展水平的股权市场规模和信贷市场规模的数据收集于中国经济与社会发展统计数据库；其余控制变量的样本数据来自中国工业统计年鉴。

（二）基准估计结果

本文基于徐等（Hsu et al.，2016）认为金融发展通过外部融资依赖影响微观企业技术创新的理论假说，进一步探讨金融发展与企业创新投入和创新产出之间的关系。表6汇总了解释变量和常数项的估计系数、估计标准误差及显著性检验结果，囊括了以两个创新指标进行估计的结果，被解释变量分别为企业的研发费用和专利申请数。

表6　　　　金融发展、外部融资依赖度与创新估计结果

变量	(1)	(2)	(3)	(4)	(5)	(6)
	$R\&D_{j,i,t+1}$			$Patent_{j,i,t+1}$		
$Equity_{i,t}\times Dependence_j$	0.0201*** (0.0062)		0.0209*** (0.0716)	0.0802* (0.0474)		0.0806* (0.0475)

续表

变量	(1)	(2)	(3)	(4)	(5)	(6)
	$R\&D_{j,i,t+1}$			$Patent_{j,i,t+1}$		
$Credit_{i,t}$ × $Dependence_j$		-0.2652*** (0.0713)	-0.2681*** (0.0064)		-0.7778** (0.3547)	-0.5143 (0.3541)
Control Variables	Yes	Yes	Yes	Yes	Yes	Yes
Constant	0.0854*** (0.0056)	0.1398*** (0.0163)	0.1425*** (0.0166)	0.8232*** (0.0424)	0.7703*** (0.0801)	0.7236*** (0.0815)
Adjusted - R^2	0.0075	0.0094	0.0164	0.1951	0.0173	0.0651
F - test	0.0041	0.0083	0.0002	0.0001	0.0142	0.0006

注：表中*、**、***分别表示在10%、5%和1%的水平上显著，括号中数值为稳健标准误。所有的回归模型均经过地区-行业的cluster处理调整。

资料来源：作者利用STATA/SE 14.0软件运算并整理。

通过观察表6，无论是以研发费用还是以专利申请数作为被解释变量，我们可以看出第（1）~第(3）列和第（4）~第(6）列中，股权市场和信贷市场所代表的金融发展水平对企业创新具有显著作用，而且两个市场对于创新的作用方向不一致。具体表现在，股权市场可以刺激高外部融资依赖性行业的技术创新，而信贷市场对其没有促进作用，这与张一林等（2016）的研究观点一致。采取不同的行业创新指标对本文的估计结果没有影响，依然保持稳健。

（三）讨论与分析

本文采用中国制造业上市企业的数据，实现了从微观企业到中观行业再到中国各省区市的全景式测度，研究金融发展对微观企业创新增长的影响，发现：（1）微观企业层面，金融发展对企业创新具有显著影响，同时具有异质性；（2）微观视角下，股权市场的发展可以促进企业的研发投入和专利成果产出；（3）在我国，信贷市场的发展对于企业的研发投入和专利产出无正向作用，甚或从一定程度上束缚了企业的技术创新。这与本文在宏观视角下得到的结论相吻合。

六、结论和建议

本文建立了一个内生增长模型发现，金融发展会通过技术创新影响经济增长。随后利用全球180个国家和地区1960～2017年样本数据对此展开验证，发现：以股票市场为代表的直接金融市场发展能够显著促进经济增长，而以信贷市场为代表的间接金融市场发展会抑制经济增长，这在不同计量模型设计、不同估计方法、不同经济发展程度样本和不同金融发展程度样本中稳健成立。本文还探究了金融发展影响经济增长的技术渠道，发现全要素生产率、创新投入和创新产出都能传递金融发展对经济增长的作用。进一步，本文还探究了宏观结论是否在微观视角下成立，中国企业层面微观数据显示，金融发展的确能够通过技术创新影响企业经济增长，这与宏观视角下的结论吻合。

基于以上结论，为了更好地发挥金融市场促进我国的技术创新以驱动经济持续增长，本文提出以下政策建议：

总体来说，当前我国金融发展现状与技术创新需求不匹配，推进金融体系的全面改革使其有效地驱动我国技术创新发展是当务之急。以促进单个企业的创新活动作为深化金融改革开放和促进金融稳步发展的着力点，打破开展创新活动时面临的融资困境，在此基础上推动整个行业的技术变革，这是实现我国万众创新、科技驱动经济长期有效增长的有效路径。

首先，改革完善货币信贷投放机制，促进信贷市场对企业技术创新形成有效支撑，引导金融中介精准投放，避免资金空转和脱实向虚的经济活动，使投放准确流入技术创新型企业从而形成有效支持。第一，大型国有商业银行是我国金融机构的主要构成，应从根本上给予多渠道补充资本的便利条件，鼓励增加制造业中长期贷款和信用贷款；第二，针对企业规模“歧视”问题，可以采用贷款担保等方式来帮助中小型科技企业获得同等的贷款机会，打破当前银行对高科技密集行业中大型企业抱有青睐的局面；第三，推动商业银行与其他机构投资者开展合作，结合私募基金、风投机构深层的信息优势与商业银行充足的资金优势，在具备审慎调查的同时又节约了交易成本；第四，降低银行业的准入门槛，发展增设民营银行和社区银行，构建和完善多层次的支持企业进行创新活动的信贷市场体系。

其次，改革完善资本市场基础制度，强化股权市场对技术创新的激发作用，加速建立为技术创新活动提供资金融通的多层次资本市场体系。当前，A股市场以沪深主板市场为主，而中小板和创业板所占比重较小，应运而生的科创板是落实创新驱动战略的重要途径。在打破对企业盈利的固有要求的同时辅以注册制的运行，一方面可以降低小型科技企业的上市门槛，另一方面可与中国存托凭证相结合，迎接海外上市独角兽企业回归A股，推动中国资本市场存量升级。因此，可将支持不同企业的创新活动作为构建多层次股票市场的突破口，进一步完善资本市场制度。

参考文献

1. 贵斌威、徐光东、陈宇峰：《融资依赖、金融发展与经济增长：基于中国行业数据的考察》，载于《浙江社会科学》2013 年第 2 期。

2. 龚强、张一林、林毅夫：《产业结构、风险特性与最优金融结构》，载于《经济研究》2014 年第 4 期。

3. 何安妮、唐文琳：《金融结构对国家自主创新能力的影响——基于跨国面板数据的分析》，载于《当代经济研究》2016 年第 5 期。

4. 刘降斌、李艳梅：《区域科技型中小企业自主创新金融支持体系研究——基于面板数据单位根和协整的分析》，载于《金融研究》2008 年第 12 期。

5. 刘培森：《金融发展、创新驱动与长期经济增长》，载于《金融评论》2018 第 10 期。

6. 李连发、辛晓岱：《外部融资依赖、金融发展与经济增长：来自非上市企业的证据》，载于《金融研究》2009 年第 2 期。

7. 林毅夫、章奇、刘明兴：《金融结构与经济增长：以制造业为例》，载于《世界经济》2003 年第 1 期。

8. 孙伍琴、王培：《中国金融发展促进技术创新研究》，载于《管理世界》2013 年第 6 期。

9. 谈儒勇：《中国金融发展和经济增长关系的实证研究》，载于《经济研究》1999 年第 10 期。

10. 王曼怡、甄晗蕾：《金融发展与微观企业技术创新关系研究——来自制造业的经验证据》，载于《山东社会科学》2019 年第 9 期。

11. 王宇鹏、赵庆明：《金融发展与宏观经济波动——来自世界 214 个国家的经验证据》，载于《国际金融研究》2015 年第 5 期。

12. 温忠麟、张雷、侯杰泰、刘红云：《中介效应检验程序及其应用》，载于《心理学报》2004 年第 5 期。

13. 叶德珠、曾繁清：《“金融结构—技术水平”匹配度与经济发展——基于跨国面板数据的研究》，载于《国际金融研究》2019 年第 1 期。

14. 左志刚：《金融结构与国家创新能力提升：影响机理与经验证据》，载于《财经研究》2012 年第 6 期。

15. Allen, F., and Gale, D., “Diversity of Opinion and Financing of New Technologies”, *Journal of Financial Intermediation*, 1999, 8 (1-2), pp. 68-89.

16. Beck, T., Levine, R., and Loayza, N., “Finance and the Sources of Growth”, *Journal of Financial Economic*, 2000, (58), pp. 261-300.

17. Beck, T., Levine, R., and Levkov, A., “Big Bad Banks? The Win-

ners and Losers from Bank Deregulation in the United States", Social Science Electronic Publishing, 2007.

18. Blundell, R., and Bond, S., "GMM Estimation with Persistent Panel Data: An Application to Production Functions", *Journal of Econometrics*, 1998, (87), pp. 115 - 143.

19. Frank, Smets., and Rafael, Wouters., "Shocks and Frictions in US Business Cycles: A Bayesian DSGE Approach", *American Economic Review*, 2007, 97 (3), pp. 586 - 606.

20. Hsu, P - H., Tian, X., and Xu, Y., "Financial Development and Innovation: Cross-country Evidence", *Journal of Financial Economics*, 2014, 112 (1), pp. 116 - 135.

21. Rajan, R. G., and Zingales, L., "Financial Dependence and Growth", *American Economic Review*, 1998, 88 (3), pp. 559 - 586.

22. Ramsey, F. P., "A mathematical theory of saving", *The Economic Journal*, 1928, 152 (38), pp. 543 - 559.

23. Romer, P. M., "Increasing Return and Long - Run Growth", *Journal of Political Economy*, 1986, 94 (5), pp. 1002 - 1037.

24. Schumpeter, J. A., "The Theory of Economic Development", Harvard University Press, 1912.

The Heterogeneous Impact of Financial Development on Economic Growth Driven by Innovation

Wang Manyi　Zhen Hanlei

(School of Finance, Capital University of Economics and Business, 10070)

[**Abstract**] This paper establishes an endogenous growth model and finds that financial development affects economic growth through technological innovation. Furthermore, we examine the effect of financial development using a large data set including 180 countries from 1960 to 2017 and clarify the innovation channel that financial development promotes growth. Empirical studies show that equity market plays a positive role in innovation and the financing imperfection of the credit market limits its role. It is robust in different econometric model designs, different estimation methods, samples with different levels of financial development. We also explore the technical channels through which financial development affects economic growth, finding that total factor productivity, innovation input and innovation output can transmit the effect of financial development on economic growth. Furthermore, we use microcosmic enterprises data to examine whether the conclusions still stand up, indicating that innovation is an important way that financial development affects growth coinciding with the conclusions from macro perspective.

[**Key Words**] Financial Development　Financial Structure　Innovation　Economic Growth

JEL Classifications: G21

博弈论视角下新时代金融体系协同融合机制研究

——兼论对金融创新与监管的启示

刘 伟*

【摘 要】新时代背景下，为解决现有金融创新与监管机制的“二元价值观”分离弊端，提出金融体系协同融合机制。首先，为论证该机制相对于传统机制的优越性，分别构建纳什非合作与协同合作微分博弈模型，分析金融监管机构与金融机构的最优策略、体系收益及影响要素。其次，利用演化博弈理论推演金融体系协同融合的动态演化过程，验证引导金融体系走向协同融合关键要素的有效性。最后，综合理论论证结果得出：(1) 作为建立在决策主体信息共享和相互信任基础之上的更高程度、更深层次的金融创新监管机制，新时代金融协同融合机制满足帕累托体系最优效应；(2) 考虑到实际金融市场环境中信息不对称性及不完全契约性，新时代金融协同融合机制会面临诸如机会主义等严峻的风险，需要在动态演化过程中通过激励与监管手段不断引导逐步形成有机整体；(3) 着力推进金融体系“全面化、精细化、效率化、透明化”的协同发展格局，完善以金融公平为导向的“刚性约束”和“柔性引导”制度建设，实现协同融合跃升式发展。

【关键词】金融创新　金融监管　协同融合　微分博弈　演化博弈

中图分类号：F832　文献标识码：A

一、引　言

近年来，随着信息技术及载体的迅猛发展，金融创新趋势空前活跃，诸

* 刘伟，山东大学经济研究院博士生，地址：(250100) 山东省济南市山大南路27号山东大学中心校区，Email：daysofsummer@163.com。

如资产证券化、金融脱媒及复杂金融衍生品等各类创新形式层出不穷。金融机构通过这些金融创新举措赚取超额市场回报的同时，极易引发系统性金融风险，增加金融市场不稳定因素。因此，为了维护金融市场安全有序、弥补金融市场不足，我国金融监管机构严格落实党的十九大报告要求的“守住不发生系统性金融风险的底线”目标，长期保持谨慎的风险管控策略，取得了一定程度监管效果。目前，国内外均已经将金融创新与监管作为重要课题展开研究。西尔伯（Silber，1983）指出金融创新的本质就是金融机构为了脱离金融监管机构的束缚从而实现最大化利润的过程。凯恩（Kane，1981）在充分调研英美银行业的基础上利用“竞争模型”归纳总结了创新与规制的辩证规律。斯蒂格勒（Stigler，1971）建立新古典经济学环境将金融创新与监管等价于生产过程中的供求行为，指出监管的本质是收益在体系成员内部再分配的过程。朱富强（2005）则认为新制度经济学环境相比于忽略摩擦的古典环境更适合描述金融创新与监管环境，制度协调程度也将直接决定两者发展关系。拉夫特（Laffont，1993）认为金融创新与监管问题本质上属于最优化问题，通过博弈论及信息经济学等相关理论合理确定金融监管程度。汉桑（Hanson，2011）提出微观审慎与宏观审慎相结合的金融监管框架，力图将发生系统性金融风险的概率最小化。李文泓（2009）提出预防金融系统性风险应注重宏观审慎监管框架下逆周期政策的选取。许文彬（2019）通过建立基于非线性动力学的金融监管分析框架论证金融监管策略与市场稳定的耦合关系。谢平（2010）认为金融监管改革方向应该充分考量行为主体非理性及市场失灵性的基础上加强监管力度并严格把控市场准入机制。马玉洁（2019）同样坚持微观审慎与宏观审慎相结合的金融监管框架应该与金融消费者行为监管协调发展，并将其作为金融监管系统的重要改革方向。陆磊（2016）通过构建“不可能三角”论证了金融创新与金融稳定二相性。汪天都（2018）实证检验了诸如税收、杠杆限制等传统监管手段对金融市场波动性的负面影响。帅青红（2014）以 P2P 网络借贷为博弈场景研究寻求监管平衡点。李明扬（2006）、吴佳茗（2011）等也分别利用博弈论与信息经济学工具就加强金融监管控制系统性金融风险展开讨论。

虽然针对金融创新与监管的研究取得了一定进展，但是传统金融体系下的金融创新与监管是一对根本矛盾体，具有典型分离特征的“二元价值观”，即金融机构总是倾向于利用创新金融产品“绕过”现有监管政策攫取超额利润（法规限定外的空白区利润），而金融监管机构则总是倾向于制定更为谨慎完善的政策“封堵”金融机构无序创新，从而保证国家金融市场有序发展。当然，金融创新无止境，法规政策更不可能没有真空地带，这种“投机—规制”到“再投机—再规制”的演化路线不仅不可能产生均衡状态，还会令监管努力效应清零，而且伴随着每次“投机—规制”过程都会或多或少地引发金融市场体系风险，暴露出现有金融创新与监管“亡羊补牢”式机制的“滞后性”（即产生实质危害影响后才出台补救措施），影响国家金融安全。此外，在上述过程中还将面临效率与安全的“平衡困境”，即如果金融监管机构过分强调系统安全采取收紧政策时，金融机构创新行为将受到抑制，金融市场活力也会随之下降，弱化金融市场对全局经济发展的刺激作用，对经济增长产生负面影响；而当金融监管机构过分强调市场主体地位而采取宽松政策时，金融机构可能会过度无序创新，使金融创新“自由化”发展，产生资本泡沫等威胁金融系统安全的现象。这种平衡困境难以真正意义地兼顾效率和安全，极易引发过度金融自由化与抑制，并负反馈于分离的金融价值取向，最终导致“行政主导、盈利至上、管制中心”的制度困局。因此，从结构性层面重新设计金融创新与监管机制（构建两者间的新型均衡关系）才能解决上述深层次矛盾。

新时代背景下，习近平总书记前瞻性提出“合作共赢”的发展新理念，充分肯定各领域内的协同融合式发展路线，并指出“聚焦发展这个根本性问题，……实现经济大融合、发展大联动、成果大共享”。[①] 由此可见，合作共赢是未来解决深层矛盾问题的新方向，是顺应新时代事物发展客观规律的新理念，这一理念也为客观存在的金融创新与监管矛盾集合提供了有益解决思路。习近平总书记在党的十九大报告中明确了我国经济增长趋势已由单纯追求高速发展转向高质量稳步增长，金融体系作为现代经济体系的核心部分更需要绿色协调发展，以质量第一、效益优先为特征的金融协同发展产业体系需求升高，聚焦建设市场导向突出、微观主体深度融合、宏观引导有序的金融协同发展体系更为符合时代金融发展趋势。在理想的新时代金融体系协同融合机制中，金融监管机构和金融机构本质上形成一种有机协同整体，双方均以最优化金融协同融合体系收益为目标，共同理性确定各自最优策略，即金融监管机构可以通过金融协同融合体系引导金融产品合理创新发展，在保证有效避免金融系统性风险的前提下提高金融产品活力，促进金融市场乃至国家经济发展；金融机构也能通过金融协同融合体系合理提出金融产品创新诉求，降低传统监管模式中金融抑制对金融创新带来的负面影响，金融机构亦可以利用金融监管机构所代表的国家层面的激励降低研发成本，同时减少因自身风控预估偏差而导致的资产损失。当然，考虑到实际金融市场环境中信息不对称性及不完全契约性，新时代金融协同融合机制会面临诸如机会主义等严峻的风险，需要在动态演化过程中通过激励与监管手段不断引导逐步形成有机整体。值得注意的是，不同于传统模式，该过程中激励监管具有最终演化目标（金融体系有机融合）而非传统意义“此消彼长”的触发式目

① 习近平：《携手推进“一带一路”建设——在“一带一路”国际合作商译论坛开幕式上的演讲（2017年5月14日）》，引自习近平：《习近平谈治国理政》，外文出版社2017年版，第512页。

标，故其监管努力效应会被累积而不会清零。因此，通过新时代金融体系协同融合机制可以从结构层面逐渐解决金融创新与监管的深层次矛盾。

基于上述背景和问题分析，全文安排结构如下：第一部分讨论金融创新与监管客观存在的矛盾关系及现有研究存在的监管滞后性等问题，继而从合作共赢角度提出金融创新与监管的结构化改革设计思路——新时代金融体系协同融合机制，并从方法论角度概述其化解矛盾原理；第二部分通过构建纳什非合作与协同合作微分博弈模型模拟非合作场景与合作场景下的行为关系，从数理角度分析金融监管机构与金融机构的最优策略、体系整体收益及影响要素，论证该机制相对于传统机制的优越性；第三部分利用演化博弈理论推演金融体系协同融合的动态演化过程及协同要素对均衡结果的相关性分析，说明了建成新时代金融协调融合机制所需时间的长期性及面临的现实风险，在理论上明确了演化周期内激励与监管的现阶段引导意义；第四部分提出相关政策建议；第五部分总结全文。

二、金融体系协同融合发展微分博弈模型

为了方便描述，我们首先定义模型符号。金融监管机构和金融机构分别用符号 FR 和 FI 表示，双方在协同融合方面的努力程度分别用 $\Gamma_{FR}(t)$ 和 $\Gamma_{FI}(t)$ 表示。$\Omega_{FR}(t)$ 和 $\Omega_{FI}(t)$ 分别表示金融监管机构和金融机构在协同融合过程中所承担的相应开销，其函数定义式如下：

$$\Omega_{FR}(t)=\frac{\wp_{FR}}{2}\Gamma_{FR}^{2}(t);\ \Omega_{FI}(t)=\frac{\wp_{FI}}{2}\Gamma_{FI}^{2}(t) \tag{1}$$

其中，$\wp_{FR}$和$\wp_{FI}$分别表示金融监管机构和金融机构协同融合发展开销系数。通过上述定义式可知，金融监管机构和金融机构在协同融合过程中所承担的相应开销是努力程度的凸函数，这意味着双方努力程度越高，协同融合规模越大，其产生的开销成本也就越高。此外，定义 $\xi(t)$ 为金融体系协同融合的协调水平，通过金融机构与监管机构不断探索融合可以有效提升金融体系协调水平，促进金融体系整体收益稳健增长，故金融体系协同融合的协调水平关于时间的函数可用如下随机微分方程表示：

$$\xi'(t)=\frac{d\xi(t)}{dt}=\alpha\Gamma_{FR}(t)+\beta\Gamma_{FI}(t)-\chi\xi(t) \tag{2}$$

其中，α 和 β 分别表示金融监管机构与金融机构在协同融合方面的努力程度对金融体系协调水平的影响程度，即协同发展系数。如果金融监管机构与金融机构未有效执行融合发展策略，金融体系协调水平也会随着时间推移产生一定的衰减，影响金融体系安全及整体收益，其中，协调水平衰减系数用 χ 表示。

t 时刻基于协同融合发展的金融体系的总收益为：

$$\Re(t) = \delta\Gamma_{FR}(t) + \varepsilon\Gamma_{FI}(t) + \phi\xi(t) \tag{3}$$

其中，δ 和 ε 分别表示金融监管机构和金融机构在协同融合方面的努力程度对金融体系整体收益的贡献系数，即机构边际收益系数；φ 表示协调水平对金融体系整体收益的贡献系数。此外，设金融体系整体收益由金融监管机构及金融机构两者分配，其中，金融机构所获收益占比为 ω 且 $\omega \in (0, 1)$，监管机构所获收益占比为 $1-\omega$。考虑到监管收益的特殊性，收益分配系数应合理确定。同时，考虑到代表国家和人民利益的监管机构为了鼓励金融机构保持创新活力而又避免冒进风险，将对金融机构做出的协同融合发展策略给予适当形式的补贴，为了便于模型定量说明，本文将补贴定义为比例为 $\lambda(t)$ 的金融机构所承担的协同融合发展开销。现实环境中，金融监管机构可以采取丰富多样的举措激励金融机构促进协同融合金融体系的构建，比如派驻专业人员参与或指导金融机构创新金融产品的研发，该举措一方面可以降低金融产品失控风险，另一方面也可以降低创新金融产品的研发成本，从而在保证整体收益的同时引导金融体系稳健发展。$\lambda(t) \in [0, 1]$ 为金融监管机构对金融机构的激励系数，另外，假定模型中贴现率 σ 固定且大于 0。博弈双方均在无穷时间域内寻求最优协同融合努力策略以实现收益最大化，并最终实现均衡。

通过上述分析可以得出，金融监管机构的目标函数为：

$$\begin{aligned}\Re_{FR}(t) &= \int_0^{\infty} e^{-\sigma t}\{(1-\omega)[\delta\Gamma_{FR}(t) + \varepsilon\Gamma_{FI}(t) + \phi\xi(t)] - \Omega_{FR}(t) \\ &\quad - \lambda(t)\Omega_{FI}(t)\}dt \\ &= \int_0^{\infty} e^{-\sigma t}\left\{(1-\omega)[\delta\Gamma_{FR}(t) + \varepsilon\Gamma_{FI}(t) + \phi\xi(t)] - \frac{\wp_{FR}}{2}\Gamma_{FR}^2(t)\right. \\ &\quad \left. - \lambda(t)\frac{\wp_{FI}}{2}\Gamma_{FI}^2(t)\right\}dt\end{aligned} \tag{4}$$

同理，金融机构的目标函数为：

$$\begin{aligned}\Re_{FI}(t) &= \int_0^{\infty} e^{-\sigma t}\{\omega[\delta\Gamma_{FR}(t) + \varepsilon\Gamma_{FI}(t) + \phi\xi(t)] - [1-\lambda(t)]\Omega_{FI}(t)\}dt \\ &= \int_0^{\infty} e^{-\sigma t}\left\{\omega[\delta\Gamma_{FR}(t) + \varepsilon\Gamma_{FI}(t) + \phi\xi(t)] - \frac{\wp_{FI}}{2}\Gamma_{FI}^2(t)\right. \\ &\quad \left. + \lambda(t)\frac{\wp_{FI}}{2}\Gamma_{FI}^2(t)\right\}dt\end{aligned} \tag{5}$$

易知博弈双方目标是关于努力程度 $\Gamma_{FR}(t)$、$\Gamma_{FI}(t)$、协同融合水平 $\xi(t)$ 和激励系数 $\lambda(t)$ 的函数，为了便于论述，将上述控制变量简记为 Γ_{FR}、Γ_{FI}、ξ 和 λ，其余参数均为大于 0 的常数。同时，为了对比金融体系协同融合发展相较于传统发展模式的效果，下文将分别采用纳什非合作博弈和协同合作博弈模型展开讨论。

（一）纳什非合作博弈模型

在该模型中，金融监管机构与金融机构属于平等独立的博弈个体，在长期连续博弈周期内，双方均以自身收益最优化为目标，具体来说，对于金融监管机构而言，其主要追求金融产品的绝对稳健性，保证体系风险最小化，而将金融产品创新性对金融机构收益的影响放置于次要合作位置；对于金融机构而言，其主要追求金融创新所能带来的收益，而将金融产品创新所可能引发的系统性风险放置于次要合作位置。博弈双方以此为背景理性、独立、同时制定最优协同努力策略并达成纳什均衡状态。

在此情形下，双方并未形成协同融合有机体，虽然双方会有一定程度协同努力，但本质上仍处于“各自为政”的状态，因此在理性条件下金融监管机构为扩大自身收益，将不主动承担金融机构协同发展开销，即 $\lambda^*=0$。根据式（4）和式（5）可以得出，此时博弈双方的目标收益函数分别为：

$$\Re_{FR}(t)=\int_0^{\infty}e^{-\sigma t}\left\{(1-\omega)[\delta\Gamma_{FR}(t)+\varepsilon\Gamma_{FI}(t)+\phi\xi(t)]-\frac{\wp_{FR}}{2}\Gamma_{FR}^2(t)\right\}dt \tag{6}$$

$$\Re_{FI}(t)=\int_0^{\infty}e^{-\sigma t}\left\{\omega[\delta\Gamma_{FR}(t)+\varepsilon\Gamma_{FI}(t)+\phi\xi(t)]-\frac{\wp_{FI}}{2}\Gamma_{FI}^2(t)\right\}dt \tag{7}$$

为求解非合作博弈模型下的纳什均衡，假定金融监管机构和金融机构存在满足有界性、连续性和可微性的最优协同融合收益函数 $\Theta_{FR}(\xi)$ 和 $\Theta_{FI}(\xi)$，该函数对 $\forall\xi\geqslant0$ 均满足 HJB 方程：

$$\sigma\Theta_{FR}(\xi)=\max_{\Gamma_{FR}\geqslant0}\left\{(1-\omega)[\delta\Gamma_{FR}(t)+\varepsilon\Gamma_{FI}(t)+\phi\xi(t)]-\frac{\wp_{FR}}{2}\Gamma_{FR}^2(t)+\Theta'_{FR}(\xi)(\alpha\Gamma_{FR}+\beta\Gamma_{FI}-\chi\xi)\right\} \tag{8}$$

$$\sigma\Theta_{FI}(\xi)=\max_{\Gamma_{FI}\geqslant0}\left\{\omega[\delta\Gamma_{FR}(t)+\varepsilon\Gamma_{FI}(t)+\phi\xi(t)]-\frac{\wp_{FI}}{2}\Gamma_{FI}^2(t)+\Theta'_{FI}(\xi)(\alpha\Gamma_{FR}+\beta\Gamma_{FI}-\chi\xi)\right\} \tag{9}$$

分别将式（8）和式（9）对双方协同融合的努力程度 Γ_{FR} 和 Γ_{FI} 求一阶偏导数并使之为零可得：

$$\Gamma_{FR}=\frac{(1-\omega)\delta+\alpha\Theta'_{FR}(\xi)}{\wp_{FR}} \tag{10}$$

$$\Gamma_{FI}=\frac{\omega\varepsilon+\beta\Theta'_{FI}(\xi)}{\wp_{FI}} \tag{11}$$

将式（10）和式（11）带入式（8）和式（9）中可推导出：

$$\sigma\Theta_{FR}(\xi)=[(1-\omega)\phi-\chi\Theta'_{FR}(\xi)]\xi+\frac{[(1-\omega)\delta+\alpha\Theta'_{FR}(\xi)]^2}{2\wp_{FR}}+\frac{[(1-\omega)\varepsilon+\beta\Theta'_{FR}(\xi)][\omega\varepsilon+\beta\Theta'_{FI}(\xi)]}{\wp_{FI}} \tag{12}$$

$$\sigma\Theta_{FI}(\xi)=[\omega\phi-\chi\Theta'_{FI}(\xi)]\xi+\frac{[(1-\omega)\delta+\alpha\Theta'_{FR}(\xi)][\omega\delta+\alpha\Theta'_{FI}(\xi)]}{\wp_{FR}}+\frac{[\omega\varepsilon+\beta\Theta'_{FI}(\xi)]^2}{2\wp_{FI}} \tag{13}$$

观察式（12）和式（13）可知，HJB 方程的解的形式为关于协同融合水平 ξ 的线性函数式，故定义：

$$\Theta_{FR}(\xi)=\mu_1\xi+\mu_2 \tag{14}$$

$$\Theta_{FI}(\xi)=\upsilon_1\xi+\upsilon_2 \tag{15}$$

其中，μ_1，μ_2，υ_1，υ_2 均为待求解目标常数，根据式（14）和式（15）推导可得：

$$\Theta'_{FR}(\xi)=\frac{d\Theta_{FR}(\xi)}{d\xi}=\mu_1 \tag{16}$$

$$\Theta'_{FI}(\xi)=\frac{d\Theta_{FI}(\xi)}{d\xi}=\upsilon_1 \tag{17}$$

将式（14）~式（17）带入式（12）和式（13）中即可得出：

$$\sigma(\mu_1\xi+\mu_2)=[(1-\omega)\phi-\chi\mu_1]\xi+\frac{[(1-\omega)\delta+\alpha\mu_1]^2}{2\wp_{FR}}+\frac{[(1-\omega)\varepsilon+\beta\mu_1][\omega\varepsilon+\beta\upsilon_1]}{\wp_{FI}} \tag{18}$$

$$\sigma(\upsilon_1\xi+\upsilon_2)=(\omega\phi-\chi\upsilon_1)\xi+\frac{[(1-\omega)\delta+\alpha\mu_1][\omega\delta+\alpha\upsilon_1]}{\wp_{FR}}+\frac{[\omega\varepsilon+\beta\upsilon_1]^2}{2\wp_{FI}} \tag{19}$$

由式（18）和式（19）等式两边对应项相等可以得出：

$$\sigma\mu_1=(1-\omega)\phi-\chi\mu_1\rightarrow\mu_1=\frac{(1-\omega)\phi}{\sigma+\chi} \tag{20}$$

$$\sigma\upsilon_1=\omega\phi-\chi\upsilon_1\rightarrow\upsilon_1=\frac{\omega\phi}{\sigma+\chi} \tag{21}$$

将式（20）和式（21）带入式（18）和式（19）可得：

$$\mu_2=\frac{(1-\omega)^2[\delta(\sigma+\chi)+\phi\alpha]^2}{2\sigma\wp_{FR}(\sigma+\chi)^2}+\frac{\omega(1-\omega)[\varepsilon(\sigma+\chi)+\phi\beta]^2}{\sigma\wp_{FI}(\sigma+\chi)^2} \tag{22}$$

$$\upsilon_2=\frac{\omega(1-\omega)[\delta(\sigma+\chi)+\phi\alpha]^2}{\sigma\wp_{FR}(\sigma+\chi)^2}+\frac{\omega^2[\varepsilon(\sigma+\chi)+\phi\beta]^2}{2\sigma\wp_{FI}(\sigma+\chi)^2} \tag{23}$$

将式（20）和式（21）带入式（10）和式（11）可推导出金融监管机

构与金融机构最优协同融合努力策略 Γ_{FR} 与 Γ_{FI}：

$$\Gamma_{FR}^{*} = \frac{(1-\omega)[\delta(\sigma+\chi)+\phi\alpha]}{\wp_{FR}(\sigma+\chi)} \tag{24}$$

$$\Gamma_{FI}^{*} = \frac{\omega[\varepsilon(\sigma+\chi)+\phi\beta]}{\wp_{FI}(\sigma+\chi)} \tag{25}$$

将式（20）~式（23）带入式（14）和式（15）可推出金融监管机构与金融机构的最优协同融合收益函数：

$$\Theta_{FR}^{*}(\xi) = \frac{(1-\omega)\phi}{\sigma+\chi}\xi + \frac{(1-\omega)^2[\delta(\sigma+\chi)+\phi\alpha]^2}{2\sigma\wp_{FR}(\sigma+\chi)^2} + \frac{\omega(1-\omega)[\varepsilon(\sigma+\chi)+\phi\beta]^2}{\sigma\wp_{FI}(\sigma+\chi)^2} \tag{26}$$

$$\Theta_{FI}^{*}(\xi) = \frac{\omega\phi}{\sigma+\chi}\xi + \frac{\omega(1-\omega)[\delta(\sigma+\chi)+\phi\alpha]^2}{\sigma\wp_{FR}(\sigma+\chi)^2} + \frac{\omega^2[\varepsilon(\sigma+\chi)+\phi\beta]^2}{2\sigma\wp_{FI}(\sigma+\chi)^2} \tag{27}$$

通过式（26）和式（27）即可得出非合作博弈情形下金融体系最优收益函数为：

$$\Theta^{*}(\xi) = \Theta_{FR}^{*}(\xi) + \Theta_{FI}^{*}(\xi) = \frac{\phi}{\sigma+\chi}\xi + \frac{(1-\omega^2)[\delta(\sigma+\chi)+\phi\alpha]^2}{2\sigma\wp_{FR}(\sigma+\chi)^2} + \frac{\omega(2-\omega)[\varepsilon(\sigma+\chi)+\phi\beta]^2}{2\sigma\wp_{FI}(\sigma+\chi)^2} \tag{28}$$

（二）协同合作博弈模型

在协同合作博弈模型中，金融监管机构与金融机构深度融合协同合作，金融监管机构可以通过金融协同融合体系引导金融产品合理创新发展，在保证有效避免金融系统性风险的前提下提高金融产品活力，促进金融市场乃至国家经济发展。金融机构也能通过金融协同融合体系合理提出金融产品创新诉求，降低传统监管模式中“一刀切”式的收紧政策对金融创新带来的负面影响，金融机构亦可以利用金融监管机构所代表的国家层面的激励降低研发成本，同时减少因自身风控预估偏差而导致的资产损失。在该情形下，博弈双方本质上形成一种有机协同整体，以最优化金融协同融合体系收益为目标，共同理性确定协同融合方面的最佳努力策略 $\Gamma_{FR}\Gamma_{FI}$ 及金融体系最优收益函数 $\Theta(\xi)$。值得注意的是，金融监管机构与金融机构作为一个有机整体，通用模型中的激励因素可看作系统内部资金流转移问题，因此，激励系数 λ 可取［0，1］内的任意值。故：

$$\Re = \Re_{FR} + \Re_{FI} = \int_0^{\infty} e^{-\sigma t}\left[(\delta\Gamma_{FR} + \varepsilon\Gamma_{FI} + \phi\xi) - \frac{\wp_{FR}}{2}\Gamma_{FR}^2 - \frac{\wp_{FI}}{2}\Gamma_{FI}^2\right]dt \tag{29}$$

为求解协同合作博弈模型下的均衡状态，同样假定金融监管机构和金融机构存在满足有界性、连续性和可微性的最优协同融合收益函数 $\Theta_{FR}(\xi)$ 和 $\Theta_{FI}(\xi)$，该函数对 $\forall\xi\geqslant 0$ 均满足 HJB 方程：

$$\sigma\Theta(\xi)=\max_{\Gamma_{FR}\geqslant 0,\Gamma_{FR}\geqslant 0}\left\{(\delta\Gamma_{FR}+\varepsilon\Gamma_{FI}+\phi\xi)-\frac{\wp_{FR}}{2}\Gamma_{FR}^{2}-\frac{\wp_{FI}}{2}\Gamma_{FI}^{2}+\Theta'(\xi)(\alpha\Gamma_{FR}+\beta\Gamma_{FI}-\chi\xi)\right\} \tag{30}$$

将式（30）对双方协同融合的努力程度 $\Gamma_{FR}\Gamma_{FI}$ 求一阶偏导数并使之为零可得：

$$\Gamma_{FR}=\frac{\delta+\alpha\Theta'(\xi)}{\wp_{FR}} \tag{31}$$

$$\Gamma_{FI}=\frac{\varepsilon+\beta\Theta'(\xi)}{\wp_{FI}} \tag{32}$$

将式（30）和式（31）带入 HJB 方程中即可求出：

$$\sigma\Theta(\xi)=[\phi-\chi\Theta'(\xi)]\xi+\frac{[\delta+\alpha\Theta'(\xi)]^{2}}{2\wp_{FR}}+\frac{[\varepsilon+\beta\Theta'(\xi)]^{2}}{2\wp_{FI}} \tag{33}$$

观察上式可知，HJB 方程的解的形式为关于协同融合水平 ξ 的线性函数式，故定义：

$$\Theta(\xi)=\theta_{1}\xi+\theta_{2} \tag{34}$$

$\theta_1\theta_2$ 均为待求解目标常数，根据上述定义式可得出下式：

$$\Theta'(\xi)=\frac{d\Theta(\xi)}{d\xi}=\theta_{1} \tag{35}$$

将式（34）和式（35）带入式（33），整理可得：

$$\sigma(\theta_{1}\xi+\theta_{2})=(\phi-\chi\theta_{1})\xi+\frac{[\delta+\alpha\theta_{1}]^{2}}{2\wp_{FR}}+\frac{[\varepsilon+\beta\theta_{2}]^{2}}{2\wp_{FI}} \tag{36}$$

由上式等式两端对应项相等可得：

$$\sigma\theta_{1}=\phi-\chi\theta_{1}\rightarrow\theta_{1}=\frac{\phi}{\sigma+\chi} \tag{37}$$

$$\theta_{2}=\frac{[\delta(\sigma+\chi)+\phi\alpha]^{2}}{2\sigma\wp_{FR}(\sigma+\chi)^{2}}+\frac{[\varepsilon(\sigma+\chi)+\phi\beta]^{2}}{2\sigma\wp_{FI}(\sigma+\chi)^{2}} \tag{38}$$

将式（37）分别带入式（31）和式（32）即可推导出金融监管机构与金融机构最优协同融合努力策略 Γ_{FR} 与 Γ_{FI}：

$$\Gamma_{FR}^{**}=\frac{\delta(\sigma+\chi)+\phi\alpha}{\wp_{FR}(\sigma+\chi)} \tag{39}$$

$$\Gamma_{FI}^{**}=\frac{\varepsilon(\sigma+\chi)+\phi\beta}{\wp_{FI}(\sigma+\chi)} \tag{40}$$

将式（37）和式（38）带入式（34）可推出金融体系的最优协同融合收益函数：

$$\Theta^{**}(\xi)=\frac{\phi}{\sigma+\chi}\xi+\frac{[\delta(\sigma+\chi)+\phi\alpha]^2}{2\sigma\wp_{FR}(\sigma+\chi)^2}+\frac{[\varepsilon(\sigma+\chi)+\phi\beta]^2}{2\sigma\wp_{FI}(\sigma+\chi)^2} \tag{41}$$

故金融监管机构和金融机构的最优协同融合收益函数分别为：

$$\Theta_{FR}^{**}(\xi)=\frac{(1-\omega)\phi}{\sigma+\chi}\xi+\frac{(1-\omega)[\delta(\sigma+\chi)+\phi\alpha]^2}{2\sigma\wp_{FR}(\sigma+\chi)^2}+\frac{(1-\omega)[\varepsilon(\sigma+\chi)+\phi\beta]^2}{2\sigma\wp_{FI}(\sigma+\chi)^2} \tag{42}$$

$$\Theta_{FI}^{**}(\xi)=\frac{\omega\phi}{\sigma+\chi}\xi+\frac{\omega[\delta(\sigma+\chi)+\phi\alpha]^2}{2\sigma\wp_{FR}(\sigma+\chi)^2}+\frac{\omega[\varepsilon(\sigma+\chi)+\phi\beta]^2}{2\sigma\wp_{FI}(\sigma+\chi)^2} \tag{43}$$

（三）博弈结论分析

前面基于微分博弈视角下推导了金融协同融合发展体系从纳什非合作博弈到协同博弈的最优策略及收益。通过分析结果可知，在协同合作博弈的场景下金融体系的整体收益显著高于纳什非合作博弈场景，即：

$$\Theta^{**}(\xi)-\Theta^{*}(\xi)=\frac{\omega^2[\delta(\sigma+\chi)+\phi\alpha]^2}{2\sigma\wp_{FR}(\sigma+\chi)^2}+\frac{[(3\omega-2)(\omega-2)+\omega^2][\varepsilon(\sigma+\chi)+\phi\beta]^2}{8\sigma\wp_{FI}(\sigma+\chi)^2}>0\rightarrow\Theta^{**}(\xi)-\Theta^{*}(\xi) \tag{44}$$

当然，在协同博弈场景下，即使在已经满足金融体系整体收益提高的前提下，我们仍需保证金融监管机构及金融机构的收益较纳什非合作博弈场景不降低。否则，当金融监管机构或金融机构中任一方获得较大优势收益，而另一方收益降低时，金融体系整体收益仍有可能增高。在以上情形中，我们需要保证最优解为帕累托最优，即还需要同时满足如下条件：

$$\begin{cases}\Theta_{FR}^{**}(\xi)-\Theta_{FR}^{*}(\xi)\geqslant 0\\ \Theta_{FI}^{**}(\xi)-\Theta_{FI}^{*}(\xi)\geqslant 0\end{cases} \tag{45}$$

将式（26）、式（27）、式（42）和式（43）带入式（45），可得：

$$\frac{\wp_{FI}[\delta(\sigma+\chi)+\phi\alpha]^2-\wp_{FR}[\varepsilon(\sigma+\chi)+\phi\beta]^2}{2\wp_{FI}[\delta(\sigma+\chi)+\phi\alpha]^2-\wp_{FR}[\varepsilon(\sigma+\chi)+\phi\beta]^2}\leqslant\omega\leqslant\frac{\wp_{FR}[\varepsilon(\sigma+\chi)+\phi\beta]^2}{2\wp_{FR}[\varepsilon(\sigma+\chi)+\phi\beta]^2-\wp_{FI}[\delta(\sigma+\chi)+\phi\alpha]^2} \tag{46}$$

满足上述条件下，实现金融协同融合体系整体收益最优的情况下，也能够实现金融监管机构和金融机构的帕累托最优收益值，实现国家利益与金融市场利益的辩证统一。

通过建立微分博弈模型分别分析了金融监管机构及金融机构在纳什非合作博弈及协同合作博弈场景下均衡状态，相关结果表明：（1）在两种场景下，随着博弈双方协同融合发展开销系数 $\wp_{FR}$、$\wp_{FI}$ 和协同水平衰减系数 χ 的增加，金融监管机构及金融机构协同合作努力程度越低，但随着协同发展系数 $\alpha\beta$、边际协同努力贡献系数 $\delta\varepsilon$ 和协调水平贡献系数 ϕ 的升高，双方协同合作努力程度升高；（2）金融监管机构和金融机构在协同合作博弈场景中，两者协同努力程度及金融体系整体收益都显著优于纳什非合作场景，说明了双方作为一种有机协同整体的优越性；（3）为了避免协同博弈场景中利益失衡情况，保证金融监管机构与金融机构在体系收益最优的情况下实现双方的帕累托最优解，本文对分配收益系数提出合理范围参考，便于现实环境中决策选取。

基于以上结论指导实践时具有下列现实意义：（1）协同融合发展开销系数、协同水平衰减系数、协同发展系数、边际协同努力贡献系数和协调水平贡献系数是影响金融体系协同发展成熟度的重要因素。当相关参数发生波动时，博弈双方在协同合作的努力策略也会进行相应调整，影响体系发展方向。因此，为了提高金融体系协同发展成熟度，两者应研究有效举措降低协同开销，降低协同水平衰减值，提高协同能力和边际协同努力贡献，切实深化协同合作影响。（2）在协同合作博弈场景下，金融监管机构与金融家机构均以金融体系整体收益最优化为出发点制定策略，这可以令两者协同融合努力程度及整体收益相较于纳什非合作场景显著提升，因此，在有效“共谋、共建、共管”基础上，构建协同融合的金融体系无论对金融监管机构还是金融机构都是最佳发展方案。（3）虽然协同融合发展会令整体收益提高，但是在现实实践中，如果未能公平整合划分收益，则会极大损害合作积极性，比如，金融监管机构如果过度忽视甚至侵占金融机构合理收益，则会造成金融机构合理创新性能力下降，令金融市场欠缺活力，继而负反馈于整个金融体系令收益下降，破坏体系协同均衡态；相反，如果金融机构如果欠缺大局意识、极度追求“一己之利”，导致金融系统性风险增加，国家及人民利益受损，那么，金融监管机构势必会出台收紧政策抑制金融机构产品创新，甚至进行直接惩罚性措施（如罚款等），最终也会导致体系失衡。因此，合理制定协同契约，保证分配收益系数满足帕累托最优解也是金融体系协同融合发展的关键因素。

三、金融体系协同融合发展演化博弈模型

通过上述微分博弈角度分析可知，基于协同融合发展的金融体系具有显著优越性，但是，该体系的构建作为一种更高层次、更高目标的形态模式，其发展不可能是一蹴而就的，金融监管机构和金融机构作为有限理性的个体，在认知意识、理性分析、判断决策等也存在一定的差异，这就势必会在多次

博弈发展中才能走向最优。因此，下面主要基于演化博弈理论分析金融体系协同融合的动态演化，提出完善金融体系协同融合的政策建议并验证其引导金融体系走向协同融合的必然性。

（一）演化模型建立

为了更加直观地描述金融监管机构及金融机构双方协同合作的动态演化行为，做出如下定义：

（1）金融监管机构和金融机构是演化博弈模型中的决策个体，双方对于金融体系协同融合的策略集合均为（合作，非合作）。在动态行为演化过程中，双方都会参照对方行为信息选择自身最优策略，当两者均选择协同合作时，金融体系整体收益为 $\kappa\Gamma$，其中，κ 为协同收益率，$\Gamma = \Gamma_{FR} + \Gamma_{FI}$ 仍表示金融体系整体协同努力程度（规模）。针对金融体系整体收益，金融机构占比系数仍为 ω，金融监管机构为 $1-\omega$。当决策双方均采取非协同合作策略时，金融监管机构正常收益记为 R_{FR}，金融机构正常收益记为 R_{FI}。当决策双方采取协同合作策略时，除了正常收益外，双方还会因协同平台额外获得相关收益，因此，在此情形下，金融监管机构总收益可表示为 $R_{FR} + (1-\omega)\kappa\Gamma$，金融机构总收益可表示为 $R_{FI} + \omega\kappa\Gamma$。当然，决策双方为了构建协同合作体系也会产生一定开销 $\wp_{FR}\Gamma_{FR}$ 和 $\wp_{FI}\Gamma_{FI}$，其中 $\wp_{FR}$ 和 $\wp_{FI}$ 分别表示金融监管机构和金融机构的协同开销系数。

（2）考虑到金融体系协同融合之路初期会存在诸如信息非对称性、配套制度不完善等多种问题，决策双方可能会产生机会主义行为趋向，此类单边行为虽然会在某种程度提高自身收益，但却会给对方造成利益损失，破坏协同发展方向，最终令体系失衡崩盘。在动态行为演化过程中，此类单边机会主义行为会对决策双方的行为选择产生重要影响，因此，定义 $\Delta\zeta_{FR}$ 和 $\Delta\zeta_{FI}$ 分别为金融监管机构和金融机构的机会主义收益系数，故当金融机构寻求合作而监管机构非合作时，决策主体的收益分别表示为 $R_{FI} - \wp_{FI}\Gamma_{FI}$ 和 $R_{FR} + \Delta\zeta_{FR}\Gamma_{FI}$，同理，当监管机构寻求合作而金融机构非合作时，两者的收益表示为 $R_{FI} + \Delta\zeta_{FI}\Gamma_{FR}$ 和 $R_{FR} - \wp_{FR}\Gamma_{FR}$。

通过如上分析，可以构建演化博弈支付矩阵如下所示：

		金融监管机构	
		协同合作（q）	非协同合作（1－q）
金融机构	协同合作（p）	$\Re_{FI} + \omega\kappa\Gamma - \wp_{FI}\Gamma_{FI}$； $\Re_{FR} + (1-\omega)\kappa\Gamma - \wp_{FR}\Gamma_{FR}$	$\Re_{FI} - \wp_{FI}\Gamma_{FI}$； $\Re_{FR} + \Delta\zeta_{FR}\Gamma_{FI}$
	非协同合作（1－p）	$\Re_{FI} + \Delta\zeta_{FI}\Gamma_{FR}$；$\Re_{FR} - \wp_{FR}\Gamma_{FR}$	$\Re_{FI}$；$\Re_{FR}$

（二）演化模型求解

如支付矩阵所示，金融机构选择协同合作的概率为 p，而选择非合作的概率为 1 - p；同理，金融监管机构选择协同合作的概率为 q，而选择非合作的概率为 1 - q。因此，金融机构选择协同合作、非协同合作的收益（E(p)、E(1 - p)）和其期望收益（Ep）的表达式如下：

$$E(p) = q\omega\kappa\Gamma + \Re_{FI} - \wp_{FI}\Gamma_{FI} \tag{47}$$

$$E(1-p) = q\Delta\zeta_{FI}\Gamma_{FR} + \Re_{FI} \tag{48}$$

$$\begin{aligned} Ep = pE(p) + (1-p)E(1-p) = pq\omega\kappa\Gamma - p\wp_{FI}\Gamma_{FI} + q\Delta\zeta_{FI}\Gamma_{FR} \\ + \Re_{FI} - pq\Delta\zeta_{FI}\Gamma_{FR} \end{aligned} \tag{49}$$

金融机构选择协同合作、非协同合作的收益和其期望收益的表达式如下：

$$E(q) = p(1-\omega)\kappa\Gamma + \Re_{FR} - \wp_{FR}\Gamma_{FR} \tag{50}$$

$$E(1-q) = p\Delta\zeta_{FR}\Gamma_{FI} + \Re_{FR} \tag{51}$$

$$\begin{aligned} Eq = qE(q) + (1-q)E(1-q) = pq(1-\omega)\kappa\Gamma - q\wp_{FR}\Gamma_{FR} \\ + p\Delta\zeta_{FR}\Gamma_{FI} + \Re_{FR} - pq\Delta\zeta_{FR}\Gamma_{FI} \end{aligned} \tag{52}$$

根据复制动态公式推导演化博弈中金融监管机构与金融机构的动态复制方程（即动态演化轨迹）分别为：

$$\begin{aligned} F(p) &= p[E(p) - Ep] \\ &= p(1-p)[E(p) - E(1-p)] \\ &= p(1-p)(q\omega\kappa\Gamma - \wp_{FI}\Gamma_{FI} - q\Delta\zeta_{FI}\Gamma_{FR}) \end{aligned} \tag{53}$$

$$\begin{aligned} F(q) &= q[E(q) - Eq] \\ &= q(1-q)[E(q) - E(1-q)] \\ &= q(1-q)[p(1-\omega)\kappa\Gamma - \wp_{FR}\Gamma_{FR} - p\Delta\zeta_{FR}\Gamma_{FI}] \end{aligned} \tag{54}$$

分别令 $F(p) = 0$ 和 $F(q) = 0$ 可求得在平面 $\{(p,\ q) \mid 0 \leqslant p,\ q \leqslant 1\}$ 上的均衡点分别为：

$$O(0,\ 0),\ A(1,\ 0),\ B(1,\ 1),\ C(0,\ 1)\ 和$$

$$D\left(\frac{\wp_{FR}\Gamma_{FR}}{(1-\omega)\ \kappa\Gamma - \Delta\zeta_{FR}\Gamma_{FI}},\ \frac{\wp_{FI}\Gamma_{FI}}{\omega\kappa\Gamma - \Delta\zeta_{FI}\Gamma_{FR}}\right)$$

通过定义分析 Jacobian 矩阵可以判定金融监管机构与金融机构组成的体系稳定性，故：

$$J_F = \begin{bmatrix} \dfrac{\partial F(p)}{\partial p} & \dfrac{\partial F(p)}{\partial q} \\ \dfrac{\partial F(q)}{\partial p} & \dfrac{\partial F(q)}{\partial q} \end{bmatrix}$$

$$
= \begin{bmatrix} (1-2p)(q\omega\kappa\Gamma - \wp_{FI}\Gamma_{FI} - q\Delta\zeta_{FI}\Gamma_{FR}) & p(1-p)(\omega\kappa\Gamma - \Delta\zeta_{FI}\Gamma_{FR}) \\ q(1-q)[(1-\omega)\kappa\Gamma - \Delta\zeta_{FR}\Gamma_{FI}] & \\ (1-2q)[p(1-\omega)\kappa\Gamma - \wp_{FR}\Gamma_{FR} - p\Delta\zeta_{FR}\Gamma_{FI}] & \end{bmatrix} \tag{55}
$$

其对应的行列式为：

$$
\begin{aligned} \det(J_F) = & (1-2p)(1-2q)(q\omega\kappa\Gamma - \wp_{FI}\Gamma_{FI} - q\Delta\zeta_{FI}\Gamma_{FR}) \\ & [p(1-\omega)\kappa\Gamma - \wp_{FR}\Gamma_{FR} - p\Delta\zeta_{FR}\Gamma_{FI}] \\ & - pq(1-p)(1-q)(\omega\kappa\Gamma - \Delta\zeta_{FI}\Gamma_{FR})[(1-\omega)\kappa\Gamma - \Delta\zeta_{FR}\Gamma_{FI}] \end{aligned} \tag{56}
$$

其迹为：

$$
\begin{aligned} tr(J_F) = & (1-2p)(q\omega\kappa\Gamma - \wp_{FI}\Gamma_{FI} - q\Delta\zeta_{FI}\Gamma_{FR}) + (1-2q) \\ & [p(1-\omega)\kappa\Gamma - \wp_{FR}\Gamma_{FR} - p\Delta\zeta_{FR}\Gamma_{FI}] \end{aligned} \tag{57}
$$

基于如上定义，下面分析金融体系动态演化博弈的五个均衡点稳定性：

（1）对于局部均衡点 O，其 Jacobian 矩阵的行列式符号为正，而迹的符号为负，故 O 点为系统的 ESS 点；

（2）对于局部均衡点 A，其 Jacobian 矩阵的行列式与迹的符号均为正，故 A 点不稳定；

（3）对于局部均衡点 B，其 Jacobian 矩阵的行列式符号为正，而迹的符号为负，故 B 点也为系统的 ESS 点；

（4）对于局部均衡点 C，其 Jacobian 矩阵的行列式与迹的符号均为正，故 C 点也不稳定；

（5）对于局部均衡点 D，其 Jacobian 矩阵的行列式为负，但其迹的符号为 0，故 D 点是动态演化博弈系统的鞍点。

通过上述分析可知，局部均衡点 O、B 对应的（非合作，非合作）和（合作，合作）策略是动态演化博弈系统的稳定策略。图 1 示意了金融监管

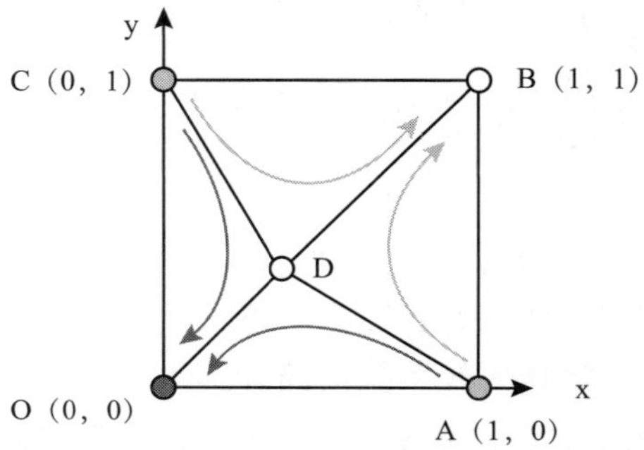

图 1　金融监管机构与金融机构在协同合作中的动态演化过程

机构与金融机构在协同合作中的动态演化过程，当演化空间位于状态临界线ADC的上部空间时（即四边形ABCD），基于动态演化的金融体系会收敛于（合作，合作）的稳定策略，博弈双方将建立一种协同共赢的动态平衡体系；而当演化空间位于状态临界线ADC的下部空间时（即四边形ADCO），基于动态演化的金融体系会收敛于（非合作，非合作）的稳定策略，博弈双方将背离协同发展之路，趋于“各自为政”的独立发展状态。

（三）动态演化要素分析

通过上一小节分析可知，动态演化博弈系统最终只有两种稳定策略，即（合作，合作）和（非合作，非合作），这意味着金融监管机构和金融机构如果不能构建协同发展的金融体系时必然走向解体独立的状态。当然，从定量角度来看，决定稳定走势的关键因素在于演化空间ADCO和ABCD的面积，如果$S_{ABCD} > S_{ADCO}$，那么动态演化博弈系统沿路径DB走向协同发展的概率大于解体独立的概率；相反，如果$S_{ABCD} < S_{ADCO}$，那么动态演化博弈系统沿路径DO走向解体独立的概率大于协同发展的概率；当$S_{ABCD} = S_{ADCO}$时，演化方向概率相同，稳定策略不确定。通过上述分析可知，动态演化系统的演化路径，与其所在的演化空间的面积呈正相关。为了便于说明，下面以图1中S_{ADCO}为例展开讨论，其表达式为：

$$S_{ADCO} = \frac{1}{2}\left[\frac{\wp_{FI}\Gamma_{FI}}{\omega\kappa\Gamma - \Delta\zeta_{FI}\Gamma_{FR}} + \frac{\wp_{FR}\Gamma_{FR}}{(1-\omega)\kappa\Gamma - \Delta\zeta_{FR}\Gamma_{FI}}\right] \tag{58}$$

由式（58）可知，该演化空间区域主要受协同开销系数$\wp$，双方协同合作努力程度（规模）Γ，协同收益率κ，机会主义收益系数Δζ及协同收益划分比例ω五个关键要素影响，为了衡量这些要素对演化均衡的影响趋势，分别对其求偏导，具体分析如下：

1. 协同开销系数对演化均衡结果的相关性分析

当其余要素条件一致时，分别对$\wp_{FI}$和$\wp_{FR}$求一阶偏导可得：

$$\frac{\partial S_{ADCO}}{\partial \wp_{FI}} = \frac{1}{2} \times \frac{\Gamma_{FI}}{\omega\kappa\Gamma - \Delta\zeta_{FI}\Gamma_{FR}} > 0;\quad \frac{\partial S_{ADCO}}{\partial \wp_{FR}} = \frac{1}{2} \times \frac{\Gamma_{FR}}{(1-\omega)\kappa\Gamma - \Delta\zeta_{FR}\Gamma_{FI}} > 0 \tag{59}$$

上述一阶偏导的结果均大于0，表明协同开销系数是演化空间S_{ADCO}的增函数，这意味着博弈双方协同开销越大，下部演化空间占比越高，而上部演化空间占比越低，动态演化博弈系统沿路径DO走向解体非合作的概率也就越大。具体而言，协同开销主要由主体内部开销和外部开销两者组成，压缩内部开销需要金融监管机构和金融机构为体系协同发展构建和谐内部环境，降低创新转化等开销；压缩外部开销则需要主体单位完善金融体系合作机制并搭建创新共享平台，增强信息透明性，营造以“金融公平、信息公开、互利共赢”为导向的外部环境。

2. 协同合作努力程度（规模）对演化均衡结果的相关性分析

当其余要素条件一致时，对 Γ 求一阶偏导可得：

$$\frac{\partial S_{ADCO}}{\partial \Gamma}=-\frac{1}{2}\left[\frac{\omega\kappa\wp_{FI}\Gamma_{FI}}{(\omega\kappa\Gamma-\Delta\zeta_{FI}\Gamma_{FR})^{2}}+\frac{(1-\omega)\kappa\wp_{FR}\Gamma_{FR}}{[(1-\omega)\kappa\Gamma-\Delta\zeta_{FR}\Gamma_{FI}]^{2}}\right]<0 \quad (60)$$

上述一阶偏导的结果小于0，表明协同合作努力程度（规模）是演化空间 S_{ADCO} 的减函数，这意味着博弈双方预期协同合作努力程度（规模）越大，下部演化空间占比越小，而上部演化空间占比越高，动态演化博弈系统沿路径 DB 走向协同合作的概率也就越大。具体而言，金融体系主体单位对预估协同合作努力程度（规模）需求越大，那么两者合作前景越好，成为有机整体实现互惠共赢的概率也就越大。

3. 协同收益率对演化均衡结果的相关性分析

当其余要素条件一致时，对 κ 求一阶偏导可得：

$$\frac{\partial S_{ADCO}}{\partial \kappa}=-\frac{1}{2}\left[\frac{\omega\Gamma\wp_{FI}\Gamma_{FI}}{(\omega\kappa\Gamma-\Delta\zeta_{FI}\Gamma_{FR})^{2}}+\frac{(1-\omega)\Gamma\wp_{FR}\Gamma_{FR}}{[(1-\omega)\kappa\Gamma-\Delta\zeta_{FR}\Gamma_{FI}]^{2}}\right]<0 \quad (61)$$

上述一阶偏导的结果小于0，表明协同收益率是演化空间 S_{ADCO} 的减函数，这意味着协同收益率越大，下部演化空间占比越小，而上部演化空间占比越高，动态演化博弈系统沿路径 DB 走向协同合作的概率也就越大。具体而言，金融体系主体单位对预估协同收益评价越高，那么两者合作牵引力越大，更容易成为有机协同整体。

4. 机会主义收益系数对演化均衡结果的相关性分析

当其余要素条件一致时，分别对 $\Delta\zeta_{FI}$ 和 $\Delta\zeta_{FR}$ 求一阶偏导可得：

$$\frac{\partial S_{ADCO}}{\partial \Delta\zeta_{FI}}=\frac{\wp_{FI}\Gamma_{FI}\Gamma_{FR}}{2(\omega\kappa\Gamma-\Delta\zeta_{FI}\Gamma_{FR})^{2}}>0;\quad \frac{\partial S_{ADCO}}{\partial \Delta\zeta_{FR}}=\frac{\wp_{FR}\Gamma_{FI}\Gamma_{FR}}{2[(1-\omega)\kappa\Gamma-\Delta\zeta_{FR}\Gamma_{FI}]^{2}}>0 \quad (62)$$

上述一阶偏导的结果均大于0，表明机会主义收益系数是演化空间 S_{ADCO} 的增函数，这意味着机会主义收益系数越大，下部演化空间占比越大，而上部演化空间占比越小，动态演化博弈系统沿路径 DO 走向解体非合作的概率也就越大。此类情况与现实中博弈主体采取单边利己主义行为相对应，当其中一方企图利用协同合作平台所提供的资源谋取私利而不顾大局利益时，另一方在受到损失后也会调整协同策略，最终导致动态演化博弈系统趋向非合作的无效率均衡状态。

5. 协同收益划分比例对演化均衡结果的相关性分析

当其余要素条件一致时，对 ω 求一阶偏导可得：

$$\frac{\partial S_{ADCO}}{\partial \omega}=\frac{1}{2}\left[-\frac{\kappa\wp_{FI}\Gamma\Gamma_{FI}}{(\omega\kappa\Gamma-\Delta\zeta_{FI}\Gamma_{FR})^{2}}+\frac{\kappa\wp_{FR}\Gamma\Gamma_{FR}}{[(1-\omega)\kappa\Gamma-\Delta\zeta_{FR}\Gamma_{FI}]^{2}}\right] \quad (63)$$

上述偏导结果符号未定，故需要继续对 ω 求偏导可得：

$$\frac{\partial^2 S_{ADCO}}{\partial \omega^2}=\frac{\kappa^2\Gamma^2\wp_{FI}\Gamma_{FI}}{(\omega\kappa\Gamma-\Delta\zeta_{FI}\Gamma_{FR})^3}+\frac{\kappa^2\Gamma^2\wp_{FR}\Gamma_{FR}}{[(1-\omega)\kappa\Gamma-\Delta\zeta_{FR}\Gamma_{FI}]^3}>0 \tag{64}$$

上述二阶偏导结果均大于 0，因此，当 $\frac{\kappa\wp_{FI}\Gamma\Gamma_{FI}}{(\omega\kappa\Gamma-\Delta\zeta_{FI}\Gamma_{FR})^2}=\frac{\kappa\wp_{FR}\Gamma\Gamma_{FR}}{[(1-\omega)\kappa\Gamma-\Delta\zeta_{FR}\Gamma_{FI}]^2}$ 时（一阶偏导等于 0），演化区间 AOBD 存在极小值，可以使动态演化博弈系统沿路径 DO 走向协同合作的概率最大。

基于以上分析，在构建协同发展的金融体系时，金融监管机构与金融机构投入的协同开销 $\wp$ 越低，预估协同合作努力程度（规模）Γ 越大，协同收益率 κ 越高，机会主义收益 Δζ 越低协同收益划分比例 ω 最优时，金融体系在动态演化博弈过程中最终趋向于协同发展的稳定策略的概率越大。

（四）动态演化博弈中协同稳定策略的引导分析

新时代金融协同体系作为一种更高程度、更深层次的金融创新监管体系，它不会自发形成，更不会短时间内突然形成，它需要在一定时间周期内通过激励与监管手段不断引导，才能在动态演化过程中逐步形成一个有机整体，达到互利共赢的效果。考虑到实际金融市场环境中信息不对称性及不完全契约性，新时代金融协同体系会面临诸如机会主义等严峻的风险，导致整个体系偏离目标均衡状态。因此，动态演化博弈过程中金融体系协同发展之路的关键在于规制博弈双方利用不对称的信息和不完善的契约实现不正当利益。

为了避免上述问题，实现以公平为导向的协同体系，需要双方提前以契约形式明确在协同合作中各自应该享有的权利及需要承担的义务。如果任意一方采取带有机会主义的单边措施，影响另一方利益，则以罚金的处罚方式加以引导，并将罚金收益弥补受损方利益。此外，增加双方非合作状态下的契约成本，增强规制行为导向。在存在政策引导情况下，动态演化博弈系统的收益矩阵形式如下表所示，其中 F 表示罚金额度，C 表示双方非合作状态下的契约成本。基于以上分析即可得出存在引导策略是演化系统支付矩阵如下所示：

		金融监管机构：协同合作（q）	金融监管机构：非协同合作（1－q）
金融机构	协同合作（p）	$\Re_{FI}+\omega\kappa\Gamma-\wp_{FI}\Gamma_{FI}$； $\Re_{FR}+(1-\omega)\kappa\Gamma-\wp_{FR}\Gamma_{FR}$	$\Re_{FI}-\wp_{FI}\Gamma_{FI}+F$； $\Re_{FR}+\Delta\zeta_{FR}\Gamma_{FI}-F-C_{FR}$
金融机构	非协同合作（1－p）	$\Re_{FI}+\Delta\zeta_{FI}\Gamma_{FR}-F-C_{FI}$； $\Re_{FR}-\wp_{FR}\Gamma_{FR}+F$	$\Re_{FI}-C_{FI}$；$\Re_{FR}-C_{FR}$

参照不存在引导策略时的计算方法可以求出，在有政策引导时，博弈系统的状态演化如图2所示。分析以下状态演化图可知，当存在诸如罚金处罚、契约沉没成本等引导政策时，动态演化博弈系统必然趋向于协同合作的稳态策略，其他状态集合均为不稳定策略。从现实环境来看，这是由于动态演化前期，博弈双方均为构建协同合作的金融体系投入了一定资源成本，为了追求与投入相符的收益，决策主体均会从全局利益出发意图将协同合作水平推向更高层次，从而获得更高收益。在演化过程中，如果出现单边机会主义行为，相应的惩戒制度及前期投入的成本会极大地降低机会主义收益，从而及时修正非合作策略。此外，收益转移支付也会巩固合作方继续采取合作策略，当博弈双方均采取协同合作策略时整体收益大于非合作策略时，系统最终趋于稳态均衡，金融协同合作体系也最终实现。

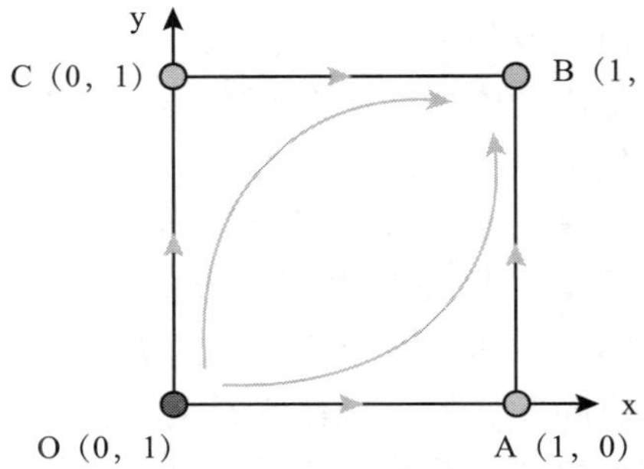

图2　在引导策略下金融监管机构与金融机构在协同合作中的动态演化过程

四、政策建议

本文首先通过微分博弈模型论证了新时代背景下基于协同融合发展的金融体系作为一种新型金融创新规制关系相比于传统金融监管模式的优越性，继而利用演化博弈模型分析了决策主体均衡策略进化的规律，并对引导金融体系最终走向协同合作的稳定状态提出了合理策略。为了切实联动金融体系各方利益，促成协同合作有机整体，增强我国金融行业健康发展态势，本文提出如下政策建议：

（一）积极改革低效率“亡羊补牢”式传统金融体系监管模式，向协同融合模式发展

传统金融监管体系遵循“暴露问题—解决问题”的一般性处理思路，该

思路作为通用问题监管模式具备处理方式简单、问题针对性强和管理门槛要求低等优点，但是其不可避免地具有典型的治理滞后性，尤其当系统面临重大风险、可能造成重大损失时，传统金融监管体系只能做到“亡羊补牢”而不能预判风险及时止损，这也就使得金融综合治理体系面临风险前瞻性欠缺、监管主动性不足的问题。此外，传统金融监管体系在效率与安全层面具有强不可调和性，这根源于金融监管机构与金融机构的“二元价值观”，当金融监管机构过分强调系统安全采取收紧政策时，金融机构创新产品研发率下降，从而造成金融市场活力降低，从一定程度上弱化了市场的需求，延缓经济金融产业发展；然而，当金融监管机构忽视金融风向引导、过分强调市场主体地位而采取“无为而治”的宽松政策时，金融机构可能会过度创新造成金融市场无序经营、野蛮生长，威胁金融系统安全。这种“针尖之上的徘徊”难以真正意义地兼顾效率和安全，甚至容易产生过度金融自由化与抑制，负反馈于分离的金融价值取向，最终导致“行政主导、盈利至上、管制中心”的制度困境。鉴于传统金融监管体系的固有弊端亟须一种新型金融创新监管关系的出现，尤其在新时代背景下，经济金融总量稳固，经济增长趋势已由单纯追求高速发展转向高质量稳步增长，以质量第一、效益优先为特征的金融协同发展产业体系需求升高，聚焦建设市场导向突出、微观主体深度融合、宏观引导有序的金融协同发展体系更为符合时代金融发展趋势。

从本质来看，基于协同发展的金融体系是对金融监管机构所代表的公权力与金融机构所代表的私权利的整合变革，通过制度引导激励双方突破“囚徒困境”，从非合作博弈趋于协同合作博弈。具体来说，这种协同配置主要聚焦在三个方面：一是“金融创新”和“金融监管”的协同融合，传统角度来看，前者是由私权利牵引下的自发本能，而后者是公权力驱动下的干预规制，如果双方不能构建协同有机整体，两者的关系必然是不断的冲突与管制，而如果在协同融合体系下，公权力与私权利在更高层次目标上辩证统一，监管方全时段（包括金融产品设计调研期等）协助引导创新方向，在保持创新活力的同时在源头指导规避风险，同时，创新方以“理性、自律、开放”的态度反哺监管，从而维持合理金融自由化程度，保证金融体系全局收益。二是金融活动外部性层面的协同统一，在金融活动中，协同体系内的社会参与各方以体系整体收益为核算原则，在争取帕累托最优收益的同时也积极承担合作义务，实现由金融资源稀缺产生的外部性的协同统一。三是制度层面协同统一，比如，在传统金融监管体系统，金融法作为实质性基本法起到了一定程度的合理规制作用，但在特定场景中也可能会造成公权扩张或私权泛滥，引发政府行政干预与市场自我调节双失灵的局面，因此，基于协同融合的新时代金融体系应该兼顾合理私权利需求，令协同治理不仅决定“底线”更能延伸“天花板”，推动金融综合治理体系发展到新的高度。

（二）着力推进金融体系“全面化、精细化、效率化、透明化”的协同发展格局

“一委一行两会”的监管模式在传统金融监管体系下发挥了积极作用，但这种分业监管形式在现实环境也不可避免造成前文所述相关问题，为针对性解决这些问题，学界设想了大一统的回归改革方案，将金融监管权力集中化，突出“集中力量干大事”的制度优越性。当然，这种大一统方案必须加以细化丰富才能满足协同发展的内涵要求。具体而言，努力以金融公平为支点平衡金融效率与安全，推进建设以“全面化、精细化、效率化、透明化”为典型特征的协同发展格局。“全面化”意图将监管指导权全面无感延伸至各金融机构，相比于传统粗犷的“点线式”监管权，通过分布式“一对一”指导融合，更能从源头理清风险管控和合作分歧等认知偏差，这种“寓管于合”的监管方式，既能在全阶段有效控制金融系统性风险，又能在全阶段保障多元合作利益。“精细化”要求做好顶层设计规划，对协同合作对象做好调查预研工作，合理评估博弈系统相关参数，科学制定协同策略，按照金融功能划分评估整合资源，尤其做好高素质人才资源合理配置，合理配置资源程度将直接决定协同融合体系发展质量。“效率化”作为金融协同体系的核心目标，要求决策主体善于综合各类计量及博弈模型处理分析数据、灵活制定战略规划，形成目标数据驱动下创新整体，增加主体单位定量化绩效考评，将体系收益和安全增益等数据可视化，确保体系账目“理得清、算得明”，同时，主动借助人工智能、大数据分析及区块链等前沿技术辅助研判考评，降低综合成本并提高容差率。“透明化”则强调引导金融体系内部信息完全共享，作为更高层次的综合监管体系，对信息依赖程度更高，因此，从全维度约束体系成员之间“不敢瞒、不能瞒、不想瞒”，消除由信息不对称性产生的机会主义倾向，令金融体系真正步入协同融合发展之路，此外，巧妙借助“区块链+”技术应用于分布式融合体系，利用其去中心化及加密本质，自发营造金融体系内部无利益偏向的多边审计关系，促成全局信息透明化。

（三）完善以金融公平为导向的“刚性约束”和“柔性引导”制度建设

新时代金融协同体系是建立在决策主体信息共享和相互绝对信任基础之上的更高程度、更深层次的金融创新监管体系，相较于传统监管体系，协同体系发展潜力更大、平衡关系更为微妙、对决策主体的参与要求更高，因此，更需要利用综合法制手段约束并引导金融主体单位行为。通过结合“刚性约

束”和“柔性引导”制度，既可以刚性划定法律红线行为，又可以留有弹性引导空间，在保证金融体系向协同稳定发展的同时，促进经济金融整体局面向上向好发展。具体而言，刚性约束本质作为一种激励机制诱导金融主体单位以通盘利益为根本行为出发点，主动过滤机会主义等破坏发展风向的私利行为，同时，保证在出现各类不协调行为的情况下及时扭转风气，防止金融厄尔尼诺效应发生。柔性引导依托多方自律公约、完全信息共享、共同利益激励、身份边界模糊等属性给予法律弹性治理空间，避免刚性约束过紧造成与传统监管趋同化，充分依靠行业自律意识增加金融协同体系自我发展弹性，金融机构的“监管人”属性意识与监管机构的“经济人”属性意识也可以补充作用于综合治理环节，模糊化权利义务边界，形成辩证统一有机整体，维护金融合理创新与风险管控趋势。

五、结 束 语

本文针对金融创新与监管过程中客观存在的“二元价值观”及政策滞后性弊端，在充分考量新时代背景下协同融合条件的基础上提出一种基于金融体系协同融合发展的解决思路。通过构建纳什非合作与协同合作的微分博弈模型在理论上证明了新时代金融协同融合机制作为更高程度、更深层次的金融创新监管机制的优越性，并利用演化博弈模型讨论了现阶段条件下引导金融体系实现协同融合这一稳定均衡态的关键要素。因此，积极改革低效率的“亡羊补牢”式传统金融体系监管模式向协同融合模式发展具有现实积极意义，政府应着力推进金融体系向“全面化、精细化、效率化、透明化”发展，完善以金融公平为导向的“刚性约束”和“柔性引导”制度，最终克服金融创新与监管现有弊端，实现两者的良性互动。

参考文献

1. 冯果：《收入分配改革的金融法进路——以金融资源的公平配置为中心》，法律出版社 2016 年版。

2. 冯立威：《博弈论与信息经济学》，载于《中国信息导报》2004 年第 8 期。

3. 胡德坤：《20 世纪以来时代主题的演进与习近平的新时代观》，载于《武汉大学学报（哲学社会科学版）》2019 年第 1 期。

4. 陆磊：《流动性、一般均衡与金融稳定的“不可能三角”》，载于《金融研究》2016 年第 1 期。

5. 李明扬：《不对称信息下中央银行监管行为分析》，载于《统计与决策》2006 年第 9 期。

6. 李文泓：《关于宏观审慎监管框架下逆周期政策的探讨》，载于《金融研究》2009 年第 7 期。

7. 马玉洁：《金融监管系统的演化逻辑与改革框架探析》，载于《山东社会科学》2019 年第 6 期。

8. 帅青红：《P2P 网络借贷监管的博弈分析》，载于《四川大学学报：哲学社会科学版》2014 年第 4 期。

9. 舒心：《新时代我国金融监管体制变革：回顾、反思与展望》，载于《中国地质大学学报（社会科学版）》2019 年第 1 期。

10. 吴佳茗：《从博弈论角度看加强金融监管的必要性分析》，载于《企业导报》2019 年第 2 期。

11. 汪天都：《传统监管措施能够限制金融市场的波动吗?》，载于《金融研究》2018 年第 9 期。

12. 谢平：《金融危机后有关金融监管改革的理论综述》，载于《金融研究》2010 年第 2 期。

13. 许文彬：《金融监管与金融创新的共同演化分析——一个基于非线性动力学的金融监管分析框架》，载于《经济研究》2019 年第 5 期。

14. 朱富强：《博弈、协调与社会发展：协调经济学导论》，广东人民出版社 2005 年版。

15. Hanson S G, Kashyap A K, Stein J C.，“A Macroprudential Approach to Financial Regulation”，*Journal of Economic Perspectives*，Vol. 25 No. 1，2011，pp. 3 – 28.

16. Kane E J.，“Accelerating inflation，technological innovation and the decreasing effective ness of banking regulation”，*Journal of Finance*，Vol. 36 No. 2，1981，pp. 355 – 367.

17. Laffont J J，Tirole J.，“A Theory of Incentives in Procurement and Regulation”，*MIT Press Books*，Vol. 28 No. 1，1993，pp. 35 – 37.

18. Martin J. Qsborne，*An Introduction to Game Theory*，Oxford University Press Publishing，Inc，2000.

19. Silber W L.，“The Process of Financial Innovation”，*American Economic Review*，Vol. 73 No. 2，1983，pp. 89 – 95.

20. Stigler G J.，“The theory of economic regulation”，*Bell Journal of Enocmincs*，Vol. 2 No. 1，1971，pp. 3 – 21.

Research on the Coordination Mechanism of Financial System in the New Era from the Perspective of Game Theory

—Also on the Enlightenment of Financial Innovation and Supervision

Liu Wei

(The Center For Economic Research, Shandong University, 250100)

[**Abstract**] In order to solve the shortcomings of the separation of the "dual values" of the existing financial innovation and regulatory mechanisms, we propose the coordination mechanism of financial system. Firstly, to demonstrate the advantage of the mechanism over the traditional ones, we construct the Nash non-cooperative game model and coordinated cooperation game model respectively, and analyze the optimal strategy and payoff of financial regulatory institutions and financial institutions. Then, we use the evolutionary game theory to derive the dynamic evolution process of the financial system's synergy, and verify the effectiveness of the key factors that lead the financial system to synergy. Finally, we integrate the above theoretical verification and draw conclusions as follows: (1) As a higher and deeper level of financial innovation supervision mechanism based on information sharing and mutual trust of decision-making bodies, the coordination mechanism of financial system in the new era satisfies the Pareto optimality; (2) Regarding to the information asymmetry and incomplete contractuality in the actual financial market environment, the coordination mechanism of financial system in the new era will also face severe risks such as opportunism, so the government is supposed to continuously guide the financial system to compose an organic entirety by means of incentives and supervision in the process of dynamic evolution; (3) The whole system should pull together to promote the coordinated development pattern of "generalization, refinement, efficiency and transparency", perfecting the institutional construction of "rigid constraints" and "flexible guidance" based on financial fairness and achieving synergistic integration development.

[**Key Words**] Financial Innovation Financial Supervision Coordination Mechanism Differential Game Evolutionary Game

JEL Classifications: G00 G10

地区金融生态环境对技术创新空间集聚的影响研究*

武力超　杨　帆　吴一涵　易　纯**

【摘　要】本文运用国家知识产权局提供的我国各地区专利授权数据库，并按照国际知识产权组织的“专利 IPC 分类与行业技术对照表”对行业进行分类，分别计算了我国各地区 2000 ~2012 年技术创新专业化和多样化空间集聚指标。之后构建 ADL 模型并运用系统动态 GMM 的估计方法考察了地区金融生态环境，金融体系结构和地区财政政策波动对技术创新专业化和多样化空间集聚的影响。我们的研究证实了技术创新空间集聚受到地区金融生态环境和金融体系不同部分的正向影响，这种促进作用具有行业差异同时存在时滞效应和长期效应。各行业技术创新空间集聚对财政政策敏感，地区财政政策波动对不同行业不同类型的技术创新空间聚集均具有负面作用。我们的研究有利于扩展技术创新相关研究的领域，并为地区金融生态环境治理和政策优化提供有价值的参考。

【关键词】**行业技术创新空间集聚　地区金融生态环境　财政政策波动　ADL 模型**

中图分类号：**F42　F81**　文献标识码：**A**

---

* 本文是国家社科基金青年项目“金融生态环境与技术创新空间集聚效应的机制研究与对策建议”的阶段性成果（15CJL052）。感谢教育部人文社会科学重点研究基地重大项目（16JJD790036），中央高校基本科研业务费专项资金“厦门大学人文社科创新团队”项目（20720171001）。

** 武力超（通讯作者），厦门大学经济学院国际经济与贸易系副教授，南开大学世界经济博士，英国伯明翰大学、英国利兹大学访问学者；地址：（361005）福建省厦门市思明区思明南路 422 号厦门大学经济学院；E-mail：xmwulichao@ 163. com。杨帆，中国人民大学农业与农村发展学院研究生。吴一涵，厦门大学经济学院研究生。易纯，厦门大学经济学院研究生。

一、引　言

技术水平的不断提升是保证经济持续增长的重要动力之一（Romer，1990）。引进并吸收外国先进技术，逐步形成后发国家的技术红利优势，是发展中国家重要的技术来源之一。但是，伴随着近年来全球经济总体放缓，中国与发达国家间对外贸易、对外投资等差距的显著缩小，中国从发达国家引进技术的门槛不断上升，提高自主创新能力成为中国经济发展中亟须突破的重要议题。

专利是量化考察一国自主创新能力的重要指标①（Furmana et al.，2002；Guan and Chen，2010，2012；赵彦云和刘思明，2011；龙小宁和王俊，2015）。自20世纪80年代以来，中国专利申请量迅速增长，目前已成为世界专利申请大国。以专利申请数量快速增长为代表的技术创新繁荣的同时，我国技术创新呈现出显著的地理集聚特征。企业的空间邻近，缩短了信息时滞，节省了交通成本，有利于知识的空间外溢，推进了集聚区内企业间的集体学习和互动创新（Glaeser，1992；Baptista and Swann，1998）。那么影响企业技术创新空间集聚的宏观因素有哪些，本文创新性地选择金融生态环境和财政政策波动这两个视角，系统考察地区金融生态环境和财政政策波动对不同行业技术创新空间集聚的差异化影响，以期为地区金融环境治理和政策优化提供有价值的参考。

我国目前处于技术创新需求旺盛，金融体系不断完善的重要时期。技术创新活动具有较强的资金依赖性，获得稳定可靠的创新资金支持是保证技术创新活动进行的关键（D′Esteet al.，2012；Hölzl and Janger，2012；Segarra et al.，2013）。完善的金融体系通过提高经济中资金配置效率、分散技术创新风险等多种途径促进技术创新活动发展。金融体系作用的发挥与地区经济发展、政策协调等密切相关，这一系列包含金融水平和影响其职能发挥的相关因素被称为金融生态环境。我国各地区金融生态环境的优化对地区不同行业技术创新及其空间集聚效应的影响是本文重点研究的问题之一。稳定高效的宏观政策保证了经济发展与预期的平稳性，有序平稳的总体经济环境进一步为技术创新提供了宏观经济环境的保障。

① 尽管格里利希（Griliches，1990）认为，用专利来衡量创新产出存在着一些缺陷，例如在现实中并不是所有的发明都会申请专利。但是由于专利和创新的关系十分密切，且专利授权的标准多年来不易变化，同时还具有数据容易获取等优点，因此用专利对创新产出进行衡量是合理和可行的。国内外学者普遍使用专利来体现创新产出和创新能力（Acs et al.，2002；Furman et al.，2002；李习保，2007；钱晓烨等，2010；李苗苗等，2016）。

技术创新的动态性是许多研究容易忽视的问题。技术创新及其空间集聚表现为一个逐步推进的过程，如何将技术创新空间集聚在不同金融生态环境下的表现在长期进行综合，从而在长期认清地区金融生态环境对技术创新空间集聚的影响是一个亟待解决的问题。本文将利用自回归分布滞后模型与面板数据相结合构建自回归（ADL）动态面板模型，以此检验地区金融生态环境对技术创新空间集聚的长短期效应。研究中面临的另一个重要问题是内生性问题。许多地区固有的影响技术创新及其空间集聚的因素与地区金融生态环境一同发挥作用，如何将金融生态环境因素从复杂的经济变量中分离出来对我们的研究具有重要意义。一些不随时间变化的经济因素会对技术创新及其空间集聚产生影响。这会使普通最小二乘（Ordinary Least Square，OLS）估计方法得出的估计系数中混有其他非时变区域因素的影响，最终导致金融生态环境对技术创新空间集聚的回归系数偏大。本文将采用阿雷利亚诺和波弗（Arellano and Bover，1995）提出的系统动态广义矩估计方法（System GMM）来克服内生性问题，该方法通过使用内部变量的滞后期作为工具变量，可以有效分离出非时变的区域效应。

本文将使用国家知识产权局提供的2000～2012年的地区专利授权数据库，基于国际知识产权组织提供的“专利IPC分类与行业技术对照表”，从技术创新地理特征与行业构成的角度，将技术创新空间集聚分为专业化集聚和多样化集聚，并系统考察地区金融生态环境和财政政策波动对技术创新专业化和多样化空间集聚的长短期影响。实证分析中，考虑到技术创新不断演进的动态特征，我们构建了能够考察我国各地区金融生态环境与技术创新空间集聚之间的长期动态关系的ADL模型；在综合考虑内生性问题以及模型中存在的非时变效应的基础上，运用系统动态GMM方法进行估计。我们的研究证实了技术创新空间集聚受到地区金融生态环境和财政政策波动的影响，并且这种影响存在长期的动态效应。

与现有研究相比，本文在以下几个方面有所创新和拓展。首先，在指标选取和运用方面，本文基于我国各地区专利授权数据库测算了我国各地区的技术创新专业化、多样化集聚指标。国内迄今还没有学者对我国各地区技术创新空间集聚水平及其影响因素进行测算和分析。在以往的研究中大多采用区分具体行业的总量专利数据进行技术创新的相关研究。这种总量数据使得研究中无法细分技术创新的专业化和多样化集聚效应。我们的研究在一定程度上弥补了该领域的空白，为今后从更多角度合理选取度量指标，丰富该领域的研究提供了新的思路。其次，本文运用ADL模型，采用系统动态GMM方法进行估计。研究结果进一步明确了技术创新空间集聚与金融生态环境间的长短期效应。本文的研究为我国今后进一步合理的、有针对性的鼓励技术创新，推动金融体系完善提供了可行的依据。最后，我们对技术创新空间集聚进行了分行业对比研究。由于金融危机屡次发生，财政政策作为经济稳定器，其作用备受关注。本文还将系统估算我国各地区财政政策波动程度，考察其对技术创新空间集聚不同类型的影响，为未来政策制定中细化政策目标提供了有价值的参考。

本文其余部分结构安排如下：第二部分为金融生态环境与技术创新空间集聚的理论背景与文献综述，第三部分为模型设定与变量选择，第四部分为研究结果分析和稳健性检验，第五部分是结论与政策建议。

二、理论背景与文献综述

熊彼特认为技术创新是把生产要素的“新组合”引入生产体系。这种新的组合包括引进新产品、新技术、采用新的方法、开辟新市场等。在内生增长模型中，个别企业的技术创新行为能够通过扩散效应对长期经济增长产生影响（Grossman and Helpman，1991；Romer，1994）。实证研究表明，技术创新是推动我国过去20年来技术进步乃至经济增长的重要力量（苏治和徐淑丹，2015）。因此技术创新在经济发展中扮演着重要作用（Freeman and Soete，1997；Malerba，2007；严成樑，2012；唐未兵等，2014）。

技术创新的空间集聚能有效促进知识溢出，促进新技术的扩散与发展（Matin and Ottavinao，2001；Jun，2005；Berliant et al.，2006）。近年来，部分研究对技术创新集聚效应的类别进行了区分，一类是地区专业化集聚效应，即马歇尔集聚效应（Marshall Arrow Romer effect，MAR effect），强调知识和技术的传播主要发生在同一行业内的企业之间；另一类是多样化集聚效应，即雅各比集聚效应（Jacob effect），指不同产业集聚时，行业间知识的溢出会促进技术创新的发展。费尔德曼和奥德雷奇（Feldman and Audretsch，1999）使用美国中小企业的数据首次对技术创新集聚现象进行分析，强调了技术创新的专业化外部性（产业内）和多样化外部性（产业间）的区别。此后，拉斐尔（Raffaele，2000），凯瑟琳（Catherine，2000），帕西和乌赛（Paci and Usai，2001），德尔加多等（Delgado et al.，2013）的研究认为这两种效应均可以促进地区创新绩效的提高。

技术创新往往需要大量的研发资本投入，但是仅凭个人财富、内源性企业利润、资产等很难满足企业技术创新活动的资金需求。金融体系作为现代经济中资金分配的主要实现途径，是技术创新资金的主要来源（Mckinnon，1997）。作为技术创新理论的鼻祖，熊彼特（Schumpter，1991）也指出，金融体系在经济发展中具有核心地位，但这并不是缘于其改变了储蓄率，而是因为它改善了社会储蓄的配置效率，一个好的银行应该有能力甄别出最具新产品开发能力的企业并为其提供资金，从而促进技术创新活动的进行。20 世纪 80 年代的内生增长理论认为金融体系对长期增长的贡献只有通过技术进步来实现，旨在进行跨时间与空间价值交换的金融活动在技术创新过程中发挥着至关重要的作用。

莱文（Levine，1997）的研究认为金融体系的作用是改变技术创新率，即通过审查、提供资金给最具投资价值的创新项目，以此促进技术创新。塔迪斯（Tadesse，2002），加尔登和林（Galdern and Lin，2003）也证实了这一观点。圣保罗（Saint - Paul，1992）细分了不同投资风险的技术，强调了金融市场可以通过资产组合来分散这种风险，多样化了投资者的技术选择，金和莱文（King and Levine，1993）也认为持有可分散风险且具有创新意义的项目所发行的股票，不但可以减少风险，而且还能促进全社会对创新活动的投资。科尔图姆和勒纳（Kortum and Lerner，1997）验证了美国风险资本在某一行业使用的程度和专利发明的速度之间的紧密关系。布莱克本和洪（Blackburn and Hung，1998），阿吉恩和霍伊特（Aghion and Howitt，2005，2009）均认为金融体系不完善将会对企业技术创新形成负面激励，昂（Ang，2010，2012）的系列论文深入研究了金融发展能有效地激励知识创新。马库塞特等（Maskuset et al.，2012）运用 18 个 OECD 国家的数据研究发现国内金融发展对行业技术创新活动具有显著的促进作用。其他基于跨国跨行业的研究也进一步证明了金融体系在技术创新中发挥的重要作用（Gorodnichenko and Schnitzer，2013；Hsu et al.，2014）

国内学者袁庆明（2001）认为金融制度安排可以大大减少技术创新的不确定性和交易成本，形成有利于技术创新的激励。王广谦（2004）认为金融发展有助于技术创新，孙伍琴（2004）进一步区分了不同金融结构对技术创新影响的区别。早期国内学者的研究以机理阐述和文字分析为主，后期有更多文章对这一问题展开实证分析。叶耀明和王胜（2007）使用长三角地区的面板数据发现金融中介对技术创新，特别是原创型发明的推动作用。徐玉莲和王宏起（2011）对 1994 ~ 2008 年我国金融发展与技术创新进行 Grange 因果关系的实证检验，发现金融体系风险投资发展对技术创新有积极的促进作用。张元萍和刘泽东（2012）运用我国 1992 ~ 2010 年的年度数据发现金融效率与专利授权数，金融结构和研发投入之间具有显著的良性互动关系。孙婷、温军（2012）和周方召等（2014）对我国企业的技术创新活动进行研究，发现地区金融发展水平对企业技术创新水平具有显著影响。

我们通过一个简单的模型对此进行说明。技术创新的供给价格定义为技术创新期间企业所有创新投入的贴现值之和为 P_s。类似的我们定义技术创新的需求价格为技术创新未来期望收益的贴现值 P_d。当 $P_d > P_s$ 时，存在技术创新机会，但是此时技术创新能否实现还进一步取决于技术创新的资金支持能否实现。现假设存在一个技术创新活动，需要在两个阶段 t_1 和 t_2 完成，各阶段都有技术创新的供给和需求，企业可以根据自身资金条件选择在 t_1 或 t_2 开始技术创新活动，并获得相应的收益。具体 t_1 时期技术创新供给价格为 P_{s1}，期望收益为 P_{d1}；在 t_2 时期技术创新供给价格为 P_{s2}，期望收益为 P_{d2}；贴现率为 r。在上述假设情况下，企业将会根据利益最大化，具体选择开展技术创新活动的时间。当 $P_{d1} > P_{s1}$，$P_{d2} > P_{s2}$ 且 $(P_{d1} - P_{s1}) > (P_{d2} - P_{s2})/(1 + r)$，企业会在 t_1 时刻开始实施创新行为；当 $P_{d1} > P_{s1}$，$P_{d2} > P_{s2}$ 且 $(P_{d1} - P_{s1}) < (P_{d2} - P_{s2})/(1 + r)$，那么企业会在 t_2 时刻开始实施创新行为。最后，如果 t_1 或 t_2 时期的技术创新供给价格高于需求价格，则企业在这一期将不会开展技术创新活动。技术创新存在收益并不是技术创新活动开展的充分条件，只有当技术创新资金需求也同时满足，技术创新活动才能开展。技术创新活动对资金具有较高的要求，当企业内源性资金不足时，企业创新活动存在资金缺口。这时需要外部资金的支持，企业的技术创新活动才能开展。一般而言，金融机构和金融市场能够直接地通过信贷或发行股票债券等方式为企业技术创新提供资金。

我们具体分析由金融机构、金融市场提供资金支持，对企业技术创新活动的影响。以银行为代表的金融机构可以通过提供贷款的方式直接为企业提供技术创新支持，但是如果企业与银行对技术创新的预期收益判断不同，特别是在银行和企业缺乏合作关系作为基础的情况下，银行可能出于风险控制的考虑，减少或停止对相关企业的贷款，从而直接影响技术创新活动。金融市场也是类似的，如果投资者和企业对技术创新活动的预期一致，企业可以通过发行股票、债券等方式从金融市场获取投资。但是当存在信息不对称等问题时，出于审慎投资的考虑，企业能够从金融市场获得的融资有可能减少或停止。另外，金融市场投资者出于投资收益、市场预期的考虑等，对技术创新活动提供的后续资金支持存在不确定性。总体来看金融体系对技术创新活动支持的效率与金融体系及其相关环节的运行效率密切相关。

然而金融体系并非一个独立创造金融产品、提供金融服务的系统，其运行效率依赖于所在区域的政治、经济、文化、法制等基本生态环境要素所构成的广义金融生态系统。金融生态是一个仿生概念，周小川（2004）最早将生态学概念系统地引申到了金融领域。具体而言，地区金融生态环境主要由地区经济基础、金融深化、政府治理、信用制度和诚信文化几个方面构成（苏宁，2005；李扬和张涛，2009）。良好的金融生态环境对提高地区金融体系的运行效率，降低金融交易成本，优化要素市场的资源配置，促进经济健康发展等都具有重要作用。

当前中国跨区域资本流动存在一定障碍，各省金融发展水平差异较大（Boyreau－Debray and Wei，2005），地区金融生态环境对企业技术创新活动的影响尤为重要。地区金融生态环境的改善从三个方面影响地区的技术创新活动。首先，地区金融生态环境的改善有利于金融体系更好地发挥筹集研发资金，分散技术创新投入风险的作用（魏志华等，2014）。在金融生态环境较佳的情况下，企业能够利用各种金融产品与服务，以更低的融资成本从为数众多的社会资金提供者手中获取必需的研发资本；同时也分散了技术创新所面对的巨大风险，缓解了研发资金投入方面的约束。其次，处在一定金融生态环境中的金融活动主体具有价值发现，增强创新信息流动性的功能（侯晓辉等，2012）。金融生态环境的改善能够促进金融机构或金融市场更积极地发掘具有经济价值的技术创新项目，增强信息的流动性，在一定程度上解决了信息不对称性所造成的技术创新投入不足问题，增加了新技术的供给量。最后，随着金融生态环境的改善，地区金融机构之间的竞争日益激烈，旨在刺激居民消费支出的金融产品创新会不断增加，进一步扩大金融融资的资金供给。改善金融生态环境能够为地区微观经济主体的技术创新活动提供市场激励，并在对技术创新的供给推动与需求拉动的合力作用下，最终达到提升一个地区企业技术创新能力的目的。

不同金融体系结构对技术创新的支持作用可能存在差异。金和莱文（King and Levine，1993）发现股票市场能够促进创新项目的股票发行，提升全社会对创新活动的投资热情。总体来看，股票债券市场等金融市场更多地为新兴产业发展提供支持，从而对技术创新活动产生影响（Furest，1999；Allen，2000；李苗苗等，2016）。以银行为代表的金融机构主要通过信贷途径对技术创新活动提供资金支持并产生影响。卢荻（2013）通过实证研究发现相较于金融市场，银行对中国技术创新的影响占据着主导地位。丁一兵等（2014）利用中等收入国家的数据进行研究发现，银行等金融机构可以通过扩大私人贷款发行规模、优化贷款结构等渠道，对技术创新活动进行融资支持。费尔南德斯（Fernandez，2013）的研究指出 1989 ~ 2007 年发生的数次银行危机降低了各行业对包括技术创新在内无形资产的投资，对各国技术创新总体带来了负面影响。南达和尼古拉斯（Nanda and Nicholas，2014）发现美国大萧条期间银行业的严重受挫导致同时期企业创新研发活动减少，最终影响了经济增长。因此，有必要进一步从金融市场结构的角度，细致分析金融市场不同组成部分对技术创新空间集聚的影响。

技术创新活动的资金获取以及创新成果较快地运用于实际生产依赖于稳定的宏观经济环境。进一步，金融生态环境作为诸多与金融体系发展息息相关指标的共同体，紧密的包含在宏观经济环境当中，稳定的宏观经济环境利于构建良好的金融生态环境。政府宏观经济政策作为经济中“看得见的手”，宏观经济政策变化对宏观经济环境具有重要影响，宏观经济政策的波动能有效地刻画宏观经济的稳定程度。

近年来金融危机频发，财政政策作为宏观经济的稳定器备受关注。政府政策和相关财政资金的支持可以保证企业技术创新收益和技术创新活动顺利开展（Czamitzki and Licht，2006）。通过直接购买、直接投资于创新项目、政策鼓励技术创新及配套服务项目的发展等，政府可以对技术创新活动产生影响（Wang and Kim，2007；Georghiou et al.，2014；Gao，2015）。因此我们有必要考察财政政策对技术创新空间集聚的影响。本文依据巴罗（Barro，1991），渥（Woo，2009），阿吉恩等（Aghion et al.，2009）的研究，系统估算了我国各地区的财政政策波动程度，并考察了其对不同行业技术创新空间集聚效应的差异化影响。

综上所述，地区金融生态环境，财政政策波动与技术创新空间集聚的关系亟须明确，这一影响的动态性和内生性也需要进一步解决和完善。本文将通过引入 ADL(1，1）模型，系统动态 GMM 估计方法来明确上述关系和解决存在的问题。

三、模型设定和变量选择

（一）模型设定

本文从专利授权、所在地区和行业特征出发，将技术创新空间集聚分为专业化和多样化集聚，研究其动态变化及影响其发展的因素，以达到直观的考察技术创新活动的地理特征及影响因素的研究目标。

1. 基础模型

考虑到技术创新空间集聚效应存在的动态性，借鉴马西斯（Mathys，2007）的方法，本文构建能较好反映动态性的自回归分布滞后模型（ADL 模型）来研究这一问题。本文使用中国各地区的技术创新空间集聚、金融生态及政策波动的面板数据，并且采用系统动态 GMM 估计方法分析地区金融生态环境对技术创新空间集聚在长短期的影响。

翰利（Hanley，2011）认为技术创新是需要时间完成的，地区的技术创新空间集聚会呈现出一种自回归形式：当期技术创新空间集聚受上一期的影响，同时受到地区金融生态环境、财政政策波动和其他控制变量以及这些变量滞后项的影响。技术的积累需要一定时间，地区金融生态环境对技术创新空间集聚的影响也具有时间滞后性，这是因为金融生态环境的演化需要一定的时间，各种因素的交互作用对技术创新的影响也会出现明显的滞后。因此本文选用包含相关因素及其滞后项的 ADL 模型进行研究。考虑到转化成公因式模型更有利于进行长期影响的计算，我们借鉴布鲁哈特和马西斯（Brulhart and Mathys，2008）的建模方法，选取一期滞后，采用 ADL(1，1）模型来建立本文的模型。ADL(1，1）模型是研究动态性问题经常采用的模型，它可以帮助我们有效地进行技术创新空间集聚效应的长短期分析。实证分析模型的具体形式如式（1）所示。

$$T_{dt} = \alpha T_{d,t-1} + \beta_0 F_{dt} + \beta_1 F_{d,t-1} + \gamma_0 X_{dt} + \gamma_1 X_{d,t-1} + \varepsilon_d + \rho_t + v_{dt} \quad (1)$$

其中，T_{dt}和 $T_{d,t-1}$表示地区 d 在 t 时期和 t－1 时期的技术创新空间集聚水平。我们分别使用地区技术创新专业化集聚（IST）和地区技术创新多样化集聚（DIV）两个指标，从不同角度考察地区的技术创新空间集聚水平，从而更好地区别不同类型技术创新空间集聚的外部性特征。F_{dt}和 $F_{d,t-1}$分别表示地区 d 在 t 时期和 t－1 时期的金融生态环境特征，具体研究中包括金融生态环境以及 F 考察金融体系不同部分（即以银行为代表的金融机构和以股票市场为代表的金融市场）发展的相应指标。X_{dt}和 X_{t-1}为控制变量的列向量，表示地区 d 在 t 时期和 t－1 时期的控制变量的水平，包含地区人均 GDP（gdppcap）和地区公路运输线路长度（tranpline）两个控制变量。模型中 ε_d 表示区域固定效应，ρ_t 表示时间固定效应，v_{dt}表示误差项。区域固定效应 ε_d 对模型的估计结果有重要影响，它代表了前文所说的非时变区域效应。这种效应不随时间改变，与地区金融生态环境和财政政策波动可能并不相关但是却显著影响技术创新空间集聚。因此，我们使用动态面板估计将这种非时变区域效应从中剔除，来保证地区金融生态环境估计的准确性。

在对以上模型的分析当中，我们关注的焦点并不仅是金融生态环境对技术创新空间集聚的短期影响，我们更加注重探索金融生态环境与技术创新空间集聚之间的长期动态关系。地区技术创新空间集聚具有时滞性，当期技术创新空间集聚发展会受到前期发展的影响。根据布鲁哈特和马西斯（Brulhart and Mathys，2008）提供的方法，ADL(1，1）模型可以根据同期测定效应（contemporaneous measured effects）的方法转换成为公因数模型，并将当期和滞后期效应转换成为长期效应。长期效应可以将金融生态环境在各时期对技术创新空间集聚的不同影响在较长的时期内进行综合，从而得出一个金融生态环境对技术创新空间集聚的长期平均效应或者净效应，以帮助我们认识金融生态环境对技术创新空间集聚的总体影响。

经过转换，在本文的基础计量模型中，金融生态环境对技术创新空间集聚的长期影响可以表示为 $\beta_{LR} = (\beta_0 + \beta_1)/(1-\alpha)$。我们在回归结果中将根据估计的系数对这一长期关系进行计算，并且使用差分法检验这一关系的显著性。由于 β_{LR}是一个非线性关系，若 α 数值接近于 1 或被错误估计，那么 β_{LR}也会出现严重的错误估计。因此，我们还对线性关系 $\beta_0 + \beta_1 = 0$ 进行 Wald 检验。如果这一约束被拒绝，我们可以认为金融生态环境对技术创新空间集聚之间存在明显的长期关系；相反，若这一约束没有被拒绝，同时 β_0 和 β_1 的估计参数显著，那么金融生态环境对技术创新空间集聚之间只存在短期关系。

2. 财政政策波动的考察

实证研究中，除了对金融生态环境总体质量及金融体系结构的考察，我们还进一步分析了财政政策波动对技术创新空间集聚的影响。为研究这一问题，我们基于动态面板，同样使用系统 GMM 方法进行估计，具体构建模型如式（2）所示。

$$T_{dt} = \alpha T_{d,t-1} + \beta_0 P_{dt} + \gamma_0 X_{dt} + \gamma_1 X_{d,t-1} + \varepsilon_d + \rho_t + v_{dt} \tag{2}$$

其中，P_{dt}表示地区 d 在时间 t 的财政政策波动情况，其余各变量含义与式（1）相同。研究中我们具体分析各地区财政政策波动对不同行业技术创新空间集聚的影响。

3. 行业分类研究模型

不同行业的技术创新活动对资金、市场变化及政策波动的敏感度存在差异，因此不同行业的技术创新空间集聚特征也不同，金融生态环境、财政政策波动等的影响也会存在差异。例如仪器、化工产品等行业发展相对成熟，技术创新活动对资金需求与新兴行业如电子、游戏等存在差异，由此金融生态环境对不同行业技术创新空间集聚的影响也不同。我们有必要进一步考察金融生态环境和财政政策波动对不同行业技术创新空间集聚的差异化影响。我们将前文的基础模型进行调整后加入了对行业分类的考察，具体形式如下：

$$T^i_{dt} = \alpha T^i_{dt-1} + \beta_0 F_{dt} + \beta_1 F_{dt-1} + \gamma_0 X_{dt} + \gamma_1 X_{dt-1} + \varepsilon_d + \rho_t + v_{dt} \tag{3}$$

式（3）中上标 i 对应表示不同行业[①]。区分具体行业的数据使我们有条件研究金融生态环境，财政政策波动对不同行业技术创新空间集聚的不同效应。本文将技术创新的空间集聚效应分为专业化集聚和多样化集聚。分行业研究中直接区分不同行业不同技术创新空间集聚类型，从而可以更为直接考察各因素对不同行业技术创新空间集聚的影响，提高了研究的准确性和针对性。在对技术创新空间集聚进行分行业考察时，考虑到我国目前没有正式推出包含所有行业与专利 IPC 分类号的对照表，因而本文使用国际知识产权组织提供的“专利 IPC 分类与行业技术对照表”（IPC and Technology Concordance Table）[②] 进行行业分类。我们通过国家知识产权局获得的各地区专利授权数据库，根据“国省代码”“IPC 分类号”“申请日”等检索项对我国各省份的专利授权量进行检索，并按对照表将专利分别对应到相应的行业领域。

---

① 考察宏观政策波动（P_{dt}）分行业影响时不引入财政政策的波动的滞后项，具体回归方程为 $T^i_{dt} = \alpha T^i_{dt-1} + \beta_0 P_{dt} + \gamma_0 X_{dt} + \gamma_1 X_{d,t-1} + \varepsilon_d + \rho_t + v_{dt}$，$P_{dt}$表示财政政策波动，其余各变量含义与式（3）相同。

② http：//www. wipo. int/ipstats/en/statistics/patents/wipo_pub_931. html.

具体分类信息如表1所示。

表1 “专利IPC分类与行业技术对照表”中的行业分类

一级行业分类	二级行业分类
电子工程	1 电子机械、设备、电能；2 视听技术；3 电信；4 数字通信；5 基础通信过程；6 计算机技术；7 应用于管理的信息技术；8 半导体
仪器	9 光学；10 测量；11 生物材料分析；12 控制；13 医疗技术
化学	14 有机蒸馏化学；15 生物技术；16 制药；17 大分子化学，聚合物；18 食品化学；19 基础材料化学；20 材料，冶金；21 表面处理技术，衣料；22 微结构和纳米技术；23 化学工程；24 环境技术
机械工程	25 操作；26 机械工具；27 发动机，泵，涡轮；28 纺织和造纸机械；29 其他特殊机械；30 热动力过程和设备；31 机械元件；32 交通
其他行业	33 家具，游戏；34 其他消费产品；35 市政工程

注：行业1~5分别对应表1中五个一级分类下行业。具体来说，行业1对应电子工程行业，行业2对应仪器行业，行业3对应化学行业，行业4对应机械工程行业，行业5对应其他行业。

4. ADL(1，0）模型

在研究变量之间动态性关系方面，对设定的ADL(1，1）模型滞后期的合理性进行检验，我们将滞后期缩短，转换为ADL(1，0）模型重新进行检验，具体模型为：

$$T_{dt} = \alpha T_{d,t-1} + \beta_0 F_{dt} + \gamma_0 X_{dt} + \varepsilon_d + \rho_t + v_{dt} \tag{4}$$

若ADL(1，0）模型的系统GMM估计结果与ADL(1，1）的结果相近，则我们的计量模型设定合理，且结论稳定，因而可以证明本文研究中关于技术创新空间集聚长期影响因素的研究是有效的。

（二）变量选择

本文主要使用的经济变量如下。

1. 本文的被解释变量为技术创新空间集聚指标

本文将技术创新空间集聚效应分为专业化集聚和多样化集聚，国外已有学者使用这一指标展开研究，他们的研究表明，使用这一指标表征地区技术创新空间集聚水平是可行并且有效的（Feldman and Audrefsch，1999；Moreno et al.，2005）。考虑到我国目前没有正式推出包含所有行业与专利IPC分类号的对照表，本文使用国际知识产权组织提供的“专利IPC分类与行业技术对照表”（IPC and Technology Concordance Table），对行业进行分类，此后我们运用从国家知识产权局获得的各地区专利授权数据库，根据“国省代码”“IPC分类号”“申请日”等检索项对我国各省份各年的专利授权量进行检索，并按对照表将专利分别对应到相应的行业领域。之后对各地区各年的技术创新空间集聚水平进行测度。

技术创新的专业化集聚指数（IST）计算方法如式（5）所示。

$$IST_{ij} = \frac{\left[\frac{P_{ij}}{\sum\limits_{i} P_{ij}}\right]}{\left[\frac{\sum\limits_{j} P_{ij}}{\sum\limits_{i}\sum\limits_{j} P_{ij}}\right]} \tag{5}$$

技术创新的多样化集聚指数（DIV）计算方法如式（6）所示。

$$DIV_{ij} = \frac{\left[\frac{P_{ij}}{\sum\limits_{i^* \neq i} P_{i^*j}}\right]^{2\quad 2}}{\left[\frac{\sum\limits_{j} P_{ij}}{\sum\limits_{i^* \neq i}\sum\limits_{j} P_{i^*j}}\right]} \tag{6}$$

式（5）和式（6）中 i 代表行业，j 代表省份，P_{ij}代表 i 省份中 j 产业的专利授权量。技术创新专业化和多样化集聚指数在费尔德曼和奥德雷奇（Feldman and Audretsch，1999），莫伦等（Moren et al.，2005）的研究中已有运用。但由于匹配和计算的工作量大，国内迄今还没有学者对我国各地区技术创新空间集聚水平进行测算，因此也缺乏对这一问题的相关研究。本文的研究在指标测算和影响因素分析方面所做工作将有助于填补国内该领域研究的空白。

2. 本文的主要解释变量

（1）地区金融生态环境指标。技术创新活动一般具有较高的资金依赖性，内源性的企业利润、资产往往很难满足企业技术创新活动的资金需求，外部融资成为技术创新活动的重要资金支持。因此地区金融市场发展水平对该地区技术创新及其空间集聚具有重要影响。然而，金融市场提供外部融资支持的能力不仅与其自身发展水平有关，同时与该地金融市场体系与地区经济、政策协调配合程度有关。刘煜辉（2007）指出，中国金融市场能否更好地发挥资源配置作用，不仅取决于中国金融市场本身的发展，更与其同中国政治体制、经济体制匹配程度有关。因此金融生态环境问题对于整个金融业的发展与其资源配置功能的有效发挥具有重要意义。中国社会科学院金融研究所推出的金融生态环境评分（finanscor）是对金融生态概念的系统阐述与表征。根据本文的理论分析，改善地区金融生态环境能够为地区微观经济主体的技术创新活动提供市场激励，并在对技术创新的供给推动与需求拉动的合力作用下，最终达到提升一个地区企业技术创新能力，促进技术创新空间集聚的目的。

金融体系结构也是影响金融市场资源配置能力的重要因素。金融体系可以分为以商业银行为代表的金融机构和以股票、债券市场为代表的金融市场两个主要部门。艾伦和奥拉（Allen and Oura，2004）的研究表明，银行和金融市场在资源配置中的角色不同。银行等传统金融中介在执行收集和处理信息、实施公司控制、动员储蓄等功能方面较股票市场等金融市场有优势；而金融市场能够提供更为丰富灵活的风险管理工具，可以根据不同的情况设计不同的金融风险产品。因此我们进一步从金融市场结构入手，考察金融体系不同组成部分对技术创新空间集聚的影响。具体来说，我们选取了地区工业贷款规模与地区生产总值（GDP）的比重（creditind）、股票总市值与地区生产总值的比重（stmktcap）这两个指标对地区金融市场结构因素进行考察。银行贷款较其他金融机构贷款而言具有还款周期较长、贷款利率较低等特点，因此银行贷款较多被用于固定资产投资，有利于企业生产扩大，技术创新活动的增加。同时，进入固定资产投资部门的银行贷款相较于银行贷款的其他用途，具有周期长、风险大的特征，银行对这类贷款也有更为严格的风险控制措施和更高的信息要求。因此地区工业贷款规模占地区生产总值比重这一指标既可以反映银行为地区工业生产提供的融资水平，同时也可以较好地反映地区金融机构的风险管理、信息处理和动员储蓄功能。股市总市值与地区生产总值（GDP）的比重（stmktcap）主要反映了地区股票市场的规模变化。地区股票市场的规模扩大，可以有效地吸引更多闲散资金进入资金池，为地区企业的融资提供更广阔的来源，同时股票市场规模扩大也能够更好地起到促进市场流通的作用，进一步提高了地区资源配置效率。研究中我们运用这两个指标，细致地考察以银行为代表的传统金融机构和股票市场对技术创新空间集聚影响。

（2）财政政策波动指标。巴罗（Barro，1991）通过理论模型刻画了财政政策与经济增长之间的关系，具体模型为：

$$\overline{\Delta y_i} = \alpha + \lambda \log(\sigma_i^{\varepsilon}) + \beta' X_i + \gamma' Z_i + \mu_i \quad (7)$$

其中，$\overline{\Delta y_i}$表示一个国家（地区）人均产出的实际增长率，σ_i^{ε} 表示政府实际消费支出，X 表示其他宏观控制变量的影响，本文的研究是要从财政政策波动中提取无法用商业周期解释的，反映一个国家（地区）财政政策波动程度的指数。之所以不选用货币政策作为考察对象，是因为将短期利率作为货币政策工具变量，在我国这一变量并不是完全市场化的，因此不能很好地度量货币政策变化情况。如果使用通胀率，该指标不可避免的包含很多外生因素的冲击和影响，如石油价格、贸易条件等。综上所述，本文将政府消费支出作为考察对象，这一指标含义明确，且连续性较好，我们将使用以 2005 年的不变价计算的实际政府消费支出和人均实际 GDP，为了能够分离出财政政策波动效应，我们建立如下模型：

$$\Delta\ln(G)_{i,t} = \alpha_i + \beta_{i,j}\Delta\ln(Y)_{i,t} + \varepsilon_{i,t} \quad (8)$$

其中，G 表示实际政府消费支出，Y 表示人均实际 GDP，依据莱恩（Lane，2003），阿雷西纳等（Alesina et al.，2008），渥（Woo，2009），阿吉恩等（Aghion et al.，2009）的研究，我们使用工具变量法依次对每一个省份估计政府反应方程（8），最终获得 $\varepsilon_{i,t}$ 即是各地区财政政策波动的估计值。

3. 控制变量

控制变量方面，我们主要考虑了地区经济发展水平和基础设施水平两个因素对地区技术创新空间集聚的影响。具有较高经济发展水平的地区具有更高的技术创新吸收能力，能够更好地吸收并利用技术创新成果（李蕊、沈坤荣，2014）。同时，具有更高经济发展水平的地区，能够吸引到更多高素质人才，利于当地人力资本的积累，为技术创新扩散提供有利条件（Black and Henderson，1999；Carlino et al.，2007）。因此研究中我们选用地区人均 GDP 水平（gdppcap）反映该地区各年经济发展水平，来研究地区经济水平对技术创新空间集聚的影响。

完善的基础设施能够吸引更多的企业进入，促进地区发展和经济活动集聚，这其中，我们重点关注地区交通水平的影响。良好的交通通达度为企业生产的上游原料供给以及产品运输提供便利，更重要的是，良好的交通条件吸引了人力资本聚集，促进了包含技术创新信息的隐性知识的流动，有利于技术创新及其空间集聚的形成。因此研究中将地区公路运输线路长度（transpline）这一指标引入，考察以交通度反映的地区基础设施建设水平对地区技术创新空间集聚的影响。

研究中各变量的具体来源及其他相关信息如表 2 所示。

表 2　　指标说明

变量名称、含义	变量标示	数据来源
技术创新专业化集聚	IST	根据国家知识产权局各地区的专利授权数据库由作者测算得到
技术创新多样化集聚	DIV	
金融生态环境总体质量	finascor	社会科学院金融所
金融机构规模	creditind	CEIC 数据库
股票市场发展规模	stmktcap	CEIC 数据库
财政政策波动程度	policyvola	作者测算得到
地区经济发展水平	gdppcap	CEIC 数据库
地区基础设施建设水平	tranline	CEIC 数据库

四、计量结果分析

本文实证分析部分通过构建 ADL(1，1) 模型，采用动态面板系统 GMM 方法，分别考察了地区金融生态环境和地区财政政策波动对地区各行业技术创新的专业化集聚（IST）和多样化集聚效应（DIV）的影响。

研究发现，地区技术创新空间集聚的时滞作用显著存在。无论考虑专业化或多样化的技术创新空间集聚，行业前一期的技术创新空间集聚水平越高，当期的技术创新空间集聚水平也越高，并且这种影响在控制金融生态环境总体水平，金融市场结构和地区财政政策波动的情况下都显著（具体见表 3 ~ 表 8，表 10 ~ 表 11）。技术创新空间集聚广泛且显著存在的时滞效应与技术创新活动以及经济集聚的特征相关。当前一期技术创新空间集聚水平上升，意味着该地区技术创新相关知识密集度上升，同时配合以集聚情况下更为便利的知识特别是隐性知识的溢出，最终促进了当期技术创新空间集聚水平的进一步提升。技术创新空间集聚具有的时滞性要求地区鼓励技术创新空间集聚的政策措施、资金支持等应该具有连续性，从而可以有效地促进地区技术创新空间集聚逐步发展。

接下来我们进一步结合具体实证结果，考察金融生态环境，金融市场结构和财政政策波动对不同行业不同类型技术创新空间集聚的影响。

（一）金融生态环境的影响

表 3 ~ 表 8 报告了我们针对金融生态环境影响研究的主要计量回归结果，其中表 3 和表 4 使用社科院金融所测算的各地区金融生态环境评分（finanscor）对技术创新空间集聚效应进行回归分析，表 5 ~ 表 8 分别从金融机构和股票市场这两个金融生态环境建设的重要参与主体来系统考察金融体系不同组成部分发展状况对技术创新空间集聚的影响，每一个指标的考察都对不同行业进行具体分析。

表 3 和表 4 报告了金融生态环境评分（finanscor）对技术创新空间集聚的回归结果。我们运用分行业数据，直接使用分行业技术创新空间集聚指标考察金融生态环境总体质量对专业化和多样化技术创新空间集聚的影响。

表 3　金融生态环境总体质量对技术创新专业化集聚（IST）的影响

变量	IST1	IST2	IST3	IST4	IST5
L. IST	0.387*** (32.48)	0.262* (1.67)	0.207*** (3.58)	0.363*** (4.80)	0.260** (2.13)
finascor	0.001*** (11.44)	0.001*** (3.85)	0.003 (1.49)	0.002** (2.24)	0.001 (1.46)
lfinascor	0.417*** (3.80)	0.299 (1.51)	0.535*** (5.73)	0.543** (1.70)	0.619*** (4.20)
gdppcap	0.209* (1.87)	1.313 (1.41)	0.142** (2.26)	0.601* (1.65)	0.172* (1.80)
lgdppcap	0.224* (1.82)	1.624 (1.34)	0.324** (2.46)	0.714 (1.31)	0.262** (2.18)
tranpline	0.019 (1.36)	−0.102 (1.25)	1.362* (1.93)	0.154 (1.37)	0.364* (1.88)
ltranline	0.512*** (2.64)	0.425* (1.65)	1.657*** (4.90)	1.099** (1.95)	0.439*** (2.92)
constant	5.645* (1.75)	6.049** (2.17)	14.651*** (5.45)	18.670 (1.61)	4.204*** (3.59)
样本量	262	262	262	262	262
LR$(\beta_0+\beta_1)/(1-\alpha)$	0.002	0.017	0.008	0.016	0.003
Sargan 检验	0.219	0.367	0.413	0.295	0.308

注：(1) *** 表示在 1% 水平下显著，** 表示在 5% 水平下显著，* 表示在 10% 水平下显著，余下各表相同；

(2) 回归系数下方括号中数值为各系数对应 t 检验的绝对值，余下各表相同；

(3) L. IST 表示技术创新专业化集聚滞后一期水平，余下各表相同；

(4) lfinascor，lgdppcap，ltranline 分别表示 fanscor，gdppcap 和 tranline 的滞后一期值，余下各表相同；

(5) 萨甘（Sargan）检验主要检测动态面板的过度识别问题，表中报告的是 Sargan 检验的 P 值，下表同，计量结果均通过 Sargan 检验；

(6) 在我们的 ADL(1，1) 模型中，长期的动态关系被表示为 $\beta_{LR}=(\beta_0+\beta_1)/(1-\alpha)$，表中报告的是检验的 p 值，下表同；

(7) $\beta_0+\beta_1=0$ 的 Wald 检验均通过了显著性检验，表明金融生态环境对技术创新空间集聚具有长期影响。

表 4　金融生态环境总体质量对技术创新多样化集聚（DIV）的影响

变量	DIV1	DIV2	DIV3	DIV4	DIV5
L. DIV	0.499*** (5.45)	0.220*** (2.66)	0.486*** (5.10)	0.347*** (3.62)	0.083* (1.70)

续表

变量	DIV1	DIV2	DIV3	DIV4	DIV5
finascor	0.001*** (7.24)	0.003* (1.72)	0.004 (1.28)	0.001*** (3.93)	0.002*** (3.67)
lfinascor	0.198** (2.20)	0.009 (0.06)	0.345*** (2.69)	0.426** (2.37)	0.730*** (3.84)
gdppcap	0.188* (1.81)	0.559* (1.83)	0.286** (2.27)	0.295* (1.75)	0.011 (1.03)
lgdppcap	0.224** (2.30)	0.716** (2.02)	0.408 (0.54)	0.108 (1.34)	0.486 (1.64)
tranpline	0.128*** (3.98)	-0.025 (1.01)	0.261*** (3.88)	0.156** (2.35)	0.232*** (5.70)
ltranpline	0.449*** (4.31)	0.100 (1.57)	1.352*** (4.76)	0.305* (1.84)	0.243** (2.12)
constant	7.160*** (4.69)	1.651* (1.75)	17.870*** (6.72)	4.020 (1.16)	6.060* (1.86)
样本量	262	262	262	262	262
LR$(\beta_0+\beta_1)/(1-\alpha)$	0.007	0.015	0.009	0.004	0.000
Sargan 检验	0.284	0.241	0.316	0.379	0.306

注：L. DIV 表示技术创新多样化集聚滞后一期的水平，余下各表相同。

金融生态环境总体水平的改善对各行业技术创新空间集聚具有显著的促进作用，这种促进作用具有明显的时滞性。观察表 3 可以发现，行业 1（电子工程）、行业 2（仪器）和行业 4（机械工程）不仅当期金融生态环境质量的提高可以显著促进地区技术创新空间集聚，而且前一期的金融生态环境改善同样可以促进当期技术创新空间集聚水平的提升。通过比较可以看出，滞后一期的金融生态环境水平提升对技术创新空间聚集的影响更大。具体表现在以下几点：第一，影响范围更大，滞后一期的金融生态环境改善可以显著促进除行业 5（其他行业）外所有行业技术创新专业化聚集水平的提升。第二，对同一个行业的专业化技术创新空间集聚，滞后一期金融生态环境改善的影响程度（由回归系数体现）更大，同时也更显著。这一点在行业 3（化学）尤为明显，仅滞后一期的地区金融生态环境改善能显著促进该行业的技术创新空间集聚，当期金融生态环境改善的影响并不显著。这种金融生态环境影响的滞后性提示各地区对金融生态环境的建设需持续进行，有规划的不断完善。金融生态环境改善的作用发挥需要时间的积累，只有持续的有规划逐步推进的金融生态环境建设才能有效地服务地区技术创新及其空间集聚的发展。

技术创新专业化集聚需要长期积累，地区经济发展水平（gdppcgp）和基础设施建设水平（tranline）对技术创新专业化集聚也有正向的作用。当地经济水平的提升能显著促进行业1（电子工程）、行业3（化学）和行业5（其他行业）的技术创新专业化集聚，并且滞后期经济发展水平的影响更大。滞后一期经济发展水平的提升可以在一定程度上反映产业专业化集聚的经济促进作用。在前一期已经有了较高发展的基础上，当期专业化集聚行业倾向于更多的提升产品质量，因此技术创新活动进入繁荣时期，表现出技术创新专业化集聚显著受益于前一期经济发展水平的提升。在基础设施建设方面，则更为显著的表现为当期交通便利通达度的提升对技术创新专业集聚的影响较为有限，但前一期交通便利度的提高则可以显著的促进技术创新空间集聚。交通通达度提升能吸引更多的企业进入，促进地区经济集聚水平的提升。集聚水平提升促进了知识技术在当地的溢出，从而有利于技术创新专业化集聚的发展，但是这需要时间的积累。因此表现出基础设施改善对技术创新专业集聚的影响同样具有显著的时滞性。

为了判断金融生态环境在综合不同期滞后效应后对技术创新专业化集聚的长期影响，我们采用布鲁哈特和马西斯（Brulhart and Mathys，2008）提供的方法，将ADL(1，1）计量模型转换成公因数模型，将当期和滞后期效应转化为长期效应。经过转换，金融生态环境总体质量的长期效应为 $\beta_{LR} = (\beta_0 + \beta_1)/(1-\alpha)$，在计算前，首先，对这一非线性关系利用一阶差分辅助回归进行显著性检验，检验结果显示，金融生态环境质量与技术创新专业化集聚的长期关系存在且具有统计显著性。其次，我们对 $\beta_0 + \beta_1 = 0$ 这一线性关系进行Wald检验，检验结果拒绝原假设，表明 $\beta_0 + \beta_1$ 显著不为零，同时这两个系数单独具有显著性。因此综合来看，金融生态环境质量对技术创新专业化集聚具有长期影响。

金融生态环境的改善在长期对所有行业的技术创新空间集聚具有促进作用。虽然五类行业中各行业生产活动各具特色，技术创新动机、能力、需求存在差异。但由于技术创新活动本身具有的资金需求性，更为关键的是长期金融生态环境质量的提升可以进一步激发各金融活动主体价值发现功能，促进信息流动，更大限度发挥资源优化配置的功能，更好地激励企业从事技术创新活动。同时长期金融生态环境的优化使得信息交流更为便利，进一步促进了技术创新知识溢出，最终对各个行业的专业化技术创新空间集聚产生显著的促进作用。

表4报告了金融生态环境总体质量对技术创新多样化集聚（DIV）的回归结果。金融生态环境对地区技术创新多样化集聚的影响与对专业化集聚的影响类似，也具有较为明显的时滞性特征。但具体到对各行业的影响存在差

异。行业1（电子工程）、行业3（化学）和行业4（机械工程）技术创新多样化集聚受地区金融生态环境的影响与其专业化集聚受到的影响一致，时滞性特征明显。行业5（其他行业）技术创新多样化集聚同时受到金融生态环境当期与滞后一期水平的显著影响，但该行业的专业化技术创新集聚仅受滞后一期金融生态环境的影响。这种差异的产生与行业特征有关，行业5中二级细分行业更多具有服务性行业特征，与城市经济发展联系更为紧密，易于形成多样化经济集聚（雅各比集聚）。雅各比集聚行业在生命周期早期即有较多技术创新行为，易于形成技术创新空间集聚。这类行业发展初期的技术创新活动对外部融资依赖更大，对金融生态环境质量更为敏感，因此当期和滞后期的金融生态环境质量对行业5的多样化技术创新集聚均具有显著的影响。相反，当行业5中相关产业形成专业化集聚时多受益于产业规划政策等的引导，这样的专业化集中虽同样会产生技术创新，但金融生态环境改善主要通过便利政策环境，优化信息交流方式等促进创新活动发生，因此需要一定时间积累向相关企业释放相关信息。因而行业5的专业化技术创新集聚仅受到滞后期金融生态环境改善的显著影响。值得注意的是行业2（仪器），该行业无论专业化或多样化技术创新集聚均仅显著获益于当期金融生态环境的优化。行业2内细分2级产业生产具有较高技术特征，其生产活动本身即具有更高的技术创新倾向和更多的技术创新活动。但是同样是由于高创新的原因，这一行业生产中具有更高的不确定性，拥有更多的融资需求，也更容易受到金融生态环境的影响。因此该类行业的技术创新空间集聚具有较高的金融生态环境敏感性，同期金融生态环境的变化会迅速的影响其技术创新空间集聚。

金融生态环境与技术创新多样化集聚的长期关系即由 $(\beta_0+\beta_1)/(1-\alpha)$ 体现。与对专业集聚的影响类似，金融生态环境质量提升在长期也会对各行业的技术创新空间集聚产生较为显著的影响。金融生态环境在长期同样表现出显著的正向效应。

地区经济发展水平对技术创新多样化集聚不再具有明显的时滞效应，当期地区经济发展水平相比滞后一期对当地技术创新多样化集聚的影响更为显著。当地经济环境的改善，对地区内各行业协同发展提供了更好的支持，直接促进了行业间的交流与密切合作，因此促进了地区内技术创新多样化集聚的进一步发展，同时考虑到多行业密切合作，行业间竞争效应弱化，地区经济发展水平提升的作用能够较为迅速的体现，当期经济发展的促进作用也因此更为显著。

地区基础设施发展水平对地区技术创新空间集聚的影响仍然存在较明显的时滞性，除行业2（仪器）外，其余各行业技术创新多样化集聚显著受到当期与滞后期当地基础设施发展水平的影响，并且滞后一期的基础设施发展水平影响更大。值得注意的是，在考虑地区技术创新专业化集聚时，仅滞后期的基础设施发展水平对技术创新空间集聚有显著影响。地区多样化集聚时，交通便利度的提高不仅有助于该地区与其他地区的交流，吸引更多企业进入，更重要的是便利了地区内不同行业间交流，为地区内不同行业的互补发展提供了便利，从而促进了行业间技术创新的溢出，最终促进多样化技术创新集聚的发展。

（二）金融体系结构的考察

金融体系在经济运行中可以优化资源配置，提高经济运行效率。金融体系中不同部门的具体职能作用存在差异，因此金融体系内不同部门在经济中发挥的作用不同。以商业银行为代表的金融机构和以股票市场为代表的金融市场发展对地区技术创新集聚的影响是否存在差异是本节重点研究的内容。不同行业的技术创新活动发生时间、创新资金来源构成等存在差异，因此我们继续使用分行业分类型技术创新空间集聚数据，具体考察地区工业贷款规模占 GDP 比重与股票总市值占 GDP 比重对地区技术创新集聚的影响。

1. 金融机构视角的考察

在具有较高资本投资需求或市场垄断竞争特征显著的行业，产业专业化集聚时，短期内资金流入增加会带来行业内企业规模扩大，企业数目增加，加剧行业内部竞争，不利于行业内技术创新活动的扩散，对技术创新空间集聚具有负面影响。行业 3（化学）具有较高的资本投资需求，而行业 1（电子工程）其最终产品以差异化竞争为主，市场总体呈垄断竞争特征。观察表 5 的回归结果，当银行贷款规模扩大，短期内现有企业规模扩张或是更多企业进入该地区该行业时，专业化集聚导致内部竞争加剧，甚至有可能表现为简单粗放的价格竞争，此时企业创新活动受到负面影响，最终表现为当期银行贷款规模扩大显著阻碍了行业 1 和行业 3 的专业化技术创新集聚发展。伴随着行业内企业发展进入稳定期，行业内部竞争逐步转向质的竞争，技术创新活动增多，信息交流密切，滞后一期银行贷款规模的增加对技术创新专业化集聚产生正向促进作用。

表 5　　　金融机构对技术创新专业化集聚（IST）的影响

变量	IST1	IST2	IST3	IST4	IST5
L. IST	0. 637 *** (13. 82)	0. 470 *** (23. 97)	0. 114 *** (6. 55)	0. 461 *** (37. 70)	0. 707 *** (26. 25)
creditind	-0. 151 *** (4. 16)	0. 166 *** (3. 37)	-0. 215 *** (29. 59)	0. 091 ** (2. 43)	-0. 058 (1. 64)

续表

变量	IST1	IST2	IST3	IST4	IST5
lcreditind	0.427*** (11.48)	0.182*** (3.30)	0.370*** (14.58)	0.327*** (21.41)	0.157 (1.12)
gdppcap	0.840*** (9.42)	0.064 (0.54)	1.060** (2.40)	0.207 (1.13)	0.094 (1.48)
lgdppcap	1.025*** (6.72)	0.193 (1.40)	1.291*** (9.63)	0.299** (2.43)	0.136* (1.74)
tranpline	0.074*** (7.33)	0.002 (0.08)	0.199 (1.16)	0.371*** (3.80)	0.004** (2.06)
ltranpline	0.366 (1.56)	0.134*** (3.21)	0.985*** (5.51)	0.397*** (3.34)	0.188* (1.67)
Constant	6.776*** (16.78)	2.130*** (4.12)	14.756*** (4.44)	1.521* (1.69)	1.997** (2.18)
样本量	283	283	283	283	283
LR($\beta_0+\beta_1$)/(1−α)	0.003	0.004	0.002	0.017	0.014
Sargan 检验	0.221	0.253	0.275	0.356	0.375

银行贷款规模对技术创新专业化集聚的影响也存在明显的时滞性。与当期工业贷款占比影响对比，滞后一期工业贷款规模增加能显著影响除行业 5（其他行业）外所有行业的技术创新专业化集聚。具体而言，除行业 1（电子工程）和行业 3（化学）的专业化技术创新集聚会受到当期银行贷款规模增加的负面影响外，行业 2（仪器）和行业 4（机械工程）专业化技术创新集聚同时受当期和滞后一期银行贷款规模增加的正向影响，但滞后一期的影响更为显著。这种影响的时滞性进一步表明，金融机构的工业贷款规模增加短期内带来的同类企业数目和规模的增加，在不同类型行业均会增加行业内竞争，有可能削弱部分行业短期内技术创新专业化空间集聚的溢出。

地区经济发展水平和基础设施水平对专业化技术创新集聚的影响同样存在时滞性，表现为滞后一期的影响更为显著，促进作用更大。

工业贷款规模增加对不同行业的技术创新多样化集聚影响不同。观察表 6，当期和滞后期工业贷款规模增加均显著促进了行业 1（电子工程）、行业 2（仪器）和行业 4（机械工程）的多样化技术创新集聚发展。但行业 3（化学）的多样化技术创新集聚仍会受到当期工业贷款规模增加的负面影响。行业 3 发展成熟，短期内多样化集聚本身对其技术创新活动的促进作用并不显著。同时，其行业发展与创新活动均依赖于更多的资金投入，但是在行业多样化集聚的情况下，当期增加的工业贷款更倾向于流入该地区内高新技术产业，化学行业无论生产活动或技术创新活动都难以迅速受益于当期工业贷款规模的增加。另一个值得注意的是行业5（其他行业），该行业技术创新多样化集聚同样会因当期工业贷款规模增加而显著受损。这一行业内包含的二级分类行业具有配套服务业特征，创新活动频率比高新技术行业低。同时这些行业生产活动固定资产投资较少，生产周期较短，生产风险较易控制，融资渠道不仅限于传统金融机构，因此当期工业贷款规模增加不会直接促进这类行业的生产与创新。

表6　金融机构对技术创新多样化集聚（DIV）的影响

变量	DIV1	DIV2	DIV3	DIV4	DIV5
L. DIV	0.136*** (24.59)	0.168*** (19.05)	0.022*** (36.30)	0.159*** (9.49)	0.171*** (16.36)
creditind	0.175*** (8.84)	0.081*** (3.94)	-0.019*** (26.54)	0.102*** (7.56)	-0.095*** (4.60)
lcreditind	0.168*** (9.20)	0.165*** (4.17)	0.137*** (12.17)	0.099*** (8.96)	0.202 (0.07)
gdppcap	0.646*** (14.88)	0.010 (0.18)	0.399*** (20.48)	0.190*** (3.73)	0.140 (1.30)
lgdppcap	0.810*** (9.30)	0.115** (2.38)	0.562*** (13.62)	0.209*** (2.98)	0.186* (1.86)
tranpline	0.040** (1.98)	0.076*** (3.82)	0.028** (2.36)	0.048*** (2.87)	0.011 (0.46)
ltranpline	0.048*** (2.28)	0.116*** (5.63)	0.084*** (3.45)	0.068*** (4.00)	0.198*** (5.01)
constant	0.010*** (2.05)	0.803*** (6.33)	0.484 (1.51)	0.566*** (3.32)	1.048*** (2.71)
样本量	283	283	283	283	283
LR$(\beta_0+\beta_1)/(1-\alpha)$	0.009	0.026	0.021	0.018	0.012
Sargan 检验	0.268	0.246	0.232	0.354	0.347

相较于技术创新专业化集聚，多样化集聚受到的当地经济发展水平和基础设施建设水平影响更大。多样化集聚涉及多种行业，当地经济水平的提升有利于进一步丰富地区行业种类，优化集聚区行业结构。伴随着行业结构优化，行业间联系更加紧密，相互间信息交流频率增加，有效地提升了地区内技术创新的效率，最终促进地区技术创新多样化集聚。地区基础设施水平的提升也具有类似的作用。公路里程的增加同时便利了地区内部联系和与外部的通达度。增加集聚区内各行业交流的同时也能缩短集聚区域与其他地区的

贸易、投资距离。这样一方面鼓励了内部的信息交流，为技术创新溢出提供渠道；另一方面缩短了与外部的经济距离给集聚地区带来外部产业竞争的压力，激发区域内各行业的技术创新热情。这两方面的影响共同作用，显著地促进了地区技术创新多样化集聚的发展。

最后对比考察长期工业贷款规模增加对两类技术创新空间集聚的影响。与金融生态环境总体质量的提升类似，长期而言，工业贷款规模增加可以显著的促进大多数行业的技术创新空间集聚。工业贷款中较大比重进入固定资产投资领域，这一特征决定了其对企业生产的影响作用发挥并不是立即起效的。相反，由固定投资增多逐步推进企业发展，继而产生相应的技术创新活动最终形成技术创新空间集聚。这一过程中，工业贷款规模增加，在初期具有巩固发展基础的作用，此后则缓慢但有效地为其各阶段的发展提供资金支持。因此长期而言工业贷款规模增加的作用在行业间差异较小，对各行业的两类技术创新空间集聚均具有较为显著的促进作用。

2. 股票市场视角的考察

当期股票市场的发展对大多数行业的技术创新专业化集聚具有促进作用。同时，结合滞后一期股票市场发展的影响可以发现，股票市场发展对技术创新专业化集聚的影响同样存在时滞性。观察表7，除行业2（仪器）外，企业的技术创新专业化集聚同时受益于当期和滞后一期股市市值的扩大，并且滞后一期股市市值扩大的促进作用更加显著。股票市场不仅具有融资功能，同时还具有便利信息流通的功能。市场投资者可以通过股票市场以及相关配套信息的披露获取不同行业具体企业的经营信息，为其投资决策提供支持。这种信息基于对行业历史表现的总结，对前期股票市场的发展有一定要求。因此，滞后一期的股市市值上升，一方面，在当期即为行业融资提供更多渠道，更重要的是其提供的相关历史信息能够在下一期吸引更多投资流入，进一步促进企业技术创新活动。另一方面，股票市场规模扩大为投资者更为直观的提供了行业整体经营状况信息，投资者不仅能获得具体企业信息，同时通过总结相同行业企业的历史信息，能够更好地掌握行业总体发展，做出整体决策。因此，专业化聚集地区同类行业企业受益于其历史良好经营状况，往往更易获得股市投资。在此前良好生产经营状况的支持下，获得融资的企业会更多地选择投入技术创新活动，进一步促进了专业化集聚地区技术创新溢出，最终有助于技术创新专业化集聚的发展。

表7　股票市场对技术创新专业化集聚（IST）的影响

变量	IST1	IST2	IST3	IST4	IST5
L. IST	0.571*** (35.62)	0.533*** (23.96)	0.049*** (5.10)	0.589*** (47.52)	0.689*** (44.65)

续表

变量	IST1	IST2	IST3	IST4	IST5
stmktcap	0.072 *** (7.13)	-0.061 *** (4.74)	0.154 *** (6.88)	0.068 *** (4.68)	0.064 * (1.71)
lstmktcap	0.302 *** (15.65)	0.280 *** (11.49)	0.387 *** (15.89)	0.114 *** (3.70)	0.078 ** (2.40)
gdppcap	0.025 (0.35)	0.401 *** (3.92)	0.862 (1.18)	0.098 (1.13)	0.462 ** (2.22)
lgdppcap	0.207 *** (3.07)	0.485 *** (3.94)	1.574 ** (2.02)	0.248 * (1.93)	0.506 ** (2.16)
tranpline	0.358 *** (9.03)	0.037 *** (2.97)	1.391 *** (10.01)	0.300 *** (4.82)	0.120 (1.34)
ltranpline	0.384 *** (15.58)	0.113 (0.98)	1.558 *** (3.06)	0.405 *** (3.12)	0.254 ** (2.01)
constant	23.285 *** (17.35)	5.979 *** (8.83)	19.075 *** (32.29)	4.343 *** (5.43)	0.588 (1.42)
样本量	283	283	283	283	283
LR($\beta_0+\beta_1$)/(1-α)	0.027	0.019	0.006	0.005	0.011
Sargan 检验	0.327	0.339	0.369	0.349	0.332

结合表8，我们对比分析股票市场发展对技术创新多样化集聚的影响。对比表7和表8，可以发现，股市市值占比扩大对行业1（电子工程）和行业4（机械工程）技术创新专业化和多样化集聚的影响相似，即显著促进技术创新空间集聚的同时也存在明显的时滞效应。但在其他行业，股市市值扩大对不同类型技术创新集聚的影响存在差异。

表8　　股票市场对技术创新多样化集聚（DIV）的影响

变量	DIV1	DIV2	DIV3	DIV4	DIV5
L. DIV	0.049 *** (8.64)	0.193 *** (38.35)	0.024 *** (75.04)	0.147 *** (21.67)	0.227 *** (8.54)
stmktcap	0.080 *** (15.96)	-0.027 ** (1.71)	0.102 *** (15.02)	-0.036 *** (8.40)	-0.044 ** (2.38)
lstmktcap	0.361 *** (37.92)	0.081 *** (3.72)	0.345 *** (19.64)	0.145 *** (3.31)	0.082 *** (3.71)

续表

变量	DIV1	DIV2	DIV3	DIV4	DIV5
gdppcap	0.084*** (2.60)	0.133*** (4.12)	0.098*** (2.71)	0.066 (1.19)	0.191* (1.82)
lgdppcap	0.129*** (3.71)	0.142*** (4.14)	0.188 (1.46)	0.036 (1.56)	0.197 (1.52)
tranpline	0.002 (0.03)	0.007** (2.52)	0.090*** (9.34)	0.075*** (8.51)	0.007 (0.35)
ltranpline	0.097*** (5.25)	0.056 (0.16)	0.206** (2.33)	0.174** (2.56)	0.057** (2.41)
Constant	11.856*** (52.50)	1.255** (1.99)	7.645*** (17.83)	1.821*** (4.60)	3.175*** (6.13)
样本量	283	283	283	283	283
LR$(\beta_0+\beta_1)/(1-\alpha)$	0.013	0.028	0.004	0.005	0.002
Sargan 检验	0.412	0.403	0.398	0.345	0.422

行业4（机械工程）作为发展较为成熟的行业，在多样化集聚情况下，当期股票市场发展获取的融资有限，甚至会因为股票市场的优化资源配置功能将资金引向集聚区域内更为新兴的产业。此时股票市场发展无法直接为行业4这样的成熟行业技术创新活动提供足够支持，甚至会存在削弱作用，表现出当期股票市场发展对行业4技术创新多样化集聚的负面影响。只有在股票市场有所发展，成熟行业逐步展现出其在该区域内具有较强的市场竞争力时，这类行业的技术创新活力才会得到激发并能吸引相关资金支持，促进其技术创新集聚。

行业5（其他行业）二级分类下诸多行业与产业多样化集聚联系密切。但这类行业主要生产具有服务提供性质的产品，其生产产品的技术附加性和创新能力有限。在股票市场发展当期，资金更多流向具有高成长性行业，对此类行业投资有限。同时这些支持性行业的技术创新需要在其较为成熟情况下才会发生，并且更多地基于区域内其他技术附加度高的行业的创新。因此仅滞后一期股票市场规模扩大对这类行业的技术创新多样化集聚才产生促进作用。

值得注意的是，行业2（仪器）不同类型的技术创新空间集聚均无法从当期股票市场的发展中获益，相反当期股票市场发展会阻碍其技术创新集聚。行业2的各项二级分类行业具有较高的科技创新能力，因此其生产具有高风险的特征。相较于同样具有较高技术附加值的行业1（电子工程），行业2所生产的产品具有更高的专业性，最初创新产品多继续进入科研行业，为新的科研、创新活动提供支持。这些特征决定了对行业2的投资回报具有更高的不确定性，同时也具有更长的投资回报周期。因此投资进入行业2将更为审慎。总体来看，行业2从当期股票市场发展中获益有限，对比其他已经有较多获益行业，技术创新空间集聚成效有限，最终表现出股票市场当期发展对行业2技术创新专业化和多样化集聚均具有一定的负面作用。

（三）小结

无论传统金融机构的发展或是股票市场的发展，其对各行业各类技术创新空间集聚的影响具有显著的时滞性，短期内，当期技术创新空间集聚水平会受到前一期银行市场或股票市场发展水平的显著正向影响。具体而言，除行业4（机械工程）外，其余四个行业地区技术创新专业化集聚受到当期银行市场和股票市场发展的影响方向相反，这与不同行业发展程度不同，技术创新空间集聚的特征存在差异有关。地区技术创新多样化集聚同样存在类似情况，除行业1（电子工程）外，银行市场和股票市场发展对地区技术创新多样化集聚的影响方向相反。对比技术创新专业化集聚和多样化集聚受影响的差异，聚集区域内行业构成和行业的自身发展特征不同最终带来了不同行业不同类型技术创新空间集聚受金融机构和金融市场发展的影响存在差异。各个行业不同类型的技术创新空间集聚效应总结如表9所示。

表9　　技术创新专业化和多样化的空间集聚效应总结

项目		短期（t）		短期（t-1）		长期	
		IST	DIV	IST	DIV	IST	DIV
行业1	creditind	-*	+*	+*	+*	+*	+*
	stmktcap	+*	+*	+*	+*	+*	+*
行业2	creditind	+*	+*	+*	+*	+*	+*
	stmktcap	-*	-*	+*	+*	+*	+*
行业3	creditind	-*	-*	+*	+*	+*	+*
	stmktcap	+*	+*	+*	+*	+*	+*
行业4	creditind	+*	+*	+*	+*	+*	+*
	stmktcap	+*	-*	+*	+*	+*	+*
行业5	creditind	-	-*	+	+	+*	+*
	stmktcap	+*	-*	+*	+*	+*	+*

注：行业1对应电子工程行业，行业2对应仪器行业，行业3对应化学行业，行业4对应机械工程行业，行业5对应其他行业，地区工业贷款规模与地区生产总值（GDP）的比重（creditind）、股票总市值与地区生产总值的比重（stmktcap）。

（四）财政政策波动的进一步考察

财政经济政策在现代经济中扮演着经济稳定器的角色，财政政策的波动会对经济活动的诸多方面产生影响。财政政策的变动对各类行业集聚的经济影响不容忽视。随着我国技术创新在经济发展中的作用日益受到重视，国家或地区政府均出台许多政策鼓励企业的技术创新活动，因而在我国技术创新活动往往具有更高的财政政策敏感度。因此本节将重点考察财政政策波动对技术创新空间集聚的影响。我们具体考察以政府支出为代表的财政政策波动对不同行业不同类型技术创新空间集聚的影响。具体回归结果中，表 10 和表 11 分别关注了财政政策波动对于不同行业技术创新专业化集聚和多样化集聚的影响。

表 10　　财政政策波动对技术创新专业化集聚（IST）的影响

变量	IST1	IST2	IST3	IST4	IST5
L. IST	0.629*** (15.14)	0.537*** (20.76)	0.268*** (24.72)	0.473*** (14.57)	0.634*** (23.88)
policyvola	-1.803*** (3.10)	-2.582 (1.31)	-2.026*** (2.86)	-3.309*** (2.71)	2.599* (1.70)
gdppcap	0.462*** (4.97)	0.280** (2.47)	0.182 (0.66)	0.286 (0.88)	0.046 (0.55)
lgdppcap	0.502*** (4.91)	0.309** (2.14)	1.377*** (3.99)	0.322 (0.84)	0.108** (2.20)
tranpline	0.012 (1.21)	0.061** (1.98)	0.410*** (6.64)	0.068** (1.98)	0.041 (0.83)
ltranpline	0.178*** (2.62)	0.115 (1.44)	0.646*** (2.64)	0.197 (0.78)	0.248*** (2.86)
constant	0.823* (1.66)	2.216*** (4.09)	4.692*** (3.40)	3.919*** (4.17)	2.347** (2.31)
样本量	283	283	283	283	283
Sargan 检验	0.432	0.493	0.416	0.413	0.472

表 11　财政政策波动对技术创新多样化集聚（DIV）的影响

变量	DIV1	DIV2	DIV3	DIV4	DIV5
L. DIV	0. 062 *** （19. 94）	0. 179 *** （21. 49）	0. 023 ** （37. 92）	0. 142 *** （19. 17）	0. 234 *** （10. 34）
policyvola	-0. 581 *** （3. 51）	-1. 864 *** （3. 82）	-2. 243 ** （1. 97）	-3. 434 （0. 92）	-1. 068 *** （5. 21）
gdppcap	0. 219 *** （11. 56）	0. 076 * （1. 75）	0. 416 *** （15. 65）	0. 180 *** （2. 88）	0. 175 * （1. 79）
lgdppcap	0. 343 *** （7. 10）	0. 092 （1. 26）	0. 552 *** （15. 45）	0. 188 ** （2. 44）	0. 191 （1. 47）
tranpline	0. 049 *** （3. 36）	0. 007 （0. 58）	0. 030 * （1. 73）	0. 013 *** （3. 89）	0. 024 （1. 26）
ltranpline	0. 188 *** （8. 85）	0. 018 （0. 48）	0. 123 *** （3. 74）	0. 091 （0. 64）	0. 154 *** （4. 89）
constant	3. 231 *** （13. 98）	0. 673 ** （2. 15）	2. 056 *** （7. 12）	0. 058 （0. 28）	1. 390 *** （4. 98）
样本量	283	283	283	283	283
Sargan 检验	0. 481	0. 415	0. 402	0. 476	0. 464

财政政策波动显著削弱了各行业各类技术创新空间集聚。行业 3（化学）和行业 4（机械工程）受到的负面影响最大。这两个行业发展较为成熟，也是我国工业体系中的重要组成部分。但是近年来这类企业面临着市场竞争激烈、产品老旧等现实问题，技术创新是解决上述问题最重要的方法。但是成熟行业的技术创新意愿有限，能力也有一定欠缺，各地宏观政策是激励技术创新较为重要的动力。在这类行业专业化集聚地区，近年来各类财政政策的大力支持，鼓励了这些地区该类行业的技术创新，也由此促进了技术创新专业化集聚的发展。同样，在产业多样化集聚地区，这类产业同样面临创新动力不足的问题，更受到各类其他新兴行业发展的影响，行业竞争力被削弱。地区财政政策也能有效的促进多样化集聚地区这些产业的技术创新。因此，如行业 3、行业 4 的成熟行业，无论何种技术创新集聚类型，其发生发展都具有高度的财政政策依赖性，也因此对财政政策波动更为敏感，受到波动的负面影响也更大。

财政政策波动对技术创新多样化集聚的影响程度明显弱于专业化集聚，行业间技术溢出抗政策波动的能力更强。对比表 10 与表 11 的研究结果，除行业 3（化学）外，各行业技术创新多样化集聚均具有更好的抗政策波动能力。多样化集聚地区，行业间存在较为明显的互补关系，这样的集聚区域内，企业技术创新活动相互支持，因此多样化行业集聚发展对财政政策依赖减弱。行业3发展成熟但因为经济转型、环境保护等要求的原因，正处于技术转型的关键时期。这类行业技术创新所需资金，前期技术支持乃至最终产品市场销售等都具有较强的财政政策依赖性。

（五）稳定性检验

为了检验回归方程结果的稳定性，我们减少计量模型的滞后期，采用ADL(1，0）模型进行回归，通过观察回归结果来验证结论的稳定性。

表12和表13报告了缩短解释变量滞后期的回归结果，我们将ADL(1，1）模型转换为ADL(1，0）模型，进行回归发现，金融生态环境总体质量对地区技术创新空间集聚的长期影响关系依然显著。无论是统计显著性或是具体影响大小，这一系数与我们在表3中运用ADL(1，1）模型估计得到的长期影响系数接近，这证明本文研究结果是稳定的。

表12　　技术创新专业化集聚（IST）的稳定性检验

变量	IST1	IST2	IST3	IST4	IST5
L. IST	0.929*** (17.74)	0.446*** (15.39)	0.184*** (41.53)	0.467*** (31.55)	0.879*** (66.64)
finascor	0.038 (1.52)	0.213*** (7.12)	0.457*** (3.93)	0.383* (1.70)	0.093*** (4.70)
gdppcap	0.269*** (11.44)	0.024 (0.48)	1.247*** (38.65)	0.499*** (9.23)	0.311*** (3.73)
tranpline	0.247*** (17.53)	0.100*** (5.43)	1.407*** (15.26)	0.091 (1.01)	0.051** (2.11)
constant	0.295 (0.80)	1.310** (2.07)	5.020*** (7.00)	6.534*** (5.05)	2.615*** (4.58)
样本量	262	262	262	262	262
$LR(\beta_1)/(1-\alpha)$	0.535	0.384	0.560	0.719	0.769
Sargan 检验	0.287	0.271	0.264	0.251	0.259

表13　　技术创新多样化集聚（DIV）的稳定性检验

变量	DIV1	DIV2	DIV3	DIV4	DIV5
L. DIV	0.811*** (46.79)	0.139*** (7.22)	0.012*** (3.90)	0.649*** (21.15)	0.344*** (5.23)

续表

变量	DIV1	DIV2	DIV3	DIV4	DIV5
finascor	0.041* (1.89)	0.008* (1.78)	0.493* (1.91)	0.181** (2.35)	0.398** (2.39)
gdppcap	0.005 (0.60)	0.145*** (12.37)	0.191*** (9.30)	0.016 (1.13)	0.317*** (6.27)
tranpline	0.016** (2.35)	0.065*** (7.52)	0.099*** (6.37)	0.012 (1.23)	0.107*** (4.37)
constant	0.149 (1.34)	0.088 (0.64)	2.009*** (13.05)	0.416** (2.52)	2.555*** (7.20)
样本量	262	262	262	262	262
$LR(\beta_1)/(1-\alpha)$	0.217	0.009	0.499	0.516	0.607
Sargan 检验	0.232	0.253	0.264	0.277	0.281

同时，对比 ADL(1，0) 模型中，金融生态环境对专业化和多样化技术创新集聚影响的长期系数，同样可以发现，金融生态环境在长期对专业化技术创新集聚的影响大于其对多样化技术创新集聚的影响。这一特征与前文基于 ADL(1，1) 模型研究的结论一致。进一步证明了我们运用 ADL(1，1) 模型对影响技术创新空间集聚因素的考察是合理有效的。

五、结论与政策建议

本文的研究表明，金融生态环境、财政政策波动对不同行业专业化和多样化的技术创新空间集聚具有显著影响。这种影响在不同行业间存在差异，同时这种影响在不同种类的技术创新空间集聚间也存在差异。金融生态环境对技术创新专业化和多样化空间集聚均存在显著的促进作用，并且这种促进作用具有显著的时滞效应，主要表现在滞后一期金融生态环境的提升对更多行业的技术创新空间集聚具有正向影响。金融生态环境对技术创新空间集聚影响存在行业差异，突出地表现为金融生态环境对行业 3（化学）的专业化和多样化空间集聚影响以及行业 5（其他行业）的专业化空间集聚影响方面。进一步我们针对金融体系结构进行影响分析时也发现，金融机构和金融市场发展对技术创新空间集聚的影响同样存在显著的时滞性，滞后一期的金融机构和金融市场发展对五个行业的技术创新专业化和多样化空间集聚均具有显著的促进作用。但是当期金融机构和金融市场发展的影响则存在行业差异，对个别行业的技术创新空间集聚存在负面影响。金融生态环境、金融体系结构对技术创新空间集聚的长期影响也是本文研究的一个重要方面。这种长期影响对不同行业不同类型的技术创新空间集聚总体上都是显著的。长期而言，五个行业的技术创新专业化和多样化空间聚集均受益于金融生态环境优化和金融机构、金融市场的进一步发展。最后，我们研究发现地区财政政策的波动对不同行业技术创新专业化和多样化空间集聚均具有显著的负面影响，地区财政政策波动水平较高地区不利于技术创新空间集聚的发展。

金融生态环境的改善对各行业各类技术创新空间集聚有正向影响，应该重视对金融生态环境的优化与发展，而且金融生态环境的建设与优化是一项长期的工作，只有坚持了长期有序地对金融生态环境的建设、优化，才能更好地促进地区技术创新空间集聚发展并进一步享受技术创新空间集聚带来的经济效益。同时，金融体系不同组成部分在技术创新空间集聚中发挥的作用具有差异。各地区应该结合自身行业构成和技术创新空间集聚发展现状和期望目标，有一定侧重地发展金融机构或金融市场。这种侧重发展金融体系的不同部分同时配合对金融生态环境的优化，能更好地结合地区的实际从而进一步促进当地技术创新空间集聚的发展。最后，保持财政政策发展的平稳有效也是促进技术创新空间集聚发展中应当重视的。地区政府在制定并实施相关财政政策时，应该从长期出发，合理安排政府支持的构成、金额等，在一定时期内尽量保证财政政策的平稳。平稳有序的财政政策才能够切实为地区技术创新空间集聚乃至整个地区经济发展提供有效的支持。

参考文献

1. 丁一兵、傅缨捷、曹野：《融资约束、技术创新与跨越“中等收入陷阱”——基于产业结构升级视角的分析》，载于《产业经济研究》2014 年第 3 期。

2. 侯晓辉、王青、冯宗宪：《金融生态与中国工业企业的技术创新能力》，载于《产业经济研究》2012 年第 3 期。

3. 鞠晓生、卢荻、虞义华：《融资约束、营运资本管理与企业创新可持续性》，载于《经济研究》2013 年第 1 期。

4. 李扬、张涛：《中国地区金融生态环境评价（2008～2009）》，中国金融出版社 2009 年版。

5. 刘煜辉：《中国地区金融生态环境评价（2006～2007）》，中国金融出版社 2007 年版。

6. 龙小宁、王俊：《中国专利激增的动因及其质量效应》，载于《世界经济》2015 年第 6 期。

7. 苏宁：《“金融生态环境”的基本内涵》，载于《金融信息参考》2005 年第 10 期。

8. 苏治、徐淑丹：《中国技术进步与经济增长收敛性测度——基于创新与效率的视角》，载于《中国社会科学》2015 年第 7 期。

9. 孙婷、温军、秦建群：《金融中介发展、政府干预与企业技术创新——来自我国转轨经济的经验证据》，载于《科技进步与对策》2011 年第 28 期。

10. 孙伍琴：《论不同金融结构对技术创新的影响》，载于《经济地理》2004 年第 24 期。

11. 唐未兵、傅元海、王展祥：《技术创新、技术引进与经济增长方式转变》，载于《经济研究》2014 年第 49 期。

12. 魏志华、曾爱民、李博：《金融生态环境与企业融资约束——基于中国上市公司的实证研究》，载于《会计研究》2014 年第 5 期。

13. 徐玉莲、王宏起：《我国金融发展对技术创新作用的实证分析》，载于《统计与决策》2011 年第 21 期。

14. 严成樑：《社会资本、创新与长期经济增长》，载于《经济研究》2012 年第 11 期。

15. 叶耀明、王胜：《金融中介对技术创新促进作用的实证分析——基于长三角城市群的面板数据研究》，载于《商业研究》2007 年第 8 期。

16. 袁庆明：《论技术创新制度结构的核心功能及其实现机制》，载于《财经理论与实践》2001 年第 6 期。

17. 张元萍、刘泽东：《金融发展与技术创新的良性互动：理论与实证》，载于《中南财经政法大学学报》2012 年第 2 期。

18. 赵彦云、刘思明：《中国专利对经济增长方式影响的实证研究：1988 ~ 2008 年》，载于《数量经济技术经济研究》2011 年第 28 期。

19. 王广谦：《中国经济增长新阶段与金融发展》，中国发展出版社 2004 年版。

20. 周方召、符建华、仲深：《外部融资、企业规模与上市公司技术创新》，载于《科研管理》2014 年第 3 期。

21. 周小川：《完善法律制度，改进金融生态》，载于《金融时报》2004 年第 7 期。

22. Aghion P., Bacchetta P., Ranciere R., et al., "Exchange rate volatility and productivity growth: The role of financial development", *Journal of Monetary Economics*, Vol. 56, 2009, pp. 494 – 513.

23. Aghion P., Howitt P., Mayer – Foulkes D., "The effect of financial development on convergence: Theory and evidence", *The Quarterly Journal of Economics*, Vol. 120, 2005, pp. 173 – 222.

24. Aghion P., Howitt P., "*The Economics of Growth*", The MIT Press, Cambridge, MA, 2009.

25. Alesina A., Campante F. R., Tabellini G., "Why is fiscal policy often procyclical ? ", *Journal of the European Economic Association*, Vol. 6, 2008, pp. 1006 – 1036.

26. Allen F., Oura H., "Sustained economic growth and the financial system", *Institute for Monetary and Economic Studies*, Bank of Japan, 2004.

27. Allen F., Qian J., Qian M., "Law, finance, and economic growth in China", *Journal of Financial Economics*, Vol. 77, 2005, pp. 57 – 116.

28. Arellano M., Bover O., "Another Look at the Instrumental Variable Estimation of Error – Components Models", *Journal of Econometrics*, Vol. 7, 1995, pp. 29 – 52.

29. Baptista R., Swann P., "Do firms in clusters innovate more?", *Research policy*, Vol. 27, 1998, pp. 525 – 540.

30. Barro R. J., "Economic growth in a cross section of countries", *The Quarterly Journal of Economics*, Vol. 106, 1991, pp. 407 – 443.

31. Berliant M., Reed R. R., Wang P, "Knowledge exchange, matching, and agglomeration", *Journal of Urban Economics*, Vol. 60, 2006, pp. 69 – 95.

32. Black D., Henderson V., "Spatial evolution of population and industry in the United States", *The American Economic Review*, Vol. 89, 1999, pp. 321 – 327.

33. Blackburn K., Hung V. T. Y., "A theory of growth, financial development and trade", *Economica*, Vol. 65, 1998, pp. 107 – 124.

34. Boyreau – Debray G., Wei S. J., "Pitfalls of a state-dominated financial system: The case of China", *National Bureau of Economic Research Working Paper*, 2005.

35. Brülhart M., Mathys N. A., "Sectoral agglomeration economies in a panel of European regions", *Regional Science and Urban Economics*, Vol. 38, 2008, pp. 348 – 362.

36. Carlino G. A., Chatterjee S., Hunt R. M., "Urban density and the rate of invention", *Journal of Urban Economics*, Vol. 61, 2007, pp. 389 – 419.

37. D'Este P., Iammarino S., Savona M., von Tunzelmann N., "What hampers innovation? Revealed barriers versus deterring barriers", *Research Policy*, Vol. 41, 2012, pp. 482 – 488.

38. Feldman M. P., Audretsch D. B., "Innovation in cities: Science-based diversity, specialization and localized competition", *European economic review*, Vol. 43, 1999, pp. 409 – 429.

39. Freeman C., Soete L., *The Economics of Industrial Innovation*, London:

Psychology Press, 1997.

40. Furman J. L., Porter M. E., Stern S., "The determinants of national innovative capacity", *Research policy*, Vol. 31, 2002, pp. 899 - 933.

41. Gao P., "Government in the catching-up of technology innovation: Case of administrative intervention in China", *Technological Forecasting and Social Change*, Vol. 96, 2015, pp. 4 - 14.

42. Georghiou L., Edler J., Uyarra E., et al., "Policy instruments for public procurement of innovation: Choice, design and assessment", *Technological Forecasting and Social Change*, Vol. 86, 2014, pp. 1 - 12.

43. Glaeser E. L., Kallal H. D., Scheinkman J. A., et al., "Growth in cities", *Journal of Political Economy*, Vol. 100, 1992, pp. 1126 - 1152.

44. Gorodnichenko Y., Schnitzer M., "Financial constraints and innovation: Why poor countries don't catch up", *Journal of the European Economic Association*, Vol. 11, 2013, pp. 1115 - 1152.

45. Grossman G. M., Helpman E., "Quality ladders in the theory of growth", *The Review of Economic Studies*, Vol. 58, 1991, pp. 43 - 61.

46. Guan J., Chen K., "Measuring the innovation production process: A cross-region empirical study of China's high-tech innovations", *Technovation*, Vol. 30, 2010, pp. 348 - 358.

47. Guan J., Chen K., "Modeling the relative efficiency of national innovation systems", *Research Policy*, Vol. 41, 2012, pp. 102 - 115.

48. Hölzl, Werner, Jürgen Janger, "Innovation barriers across firms and countries", *WIFO Working Parpers*, No. 426, 2012.

49. Hsu P. H., Tian X., Xu Y., "Financial development and innovation: Cross-country evidence", *Journal of Financial Economics*, Vol. 112, 2014, pp. 116 - 135.

50. King R. G., Levine R., "Finance and growth: Schumpeter might be right", *The Quarterly Journal of Economics*, Vol. 108, 1993, pp. 717 - 737.

51. Kortum S., Lerner J., "Stronger protection or technological revolution: what is behind the recent surge in patenting?", *Carnegie - Rochester Conference Series on Public Policy*, North - Holland, Vol. 48, 1998, pp. 247 - 304.

52. Lane P. R., "The cyclical behaviour of fiscal policy: evidence from the OECD", *Journal of Public Economics*, Vol. 87, 2003, pp. 2661 - 2675.

53. Levine R., "Financial development and economic growth: views and agenda", *Journal of Economic Literature*, Vol. 35, 1997, pp. 688 - 726.

54. Malerba F., "Innovation and the dynamics and evolution of industries:

Progress and challenges", *International Journal of Industrial Organization*, Vol. 25, 2007, pp. 675 –699.

55. Martin P., Ottaviano G. I. P., "Growth and agglomeration", *International Economic Review*, Vol. 42, 2001, pp. 947 –968.

56. Maskus K. E., Neumann R., Seidel T., "How national and international financial development affect industrial R&D", *European Economic Review*, Vol. 56, 2012, pp. 72 –83.

57. McKinnon R. I., "Market-preserving fiscal federalism in the American Monetary Union", *Macroeconomic dimensions of public finance: Essays in honour of Vito Tanzi*, Vol. 5, 1997, pp. 73.

58. Moreno R., Paci R., Usai S., "Spatial spillovers and innovation activity in European regions", *Environment and Planning A*, Vol. 37, 2005, pp. 1793 – 1812.

59. Nanda R., Nicholas T., "Did bank distress stifle innovation during the Great Depression?", *Journal of Financial Economics*, Vol. 114, 2004, pp. 273 – 292.

60. Paci R., Usai S., "Externalities and local economic growth in manufacturing industries", *Centre for North South Economic Research*, University of Cagliari and Sassari, Sardinia, 2001.

61. Romer P. M., "Human capital and growth: theory and evidence", *Carnegie – Rochester Conference series on public policy*, North – Holland, Vol. 32, 1990, pp. 251 –286.

62. Romer P. M., "The origins of endogenous growth", *The Journal of Economic Perspectives*, Vol. 8, 1994, pp. 3 –22.

63. Saint – Paul G., "Technological choice, financial markets and economic development", *European Economic Review*, Vol. 36, 1992, pp. 763 –781.

64. Segarra – Blasco A., Garcia – Quevedo J., Teruel M., "Financial constraints and the failure of innovation projects", *Working Paper*, Vol. 43, 2013, pp. 326 –335.

65. Tadesse S., "Financial architecture and economic performance: international evidence", *Journal of Financial Intermediation*, Vol. 11, 2002, pp. 429 – 454.

66. Wang J., Kim S., "Time to get in: The contrasting stories about government interventions in information technology standards (the case of CDMA and IMT –2000 in Korea)", *Government Information Quarterly*, Vol. 24, 2007, pp. 115 –134.

The Analysis of Regional Financial Ecological Environment Impact on Industry Technological Innovation Agglomeration

Wu Lichao   Yang Fan   Wu Yihan   Yi Chun

(Xiamen University, School of Economics, 361005)

[**Abstract**] Using China's regional patent licensing database provided by State Intellectual Property Office of the P. R. C, and classifying the industries according to the "Patent IPC Classification and Industry Technology Comparison Table" of the International Organization for Intellectual Property, We have calculated specialized and diversified innovation spatial agglomeration index respectively. The two index cover the information of different regions in China in from 2003 to 2012. Constructing ADL model, the influence of regional financial ecological environment, financial architecture and regional fiscal policy fluctuation on the specialization and diversification of technological innovation is investigated by using the dynamic GMM estimation method. Our research confirms that the spatial agglomeration of technological innovation is positively affected by the improvement of regional financial ecological environment and the different parts of the financial system. This influence is delaying and has long-term effect. In different industries, the impact is also different. No matter where the innovation exits, technological innovation cluster is sensitive to fiscal policy. Regional fiscal policy fluctuation has a negative effect on different types of technological innovation spatial aggregation in different industries. Our research is conducive to expanding the related research field of technological innovation. At the same time, we provide valuable reference for regional financial ecological environment governance and policy optimization.

[**Key Words**] industry technology innovation space agglomeration   regional financial ecological environment   fiscal policy fluctuation   ADL model

JEL Classification: O31   H32   C51

第三方支付对居民消费的影响效应分析

▶戴安然[*]◀

【摘　要】随着移动终端的普及和互联网的迅速发展，第三方支付为各个地域的人群提供服务，覆盖了消费的各个领域，成为居民广为追求的支付方式。基于2012～2018年我国第三方电子支付规模、银行电子支付规模和居民消费收入的相关数据，使用2SLS法研究了第三方支付方式对居民消费的影响，并对第三方机构电子支付和传统银行电子支付对居民消费影响效应进行了对比；基于"互联网支付发展指数"构建2011～2017年省际面板模型，进一步研究了第三方支付对居民消费行为的影响，并对我国省份进行分组研究了互联网支付对消费影响的地区异质性。研究发现：近年来第三方支付的发展显著促进了居民消费的增长，并且比银行电子支付对居民消费的促进效应更大；在互联网消费信贷的影响下第三方支付有削弱消费对收入依赖性的效应，这表明第三方支付有拉动内需，刺激经济增长的效应，但同时也会改变居民消费理念，提前消耗未来收入和对稳定性产生一定的负面影响。

【关键词】**第三方支付　居民消费　互联网消费信贷　影响效应**

中图分类号：**F063.2　F822.2**

一、引　　言

自2011年以来，在互联网通信技术飞速发展、移动终端的普及和我国庞大的网民基础等因素支持下，第三方支付市场得到了高速发展。3G、4G的普及给第三方支付市场带来新的增长点，二维码支付、指纹支付、声波支付、

* 戴安然，山东大学经济研究院博士研究生；地址：（251000）山东省济南市山大南路27号山东大学；Email：daianran1234@126.com。

摇一摇支付等不断涌现的第三方支付市场的新技术进一步提高了支付的效率和便捷度。根据中国互联网信息中心提供的数据显示，截至2018年12月，我国网民规模达到8.29亿元，手机网民规模达到8.17亿元[①]，庞大的网民基础以及日益普及的移动终端都为第三方支付市场的发展奠定了基础。同时，中央监管部门从费率改革到规范二维码再到备付金集中存管，对第三方支付市场的乱象进行了大力整顿，为第三方支付市场的良性和长期发展提供了根本保证。通过银行卡收单费率改革统一了各行业的银行卡收单费率标准，淘汰了能力弱的中小型第三方机构，提高了行业的市场化程度以及行业集中度，提升了整个第三方支付行业的水平，大大降低了商户经营成本，使第三方支付能够得到稳健的长久发展；通过《条码支付业务规范》明确规定了支付机构展开业务需要遵循的安全标准，正式确认了二维码支付的地位，构建了良好的风险控制机制，为消费者使用第三方支付提供了安全稳定的环境；通过备付金集中存管限制了第三方支付账户内沉淀大额资金，有效防止了支付机构挪用客户资金，保护客户资金安全，引导支付机构回归支付业务本源。根据易观统计的数据显示，第三方移动支付的整体交易规模已经从2013年的1.3万亿人次快速增长到了2018年的190万亿人次，2013~2017年连续四年的增长率均超过了100%[②]。

另外，由于我国经济发展进入新常态，投资、出口对经济增长的拉动力量日渐式微，如何有效地扩大内需，让居民消费为经济增长提供动力，成了各方关注的重点。在互联网时代，随着第三方支付的迅速普及，居民消费变得更加简单方便，支付时间大大缩短，人们纷纷发现消费变得更加容易了。第三方支付的场景不断拓展，餐饮、外卖、坐车、教育甚至医疗等场景都能使用第三方支付，支付场景呈现出很强的多元化特点。同时第三方支付在地域方面覆盖的范围也越来越广，第三方支付不再只是一二线城市的专利，并且向着欠发达地区快速地下沉。第三方支付为各个地域的人群提供服务，覆盖了消费的各个领域，为广大居民提供了方便快捷的支付方式，提高了支付效率。第三方支付能否真正促进居民消费、拉动内需的效应？在第三方支付得到迅猛发展以前，以银行卡为代表的传统银行电子支付就已经得到了普及，很多研究肯定了银行电子支付对消费的促进效应（黄兴海，2004；龙海明等，2016），第三方支付是以电子支付为基础的，是一种在互联网时代基于电子支付衍生出来的更方便的新型支付方式，迅速发展的第三方支付和银行业电子支付相比对消费影响效应有没有增大？我国幅员辽阔，不同地区有不同经济

---

① 中国互联网信息中心：《第43次中国互联网络发展状况统计报告》，http://www.cac.gov.cn/2019-02/28/c_1124175677.htm，访问时间：2019年11月20日。

② 易观统计：《2018中国第三方支付行业专题分析》，http://www.199it.com/archives/781828.html，访问时间：2019年11月20日。

发展水平，不同地区居民对第三方支付有不同接受程度，第三方支付对消费的促进效应有没有地区异质性？第三方支付的过快增长会不会有隐患，对消费的促进效应有没有代价？这些问题是本文意在研究的。

二、文献综述

根据经典经济学的“理性人”假设，消费者是否购买产品、购买多少数量产品等消费行为，是基于理性考虑产品提供的正面效应和支付减少了未来消费带来的负面效应之后做出的理性决策，而支付方式的改变并不会影响效应，继而也不会影响到消费（Thaler，1999）。但是，从直观感受上和实验的角度，人们发现如信用卡以及近年来流行的移动支付（杨晨和王海忠，2014；崔海燕，2016；刘德文等，2016；王晓彦和胡德宝，2017）、第三方支付（崔海燕，2016；刘德文等，2016）等新型电子支付方式均会对居民消费行为产生影响。

专家学者们从心理账户的角度为第三方支付影响居民消费行为提供了理论基础。泰勒（1999）对心理账户的概念进行了正式界定，他将心理账户定义为个人或家庭用来组织、评估和追踪金融行为的一系列认知操作。泰勒（Thaler，2008）指出所有的公司组织和家庭个人均有隐含的或者明确的心理账户，心理账户是普遍存在的，只是可能个体没有意识到，心理账户最重要的特点是心理账户的规则不是中性的，一个心理账户里的钱并不是另一个心理账户里的钱的完美替代品，用不同心理账户里相同金额的钱来购买同样的商品会影响到消费决策是否实施。希斯（Heath，1996）指出消费者在心中将钱在各个心理账户（食品、衣物、娱乐）中进行分配，他们会在各个账户中对各种类型的消费进行追踪和记录，消费者的消费行为不是由所有剩余的钱所决定的，而是由各个独立账户中剩余的钱所决定的。麦格劳（Mcgraw，2009）认为消费者在心理账户体系中将钱分成意外之财（windfall）和正常收入（ordinary income），在心理账户理论下当购买同样的商品要花费同样金额货币时，使用现金支付和第三方支付不同的支付方式，相当于在现金和第三方支付两个不同的心理账户中取钱，即使在现实生活中货币金额相同，但在心理账户体系中，两个账户里的钱不是等值的，现金账户里的钱并不是第三方支付心理账户里的钱的完美替代品，这就将导致不同支付手段将会影响到消费者的消费决策。普雷莱茨和勒文施泰因（Prelec and Loewenstein，1998）提出的“双通道心理账户”，进一步对心理账户理论进行了补充。双通道心理账户认为花费同时会给人们带来一种即时的支付痛苦（pain of paying），这种痛苦会削弱消费带来的愉悦感。消费者消费的同时想到支付的花费会削弱消费购买得到的喜悦，支付的同时想到购买的收益也会缓解支付的痛苦，这种支付和消费的双通道互动就是双通道心理账户的基础，“双通道心理账户”给研究消费者行为提供了传统经济学模型之外的视角。“双通道心理账户”理论里核心的概念是联结（coupling），用来描述支付和消费的紧密程度，即两者影响对方的程度，而影响“联结”最深刻的因素是支付手段，支付手段的变化改变了支付情景，对“联结”的情况有很大的影响。普雷莱茨和勒文施泰因还总结了一种支出带来多项消费收益和多种支付方式支持同一次消费都是松散联结（decoupling）的方式。

国外的学者们使用实验的方法探究了不同支付方式对消费行为的影响。赫什曼（Hirshman，1979）发现拥有银行卡和商店发行的商品卡主要有助于增加消费者在店内的消费金额，对提高消费者的消费概率的影响相对没有那么大。范伯格（Feinberg，1986）认为信用卡刺激是消费者在整个消费过程中一个明显而独特的暗示，对消费者的消费行为有导向作用，信用卡对增加消费者的消费动机、每次消费的消费金额、消费的概率和减少决定消费之前的思考犹豫时间均有帮助。索曼（Soman，2001）认为支付方式是通过改变消费者对过去花费的记忆路径和对花费的厌恶程度来对消费产生影响的，对过去消费的回顾性影响自然在一定程度上决定了消费者对未来相似商品的消费行为。他还证明了具有对过去金额的回忆排演如写下消费金额这样的支付方式，有助于让消费者更好地回忆消费，进而抑制未来消费，一次性付清费用的方式也会通过加深消费者对过去消费的厌恶感从而抑制消费，分期付款或者延后付款的支付方式则会减轻该厌恶感。

近年来国内有些学者就移动支付、第三方支付等支付方式对消费者消费行为的影响也进行了一些研究。崔海燕（2016）从理论上分析互联网支付和互联网金融的发展使得消费者的资金在储蓄、投资和消费之间转换的约束得到大大缓解，进而改善了消费条件，提高了消费倾向；第三方支付平台的迅猛发展和成熟为我国一直不完善的网络消费提供了平台基础支持，网络消费的广泛性、便利性和低成本，极大程度上刺激了消费者的消费欲望，释放了消费者的消费空间。王晓彦和胡德宝（2017）使用实验的方法研究表明支付宝和微信支付等移动支付方式刺激了消费者的消费欲望，显著提高了他们的消费金额，他们分析主要是移动支付的便利性和“心理账户”效应造成了此结果。杨晨和王海忠（2014）分析使用新型支付手段使得消费者倾向于产生促进动机，而使用现金支付时则偏向于使消费者产生预防动机，这就导致了使用新型支付手段主要会促进特定的一些消费，比如推广期的新产品、中小额的产品、体验性和享乐性的产品。华歆柔等（2018）基于移动支付对手机和互联网影响最大的典型群体大学生的消费行为影响进行了分析，发现第三方支付工具的普及刺激了他们的消费需求，可能导致攀比效应激增；同时第三方支付普及后大学生的消费结构也发生了变化，大学生在化妆品、休闲娱乐和游戏产品等方面的消费均有上升。张美萱等（2018）使用实验的方法研究，发现使用手机支付比现金支付更能刺激消费，发现手机支付对大钱小钱支付的花费不具有显著差异，不像现金支付有保留大额货币的意向，同时还发现手机红包非劳动所得和不可预期的特点使得消费者具有“意外之财”的心理账户，被试抢红包的行为意外之财减轻了他们消费的内疚感，这使得被试消费增多，并且更多地增多了享乐型消费。

综上所述发现，专家学者们从理论上和实证上研究了支付方式对消费者的消费行为的影响。信用卡、电子支付和第三方支付等新型支付方式由于便捷性与不用直接接触现金等原因对消费者的购买行为有刺激的作用，对消费者的消费可能性、消费金额以及决定消费之前的考虑时间等均有一定程度的影响。但是，国外在这方面的研究主要是基于信用卡这一支付方式的，国内基于电子支付等新型支付方式对消费行为的影响也进行了一定的研究，但是这部分研究还只停留在观点提出的初步阶段，研究也大多是采用实验的方法，进一步的分析和实证研究暂时可见的很有限，还需要进一步的补充。

三、第三方支付影响居民消费的理论分析

结合已有的理论文献和实际情况分析，第三方支付的发展起码从三个方面对居民消费产生影响：第一，第三方支付快捷方便。互联网时代基本上人人出门都带着手机，第三方支付的普及基本上消除了人们忘记带钱需要找ATM机取钱或者钱不够不能消费的情况，并且交易时间很短，也不需要找换零钱等动作，这些都提高了交易效率，使消费变得更简单。第二，第三方支付和现金消费不同，消费者不需要直接拿出货币做出支付动作，这带给消费者支付的印象更浅，痛苦更小。如普雷莱茨和勒文施泰因（1998）所论述的，从心理账户的角度来说，购买同样的商品消费的正效应不变的情况下，互联网支付手段带来的支付负效应相对更小，如范伯格（1986）所示，这将不利于消费者进行消费控制，2019年11月11日天猫迎来第十一个双十一，2019年天猫双十一再次刷新纪录，仅花费1分36秒交易额就达到100亿元，全天总交易额达到2 684亿元，物流订单超过10亿笔，互联网消费发展如此火爆的背后第三方支付提供了不可或缺的支持；同时第三方支付不需要消费者直接接触货币，也就免去了消费者面对大额度整钱被找零的痛苦，而是让人们面对一个包含着所有的钱的电子账户，每次消费只是默默地从账户中把钱划出去，因此拥有大面额整钱所带来的抑制消费的效应也被消除了。第三，在第三方支付普及的基础上互联网消费信贷慢慢发展起来，在这之前由于传

统金融机构的消费信贷覆盖面相对有限，只提供如买房、买车、上学等的定向贷款，资金短缺时人们通常只能求助于亲戚朋友，但是往往找到有能力并且愿意借钱的亲戚朋友已经很难了，就算是借到了钱，朋友之间也难免因此会变得尴尬。然而互联网消费信贷的普及解决了居民资金短缺的困境，人们随时随地可以从手机软件上借到非定向的资金，使用用途也不限，方便的互联网信贷免去了居民的后顾之忧，降低了居民的预防性储蓄动机，居民针对不确定状况的储蓄欲望也因此削弱了，这大大刺激了居民的消费欲望。综合以上分析，本文提出假说1：第三方支付能刺激居民消费。

在第三方支付得到迅猛发展以前，以银行卡为代表的传统银行电子支付就已经得到了普及，有些研究也证实了银行电子支付对消费的促进效应（黄兴海，2004；龙海明等，2016），以普雷莱茨和勒文施泰因（1998）的双通道心理账户理论为基础，与传统银行电子支付相比，使用第三方支付时居民的支付真实感更低，因而痛苦感更低。与银行电子支付相比，第三方支付不仅可以广泛运用在近程支付，在远程支付场景更是比银行电子支付方便，多种商品的购买直接从电子账户中划转出去，扫二维码支付的方式甚至免去了借记卡和信用卡需要的 pos 机和亲笔签字，互联网分期付款还能使支付时间和消费时间错开，如此种种特征均符合双通道心理账户理论中“去联结”（decoupling）的特征，使得消费和支付之间的关系变得更加松散，将支付在一定程度上从消费过程中剥离出去，只剩下消费的正效应，支付的负效应变小很多，削弱了双通道的作用渠道。如今音乐、视频、阅读等包月 VIP 服务均是在第一次授权之后不需要额外操作地每个月自动从电子账户中扣钱，提高了方便度的同时降低了支付痛苦感，广为流行的小额免密支付更是加强了这个状况。将第三方支付与银行电子支付影响效应相比，本文提出假说2：第三方支付比传统银行电子支付对居民消费促进效应更强烈。

我国不同省份经济发展水平不一，不同省份居民习惯存在差异进而对第三方支付接受程度也有深有浅，这些因素都可能导致支付影响居民消费的异质性。在其他因素相同的情况下，第三方支付发展得越好的地区，居民对第三方支付接受程度越高，为第三方支付促进消费提供越好的环境，进而对居民消费促进效应越强烈，针对影响居民消费异质性，本文提出假说3：不同地区的促进效应存在异质性，第三方支付发展越好的地区促进效应越大。

一般来说，消费会随着当期收入的增长而稳步增长，同时金融信贷市场的成熟程度（Campbell and Mankiw，1990）和储蓄水平（李燕桥，2013）等因素也会影响到消费和当期收入的关系。第三方支付起码从以下两个方面对消费与当期收入关系产生影响：第一，以第三方支付为基础的网络购物日渐成熟，相关的服务、物流也日渐成熟，与实体购物相比，网络购物体系在保持独有优势的前提下不断地弥补网络平台购物原本存在的缺陷，强有力的消费刺激可能使得居民在没有得到收入增长时动用了储蓄余额进行消费，降低了消费对当期收入的依赖性；第二，影响程度更深的一点是，以第三方支付为基础的互联网新型消费信贷发展迅速，在近几年内得到了大范围的普及，新型消费信贷和传统消费信贷的信用评估原理不一样，人们即使不提供收入凭证都能轻松地借款消费，使得大部分人群都能简单地享受到新型消费信贷服务。并且传统消费信贷的信用额度以居民收入为主要决定因素，因此，传统消费信贷会随着居民收入的增长而发展，而互联网新型消费信贷的信用额度以居民消费为主要决定因素，因此，互联网新型消费信贷会随着居民消费的增长而进一步增长。互联网消费信贷大大降低了人们的流动性约束，更加降低了消费对当期收入的依赖性，消费在收入增长作为基础缺失的情况下也能随着当下消费的增长而得到进一步扩张。在此基础上本文提出假说4：第三方支付的发展能降低消费对收入的依赖性。

四、模型设定和数据说明

（一）模型设定

凯恩斯的绝对收入假说（Absolute Income Hypothesis，AIH）认为消费是取决于当期收入的，当期收入是影响消费的最重要因素，消费占据收入的比重就是消费倾向，基本公式是 $c_t=\alpha+\beta y_t$。在这之后弗里德曼的持久收入假说（Permanent Income Hypothesis，PIH）在较长时间内成为描述消费者跨期消费的理论标准，认为消费不是取决于当期收入，而是取决于一辈子的总财富总收入，消费者会对自己未来长期的收入能力或财富水平进行预测，进而对自己的消费进行调整。哈勒（Hall，1978）将理性预期纳入持久性收入假说中，认为消费服从“随机游走”过程，未来消费只受到过去消费的影响，基本公式是 $c_t=c_{t-1}+\varepsilon_t$，但是众多经验研究的结果均不能证实“随机游走”假说。坎贝尔和曼昆（1989，1990）将绝对收入假说和持久收入假说都纳入构建了更贴近现实的“λ模型”：$c_t=\lambda y_t+(1-\lambda)\varepsilon_t$，现实社会中一部分人的消费受到收入的影响，一部分人的消费服从随机游走过程。

在此基础上本文构建了基准时间序列计量模型：

$$c_t=\beta_0+\beta_1 y_t+\beta_2 pay_{h,t}+\varepsilon_t \tag{1}$$

其中，c代表的是居民人均消费，t代表时间；y代表的是居民人均可支配收入；pay代表的是本文的核心解释变量支付交易总规模，下标h表示不同类别的支付，h=1代表非银行支付机构处理的第三方支付交易，h=2代表银行机构的电子支付，用以对第三方电子支付和电子支付对消费影响效应进行对比以验证；ε 是误差项。

由于我国不同地区经济发展水平不一，不同地区居民习惯也存在差异，这可能导致第三方支付对不同地区居民的影响效应不同，总量时间序列不能很好地对其进行描述，本文在“互联网支付发展指数”的基础上构建了面板计量模型：

$$c_{i,t} = \beta_0 + \beta_1 y_{i,t} + \beta_2 pay_{i,t} + \theta' X_{i,t} + u_i + \varepsilon_{i,t} \tag{2}$$

其中，c 代表的是居民人均消费，下标 i 代表省份，t 代表年份，y 代表的是居民人均可支配收入，pay 代表的是本文的核心解释变量互联网支付发展指数，X 是一系列潜在影响居民消费的控制变量，u_i 是一系列不能观测且不随时间而变化的省际个体效应（如各省的文化习惯等），ε 是误差项。

居民人均消费和人均可支配收入的数据均来自国家统计局建立的一体化住户调查。

互联网支付发展指数引用自北京大学互联网金融研究中心联合上海新金融研究院和蚂蚁金服集团编制的“北京大学互联网金融发展指数”。该指数不仅包括互联网金融全国发展指数，还包括分属性、分业务、分地区指数，能较好地描述我国各地区互联网金融以及互联网支付等各个业务的现状和发展走向。为了更科学全面地构造互联网支付发展指数，他们同时选取了广度指标和深度指标，其中广度指标是某地区一定时间内的交易渗透率，用该地区使用互联网支付的人数除以该地区常住人口得到，该指标描述的是互联网支付的覆盖范围；深度指标为一定时间内的人均交易金额和人均交易笔数，用一年内使用互联网支付的总金额和总交易笔数除以该地区人口数得到。数据来源为蚂蚁金服和铜板街、米么金服、趣分期、中国人民银行、零壹财经等具有代表性的金融机构和第三方机构的公开数据。他们采用多级指标的方式来构造互联网支付指数，其中三级指标是指广度指标和深度指标的权重，具体设定为交易渗透率50%，人均交易金额25%，人均交易笔数25%；二级指标是指蚂蚁金服和其他机构的权重，蚂蚁金服集团是我国最大、使用人群最广泛和市场占有率最高的机构，最具有代表性，将所有机构分为蚂蚁金服和其他机构。互联网支付发展指数计算公式具体表示如下：

$$i_t = \frac{I_t}{I_{t-1}} = \sum_{j=1}^{2} P_{j,t} \frac{K_{j,t}}{K_{j,t-1}} = \sum_{j=1}^{2} P_{j,t} \sum_{k=1}^{3} m_k \frac{X_{j,k,t}}{X_{j,k,t-1}}$$

其中，$\frac{I_t}{I_{t-1}}$是互联网支付发展环比指数，$\frac{K_{j,t}}{K_{j-1,t}}$表示蚂蚁金服或者其他机构两部分中第 j 部分的 t 期发展环比指数，$\frac{X_{j,k,t}}{X_{j,k,t-1}}$表示第 j 部分第 k 个广度指标或深度指标的环比相对数。

$X_{i,t}$是潜在影响居民消费的控制变量，本文选择的是：

老年负担指数（old）：i 地区 t 年份时 65 岁以上的人口数与 14～65 岁的人口数之比，用来衡量人口结构，莫迪里阿尼和曹（Modigliani and Cao，2004）、汪伟（2013）等研究都认为年龄结构会对消费产生影响；

收入不确定性（unc）：i 地区 t 年份的收入增长率与 i 地区各年份（2011～2017 年）的平均收入增长率偏差的平方，用以衡量预防性动机。杭斌（2008）等研究指出收入不确定性会改变消费者对未来收入的预期进而影响消费。

为了进一步检验第三方支付对消费对当期收入依赖性的关系，选择了“互联网信贷发展指数”以加入当期收入和互联网信贷交互项构建了模型：

$$c_{i,t} = \beta_0 + \beta_1 y_{i,t} + \beta_2 cre_{i,t} + \beta_3 cre_{i,t} \times y_{i,t} + \theta' X_{i,t} + u_i + \varepsilon_{i,t} \quad (3)$$

其中，互联网信贷发展指数同样是引用自北京大学互联网金融研究中心联合上海新金融研究院和蚂蚁金服集团编制的“北京大学互联网金融发展指数”，较好地对不同地区不同时间段的互联网消费信贷发展情况进行了描述。

（二）数据来源和描述性统计

模型（1）中使用的是 2012～2018 年的季度数据，消费收入数据来自国家统计局，电子支付交易规模数据来自中国人民银行各个季度的《支付体系运行总体情况》，第三方支付交易规模数据来自易观数据。模型（2）和模型（3）使用的是 2011～2017 年 31 个省份的数据。各省份各年份的居民消费数据、收入数据等均来自各年的《统计年鉴》，人口数据来自万德网，互联网支付发展指数来自北京大学数字金融研究中心。我们将消费收入等数据均按照价格指数折算到了 2011 年以消除通货膨胀对数据的影响。表 1 给出了各个变量的描述性统计。

表 1　　变量描述性统计

变量	定义	观察量	均值	标准差	最小值	最大值
时间序列模型数据						
c	人均消费水平	28	3 621.487	433.187	2 988.792	4 412.592
y	人均可支配收入	28	5 058.239	673.205	4 063.846	6 199.850
pay1	第三方支付交易规模	28	139 903.7	153 362.5	7 514.6	452 094.5
pay2	银行电子支付交易规模	28	4 739 246	1 930 872	1 724 200	7 939 700
面板模型数据						
c	人均消费水平	217	14 312.940	6 256.002	4 323.954	39 791.900
y	人均可支配收入	217	19 045.480	8 116.572	7 468.530	50 237.610

续表

变量	定义	观察量	均值	标准差	最小值	最大值
pay	互联网支付发展指数	217	146.698	80.520	0.000	357.240
cre	互联网信贷发展指数	217	110.165	50.500	1.160	231.809
old	老年抚养比	217	13.412	2.957	6.710	20.600
unc	收入不确定性	217	0.007	0.006	0.000	0.044

五、实证结果分析

（一）第三方支付对消费影响效应的时间序列检验

由于模型（1）中使用的是季度数据，为避免季节效应造成的计量结果偏差，首先使用 X12 方法对各个变量进行了季节调整。此外，本文还使用 ADF 方法对各变量进行了单位根检验，具体结果如表 2 所示。从表 2 可以看出消费、收入是平稳序列，第三方支付和电子支付是一阶单整序列。

表 2　　变量单位根检验结果

变量	ADF 统计量	检验类型（c，k，t）	临界值		p 值
			5%	10%	
lnc	-5.9933	（c，t，3）	-3.6120	-3.2430	0.0001
lny	-5.2651	（c，t，0）	-3.5875	-3.2292	0.0120
lnpay1	-2.1238	（c，t，3）	-3.6122	-3.2431	0.1380
lnpay2	-0.3665	（c，0，0）	-2.9763	-2.6274	0.2985
Dlnpay1	-3.0493	（c，0，0）	-2.9810	-2.6299	0.0434
Dlnpay2	-5.3563	（c，t，2）	-3.6122	-3.2431	0.0012

注：（c，t，k）分别代表 ADF 检验方程中截距项、时间趋势、滞后项数的选择，D 代表一阶差分。.

针对模型（1）对支付对居民消费的影响效应进行检验，由于扰动项可能会与支付变量相关，参照坎贝尔和曼昆（1989）文中的做法，选用合适的工具变量进行二阶段最小二乘估计，工具变量从消费 c、收入 y 和支付 pay 的滞后 2 ~4 项进行选择，检验结果如表 3 中所示。

表 3　　支付对消费影响的时间序列检验

序号	工具变量	第一阶段		β1 估计值	β2 估计值	过度识别检验
		lny	lnpay1，2			
1	无（OLS）	–	–	0.617*** (0.203)	0.024 (0.021)	–
2	pay1(−2)，y(−3)	–	0.511** (0.001)	0.601*** (0.128)	0.035*** (0.012)	0.367
3	pay1(−2)，y(−2)，c(−2)	0.988 (0.00)	0.989 (0.00)	0.506** (0.218)	0.044** (0.022)	0.449
4	无（OLS）	–	–	0.884*** (0.040)	0.001 (0.014)	–
5	pay2(−3)，c(−2)	–	0.302*** (0.001)	0.755*** (0.068)	0.071*** (0.023)	0.745
6	pay2(−3)，y(−2)，c(−2)	0.971 (0.00)	0.718 (0.00)	0.755*** (0.066)	0.072*** (0.023)	0.971

注：***，**，*分别表示通过了1%、5%、10%水平的显著性检验，括号中的数值表示回归系数估计值的标准差，下同。

表3中第一列是检验序号；第二列是选择的工具变量；第三列是2SLS中第一阶段工具变量对解释变量的解释程度，表中数值是工具变量对解释变量的调整可决系数，括号中是对应的p值，用来检验工具变量的“相关性”；第四列和第五列分别是第二阶段中收入和支付的估计系数，括号中是估计系数的标准误差，第六列是对工具变量外生性的过度识别系数，用来检验工具变量的“外生性”。

六个检验中1~3是第三方支付交易规模对居民消费影响效应的检验，其中检验1是没有选择工具变量普通最小二乘法的结果，检验2是只把支付变量看作内生变量的结果；检验4~6是电子支付交易规模对居民消费影响效应的检验，其中检验4是OLS检验。

从检验结果可以看到使用2SLS选择合适的工具变量之后第三方支付有显著促进居民消费的作用，以检验3为准，第三方支付交易规模每增长1个百分点，居民消费会增长0.044个百分点，这对假说1进行了证实；同时电子支付对居民消费也是有显著促进作用的，以检验6为准，电子支付每增长1个百分点，居民消费就增长0.072个百分点。以表3的实证结果来分析支付对居民消费的作用效果，2012~2018年我国第三方支付季度平均增长率为16.68%（28个季度的算术平均），第三方支付的发展每季度能促进居民消费增长0.734个百分点；而以2012~2018年我国电子支付季度平均增长率7.03%来计算，电子支付的发展每季度能促进居民消费增长0.506个百分点。

于是可以总结得到第三方支付的发展对消费的促进效果是显著的，并且高于电子支付对消费的促进效果，对假说 2 进行了证实。

（二）第三方支付对消费影响效应的面板检验

不同省份的经济发展水平和居民生活习惯均存在较大差异，使用面板数据模型更有利于解决遗漏变量的问题，样本容量更大也能得到更加准确的结果，还能细分研究省份，所以，本文在“互联网支付发展指数”的基础上构建了面板数据模型，进一步从第三方支付对消费影响效应进行了分析。

从通过对固定效应和随机效应的豪斯曼检验发现，在各个分析的检验中，固定效应模型均在 1% 的水平下优于随机效应模型，因此，以固定效应为基准来进行分析。同时模型中消费、收入和第三方支付等变量可能存在交互影响，这可能会导致内生解释变量问题，在这种情况下使用固定效应回归的结果可能是有偏差和非一致的，选择合适的工具变量使用固定效应 - 工具变量法（FE - IV）进行实证检验可以解决这个问题。模型（2）中老年负担系数可以看作是外生变量，其余解释变量都可能是内生变量，而所有的变量滞后性都是工具变量可以选择的范围，但是众多研究均指出滞后一期变量往往和扰动项存在序列相关（李燕桥，2013），综合考虑面板的长度我们在内生变量滞后 2 ~4 期的范围内选择工具变量。

表 4 列出了第三方支付对居民消费影响效应的实证结果。其中，模型 1 和模型 2 分别使用固定效应和随机效应检验了第三方支付对消费的影响效应。以模型 1 为准，从估计效果可以看到，第三方支付的影响系数为 0. 077，虽然在数值上大大低于收入的回归系数，但是在 1% 的水平上显著，模型 3 和模型 4 分别使用固定效应和随机效应加入了控制变量对第三方支付对消费的影响进行了检验，在对老年负担系数和收入不确定性进行控制之后，第三方支付估计系数略有下降，但是依旧在 1% 的水平上显著，收入的估计系数也变化不大。模型 5 使用固定效应工具变量法进行了检验，第三方支付估计系数在 5% 的水平上显著，数值还有所上升，这表明第三方支付的发展确实能对居民消费产生显著的影响，进一步对假说 1 进行了验证。

表 4　　第三方支付对消费影响效应的面板模型检验

方程	1	2	3	4	5
	FE	RE	FE	RE	FE - IV
lny	0. 942 *** （0. 055）	0. 946 *** （0. 034）	0. 947 *** （0. 054）	0. 946 *** （0. 034）	0. 812 *** （0. 112）

续表

方程	1	2	3	4	5
	FE	RE	FE	RE	FE - IV
lnpay	0.077*** (0.014)	0.075*** (0.010)	0.075*** (0.014)	0.076*** (0.10)	0.121** (0.049)
lnold			0.029 (0.038)	0.014 (0.033)	-0.046 (0.039)
lnunc			-0.017*** (0.003)	-0.016*** (0.004)	-0.012 (0.011)
R^2	0.96	0.96	0.97	0.97	0.96
样本个数	217	217	217	217	217

与此同时，本文与杭斌（2008）等研究类似，实证结果也发现不确定性会抑制居民消费，由于我国福利保障体系还不够成熟，就业体制改革也还没完成，居民面临的收入不确定性和风险还是在一定程度上影响居民的消费行为；老年负担系数没有得到统一的结果，可能是因为老龄化会同时带来负担效应和预期效应，老龄化的负担效应使得家庭消费上升，储蓄率下降，同时老年人预期到自己的寿命上升会缩减消费增加为以后的生活做的储蓄。

针对假说3，为探究第三方支付对居民消费影响效应是否存在明显的区域差异，对31个省市进行分组，按照东部、中部、西部的划分标准分别对影响效应进行检验，结果如表5所示，表5还列出了全国整体的第三方支付对消费的影响效应，以方便进行对比。

表5　　第三方支付对居民消费影响效应的地区差异

变量	全国	东部	中部	西部
lny	0.812*** (0.112)	0.747*** (0.248)	0.813*** (0.242)	0.843*** (0.198)
lnpay	0.121** (0.049)	0.159* (0.095)	0.165* (0.098)	0.092 (0.087)
old	-0.046 (0.039)	-0.068 (0.047)	-0.086 (0.085)	-0.071 (0.100)
unc	-0.012 (0.011)	-0.006 (0.016)	0.037 (0.036)	-0.024 (0.015)
R^2	0.96	0.96	0.98	0.95
样本个数	217	77	56	84

表 5 中的收入估计系数，均在 1% 的水平上显著，进一步可以注意到人均可支配收入的估计系数有随着东部、中部、西部呈现递增的趋势，这可能是由于人均可支配收入有按东部、中部、西部呈现递减的规律。一般来说，如东部省份这些收入较高的地区，居民收入较高，就业体系和社会保障体系也相对完善，居民面临的不确定性也相对较低，同时居民储蓄有一定规模，信贷市场也较为发达，在这种情况下居民的消费对当期收入的依赖性比较低。相反对于中西部地区，居民的不确定性较低，储蓄水平不高，信贷市场不够发达的情况下，居民消费对当期收入的依赖性会较大，因此估计系数较高。

从第三方支付的估计系数可以看出，整体的显著性有所下降，可能是因为分组样本变少的原因，从数值来分析，中部的估计系数最大，东部其次，西部最小。本文分析中部的第三方支付估计系数大于东部的原因可能是：虽然东部的第三方支付普及程度高于中部，但是中部居民由于跨区域消费的原因，可能消费增长空间会更加大，因此导致第三方支付促进消费的效应略高于东部地区。这对假说 3 进行了证明，第三方支付对居民消费的促进效应存在地区异质性，东部和中部的促进效应大大高于西部，中部的促进效应略高于东部。

按前面对第三方支付发展的情况来分析的话，以东部、中部和西部的划区域标准可能不够准确。东部地区的第三方支付发展水平普遍比中西部要好，但是也有辽宁、河北这些发展水平相对低的省份，西部地区大部分省份第三方支付发展落后，但是也有重庆、四川等省市发展水平较高。因此，本文还以第三方支付发展水平为标准，按照 2011～2017 年第三方支付发展指数对各个省份进行排序，将全国 31 个省份分为第三方支付发展较高水平组、发展中等组和发展较低组，其中发展较高组包括：北京、天津、上海、江苏、浙江、福建、湖北、广东、海南和重庆；中等组包括：辽宁、黑龙江、安徽、山东、河南、湖南、广西、四川、贵州和云南；较低组包括：河北、山西、吉林、内蒙古、西藏、陕西、甘肃、青海、宁夏和新疆。表 6 列出了利用第三方支付水平进行分组的实证结果。与表 5 进行对比发现：第一，人均收入的估计系数还是按照较高组、中等组和较低组的顺序递增，显著性没有变化，仍然都在 1% 的水平上显著，但是数值整体比表 5 中有所下降。第三方支付由于按照第三方支付发展水平进行分组，由于第三方支付不仅和当地的经济发展程度相关，还和居民的生活消费习惯等相关，三个组别中大多既有经济发达的省份，也有经济欠发达的省份，相对高组、中等组和相对低组的收入，并不呈现出明显的递减趋势的前提下，收入的估计系数仍然呈现出递增的趋势，这表明第三方支付有可能有降低收入估计系数的效果，收入对消费的估计系数代表的是居民消费对当期收入的依赖性，这意味着第三方支付的发展有可能会削弱消费对收入的依赖性，对假说 4 粗略进行了验证。第二，第三方支付的估计系数除了较低组之外均是显著，从数值来看按照较高组、中等组和较低组的顺序递减，较高组的估计系数为0.176，在5%的水平上显著，高于全国平均水平0.121，中等组的估计系数略低于较高组，为0.173，在10%的水平上显著，这进一步对假说3进行了证明，第三方支付发展越好的地区，对居民消费促进效应越为强烈。

表6　第三方支付对居民消费影响效应的地区差异（按第三方支付发展水平）

变量	全国	高	中	低
lny	0.812*** (0.112)	0.681*** (0.188)	0.793*** (0.256)	0.818*** (0.128)
lnpay	0.121** (0.049)	0.176** (0.079)	0.173* (0.103)	0.072 (0.039)
old	-0.046 (0.039)	-0.070** (0.033)	-0.057 (0.101)	-0.016 (0.062)
unc	-0.012 (0.011)	-0.003 (0.012)	-0.047 (0.041)	-0.013 (0.009)
R^2	0.96	0.96	0.96	0.98
样本个数	217	77	70	70

针对假说4为了检验第三方支付对消费对当期收入依赖性的关系，本文选择了“互联网信贷发展指数”针对模型（3）对假说4进行检验。表7中显示，当期收入和互联网信贷的交互项符合为负，这意味着，在互联网消费信贷发展越好的地区，对消费与当期收入的相关关系抑制作用越大。这对假说4进行了证明，第三方支付的发展能降低居民消费对当期收入的依赖性。迅猛发展的第三方支付使得居民在收入还没有得到提升之前，借助普及的互联网消费信贷来进行消费。

表7　互联网消费信贷与收入交互项检验

变量	1(FE)	2(FE-IV)	3(FE-IV)
y	1.193*** (0.028)	1.121*** (0.044)	1.608* (0.858)
cre		0.039 (0.031)	1.103 (1.875)

续表

变量	1(FE)	2(FE-IV)	3(FE-IV)
old	0.064 (0.043)	-0.074 (0.051)	-0.014 (0.102)
y * cre			-0.109 (0.189)
R^2	0.91	0.94	0.94
样本个数	217	217	217

六、结　论

本文同时使用时间序列模型和面板模型对第三方支付对消费的影响效应进行了检验。本文基于2012~2018年季度相关数据使用2SLS模型证实了第三分支付对消费显著的促进作用，通过对第三方支付和银行电子支付对消费促进效应的对比发现第三方支付的发展每季度能促进居民消费增长0.734个百分点，电子支付的发展每季度能促进居民消费增长0.506个百分点，第三方支付对消费的促进效应更加大。本文基于2011~2017年省级面板数据进一步证实了第三方支付的发展能显著刺激居民消费的增长，通过对31个省份分为东部、中部、西部以及第三方支付发展相对高速、中等、低速的组别，分析了第三方支付影响的异质性，实证结果表明第三方支付对中部地区居民的消费促进效应略高于东部，西部最小，同时第三方支付的消费促进作用，按照第三方支付发展水平的递增而递增。最后，本文还粗略地分析了居民消费金额的来源，互联网新型消费信贷的信用评估标准降低了对居民收入的考察，减弱了收入对信贷额度的影响。基于“互联网信贷发展指数”构建固定效应工具变量模型进行实证检验，发现以第三方支付为基础的互联网新型消费信贷有降低消费与收入相关系数的效应，这表明第三方支付的发展能降低居民消费对当期收入的依赖性，第三方支付促进居民增加的消费不是随着收入水平的增高而稳步增高的，而是在收入还没有得到提升之前使一部分居民得到了超前消费。

诚然，近年来第三方支付的发展显著促进了居民消费，有利于拉动内需，为新常态下我国经济寻找新的增长点，但同时我们也应该从多方面看待第三方支付的发展和普及带来的影响。第三方支付的发展刺激了居民消费的同时也会抑制居民储蓄的增长速度，减少经济建设的资金来源，会造成公司投资利率的上涨，对经济增长产生负面影响，具体影响的效应还需要进一步研究；古往今来我国居民都本着“量入为出”的观念谨慎消费，多年来我国储蓄率都维持在较高的水平，而第三方支付和互联网消费信贷的火速发展对我国居民原本的生活消费理念产生了冲击，短期来看第三方支付刺激了居民消费，拉动了内需，互联网消费信贷缓解了居民的流动性约束，释放了居民的消费需求空间，可是长此以往可能会改变我国居民长期以来一直保持的谨慎生活消费的习惯，增加了居民冲动消费的概率，也使居民慢慢习惯借助于便捷的消费信贷提前消费，提高居民负债率。从中国人民银行发布的《支付系统的整体操作在 2019 年总体情况》来看，我国信用卡的未偿贷款半年累计总额高达 797.43 亿元，比起 2017 年的 76.89 亿元相比，足足扩大了 10 倍。《中国消费年轻人负债状况报告》也显示如今中国年轻人中总体信贷产品渗透率达到 86.6%，“90 后”实质负债率达到 12%。微观个体从整个生命周期来看获得的收入是固定，居民现在通过发达的互联网借贷进行了提前消费，拉动了内需，刺激了经济增长，借贷到的资金等到未来偿还的时候，紧缩的消费也会对经济增长造成负面影响，并且在降低消费与当期收入相关关系可能也会对经济稳定性造成一定影响。因此政府、企业、消费者各方都应该以客观谨慎的态度来看待和对待第三方支付的发展，在享受第三方支付带来的便捷消费、新型生活消费理念和缓解当下流动性约束的同时，也要冷静客观地思考到第三方支付对未来宏观经济、自身预算约束等方面可能造成的不利影响。

参考文献

1. 北京大学互联网金融研究中心课题组：《互联网金融发展指数的编制与分析》，载于《新金融评论》2016 年第 1 期。

2. 郭峰、王靖一、王芳、孔涛、张勋、程志云：《测度中国数字普惠金融发展：指数编制与空间特征》，载于《经济学季刊》2019 年待刊。

3. 崔海燕：《互联网金融对中国居民消费的影响研究》，载于《经济问题探索》2016 年第 1 期。

4. 杭斌：《基于财富目标的居民储蓄行为》，载于《统计研究》2008 年第 2 期。

5. 华歆柔、俞海蓝：《移动支付对大学生消费的分析》，载于《金融经济》2018 年第 22 期。

6. 李燕桥、臧旭恒：《消费信贷影响我国城镇居民消费行为的作用渠道及检验——基于 2004 ~ 2009 年省际面板数据的经验分析》，载于《经济学动态》2013 年第 1 期。

7. 刘德文、姚山季：《基于 TAM 的第三方支付使用意愿实证研究——以支付宝为例》，载于《企业经济》2016 年第 1 期。

8. 龙海明、赵红梅：《银行卡支付方式对城镇居民消费的平滑效应研究——基于 STR 模型的实证分析》，载于《财经理论与实践》2016 年第 6 期。

9. 王晓彦、胡德宝：《移动支付对消费行为的影响研究：基于不同支付方式的比较》，载于《消费经济》2017 年第 5 期。

10. 杨晨、王海忠：《"空付"们怎样掏空用户的钱包？——支付方式对消费行为的影响》，载于《清华管理评论》2014 年第 C2 期。

11. 张美萱、吴瑞林、张涵、田奕真、杨鹿野、姚唐：《"电子钱包"让人花钱更多？——手机支付的心理账户效应》，载于《心理科学》2018 年第 4 期。

12. Campbell J., Mankiw N., "Consumption, Income, and Interest Rates: Reinterpreting the Time Series Evidence". *NBER Macroeconomics Annual*, No. 4, 1989, pp. 185 – 216.

13. Campbell J., Mankiw N., "Permanent income, current income, and consumption". Journal of Business and Economic Statistic, No. 8, 1990, pp. 265 – 279.

14. Feinberg R., "Credit Cards as Spending Facilitating Stimuli: A Conditioning Interpretation". *Journal of Consumer Research*, Vol. 13, No. 3, 1986, pp. 348 – 356.

15. Hirschman E, "Differences in Consumer Purchase Behavior by Credit Card Payment System". *Journal of Consumer Research*, Vol. 6, No. 1, 1979, pp. 58 – 66.

16. Levav J., McGraw A., "Emotional Accounting: How Feelings about Money Influence Consumer Choice". *Journal of Marketing Research*, Vol. 46, No. 1, 2009, pp. 66 – 80.

17. Modigliani F., Cao S., "The Chinese Saving Puzzle and the Life – Cycle Hypothesis". *Journal of Economic Literature*, Vol. 42, No. 1, 2004, pp. 145 – 170.

18. Prelec D., Loewenstein G., "The Red and the Black: Mental Accounting of Savings and Debt". *Marketing Science*, Vol. 17, No. 1, 1998, pp. 4 – 28.

19. Soman D., "Effects of Payment Mechanism on Spending Behavior: The Role of Rehearsal and Immediacy of Payments". *Journal of Consumer Research*, Vol. 27, No. 4, 2001, pp. 460 – 474.

20. Thaler R. H., "Mental accounting matters". Journal of Behavioral Decision Making, Vol. 12, No. 3, 1999, pp. 183 – 206.

21. Thaler R., "Mental Accounting and Consumer Choice". *Marketing Science*, Vol. 27, No. 1, 2008, pp. 15 – 25.

An Analysis of the Effect of Third-party Payment on Household Consumption

Dai Anran

(The Center for Economic Research, Shandong University, 250100)

[**Abstract**] With the popularization of Mobile Terminal and the rapid development of Internet, the third-party payment has become a popular way to pay. Based on the data of the third-party electronic payment scale, the bank electronic payment scale and the household consumption income from 2012 to 2018, this paper studies the influence of the third-party payment on the consumption by using the 2SLS method and compares the effect of the third-party electronic payment and traditional bank electronic payment on the consumption; Based on the Internet Payment Development Index, this paper constructs panel model to further study the impact of third-party payment on household consumption behavior. The study found that the development of third-party payment in recent years has significantly promoted the growth of household consumption, and has a greater promoting effect on than bank electronic payment, under the influence of Internet consumer credit, third-party payment has the effect of weakening the dependence of consumption on income. In sum, third-party payment has the effect of stimulating domestic demand and economic growth, but at the same time, it will also change the household consumption concept, consume future income ahead of time and have a certain negative impact on stability.

[**Key Words**] Third-party Payment Household Consumption Internet Consumer Credit Influence Effect

JEL Classifications: D120 G23

县域普惠金融减贫的空间效应和门槛效应研究*

——基于河南105个县域的实证分析

倪冰莉**

【摘　要】基于河南省105个县域的经济数据，构造普惠金融发展指数，建立普惠金融减贫效应的模型，实证分析普惠金融对于农村贫困减缓的影响，利用空间回归模型分析了普惠金融的空间效应和溢出效应，进一步采用门槛面板模型对农村贫困减缓需要跨越的门槛进行了分析。研究表明：普惠金融的发展在短期内有助于县域贫困的减缓，并且具有空间外溢性，相邻区域的普惠金融发展对于周边的农村贫困的有显著影响。此外，普惠金融对农村贫困的减缓是非线性的，经济发展、消费水平、教育投入和固定资产投资规模等对贫困减缓都存在着正效应。政府应根据不同地区普惠金融的发展水平制度不同的政策解决对弱势群体的金融服务问题；并可以加大对落后地区的教育投入和固定资产投资水平，以提高该地区整体的经济发展水平。

【关键词】**普惠金融　减贫效应　空间回归模型　门槛特征**

中图分类号：**F063.6**　文献标识码：**A**

---

* 本研究获河南省哲学社会科学规划项目（2018BJJ028）、2017年河南省科技厅软科学研究课题项目（172400410266）、河南农业大学科技创新基金（kjcx2018b03）、河南省教育厅高等学校重点科研项目计划（18A790021）、教育部人文社会科学研究一般项目（19YJA790121）、河南省高校哲学社会科学应用研究重大项目（2019－YYZD－10）、河南省高校哲学社会科学创新团队支持计划（2019－CXTD－03）等资助。

** 倪冰莉，经济学博士，河南农业大学经济与管理学院教师；地址：（450056）河南省郑州市郑东新区龙子湖校区15号河南农业大学经济与管理学院；E-mail：nbl_5@163.com。

一、引　言

改革开放40多年以来，中国经历了持续的经济高速发展，但同时也暴露出了很多问题，我国社会的主要矛盾已经转化为“人民日益增长的美好生活需要和不平衡不充分的发展之间的矛盾”，不平衡不充分发展的表现之一就是贫困问题，尤其是农村贫困问题一直制约着中国经济的发展和社会的进步。对此政府采取了一系列的措施，其中包括参与式扶贫、精准扶贫，以及五级书记抓扶贫等政策措施，取得了很大的成效。从2012年底到2018年，农村的贫困人口从9 899万人下降到1 660万人，贫困发生率由10.2%下降到了1.7%，贫困县由832个减少至396个。现阶段我国的贫困性质发生了很大的变化，贫困人口主要集中在生活条件恶劣地区，呈现个体性贫困、极端化贫困以及人力资本低下等特征，脱贫政策的边际效益越来越低，扶贫的难度在不断加大（蔡昉，2005；徐月宾等，2007）。

与其他扶贫方式相比，普惠金融具有覆盖面广、成本较低等特点，更重要的是其面对的主要群体是更难从金融机构获得贷款的农户。政府高度重视到普惠金融所带来的较高的资源配置效率和社会福利。习近平总书记在2015年中央扶贫开发工作会议上明确指出“要做好金融扶贫这篇文章”；党的十九大又强调要发展普惠金融；李克强总理提出走有中国特色的金融扶贫之路；国务院于2015年发布了《推进普惠金融发展规划（2016～2020年）》。显然，普惠金融主要面向小微企业、中低收入者和老年团体的提供金融服务的特点，使得各阶层人民都能共享社会经济发展的红利，这有利于改善我国“不平衡不充分”的发展。

那么，在普惠金融扶贫政策的指引下，县域地区的贫困状况是否得到改善？是否能有效促进县域地区的人口实现脱贫？尤其是农村的边缘化人口和极端贫困人口能否提升生活水平？对于这些问题的回答，不仅有利于全面认识当前的普惠金融对县域地区减贫政策的实施情况，而且有利于发现其中存在的问题和改进之处。鉴于此，本研究将利用河南县域地区的数据进行实证检验，从而揭示普惠金融对县域的减贫效应，弥补当前研究的空白。

本研究的后续安排如下：第二部分为文献综述，第三部分为县域普惠金融发展水平测量；第四部分为减贫效应的计量分析；第五部分给出本文的基本结论和政策启示。

二、文献综述

普惠金融最早于2005年在联合国国际小额信贷年的宣传中提出，指以可负担的成本为有金融服务需要的社会各阶层和群体提供适当、有效的金融服务，小微企业、农民、城镇低收入人群等弱势群体是普惠金融的重点服务对象。2006年将这个概念引入我国，目前已进入到普惠金融的创新期，而且大型金融机构也参与到普惠金融业务的发展中，科技的发展增加了普惠金融的广泛应用等特点（焦瑾璞，2018）。

关于普惠金融与贫困减缓的关系问题，学术界尚存在一定的争议。大部分观点认为普惠金融的发展有助于贫困的减缓。库里（1998）认为普惠金融不仅能够减缓贫困，而且能够帮助降低穷人所面对的信贷约束难题，其减缓贫困的途径有四个：增加贫困人口的购买力；提高贫困家庭抵御风险的能力以影响其消费；影响贫困人口参与经济活动的效率；增加贫困人员的自尊心，提升社会地位等。伯吉斯和潘德（Burgess and Pande，2005）研究了印度农村基层银行机构在1977～1990年的数据，发现在农村设立金融机构的数量每增加1%，贫困发生率降低0.34%；贝克等（Beck et al.，2008）研究了多国银行的贷款数据发现，金融系统越发达，越能更快地消除收入不平等，降低贫困水平。我国学者邵汉华等（2017）通过跨国数据不仅证明普惠金融能够显著的减缓贫困，而且减少贫困广度的效力大于贫困深度方面的效力。韩晓宇（2017）通过PVAR模型检验证明发展普惠金融有明显的减贫效应，进一步对区域普惠金融发展不平衡的状况分析，得出减贫的边际效应最高的是中西部，最低的是东部地区。刘金全等（2019）通过系统GMM方法对我国省级普惠金融与贫困减缓的关系进行了实证研究，发现普惠金融不仅能直接遏制城乡收入差距的扩大，而且通过间接效应证明普惠金融的发展可以减缓贫困。

另一种观点认为金融机构较高的信贷门槛导致穷人不能获取贷款，从而普惠金融并不能有效地缓解贫困。毛瑞尔（Maurer）指出金融机构为了降低信贷违约率，更倾向于为能够提供抵押物的富人群体提供良好的信贷和资金流，穷人由于要素禀赋的匮乏，无法得到金融机构的贷款，因此对改善贫困程度没有影响，进而出现马太效应，富人更容易获得金融的好处，因此金融发展的市场效应对缩小贫困差距的作用并不明显。杨俊（2008）对农村金融的发展对贫困的长短期影响进行了分析，指出在短期内金融发展对农民贫困程度有减弱影响，但长期来看金融发展不仅没有成为贫困减少的重要影响因素，反而对农村贫困的减少产生了抑制作用。付兆刚等（2016）使用PSTR

模型研究了不同的农村金融渠道发展水平对减贫效应的影响，发现其呈现先强后弱的特点，而对贫困失衡率的影响则一直显示为阻碍的效果。

从已有的文献中可以看出，国内外的学者对普惠金融和贫困之间关系的实证研究相对较少，现有文献中国外的研究主要是基于跨国的数据进行分析比较，国内的研究主要是基于省级的分析和比较。但对于农村普惠金融的研究从国别或省别的角度，显然忽略了贫困人口主要集中在农村等县域区域，其结论也不足以说明农村的问题，其针对性并不强。此外，对普惠金融和减贫效应之间的关系，由于不同的地区有不同的资源禀赋，以往的线性或非线性研究，不足以说明地区的空间差异对贫困的影响。基于以上原因，本文以县域的面板数据为样本，构建具有代表性的普惠金融发展指标体系，利用空间回归计量模型，检验普惠金融发展的减贫效应并测算县域能够突破贫困的门槛值，以期为进一步的政策制定提供学术依据。

三、县域普惠金融发展水平测量

（一）指标体系构建

关于普惠金融发展指标体系的构建，国内外的学者在此方面做了大量的研究。普惠金融发展指标最早由贝克提出，他使用了八个指标测算了世界上99个国家从2002～2003年的普惠金融发展水平。印度学者萨马（Sarma，2008）构建了一个包含银行渗透度、金融服务可利用性和金融服务使用情况三个维度，并各取一个指标的体系，使用欧式距离变换法衡量了55个国家的普惠金融发展水平。阿罗拉（Arora，2010）则使用金融可获得性、银行业务范围和金融服务成本三个指标来衡量不同经济发展水平国家的普惠金融水平。国内学者焦瑾璞等（2015）在借鉴国际经验的基础上，选取金融可获得性、使用情况和服务质量三个维度共19个指标，用层次分析法，分析了中国普惠金融的发展现状。

鉴于河南省是农业大省，农村人口数量最多，在全国农村人口总量中占到8.26%，现有贫困村3 723个，贫困县50个，因此选取河南省普惠金融发展状况作为研究对象具有典型意义。本研究在上述国内外研究基础上，结合县域发展情况，构建了河南县域普惠金融发展指标体系。具体是选取了金融服务可获得性（每百平方千米金融机构网点数、每万人拥有金融机构网点数）、金融服务使用情况（人均存款余额、人均贷款余额）和金融服务渗透度（贷款余额占各GDP比重、存贷比）三个维度6个指标来构建河南县域普惠金融发展水平指标体系（见表1），以此为基础测量河南的县域普惠金融发展状况，比较其中的差异分析存在的问题，为下一步的减贫效应分析提供相关数据。

鉴于数据的可得性，本研究选取2010～2016年河南省105个县（市）作为研究对象。数据来源于《中国县（市）社会经济统计年鉴》《河南统计年鉴》《河南调查年鉴》。其中金融机构的数据来源于中国银行保险监督管理委员会门户网站公布的持有金融许可证的金融网点数据（见表1）。

表1　　河南省县域普惠金融发展水平指标体系

维度	指标	单位	性质
金融服务可获得性	每百平方千米金融机构网点数	个/万人	正向
	每万人拥有金融机构网点数	个/万人	正向
金融服务使用情况	人均存款余额	元/人	正向
	人均贷款余额	元/人	正向
金融服务渗透度	贷款余额占各GDP比重	%	正向
	存贷比	%	正向

（二）普惠金融指数测度方法

本文采用变异系数法进行指数合成，是由于该方法能从客观角度确定权重，同时也考虑到各指标由于计量单位的不同而需要进行无量纲化处理，以解决不同地区和不同时间的数据能进行比较，而且又保证了有界性、单调性和齐次性的统计性质。计算公式为：

$$Vij = \frac{\sigma_{ij}}{\overline{x_{ij}}},\ (i=1,\ 2,\ \cdots,\ n;\ j=1,\ 2,\ \cdots,\ n) \tag{1}$$

其中，V_{ij}为维度i下第j项指标的变异系数，σ_{ij}为维度i下第j项指标的标准差，$\overline{x_{ij}}$为维度i下第j项指标的平均数。

接下来，计算各指标的权重：

$$W_{ij} = \frac{V_{ij}}{\sum_{i=1}^{n} V_{ij}} \tag{2}$$

计算出权重后，进行普惠金融指数的测度。首先对不同量纲的指标进行无量纲化处理，其计算公式为：

$$d_{ij} = \frac{X_{ij} - min_{ij}}{max_{ij} - min_{ij}} \tag{3}$$

其中，X_{ij}是各维度指标的实际观测值，min_{ij}是各指标的最小观测值，max_{ij}是各维度指标的最大观测值，d_{ij}的取值范围为（0，1），数值越大表示该县域的普惠金融化程度越高，反之，则越低。

当衡量普惠金融的指标有多个时，则采用欧式距离表示多维空间的普惠金融发展指数，以测度多维空间中实际观测值与理想点和最差点的距离。其表达式为：

$$IFI = 1 - \frac{\sqrt{(W_1 - d_1) + \cdots + (W_n - d_n)}}{\sqrt{W_1^2 + \cdots + W_n^2}} \tag{4}$$

IFI 的取值范围为［0，1］，越接近 1，表示该地区的普惠金融发展水平越高，越接近于 0，表示该地区的普惠金融发展水平越低。

（三）测度结果分析

表 2 为 2010 ~ 2016 年河南各县市 IFI 值的描述性统计，其中 IFI 值最小的为 0.057，最大的为 0.706，均值最大的为 0.259，说明县域间的普惠金融水平差异较为显著，整体普惠金融水平还处于中低水平；年均来看，IFI 的平均值逐年增加，说明普惠金融发展水平在逐渐向好的趋势发展。在 105 个县市中，IFI 值较低的数量从 74 减少到 27，占比从 70.48% 下降到 25.71%，说明河南省县域的普惠金融发展水平有了极大的提高。普惠金融发展较好的县市主要集中在荥阳市、新郑市、偃师市、武钢市、淇县、新乡县、长葛市和义马市。较差的主要集中在开封、南阳、商丘、信阳、周口、驻马店等市的县域区域，这也与河南各市的经济发展水平相符。

表 2　　2010 ~ 2016 年河南各县市 IFI 值的描述性统计

项目	2010 年	2011 年	2012 年	2013 年	2014 年	2015 年	2016 年
样本量	105	105	105	105	105	105	105
平均值	0.171	0.178	0.196	0.209	0.249	0.236	0.259
标准差	0.093	0.096	0.097	0.098	0.103	0.103	0.093
最小值	0.058	0.057	0.074	0.074	0.083	0.073	0.142
最大值	0.654	0.682	0.691	0.668	0.64	0.706	0.677
IFI 较高县（市）数	3	3	3	4	9	9	9
IFI 中等县（市）数	28	28	35	38	52	56	69
IFI 较低县（市）数	74	74	67	63	44	48	27
IFI 较低县（市）占比	70.48%	70.48%	63.81%	60%	41.90%	45.71%	25.71%

四、普惠金融的减贫效应的计量分析

（一）模型设定与变量选取

本文重点研究普惠金融的发展对县域贫困的减缓作用，同时考虑到其他因素会对贫困产生影响，因此引入农村经济增长（PGDP），消费规模（CONS）、财政支农水平（REVN）、教育发展水平（EDU）和固定资产投资规模（FAI）作为控制变量，建立计量模型：

$$POV_{it} = \beta_0 + \beta_1 IFI_{it} + \beta_2 PGDP_{it} + \beta_3 CONS_{it} + \beta_4 REVN_{it} + \beta_5 EDU_{it} + \beta_6 FAI_{it} + \varepsilon_{it} \quad (5)$$

其中，对于衡量贫困状况（POV）的选取，很多学者采用了贫困发生率、恩格尔系数等指标，但是这类指标会涉及贫困线标准设定的“好和坏”问题。考虑到数据的可得性及能够直观地反映普惠金融对贫困的影响，本文借鉴了王伟等（2018）和黄倩（2019）的做法，使用农村居民人均收入水平衡量农村地区贫困程度。普惠金融发展水平（IFI），主要参考萨马（2015）的方法，从金融服务可获得性、使用情况和渗透度三个维度综合反映。农村经济增长（PGDP）用农村人均 GDP 来表示。消费规模（CONS）以农村人均消费水平来表示，财政支农水平（REVN）用财政支出与农业总产值之比表示，其中财政支出以用于农林水事务的总支出表示；教育发展水平（EDU）用教育的支出在财政总支出中的水平表示；固定资产投资规模（FAI）用农村固定资产投资总额与农业总产值之比来表示。

（二）普惠金融减贫效应的空间分析

1. 空间相关性分析

以往的关于普惠金融与农村减贫关系的研究大多集中于时间维度的分析，并没有考虑地理空间异质性的存在。为此，引入空间计量模型将空间相关性纳入普惠金融与农村减贫关系的研究中来。为验证是否存在空间效应，首先对普惠金融指数和农村贫困状况的空间相关性进行分析。常用的方法有 Moran I 指数和 Geary C 指数，为了更完整的描述普惠金融水平和农村贫困状况的整体分布情况，本研究选用全局 Moran I 指数分析其在空间是否存在聚集特性。其计算公式为：

$$I = \frac{n}{S_0} \frac{\sum_{i=1}^{n} \sum_{j=1}^{n} w_{ij} z_i z_j}{\sum_{i=1}^{n} z_i} \tag{6}$$

其中，z_i 是要素 i 的属性与其平均值（$x_i - \overline{X}$）偏差，w_{ij}是要素 i 和 j 间的空间权重，可采用相邻原则计算，即两地相邻取值为 1，不相邻则取值为 0；n 是要素总数，S_0 为所有空间权重的聚合。

对 2010～2016 年河南县域农村普惠金融发展和农村贫困水平的空间相关性进行 Moran I 检验，结果如表 3 所示。普惠金融发展的 Moran I 的正态统计量 z 值年均高于 0.01 水平上的临界值（1.96），农村贫困状况的 Moran I 的正态统计量 z 值年均值也高于 0.01 水平上的临界值（1.96），说明普惠金融和农村贫困水平均存在明显的空间相关性，并呈现出具有较高普惠金融（贫困）发展水平的县域与具有较高普惠金融（贫困）发展水平的县域相邻，具有较低普惠金融（贫困）发展水平的县域与具有较低普惠金融（贫困）发展水平的县域相邻的特征。因此，被解释变量和解决变量都呈现出显著的空间自相关，若采用普通最小二乘法进行估计，会产生有偏的结果，有必要对普惠金融的减贫效应进行空间计量分析。

表 3　普惠金融指数与农村贫困状况的空间相关性分析（Moran I）

年份	普惠金融指数（IFI）		农村贫困状况（POV）	
	Moran I	z 值	Moran I	z 值
2010	0.649	6.609	0.328	3.514
2011	0.539	7.422	0.260	4.264
2012	0.519	7.446	0.265	4.150
2013	0.536	7.645	0.283	4.092
2014	0.526	7.879	0.286	4.375
2015	0.513	7.345	0.285	4.212
2016	0.514	7.513	0.187	2.814

2. 空间面板回归模型

经过空间相关性分析，验证了普惠金融对农村减贫具有空间相关性，因此不再采用传统的线性回归模型，以免回归结果产生系统性偏差。这种空间相关性的存在，可以引入到回归模型中，构造空间回归模型。最基础的空间回归模型有空间自回归模型（SAR）、空间误差模型（SEM）和空间杜宾模型（SDM）。

若考虑对空间不同地区时间依赖关系的分析，使用空间自回归模型（SAR）考察农村普惠金融发展对农村减贫的影响，则：

$$POV_{it} = \beta_0 + \beta_1 IFI_{it} + \beta_2 PGDP_{it} + \beta_3 CONS_{it} + \beta_4 REVN_{it} + \beta_5 EDU_{it} + \beta_6 FAI_{it} + \rho \sum_j W_{ij} POV_{it} + \mu_i + \gamma_t + \varepsilon_{it} \quad (7)$$

其中，W 为权重矩阵，ρ 为空间自回归系数，μ_i 为空间效应，γ_t 为时间效应，ε 为随机扰动向量，且其服从正态分布。

如若考察空间不同地区的异质性，则使用空间误差模型（SEM）：

$$POV_{it} = \beta_0 + \beta_1 IFI_{it} + \beta_2 PGDP_{it} + \beta_3 CONS_{it} + \beta_4 REVN_{it} + \beta_5 EDU_{it} + \beta_6 FAI_{it} + \lambda \sum_j W_{ij} POV_{it} + \mu_i + \gamma_t + \varepsilon_{it} \quad (8)$$

其中，λ 为空间误差自相关系数，主要衡量相邻区域的空间依赖关系，即相邻地区的贫困水平对本地区贫困水平的影响方向和程度。

如果需要考察的模型既要考虑空间相关性又要考虑残差项的空间自相关性，同时认为解释变量对被解释变量的影响还存在交互作用，则需要采用空间杜宾模型（SDM）：

$$POV_{it} = \beta_0 + \beta_1 IFI_{it} + \beta_2 PGDP_{it} + \beta_3 CONS_{it} + \beta_4 REVN_{it} + \beta_5 EDU_{it} + \beta_6 FAI_{it} + \theta_1 W(IFI_{it}) + \theta_2 W(PGDP_{it}) + \theta_3 W(CONS_{it}) + \theta_4 W(REVN_{it}) + \theta_5 W(EDU_{it}) + \theta_6 W(FAI_{it}) + \rho \sum_j W_{ij} POV_{it} + \mu_i + \gamma_t + \varepsilon_{it} \quad (9)$$

其中，θ_i 表示来自相邻地域解释变量的影响。

3. 空间面板回归估计结果

本文对空间自回归模型（SAR）、空间误差模型（SEM）和空间杜宾模型（SDM）分别进行了估计，从三个模型的拟合优度来看，三个模型均拟合较好，但 SDM 模型该值最高，而且霍斯曼检验也显示 SDM 模型的最高，说明 SDM 模型的拟合效果最好。因此，着重分析 SDM 模型的回归结果。模型的空间自回归系数 ρ 的估计值为 0.7398，在 1% 的水平上显著，表明河南县域普惠金融的发展对相邻地区有一定的促进作用，而且相邻的地区越多，越能从相邻地区的普惠金融发展中获得正的外部性，同时也意味着普惠金融存在着空间溢出特征。

从变量的回归系数看，普惠金融发展对农村减贫的影响在 10% 的水平上显著，但其系数为正，说明普惠金融发展的提高有利于减少农村贫困，但其滞后项系数为负，说明在长期中，普惠金融的发展对农村减贫的影响呈反方向变化，即长期会抑制农村减贫，这与杨俊（2008）、余志刚（2016）的结论是一致的，可能的原因是随着金融的发展，短期内所有人都会从金融的发展中获益，收入水平增加，但长期来看，收入水平低的人，其初始禀赋水平也越低，想从金融机构获得贷款的概率也越小，因此也抑制了这部分人从普惠金融的发展中获取收益。从其他控制变量来看，农村人均经济增长的系数为0.086，且在1%的水平上显著，说明农村经济增长每提高1%，减贫程度就提高0.086%，可能的原因是经济增长使得所有人都能从中受益；消费规模和固定资产投资规模对农村减贫的影响都在1%的水平上显著，表明他们的增加都会使得减贫程度提高。此外，教育水平对农村减贫的影响不显著，可能的原因是政府虽然对教育进行了投入，但受到较高教育水平的农村居民更愿意流动到城市工作而未能对农村贫困的减缓产生积极的作用（见表4）。

表4　　普惠金融减贫效应的空间自回归模型估计结果

变量	SAR	SEM	SDM	变量	SAR	SEM	SDM
IFI	0.0688* (0.0453)	0.1641*** (0.0498)	0.0704* (0.0540)	W(IFI)			−0.1679** (0.0822)
PGDP	0.1112*** (0.0146)	0.0730*** (0.0181)	0.0860*** (0.0277)	W(PGDP)			0.0733* (0.0431)
CONS	0.0917*** (0.0116)	0.1027*** (0.0193)	0.0753*** (0.0165)	W(CONS)			0.0181 (0.0232)
REVN	0.0432 (0.0361)	−0.0123 (0.0352)	0.0341 (0.0430)	W(REVN)			0.1602* (0.1048)
EDU	0.0689* (0.0455)	0.0215 (0.0526)	0.0456 (0.0620)	W(EDU)			0.0290 (0.0914)
FAI	0.0012*** (0.0003)	0.0008** (0.0003)	0.0011*** (0.0003)	W(FAI)			0.0009** (0.0004)
常数项	−0.0433 (0.0920)	7.3009 (0.2391)	−0.1678 (0.1956)	ρ	0.7815***		0.7398***
				λ		0.9574***	
				R^2	0.9660	0.9354	0.9696
				Log-likelihood	1 196.4352	1 067.9911	1 209.6990
				Hausman test	0.98	−245.62	21.62

注：括号内为标准差；***、**、*分别为在1%、5%、10%的显著性水平下显著。

由于空间杜宾模型（SDM）的回归系数显著不为0，因此要采用偏微分的方法将空间溢出效应进行分解，从直接效应、间接效应和总效应三个角度分析解释变量对本区域和相邻区域的影响，结果如表5所示。普惠金融发展指数的间接效应系数为−0.4078，在10%的水平上显著，说明一个地区普惠金融的发展水平的提高抑制了与其相邻县域的农村贫困的减缓，即普惠金融的发展使得相邻县域存在对资源争夺的竞争关系，这意味着普惠金融的减贫效应对周边区域的农村减贫产生负的空间外溢效应超过了可能产生的“示范效应”带来的正的空间外溢效应。

表 5　　空间杜宾模型溢出效应分解结果

变量	直接效应	间接效应	总效应
IFI	0.0239 (0.0557)	-0.4078* (0.2313)	-0.3839 (0.2513)
PGDP	0.1404*** (0.0255)	0.4675*** (0.0891)	0.6079*** (0.0949)
CONS	0.1067*** (0.0167)	0.2534*** (0.0656)	0.3601*** (0.0729)
REVN	0.1116* (0.0645)	0.6569* (0.3623)	0.7685* (0.4142)
EDU	0.0724 (0.0685)	0.2206 (0.2725)	0.2930 (0.3113)
FAI	0.0018*** (0.0003)	0.0058*** (0.0014)	0.0076*** (0.0017)

注：括号内为标准差；***、**、*分别为在1%、5%、10%的显著性水平下显著。

农村经济增长、消费规模和固定资产投资规模三个方面对减缓贫困无论是直接效应、间接效应还是总效应均存在显著的影响且为正，这意味着这三方面的发展不仅有利于本地区农村贫困的减缓，同时也有助于周边其他区域农村贫困的减缓，具有明显的空间外溢效应。

（三）普惠金融减贫效应的门槛特征

1. 门槛面板回归模型

从上面的分析可知普惠金融对农村贫困的影响是非线性的，那么是否会存在一个或几个关键点，如果能够突破这些关键点，就可以实现有效地减贫，这些需要再对普惠金融减贫效应的门槛特征进行分析。

传统门槛分析通常基于外生样本分离的方法，但是这类方法由于分异区间和样本分离点都是任意选择的而不是由经济内在机制决定的，不可能推导出门槛的置信区间，因而得到的参数估计的有效性不可靠；而回归树技术则是通过数据排序内生求得门槛值及其数量，该方法不能提供相应的分布理论去检验门槛值的统计显著性。为此，采用汉森（Hansen，1999，2000）提出的门槛回归计量方法。其优点是不需要给定非线性的方程形式，门槛值及其个数由模型内生决定；另外还提供了渐近分布理论可得到置信区间，同时可得到门槛值的统计显著性估计。

本文选取普惠金融指数（IFI）为门槛变量，同时考虑到可能会存在多个门槛值，所以建立以下面板模型：

$$\begin{aligned}POV_{it} = \mu_i + \beta_{11}IFI_{it}I(IFI_{it} \leqslant \gamma_1) + \beta_{12}IFI_{it}I(\gamma_1 < IFI_{it} \leqslant \gamma_2) + \cdots \\ + \beta_{1n}IFI_{it}I(\gamma_{n-1} < IFI_{it} \leqslant \gamma_n) + \beta_{1(n+1)}IFI_{it}I(IFI_{it} > \gamma_n) \\ + \beta_2 PGDP_{it} + \beta_3 CONS_{it} + \beta_4 REVN_{it} + \beta_5 EDU_{it} + \beta_6 FAI_{it} + \varepsilon_{it} \quad (10)\end{aligned}$$

其中，普惠金融发展指数（IFI）为门槛变量，γ_1，$\gamma_2 \cdots$，γ_n 为门槛值，β_{11}，β_{12}，…，β_{1n}为不同门槛值的估计系数，I(•) 为指标函数。

2. 检验结果

本文根据汉森（1999）的思路进行了稳健性估计。首先确定门槛的个数，分别对存在一个门槛、存在二个门槛和存在三个门槛三个条件进行了验证，并用bootstrap自抽样方法进行了300次，计算出P值，结果如表6和表7所示。表6表明，经三重门槛模型的验证，门槛估计值分别为0.286、0.492和0.077，表明在经济发展的不同阶段，普惠金融对农村贫困的减缓存在着非线性的关系得到验证。但结合95%的置信区间、F值、P值和门槛值变化的图形（见图1）来看，普惠金融对农村贫困仅存在二个门槛值。

表6　　门槛估计值

模型	门槛估计值	95%置信区间
单一门槛	0.286	(0.270，0.527)
双重门槛	0.492	(0.464，0.492)
三重门槛	0.077	(0.077，0.301)

表7　　门槛效应检验

模型	F值	P值	BS次数	临界值 1%	临界值 5%	临界值 10%
单一门槛	25.399***	0	300	16.596	9.819	7.787
双重门槛	17.211***	0.01	300	17.128	9.381	6.554
三重门槛	5.355	0.19	200	20.915	11.854	8.654

注：括号内为标准差；***、**、*分别为在1%、5%、10%的显著性水平下显著。

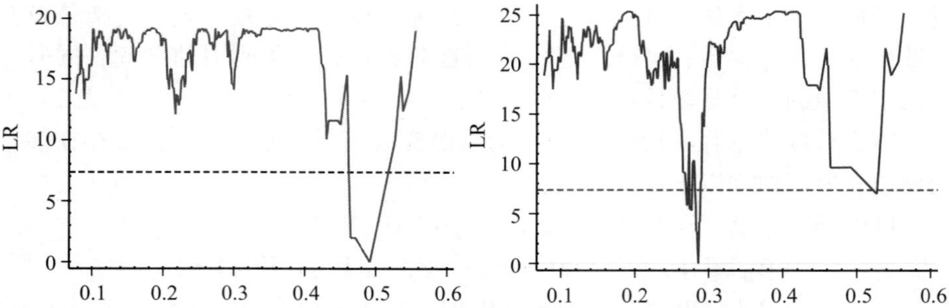

图 1　门槛单一估计值和双重估计值

对于普惠金融发展水平的门槛来说，当普惠金融发展水平低于第一门槛值 0.286 时，系数估计值为 0.621，这表明普惠金融发展能够起到增加农民收入减缓贫困的作用；当普惠金融发展水平位于 0.286 和 0.492 之间时，系数估计值为 0.614，减少了 0.007；当普惠金融发展水平跨越第二个门槛值时，系数估计值为 0.629，增加了 0.015，这说明普惠金融对农村贫困的减缓是非线性的，同时普惠金融发展的减贫效应在不同的地区由于经济发展水平不同也呈现出差异。

据此得到初步的结论：在 2010～2016 年，河南省县域普惠金融的发展与农村减贫之间存在着非线性的关系，即具有门槛特征。在门槛值划分的不同区域中，普惠金融的发展对农村减贫的影响程度也存在着差异，当普惠金融发展水平超越第一个门槛但低于第二个门槛值时，普惠金融对于减贫的边际收益是递减的；而当超越第二门槛值时，普惠金融对于减贫的边际收益是递增的。

五、结论与政策启示

选取河南 105 个县域 2010～2016 年的面板数据，建立普惠金融指数，采用 SAR、SEM 和 SDM 模型进行回归，并进行了门槛效应分析，全面系统考察了普惠金融的减贫效应，得到以下结论：

第一，普惠金融的发展有助于减缓农村贫困，但从长期来看，普惠金融的发展对农村减贫的影响是反方向的，即长期会抑制农村减贫。

第二，普惠金融的发展对减少贫困有明显的空间外溢效应。从间接效应可以看出来，本地区普惠金融对其他相邻县域的农村贫困会产生影响，反之，所有邻县的普惠金融发展对于本县的农村贫困的边际效应的总和是 -0.4078，也就是说相邻区域会因为争夺可贷农户的资源而成为竞争者，而且其影响的方式表现为离得越近影响越大，越远则影响越小。

第三，从门槛模型可以看出普惠金融与农村减贫存在着非线性的关系，且具有显著的门槛效应。当普惠金融发展水平超越第一个门槛但低于第二个门槛值时，普惠金融对于减贫的边际收益是递减的；而当超越第二个门槛值时，普惠金融对于减贫的边际收益是递增的。

从研究结论得到以下的政策启示：

第一，针对普惠金融发展不均衡的地区，推动普惠金融的发展能够在短期内减缓县域的减贫增收，因此应当加大力度支持不发达的县域，合理引导普惠金融在各个区域的发展，提高金融服务与渗透性，鼓励金融产品的创新，降低对不发达地区的融资门槛，因地制宜的推动普惠金融的发展。

第二，由于普惠金融在长期中会抑制农村减贫，因此，应把在短期内发展区域经济增长和减少收入差距作为主要的减贫措施。从间接效应方面来看，县域的区域金融资源竞争度较高，不利于落后县域的发展，对于这些县域，可以适当加大基础设施的投资改善落后区域的经济状况，争取更多的贫困户不被排除在普惠金融制度之外。

第三，关注普惠金融发展的门槛效应，综合考量全省范围的减贫目标，根据不同县域的普惠金融发展情况合理配置金融资源。

参考文献

1. 都阳、蔡昉：《中国农村贫困性质的变化与扶贫战略调整》，载于《中国农村观察》2005 年第 5 期。

2. 付兆刚、张启文：《基于 PSTR 模型的农村金融渠道减贫效应分析》，载于《中南财经政法大学学报》第 3 期。

3. 韩晓宇：《普惠金融的减贫效应——基于中国省级面板数据的实证分析》，载于《金融评论》2017 年第 2 期。

4. 黄倩、李政：《县域普惠金融发展与经济包容性增长——基于云南省 120 个县域数据的实证分析》，载于《云南财经大学学报》2019 年第 1 期。

5. 焦瑾璞：《普惠金融的中国之路》，载于《清华金融评论》2018 年第 2 期。

6. 焦瑾璞、黄亭亭、汪天都、张韶华、王瑱：《中国普惠金融发展进程及实证研究》，载于《上海金融》2015 年第 4 期。

7. 刘金全、毕振豫：《普惠金融发展及其收入分配效应——基于经济增长与贫困减缓双重视角的研究》，载于《经济与管理研究》2019 年第 4 期。

8. 邵汉华、王凯月：《普惠金融的减贫效应及作用机制——基于跨国面板数据的实证分析》，载于《金融经济学研究》2017 年第 6 期。

9. 王伟、朱一鸣：《普惠金融与县域资金外流：减贫还是致贫——基于中国 592 个国家级贫困县的研究》，载于《经济理论与经济管理》2018 年第 1 期。

10. 杨俊、王燕、张宗益:《中国金融发展与贫困减少的经验分析》,载于《世界经济》2008 年第 8 期。

11. 张全红:《中国农村扶贫资金投入与贫困减少的经验分析》,载于《经济评论》2010 年第 2 期。

12. Beck, T. , *Demirgüç - Kunt*, *Asli*, & *Martinez Peria*, *M. S.* , *Banking services for everyone? Barriers to bank access and use around the world. Social Science Electronic Publishing*, *the World Bank Economic Reviews*, Vol. 22, No. 3, 2008, pp. 397 - 430.

13. Burgess, Robin and Pande, Rohini, *Can Rural Banks Reduce Poverty? Evidence from the Indian Social Banking Experiment*, *American Economic Review*, Vol. 95, No. 3, 2005, 780 - 795.

14. Sarma M. , *Index of Financial Inclusion*, *Indian Council for Research on International Economics Relations*, Working Paper, 2008: 42 - 63.

Research on Spatial Effect and Threshold Effect of Poverty Reduction Through Inclusive Finance in Counties

—Based on an Empirical Analysis of 105 Counties in Henan Province

Ni Bingli

(College of Economics and Management,
Henan Agricultural University, Zhengzhou, 450056)

[**Abstract**] Based on the economic data of 105 counties of Henan Province, construct the inclusive financial development index. Then establish the model of the inclusive financial poverty reduction effect, and analyze of the influence of inclusive finance on rural poverty alleviation. Finally, use of spatial regression model analysis the inclusive financial space effect and spillover effect. The threshold panel model is further used to analyze the threshold that rural poverty alleviation needs to cross. Research shows that the development of inclusive finance can help alleviate poverty in the county in a short term, and has spatial spillover. The development of inclusive finance in all neighboring counties has a significant impact on rural poverty in the county. In addition, the alleviation of rural poverty by inclusive finance is non-linear, and economic development, consumption level, education investment and fixed asset investment scale all have positive effects on poverty alleviation. The government will solve the financial service problem for the vulnerable groups according to the different development level system of financial inclusion in different regions; and can increase the education investment and fixed asset investment level to the backward area, in order to improve the overall economic development level of this area.

[**Key Words**] Inclusive Finance Poverty Reduction Effect Spatial Regression Model Threshold

JEL Classifications: G28 H81

县域金融规模和政府规模影响产业结构的异质性分析

——基于面板 PVAR 模型

赵发海*

【摘　要】本文选用 2005 ~2016 年的县域数据，运用 PVAR 模型分别从全国、东中西部、贫困县与百强县的层面上对县域金融规模、政府规模影响产业结构的互动机制进行了分析，以探究其互动机制的地域差异性。本文的主要结论如下：（1）在全国地区层面上产业结构在初期存在显著的自我增强机制作用，政府规模和金融规模对产业结构影响为负，即政府和金融机构有利于我国第三产业的发展，有助于推进绿色环保的经济发展方式，这对于我国经济的持续健康发展是有显著的现实意义。（2）在东中西部层面上研究发现，各地区的产业结构和政府规模对产业结构的影响方向是一致的，前者影响为正，后者影响为负；金融规模对产业发展的作用方向在各地区有所不同，东部和西部的影响方向为负，中部地区为正。（3）以百强县和贫困县为研究对象时，百强县的变量影响机制与东部类似，但影响结果比贫困县更为稳健。

【关键词】**县域金融发展　产业结构　PVAR 模型**

中图分类号：**F061.5**　文献标识码：**A**

一、引言与文献综述

在中国整个金融体系中，县域金融处于整个产业链的末端并深入实体经济内部，类似整个金融生态体系中的“毛细血管”，是金融服务实体经济的

* 赵发海，山东大学经济研究院，博士研究生，研究方向：制度经济学，县域经济发展，地址：（25010）山东省济南市山大南路 27 号山东大学经济研究院，Email：hai1977@126.com。

主要阵地。因此，县域金融发展对实体经济发展产生很大的影响，尤其是对产业结构调整与升级起到非常重要的作用。

国内外学者对于金融发展影响产业结构开展了广泛的研究。肖（Shaw，1973）率先提出“金融深化”理论，随着金融基础设施的完善，储蓄、投资的转换和资金、资源的优化配置水平也会得到提高。戈德史密斯（Goldsmith，1969）也得出相关结论，他指出随着市场中的金融服务需求增加，金融机构会努力通过改进服务方式和从业人员素质来提升自身竞争力，在这一过程中，资源会从低效率的产业或地区向高效率的产业或地区流动，进而产业结构就会得到逐步优化调整。麦金农（Mickinnon，1973）率先提出了“金融抑制”理论，认为金融发展深刻影响着资源的合理优化配置、经济结构的转变。尽管肖（Shaw，1973）和麦金农（Mickinnon，1973）的研究侧重于市场经济对资源的优化配置方式与机制，并没有直接说明金融发展与产业结构的联系，但是从其理论的外延包含二者的关系，在某种程度上说，为以后学者的深入研究做出了重大的贡献。拉詹（Rajan，1998）与辛格尔（Zingale，1998）指出金融体系愈加完善，金融效率也就越高，新兴产业发展所付出的融资成本也就越低，产业结构会得到进一步调整。21 世纪以来，随着技术的不断变革，金融和产业都发生了翻天覆地的变化，菲斯曼（Fisman，2003）等深入研究了金融市场中金融工具对资源的优化配置作用，指出随着一个国家或地区金融规模的提高，各个产业增长率差距会越来越小，逐步趋向一致，即金融规模与各产业间的增长率呈正相关关系。安佐拉多斯（Anizoulatos，2011）与托马斯（Tsoumas，2011）利用跨国面板数据，肯定了“金融服务观”的理论，认为金融能够提升产业技术水平，进而作用于产业结构，促进其转型发展。布朗（Brown，2012）认为以银行为主导的间接融资体系不利于高风险技术创新活动的债务融资，不利于产业结构的优化升级。阿莫尔（Amore，2013）在研究了美国 20 世纪 80 ~ 90 年代期间制造业的发展后指出：金融业的发展对制造业的创新和升级起到了关键的作用。萨西德哈兰（Sasidharan，2014）、普拉丹（Pradhan，2015）等从不同的产业角度进行实证研究，最终都得出金融业的发展明显使企业的融资更加便捷，促进了企业对研发的投入，带动了企业的发展和产业结构升级。

国内关于金融发展与产业结构升级的研究大多以实证研究为主。实证研究的方法主要包括三个方面：基于 VAR 模型的因果关系研究；基于门槛模型的门槛效应研究以及基于面板模型的实证研究。马智利等（2008）采用 1978 ~ 2006 年的数据，运用 VAR 模型，得出产业结构升级和金融市场化率之间存在双向的因果关系，而与金融相关比率之间只存在单向因果关系，并且得出中国的产业结构升级与金融发展的长短期关系是不一致的。王立国和赵婉妤（2015）采用 1992 ~ 2012 年的数据，运用 VAR 模型，指出金融发展规模扩大、结构合理化对产业结构升级有积极促进作用，产业结构升级并没有对金融发展产生引致需求。陈时兴（2011）基于 VAR 模型，研究了信贷融资、证券融资和产业结构升级的关系，得出两者都是产业结构升级的 Ganger 原因，但证券融资支持产业结构升级明显不足。苏建军（2014）采用面板协整和向量误差修正模型，对金融发展、经济增长与产业结构升级三者之间的关系进行了研究，得出经济增长依赖于产业结构升级，快速发展的金融产业是产业结构升级的助推器。产业结构升级对金融发展起着巨大的拉动效应，金融发展是产业结构升级的重要外部支撑条件。与只站在线性关系的角度不同，陶爱萍，徐君超（2016）考虑到了金融发展与产业结构之间的非线性关系，并基于 Hansen 门槛模型，以金融规模为门槛变量，得出金融发展与产业结构升级之间的确存在非线性关系，即不同的金融规模下作用不同，呈现出了先上后下的“U”型趋势。

为了明确金融发展对产业结构升级的具体影响效用，有学者将内生因素具体化，构建出面板数据模型。范方志等（2003）、李绍玲等（2014）把我国分为东部、中部和西部三个区域，基于面板数据模型，分别研究金融发展对产业结构升级的关系。李绍玲等得出东部、中部、西部地区金融发展与其产业结构升级之间呈现明显的区域差异，东部、西部两地区区域金融发展对其产业结构优化升级具有正向促进作用，且东部地区影响力强于西部地区；然而中部地区区域金融发展对其产业结构优化升级具有负向作用。赵亚辉（2015）通过估计面板数据模型，得出金融规模和金融效率都促进了产业结构的升级，但金融效率的作用并不明显。

综上研究发现，金融发展对于产业结构的计量分析多数都是采用省级、国家层面或是市级层面上的数据，对于县级层面上数据分析较为缺乏。由于我国幅员辽阔，地域差异性比较大，县域金融的异质性尤其明显，而对于这种异质性的研究非常少。因此，本文首先采用 PVAR 方法研究产业结构、金融规模和政府规模三个变量之间的相互影响机制，以探讨县域金融发展与产业结构的关系；其次将全国分为东、中、西三个区域分别进行回归分析，研究其影响机制和影响程度在区域层面上的差异性；最后针对我国的百强县和贫困县进行异质性分析。

二、变量选择与数据说明

本文数据来源于国研网，部分数据通过中国县域统计年鉴进行补充和计算获得。相关变量描述性统计如下：

（1）产业结构。本文将产业结构作为被解释变量，以第二产业与第三产业的比值来衡量产业结构。产业结构的变动是产业结构日趋合理化的过程，伴随着对产业结构的优化调整，会对我国的经济发展产生积极的影响。具体测算结果及变化趋势如表 1 和图 1 所示。

表 1　　产业结构描述统计

产业结构	全国地区	东部	中部	西部	百强县	贫困县
最大	2. 20158	1. 87271	2. 79924	1. 95590	2. 33026	1. 78195
最小	1. 22749	1. 16652	1. 27759	1. 23100	1. 56427	0. 80772
均值	1. 58309	1. 53178	1. 70594	1. 50265	2. 02155	1. 23978
标准差	0. 29825	0. 19952	0. 49833	0. 25461	0. 22607	0. 32862

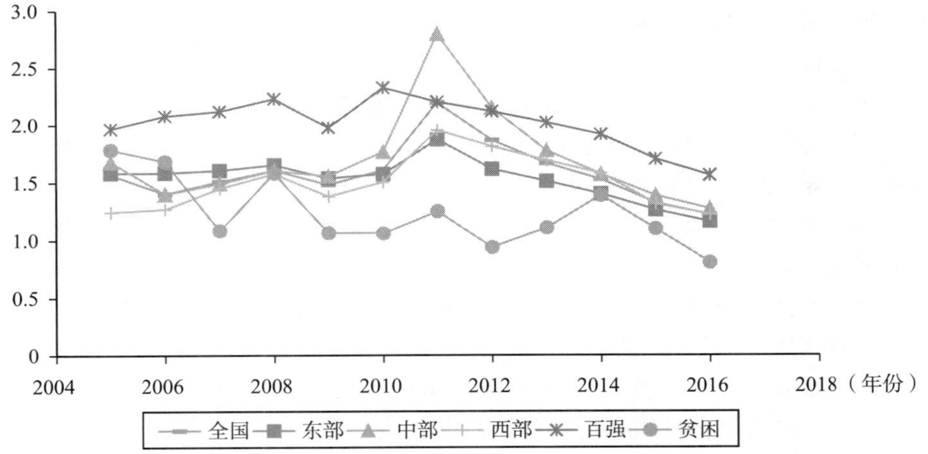

图 1　产业结构变化趋势

由表 1 可知，产业结构变量在各地差异较小，全国平均水平为 1. 58309。以东、中、西三个区域为研究对象时发现各区域的产业结构差异较小，均值为 1. 5 左右。而以百强县和贫困县为研究对象时，产业结构出现了较大差异，百强县达到了 2. 02155，说明百强县地区的经济发展状况良好，远高于全国平均水平，而贫困县的产业结构绝对值仅为 1. 23978，与全国平均水平有着较大的差距，这或许是因为该地区仅以农业为主要发展产业，而第二产业和第三产业较为贫乏。

但不同地区内部仍有着较大差异，产业结构最大值出现在中部区域，且远高于其他地区，而东部区域产业结构的最大值仅达到了中部区域的 67% 左右，这或许是因为东部区域以发展能耗少、回报率高的金融和服务业为主，第三产业所占比例较大，而中部区域的重工业发展较为繁荣，第三产业发展欠缺。

就波动范围而言，中部区域的波动幅度较大，其他地区与全国平均水平基本持平，变化较小。

由图1可以看出，各地区的产业结构在不同时期均有较大波动，总体来看，百强县的产业结构在全国居于领先位置，贫困县最低，其他地区的产业结构水平差别较小且有明显波动。

百强县地区的产业结构变化趋势在考察期内可大致分为两个阶段：其一为2005～2010年，在这期间的产业结构基本处于上升态势；其二为2010～2016年，这一时期的产业结构逐渐下降。考虑到本文用第二产业和第三产业的比值来衡量产业结构，这说明了2010年之前的百强县地区第二产业的比重在不断增大，由于百强县大多位于东部沿海地区，以发展旅游业和金融等第三产业为主，因此近年来随着旅游业的发展和完善，第三产业的比重有所上升，因此其变化趋势出现了图中的倒“U”型曲线。贫困县地区的产业结构在考察期内同样波动较大，出现了多重的“上升－下降”现象，但总体来看仍处于下降趋势，由于贫困县地区以第一产业的农业为主要经济发展产业，第二产业和第三产业占比普遍较低，因此其产业结构在全国水平中居于最低位置也不难理解。其他地区的产业结构在考察期内变化较小，基本上是以2011年为分水岭，在2011年之前基本持平，2011年之后有小幅度的下降。这说明总体而言我国的第二产业占比逐渐下降，而第三产业占比不断提高，由于第三产业资源回报率高、能耗低、对环境污染小，因此这一变化趋势是有利于我国经济的长远发展的。

（2）金融规模。以熊彼特（Schumpeter，1911）为代表的众多经济学家认为，发达的金融体系能够促进经济增长，发育良好的金融体系有助于降低信息成本和交易成本，进而对长期经济增长产生影响。以往学者多采用存贷款余额与GDP的比值来衡量金融规模，但部分学者认为存款未形成固定投资，会造成金融发展过高的错觉（王晋斌，2007），因此本文借鉴该作者的测度方法选用金融机构贷款余额与GDP的比值即金融规模来衡量金融发展水平。具体测算结果与变化趋势见表2和图2。

表2　　金融规模描述统计

金融规模	全国	东部	中部	西部	百强	贫困
最大值	0.707113	0.712603	0.641262	0.756362	0.717245	0.823165
最小值	0.404128	0.395018	0.370379	0.437969	0.469261	0.439529
平均值	0.524628	0.5306	0.479124	0.557066	0.594765	0.550867
标准差	0.091785	0.104616	0.081011	0.095428	0.091281	0.114774

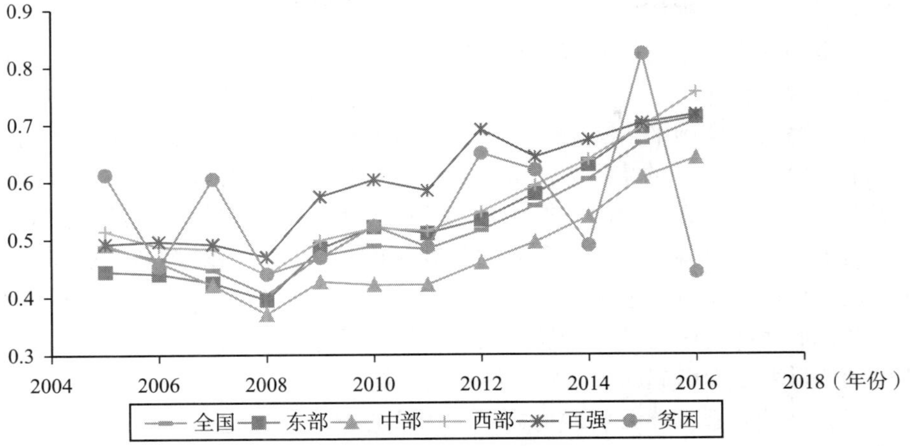

图 2　金融规模变化趋势

由表 2 可知，我国的金融规模分布呈现西部地区最高，东部次之，中部最低的态势，这在直观上难以理解。但结合前面对经济发展水平的分析，考虑到本文选用金融机构贷款余额与 GDP 的比值衡量金融规模，金融规模的这一变化趋势反映了西部地区的金融机构贷款余额远高于中东部地区，这或许是因为我国地区间存在较大差异，在西部地区的经济发展水平较为落后的背景下，政府为了扶持该地区的经济发展对贷款政策做出了优惠调整造成的，因此该地区金融规模远高于其他地区。而东部的金融规模高于中部地区，则是由于我们传统上对经济的认知、先进地区的经济发展对物质投资的需求和利用率更大而造成的，而金融机构为了使所投的资金获得更高的收益，必然会加大对该地区的贷款额度。值得注意的是，贫困县地区金融规模的最大值远高于其他地区，这或许与我国对贫困县地区的大力扶持和优惠政策息息相关。

由图 2 可知，除贫困县和百强县的金融规模在考察期内的变化趋势较为复杂，其他地区的波动趋势基本保持一致，即在考察期内整体呈现上升趋势，仅在 2008 年出现了明显下降现象。这很有可能是由 2008 年的金融危机造成的，2008 年的金融危机使得我国各个金融机构的发展状况不甚乐观，因此其贷款余额会出现显著下降，造成金融规模缩紧。贫困县地区的金融规模在考察期内变化幅度较大，时而处于全国最低水平，时而又跃居于全国最高状态，尤其在 2015 年的金融规模甚至超过了百强县水平，居于历史最高位置，但结合前面分析，贫困县地区的经济发展水平在此时期内出现了较大程度的下降。由于本文用金融机构贷款余额与 GDP 的比值来衡量金融规模，因此可以得到，贫困县地区的金融规模增大并非是由于传统意义上的金融机构对该地区的经济扶持引起的，而是由于 GDP 值太低、分母过小而引起了金融规模绝对值增大。

就金融规模的绝对值而言，除贫困县的特殊年份外，总体来看百强县地区的金融规模仍然处于全国领先地位，东部和西部地区的金融规模绝对值较为接近，略高于全国平均水平，仅中部地区的金融规模长期居于全国平均水平之下。但结合前面对经济增长水平及贫困县地区的分析可知，东部和西部地区的金融规模均高于全国平均水平的原因并不一致：东部地区的金融规模增大是由于金融机构对企业及个人的贷款额度较大，从而对经济发展起了积极地促进作用，使得金融规模衡量公式中的分子增大而引起的金融规模绝对值升高；而西部地区则是因为经济发展水平较为落后，使得金融规模衡量公式中的分母变小而引起的金融规模绝对值升高。

（3）政府规模。本文将政府规模作为核心解释变量之一，以地方财政一般预算支出与 GDP 的比值来衡量政府规模，其描述统计和变化趋势如表 3 和图 3 所示。

表 3　　政府规模描述统计

政府规模	全国	东部	中部	西部	百强	贫困
最大值	0. 310151	0. 181121	0. 257374	0. 447791	0. 120245	0. 886324
最小值	0. 1566	0. 086461	0. 13242	0. 22673	0. 065356	0. 211681
平均值	0. 247414	0. 131125	0. 200114	0. 369643	0. 091077	0. 40518
标准差	0. 053452	0. 031628	0. 041004	0. 081698	0. 017668	0. 19573

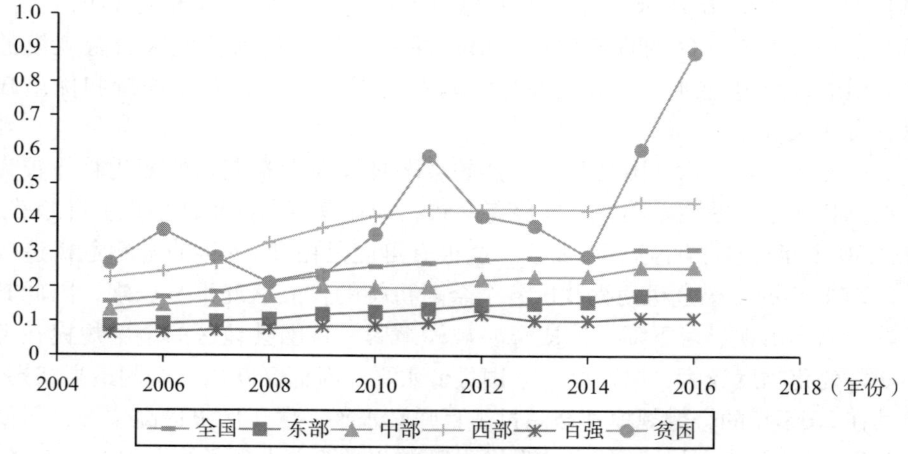

图 3　政府规模变化趋势

由表 3 可知，政府规模在我国基本上呈现由沿海至内陆规模逐渐扩大的分布趋势。由于本文选用政府支出与 GDP 的比值衡量政府规模这一变量，考虑到经济综合发展在各区域间的发展态势，数据变化说明政府在西部地区的支出最高，中部次之，东部最低。由于我国东部地区经济发展水平较高，尤其是百强县地区，人民生活水平富足，劳动积极性高，物质资源丰富，因此政府对这些地区不必给予过多的扶持，只需要保持现有水平持续发展即可。但西部地区，尤以贫困县地区为甚，人民生活水平较低，资源匮乏，因此需要政府给予适度的帮扶和优待，为了促进该地区的发展，地方政府必然会加大支出提高该地区人民的生活水平，因此政府规模在区域间呈现“西高东低”的趋势。

值得注意的是，贫困县地区的政府规模最小值甚至超过了东部和百强县地区的最大值，这说明政府对我国贫困县的扶持力度还是很大的。

与金融规模的变化趋势类似，贫困县地区的政府规模同样在考察期内波动较大，而其他地区的绝对值在考察期内整体呈现上升态势，且波动较小，呈现稳中向好的变化趋势。从政府规模的绝对值来看，与经济发展水平的排次相反，西部地区和贫困县地区的政府规模领先于全国水平，且贫困县地区情况更甚。低于全国水平线的地区按绝对值大小排序分别为中部地区、东部地区和百强县地区。这说明经济发展水平越高的地区其政府规模反而越小。

三、实证研究

（一）PVAR 模型构建

本文基于全国层面、东中西区域层面、百强县和贫困县层面通过 PVAR 模型研究金融规模、政府规模和产业结构之间的关系，有效地弥补了时间序列数据和横截面数据的不足。PVAR 模型，即面板数据向量自回归模型，是对传统 VAR 模型的一种拓展，该模型将所有变量都视为内生变量，极少地受到经济理论的约束。其优点是在控制了时间效应和个体效应的基础上，通过脉冲响应可以分析各变量在面对不同冲击时的动态反应和波动，详细描述各种冲击引起的动态传导机制，最后通过方差分解得出模型中各变量的相对重要性和贡献程度。

本文构造三变量 PVAR 模型，分析金融规模（fsca）、政府规模（gsca）和产业结构（str）三者之间的关系，模型设定为：

$$X_{it} = \alpha_i + \gamma_t + \beta_1 X_{i,t-1} + \beta_2 X_{i,t-2} + \cdots + \beta_p X_{i,t-p} + u_{it} \tag{1}$$

其中，X =（str，gsca，fsca）是模型的 3 个内生变量，p 是变量自回归阶数。α_i、γ_t 分别是个体效应向量和时间效应向量，u_{it}假设是服从正态分布的随机扰动。

（二）县域层面全国金融发展影响产业结构的分析

1. 稳健性检验

在对模型进行估计之前，为模型分析结果的稳健性，避免出现虚假回归等问题，首先需要对相关变量进行平稳性检验。本文选用 PP 和 ADF 方法对全国层面的四个变量序列进行面板单位根检验。具体检验结果如表 4 所示。

表 4　　平稳性检验

	str	fsca	gsca
PP 统计量	8.628	10.722	16.070
P 值	0.000	0.000	0.000
ADF 统计量	78.773	63.073	83.893
P 值	0.000	0.000	0.000

由表 4 平稳性检验结果可知，在两种平稳性检验方法下均显示产业结构、金融规模和政府规模四个变量通过了平稳性检验，且在 1% 的显著性水平下拒绝了不平稳的原假设。说明本文研究的三个变量均为平稳变量序列，因此本文可直接选用上述变量的原始序列进行相关实证分析。

2. 滞后阶数选择

滞后阶数的选取对实证分析的结果至关重要，既要保证滞后项足够多，使变量之间的动态机制能够完整地表现出来，也要保证模型有足够的自由度。为避免单一方法造成的结果不准确，选用 AIC、BIC 和 HQIC 三种信息准则来选取最优的滞后阶数。

全国层面的滞后阶数选取结果如表 5 所示。

表 5　　全国层面滞后阶数

lag	AIC	BIC	HQIC
1	3.10391 *	5.46281 *	3.87765 *
2	3.35276	5.94268	4.20664
3	5.57349	8.44736	6.52645
4	3.63572	6.86772	4.71449
5	4.44797	8.14688	5.69201

注：* 表示该准则所选取的最优滞后阶数，下同。

表 5 结果显示，在全国区域 AIC、BIC 和 HQIC 三种检验准则均表明最优

滞后阶数为 1 阶，因此本文在运用 PVAR 模型对全国区域的金融规模、政府规模和产业结构的互动机制进行研究时，将选取 1 阶滞后的 PVAR 模型。

3. 回归结果

在对模型进行估计时，需要消除其时间效应和个体效应之后再进行后续分析。由于普通的一阶差分方法可能会在消除个体效应的同时引入新的问题，因此本文选取应用更为广泛的前向均值差分法对个体效应和时间效应问题进行预处理，处理之后再对模型进行回归分析。全国层面的回归结果如表 6 所示。

表 6　　全国层面回归结果

	h_str		h_fsca		h_gsca	
	系数	统计量	系数	统计量	系数	统计量
L. h_str	0. 2206304	3. 11	0. 0018767	0. 30	0. 0037464	1. 40
L. h_fsca	0. 5991328	2. 30	0. 1777402	0. 98	0. 0252646	0. 38
L. h_gsca	-2. 71913	-4. 49	2. 105936	5. 58	0. 9615947	7. 02

表 6 展示了全国地区的产业结构、金融规模和政府规模之间的互动影响，从左到右依次分别以产业结构、金融规模和政府规模为被解释变量时，三个变量的滞后一期对当期变量的影响系数。由表 6 可知，当以产业结构为被解释变量时，滞后一期的产业机构和金融规模对其自身产生了正向影响，而政府规模则对产业结构产生了负向影响；但从回归系数来看，前两者的影响远小于政府规模。政府规模的滞后一期对产业结构的影响系数的绝对值达到了 2. 71913，说明政府规模的扩大会在较大程度上改变产业的结构组成。由于本文用第二产业与第三产业的比值来衡量产业结构，以政府支出与 GDP 的比值衡量政府规模，因此上述结果进一步说明了政府在财政方面更愿意给第三产业更高的资金投入，而给第二产业的投入相对欠缺。考虑到第三产业主要包含教育、卫生、金融、房地产等少能耗、低污染、高收益的新兴行业，因此政府对这些产业的投入意愿将会更强烈，这与实际是相一致的。

综合来看，全国层面的产业结构、金融规模和政府规模三个变量之间，政府规模的滞后一期对这三个变量的影响较大，但作用方向并不一致。其对产业结构的影响为负，对后两者的影响为正，而产业结构的滞后一期对所有变量的影响程度都较小。这说明在三者的作用机制中，产业结构很可能是处于被动受影响的位置，而很少能够对其他变量有显著影响。因此若想发挥经济系统的联动作用，可以从政府的财政支出出发，通过调整政府规模以对产业结构和金融规模的后续发展产生影响。

4. 脉冲响应

由于 PVAR 模型包含着众多参数，正如上文展示的结果一样，当只对 3

个变量的滞后一期进行回归分析时，也会涉及9个回归系数。当回归系数过多时，部分参数的经济意义会难以解释，因此部分学者将PVAR研究的注意力更多地放在了脉冲响应和方差分解的结果上。脉冲响应图可以直观地展示一个变量在受到另一个变量单位标准差的冲击后的波动情况，这种变化是排除了其他变量之后的介于两个变量之间的单独影响，因此在刻画各变量之间的影响机制时具有更深刻的意义。

由于脉冲影响的结果会受到变量排序的影响（前面的回归结果与变量排序无关），排在后位的变量的当期和滞后期都会受到前位变量的影响，但前位变量只会受到后位变量滞后期的影响。因此在对变量做脉冲响应分析之前，首先应使用格兰杰检验从统计上检验变量之间的因果性，在此基础上重新对变量的顺序进行排列，接着进行脉冲响应及方差分解分析。对全国变量的格兰杰检验结果显示，这三个变量的排列顺序应为：政府规模—金融规模—产业结构，这与前面通过对回归系数的分析得到的结论也是一致的。具体结果如图4所示。

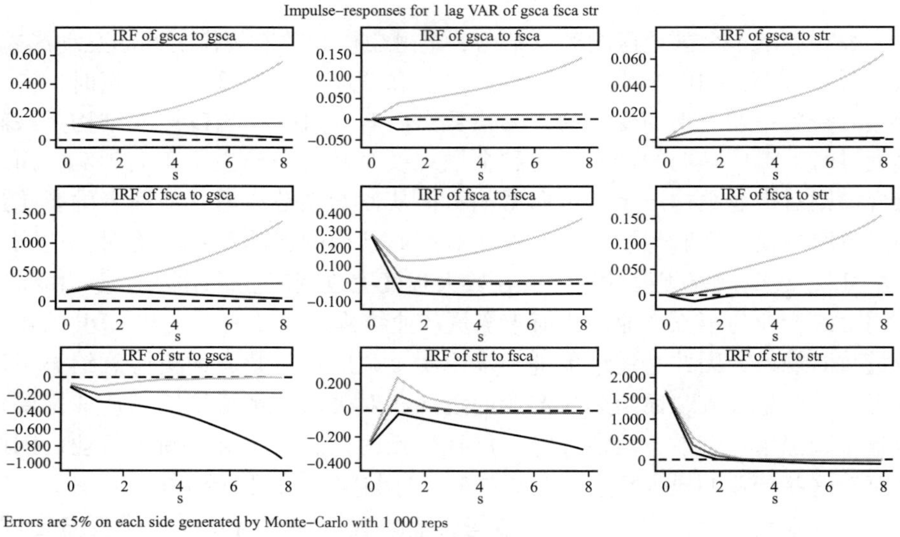

图4　全国层面脉冲响应

注：Impulse-responses for 1 lag VAR of gsca fsca str 政府规模、金融规模和产业结构一阶滞后的向量自回归的脉冲响应分析。IRF of gsca to gsca 表示一个单位的政府规模变化对政府规模所带来的冲击，IRF of gsca to fsca 表示一个单位的金融规模变化对政府规模所带来的冲击，IRF of gsca to str 表示一个单位的产业结构变化对政府规模所带来的冲击；IRF of fsca to gsca 表示一个单位的政府规模变化对金融规模所带来的冲击，IRF of fsca to fsca 表示一个单位的金融规模变化对金融规模所带来的冲击，IRF of fsca to str 表示一个单位的产业结构变化对金融规模所带来的冲击；IRF of str to gsca 表示一个单位的政府规模变化对产业结构所带来的冲击，IRF of str to fsca 表示一个单位的金融规模变化对产业结构所带来的冲击，IRF of str to str 表示一个单位的产业结构变化对产业结构所带来的冲击。Errors are 5% on each side generated by Monte - Canlo with 1 000 reps：单边5%的置信水平上的1 000次蒙特 - 卡罗模拟。

图 4 展示了我国政府规模、金融规模和产业结构三个变量之间的互动机制。结果显示，政府规模对产业结构有持续的负向影响，且在第一期的冲击程度达到了峰值，后期逐渐减小；面对金融规模的冲击，产业结构的波动情况较为复杂，该冲击在初期作用方向为负，且效果显著，但在后两期又转为正向，并在第二期达到了正向最大值，自第三期开始，冲击作用逐渐消失，收敛至 0；产业结构对自身的冲击在初期作用显著并达到了最大值，后迅速下降并在第三期后保持平稳再无波动。综合来看，全国层面的政府规模、金融规模和产业结构三个变量之间的联动机制较为稳健，主要表现为大多数变量面对冲击时的波动范围较小，即使部分变量发生了较大波动也能够在短期内迅速恢复至稳态。因此，从全国范围来看，我国经济在稳健中逐步前进。

5. 方差分解

脉冲响应仅能够研究任意两个变量之间的互动机制，且在考察这两个变量之间的影响时排除了第三变量对其的影响程度。但经济系统作为一个复杂的经济体系，所有投入其中的变量都是共同变化，牵一发而动全身的，因此为了更全面地考察经济变量之间的相互影响程度，本文继续用方差分解的方法对相关变量进行分析。方差分解可以同时比较不同冲击对某个变量的影响程度，衡量各变量之间的相对重要性，从而克服了脉冲响应函数无法解释每个解释变量的冲击贡献率的缺点。全国层面的方差分解结果如表 7 所示。

表 7　　　　全国层面方差分解

	s	gsca	fsca	str
gsca	10	0. 990	0. 005	0. 005
fsca	10	0. 887	0. 109	0. 004
str	10	0. 090	0. 022	0. 889
gsca	20	0. 989	0. 006	0. 005
fsca	20	0. 946	0. 049	0. 005
str	20	0. 192	0. 020	0. 788
gsca	30	0. 989	0. 006	0. 005
fsca	30	0. 966	0. 029	0. 005
str	30	0. 305	0. 018	0. 677

表 7 的方差分解结果显示：整体上看第 30 期和第 20 期方差分解的解释程度变化不大，说明在长期内各变量的解释程度保持着相对稳定的状态。产业结构主要受到自身变量的影响程度较大，政府规模也为其变化提供了较大的贡献率。

综合来看，政府规模对各个变量都有着较大的贡献率，而产业结构除了对自身的影响较大外，对其他变量的影响程度普遍较低，仅占到了5%。这说明政府作为调节经济系统稳健发展的重要机构，在经济体系中占据着较大的主动权和影响力，而产业结构往往处于被动的位置。因此政府应积极深入市场调查，掌握经济发展的新动向，积极扶持产业发展，为我国经济的繁荣发展保驾护航。

（三）县域层面东中西区域金融发展影响产业结构的分析

1. 滞后阶数

表8结果显示，AIC、BIC和HQIC三种检验准则均表明东部地区最优滞后阶数为2阶，中部地区的最优滞后阶数为1阶，西部地区的最优滞后阶数为1阶。因此本文在选用PVAR模型对区域金融规模、政府规模和产业结构进行研究时，对东中西部选取的滞后阶数分别为2阶、1阶和1阶。

表8　　　　区域滞后阶数

lag	东部地区			中部地区			西部地区		
	AIC	BIC	HQIC	AIC	BIC	HQIC	AIC	BIC	HQIC
1	1.78798	3.77775	2.48259	1.79033*	3.81314*	2.49244*	2.79363*	4.87874*	3.50964*
2	0.99824*	3.18578*	1.76597*	2.17375	4.39691	2.94951	3.05969	5.3503	3.85044
3	1.20972	3.6393	2.0675	8.83334	11.3018	9.69987	4.90642	7.44888	5.78934
4	2.138	4.87131	3.10959	2.27478	5.05131	3.25605	3.19593	6.05495	4.1955
5	2.52978	5.65673	3.65004	2.68435	5.86039	3.81564	3.37398	6.64401	4.52621

2. 回归结果

表9展示了分别以东中西区域为研究对象时，区域内的金融规模和政府规模与产业结构之间的互动影响。结果显示，东部地区以产业结构为被解释变量时，产业结构和金融规模的滞后期对产业结构有着正向影响，而政府规模对其影响为负。但后者的作用强度明显大于前两者，说明政府规模对东部地区的产业结构影响较大。作用方向为负是因为东部地区以旅游业和金融业等第三产业为发展依托，政府对东部地区的投资会使得第三产业的占比增大，第二产业比重下降，因此使得产业结构系数下降，即政府规模对产业结构影响为负，这与我国东部地区的经济现状也是吻合的。此外，这三个变量的滞后二期系数明显小于滞后一期，说明各变量对产业结构影响力度会随着时间的推移而下降。

表 9　　区域回归结果

	东部地区				中部地区		
	h_str	h_fsca	h_gsca		h_str	h_fsca	h_gsca
L. h_str	0.198 (1.82)	0.0041 (0.16)	0.0083 (1.05)	L. h_str	0.157 (2.04)	-0.0022 (-0.9)	0.001 (0.93)
L. h_fsca	0.3622 (0.64)	0.302 (0.97)	0.0454 (0.75)	L. h_fsca	0.1005 (0.11)	0.1023 (0.3)	-0.0772 (-0.76)
L. h_gsca	-3.3237 (-1.56)	0.9768 (0.82)	0.457 (1.58)	L. h_gsca	-2.598 (-1.48)	2.2564 (2.43)	1.1548 (4.05)
L2. h_str	0.1145 (1.48)	-0.0005 (-0.02)	0.0039 (0.67)		西部地区		
L2. h_fsca	0.214 (0.4)	0.2627 (0.92)	0.039 (0.67)	L. h_str	0.7641 (10.13)	1.2064 (4.64)	-1.2068 (-3.53)
L2. h_gsca	-2.2986 (-1.32)	0.5488 (0.6)	0.278 (1.27)	L. h_fsca	0.086 (1.24)	0.4497 (2.95)	0.2734 (1.68)
				L. h_gsca	0.0047 (1.21)	0.0111 (1.28)	0.3305 (2.64)

中部地区以产业结构为被解释变量时，各变量的作用方向与东部地区一致，即产业结构自身和金融规模的滞后期对当期的产业规模产生了正向影响，而政府规模对其影响为负，同样，政府规模的影响程度远大于其他两个变量。主要表现在政府规模每提升一个单位，将使得产业结构下降 2.5980 个单位，而产业结构自身和金融规模的滞后一期系数仅为 0.1570 和 0.1005，相较前者而言，其作用甚微。

与东中部不同，对西部地区产业结构影响程度最大的变量为其自身，由此说明西部地区的第二产业占比存在着自我加强机制，结果导致了我国西部地区金融、房地产等第三产业占比较少，契合我国的发展现状。

综合来看，东中部的变量影响机制较统一，政府规模的滞后期对产业结构影响较大，且作用方向为负，金融规模和产业结构对其影响为正。而西部地区的所有变量对产业结构的影响均为正向。且各个区域的产业结构均存在着较强的自我加强机制，即东中部地区的第三产业比例不断上升，而西部地区的第二产业则发展愈发迅猛，这与我国经济发展现状相契合。

3. 脉冲响应

图 5、图 6 和图 7 显示了东部、中部、西部地区的金融规模、政府规模和产业结构三个变量之间的互动机制。对东部地区产业结构变量而言，其自身对该变量的冲击持续为正，并在冲击初期达到了最大值，第一期后效用骤减，在第三期逐渐回到了水平位置。金融规模对产业结构的冲击持续为负，

但在各期波动幅度不大，未有明显变化，且在第六期之后波动趋于平缓，影响较小。政府规模对产业结构的冲击效果显著，作用方向持续为负，在第二期达到了负向最大值，后期边际效用递减，随着时间的推移，波动逐渐变小直至消失。政府规模对产业结构的负向影响说明东部地区的政府更乐于投资该地的第三产业，因此使得东部地区的旅游业和金融业等行业在政府支持下蓬勃发展，经济发展状况稳居国家前列。

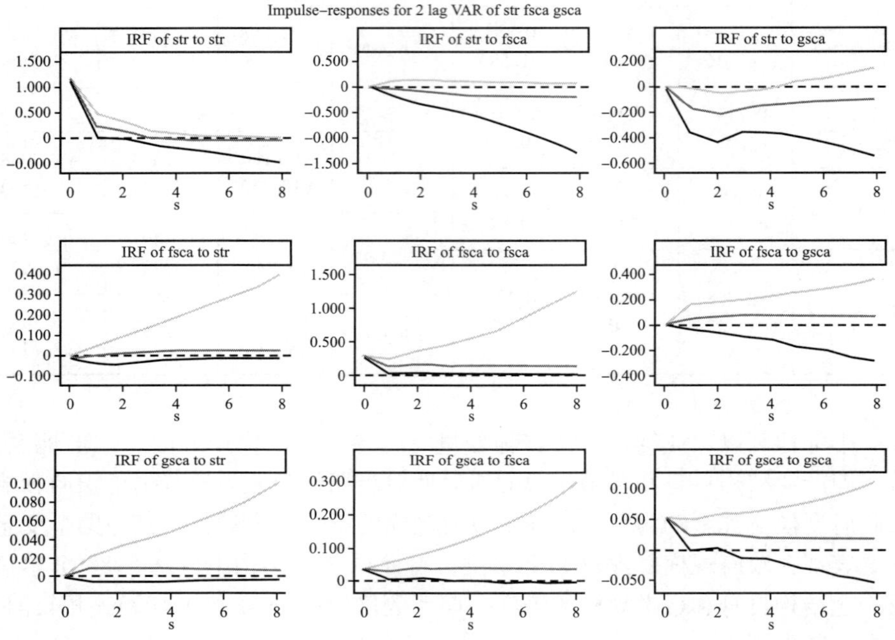

图 5　东部地区脉冲响应

注：Impulse-responses for 2 lag VAR of str fsca gsca 产业结构、金融规模和政府规模二阶滞后的向量自回归的脉冲响应分析。IRF of str to str 表示一个单位的产业结构变化对产业结构所带来的冲击，IRF of str to fsca 表示一个单位的金融规模变化对产业结构所带来的冲击，IRF of str to gsca 表示一个单位的政府规模变化对产业结构所带来的冲击；IRF of fsca to str 表示一个单位的产业结构变化对金融规模所带来的冲击，IRF of fsca to fsca 表示一个单位的金融规模变化对金融规模所带来的冲击，IRF of fsca to gsca 表示一个单位的政府规模变化对金融规模所带来的冲击；IRF of gsca to str 表示一个单位的产业结构变化对政府规模所带来的冲击，IRF of gsca to fsca 表示一个单位的金融规模变化对政府规模所带来的冲击，IRF of gsca to gsca 表示一个单位的政府规模变化对政府规模所带来的冲击。Errors are 5% on each side generated by Monte - Canlo with 1 000 reps：单边 5% 的置信水平上的 1 000 次蒙特 - 卡罗模拟。

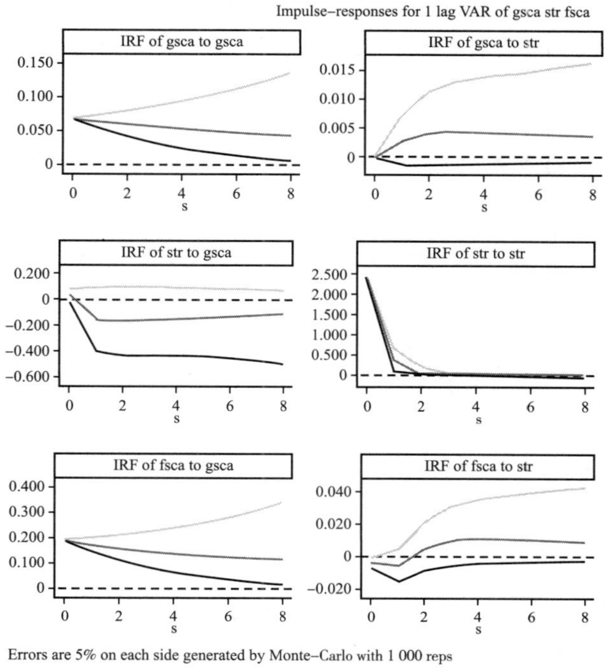

图6　中部地区脉冲响应

注：Impulse-responses for 1 lag VAR of gsca str fsca 政府规模、产业结构和金融规模一阶滞后的向量自回归脉冲响应分析。IRF of gsca to gsca 表示一个单位的政府规模变化对政府规模所带来的冲击，IRF of gsca to str 表示一个单位的产业结构变化对政府规模带来的冲击，IRF of gsca to fsca 表示一个单位的金融规模变化对政府规模所带来的冲击；IRF of str to gsca 表示一个单位的政府规模变化对产业结构带来的冲击，IRF of str to str 表示一个单位的产业结构变化对产业结构带来的冲击，IRF of str to fsca 表示一个单位的产业结构变化对产业结构带来的冲击；IRF of fsca to gsca 表示一个单位的政府规模变化对金融规模所带来的冲击，IRF of fsca to str 表示一个单位的金融规模变化对产业结构所带来的冲击，IRF of fsca to fsca 表示一个单位的金融规模变化对金融规模所带来的冲击。Errors are 5% on each side generated by Monte - Canlo with 1 000 reps：单边 5% 的置信水平上的 1 000 次蒙特 - 卡罗模拟。

在中部地区，当产业结构作为被冲击变量时，各变量对其冲击的效果不一，形状各异。政府规模对产业结构的冲击方向持续为负，且在第一期达到了负向最大值，随着时间的推移效用递减，波动情况在考察期内呈倒“U”型分布，说明与东部地区相似，中部地区的政府对第三产业的支持力度同样大于第二产业。产业结构对自身的冲击在初期即达到了正向最大值，且效果显著，波动范围较大，但自第一期开始效用骤减，第三期之后逐渐趋于水平状态。金融规模对产业结构的冲击虽然持续为正，但作用效果并不显著，在各期均未出现较大波动。

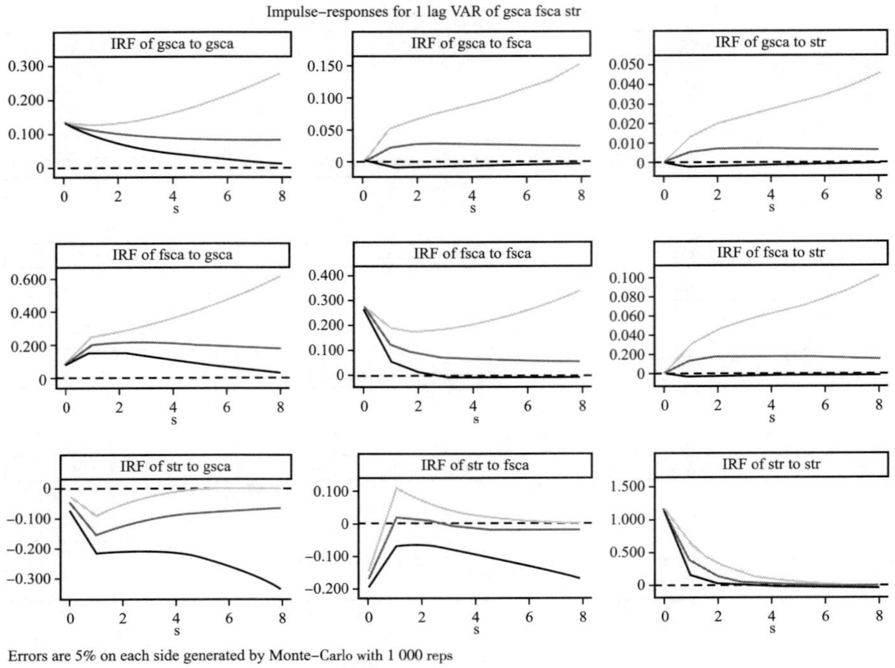

图 7　西部地区脉冲响应

注：Impulse-responses for 1 lag VAR of gsca fsca str 政府规模、金融规模和产业结构一阶滞后的向量自回归的脉冲响应分析。IRF of gsca to gsca 表示一个单位的政府规模变化对政府规模所带来的冲击，IRF of gsca to fsca 表示一个单位的金融规模变化对政府规模所带来的冲击，IRF of gsca to str 表示一个单位的产业结构变化对政府规模所带来的冲击；IRF of fsca to gsca 表示一个单位的政府规模变化对金融规模所带来的冲击，IRF of fsca to fsca 表示一个单位的金融规模变化对金融规模所带来的冲击，IRF of fsca to str 表示一个单位的产业结构变化对金融规模所带来的冲击；IRF of str to gsca 表示一个单位的政府规模变化对产业结构所带来的冲击，IRF of str to fsca 表示一个单位的金融规模变化对产业结构所带来的冲击，IRF of str to str 表示一个单位的产业结构变化对产业结构所带来的冲击。Errors are 5% on each side generated by Monte - Canlo with 1 000 reps：单边 5% 的置信水平上的 1 000 次蒙特 - 卡罗模拟。

西部地区的政府规模对产业结构的冲击在考察期内持续为负，且在第一期达到了负向最大值，随着时间推移波动范围逐渐变小，自第四期开始收敛到水平状态。说明西部政府在“绿水青山就是金山银山”的政策号召下，同样将给予了环保程度高的第三产业更高的关注。金融规模对产业结构的冲击较为复杂，在不同时期的波动方向有着较大差异。在冲击初期，产业结构的波动达到了负向最大值，但在第一期该波动迅速变为正向，并维持了两期，直至第三期开始，波动方向又变为负向。产业结构对其自身的冲击机制较为明了，在冲击初期达到了最大值，后期效用急剧下降，至第三期时冲击已接近于 0，而西部地区第二产业占比不断上升也是东中部地区产业转移的结果。

整体来看，东部地区的政府规模、金融规模和产业结构三个变量之间的联动机制较全国更为稳健，仅有少许冲击有显著作用，且波动范围较小，并且能够迅速恢复至稳态，上图显示波动较大的三个冲击均在第二期已恢复至稳态水平。说明我国东部地区的经济发展较为稳定，有着较强的抵御风险和经济恢复的能力。中部地区的变量之间的联动机制较东部地区有部分差异，一些变量面对冲击时不再是简单的单方向波动，而是在长期内呈现与短期不一致的波动方向和趋势。此外，与东部地区较为稳健的经济系统不同，中部地区的经济系统在受到外界冲击时，大多变量都会发生显著的波动，但该波动能够在后期逐渐趋于平稳。这说明中部地区虽然抵御冲击的能力较差，大多变量均会发生显著波动，但该地区有着较强的自我恢复功能，即能够在冲击后期逐渐恢复至稳态。西部地区变量之间的联动机制较东部和中部地区有了更大变化，变量的波动方向和幅度也相对中部地区更为复杂，冲击造成的波动在短期内和长期内有着显著的差别。此外，与中部地区的大多数变量在冲击之后能够在短期内恢复至稳态的状况不同，西部地区的大多数变量面对冲击后经历较长的波动时间才恢复至稳态。这说明西部地区应对风险的自我修复能力较差，调整时间较长，经济系统的稳定性较差。

4. 方差分解

表10的方差分解结果显示，东部地区的产业结构和金融规模存在着较强的自我加强机制，且金融规模的作用更为显著，但随着时间的推移效用递减最终达到稳定状态。对产业结构影响最大的变量依次为其自身、金融规模和政府规模，且随着时间的推移，其自身的贡献率在不断下降，由第10期的0.781降为了第30期的0.585，最后在稳态值附近波动。中部地区政府规模和产业结构存在着较强的自我加强机制，且贡献率在30期内未有显著变化。除产业结构自身外，其余变量对其贡献率均较小，几乎可以忽略不计。西部地区对产业结构影响最大的变量同样为其自身，方差贡献率达到了0.904，这说明该变量同样存在着较强的自我加强机制，而其他变量的贡献率稍弱。

表10　　区域方差分解

		东部地区				中部地区				西部地区		
		str	fsca	gsca		gsca	str	fsca		gsca	fsca	str
10	str	0.781	0.122	0.097	gsca	0.935	0.004	0.061	gsca	0.934	0.062	0.004
10	fsca	0.014	0.841	0.145	str	0.031	0.967	0.002	fsca	0.746	0.25	0.005
10	gsca	0.029	0.65	0.321	fsca	0.845	0.003	0.152	str	0.052	0.019	0.929
20	str	0.654	0.231	0.115	gsca	0.929	0.005	0.066	gsca	0.926	0.069	0.005
20	fsca	0.019	0.812	0.168	str	0.043	0.954	0.003	fsca	0.796	0.199	0.005

续表

		东部地区				中部地区				西部地区		
		str	fsca	gsca		gsca	str	fsca		gsca	fsca	str
20	gsca	0.029	0.697	0.274	fsca	0.86	0.004	0.136	str	0.068	0.02	0.912
30	str	0.585	0.29	0.125	gsca	0.928	0.005	0.067	gsca	0.924	0.071	0.005
30	fsca	0.021	0.802	0.177	str	0.047	0.95	0.004	fsca	0.81	0.185	0.005
30	gsca	0.028	0.713	0.258	fsca	0.863	0.004	0.133	str	0.075	0.021	0.904

综合来看，东部、中部、西部对产业结构贡献率最大的变量均为其自身，远大于其他两变量贡献率之和。说明产业结构存在着较强的自我加强机制，即东部、中部以第三产业为主导的经济发展模式会使得第三产业占比不断上升，而西部地区以第一、第二产业为主导的经济发展策略使得该地区第一、第二产业占比攀升。

（四）县域层面百强县和贫困县金融发展影响产业结构的分析

1. 滞后阶数

表 11 结果显示，所有准则均表明百强县的最优滞后阶数为 1 阶，贫困县的最优滞后阶数也为 1 阶；因此本文在运用 PVAR 模型对百强县和贫困县的金融规模、政府规模和产业结构的互动机制进行研究时，均选取 1 阶滞后的 PVAR 模型。

表 11　　百强县和贫困县滞后阶数

lag	百强县			贫困县		
	AIC	BIC	HQIC	AIC	BIC	HQIC
1	-1.00539*	0.511106*	-0.429016*	4.03131*	5.97405*	4.71509*
2	-0.974301	0.722545	-0.326094	4.29742	6.43442	5.05361
3	-0.691815	1.22302	0.043778	5.07452	7.44909	5.91982
4	-0.21036	1.97416	0.634085	8.8092	11.4816	9.76701
5	0.010788	2.53902	0.994979	5.92188	8.97994	7.02653

2. 回归结果

表 12 展示了百强县和贫困县地区的金融规模、政府规模和产业结构之间的互动影响，从左到右依次分别以产业结构、金融规模和政府规模为被解释变量时，这三个变量的滞后一期对当期变量的影响程度。

表 12　　百强县和贫困县回归结果

变量	百强县			贫困县		
	h_str	h_fsca	h_gsca	h_str	h_fsca	h_gsca
L. h_str	0.3745 (1.68)	-0.0089 (-0.21)	-0.0006 (-0.05)	0.0965 (1.54)	0.0015 (0.4)	0.0014 (0.71)
L. h_fsca	-3.4458 (-2.18)	1.9883 (3.69)	0.3066 (2.93)	0.1043 (0.35)	0.4818 (2.81)	0.0343 (0.45)
L. h_gsca	11.7855 (2.08)	-6.7342 (-3.47)	-0.9932 (-2.46)	-0.8248 (-0.83)	1.0143 (3.57)	0.7972 (13.52)

结果显示，以百强县地区的产业结构为被解释变量时，产业结构和政府规模的滞后期对该变量的作用方向为正，而金融规模的作用方向为负。在三个变量中，政府规模的滞后期对产业结构的影响程度最大，其回归系数达到了 11.7855，而同期的产业结构自身和金融规模的回归系数仅为 0.3745 和 -3.4458。

相较于百强县地区的变量影响机制，贫困县的产业结构受各个变量的影响力均显著小于百强县，回归系数均小于 1。与百强县的作用方向不同的是，贫困县受其自身和金融规模的影响为正，而政府规模的影响为负。

3. 脉冲响应

图 8 和图 9 展示了百强县和贫困县地区的金融规模、政府规模和产业结构三个变量之间的互动机制。结果显示百强县的产业结构受到政府规模的冲击时，在考察期内波动持续为负，但效果并不显著，在作用初期达到了负向最大值，随着时间的推移效用递减。金融规模对产业结构的冲击与前者类似，不同的是该冲击在第三期达到了负向最大值。产业结构自身的冲击在考察期内持续为正，且在冲击初期达到了最大值，效果显著，之后各期效用递减，自第四期开始波动趋于收敛。

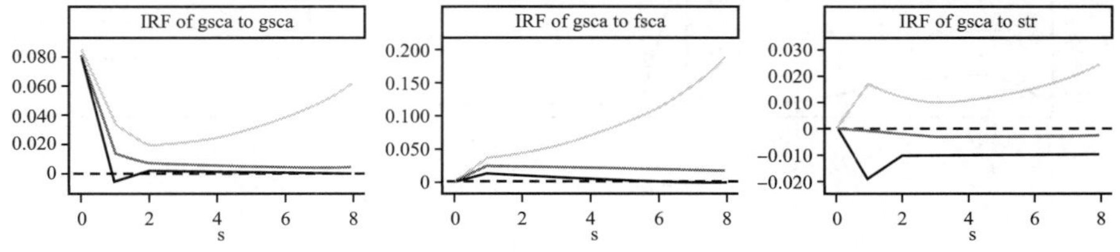

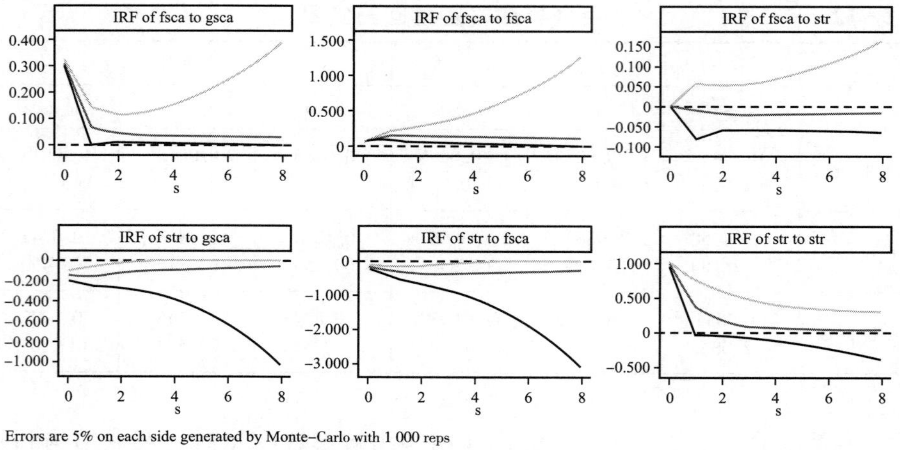

图 8　百强县脉冲响应

注：Impulse-responses for 1 lag VAR of gsca fsca str 政府规模、金融规模和产业结构一阶滞后的向量自回归的脉冲响应分析。IRF of gsca to gsca 表示一个单位的政府规模变化对政府规模所带来的冲击，IRF of gsca to fsca 表示一个单位的金融规模变化对政府规模所带来的冲击，IRF of gsca to str 表示一个单位的产业结构变化对政府规模所带来的冲击；IRF of fsca to gsca 表示一个单位的政府规模变化对金融规模所带来的冲击，IRF of fsca to fsca 表示一个单位的金融规模变化对金融规模所带来的冲击，IRF of fsca to str 表示一个单位的产业结构变化对金融规模所带来的冲击；IRF of str to gsca 表示一个单位的政府规模变化对产业结构所带来的冲击，IRF of str to fsca 表示一个单位的金融规模变化对产业结构所带来的冲击，IRF of str to str 表示一个单位的产业结构变化对产业结构所带来的冲击。Errors are 5% on each side generated by Monte - Canlo with 1 000 reps：单边 5% 的置信水平上的 1 000 次蒙特 - 卡罗模拟。

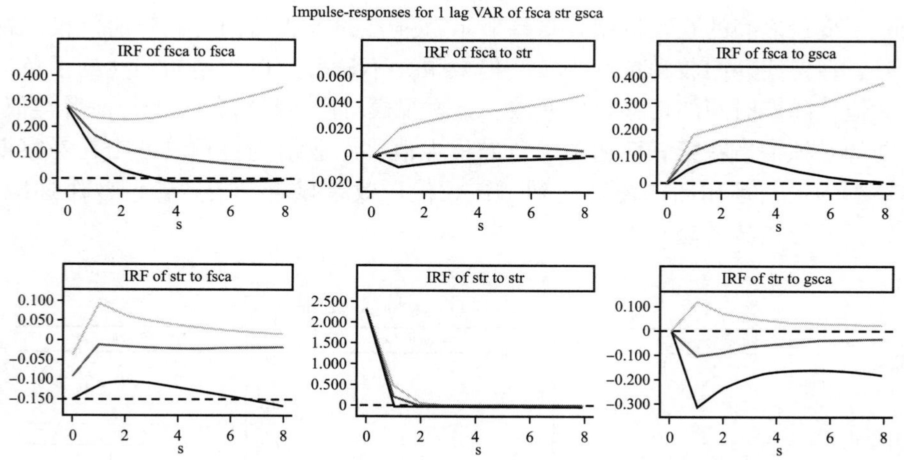

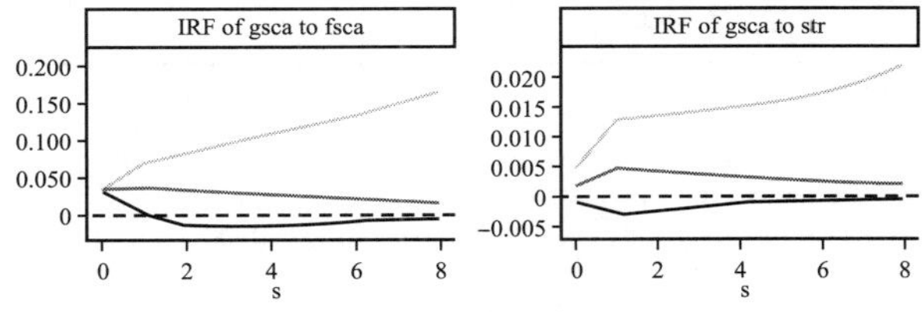

图9　贫困县脉冲响应

注：Impulse-responses for 1 lag VAR of fsca str gsca 金融规模、产业结构和政府规模一阶滞后的向量自回归的脉冲响应分析。IRF of fsca to fsca 表示一个单位的金融规模变化对金融规模所带来的冲击。IRF of fsca to str 表示一个单位的产业结构变化对金融规模所带来的冲击，IRF of fsca to gsca 表示一个单位的政府规模变化对金融规模所带来的冲击；IRF of str to fsca 表示一个单位的金融规模变化对产业结构所带来的冲击，IRF of str to str 表示一个单位的产业结构变化对产业结构所带来的冲击，IRF of str to gsca 表示一个单位的政府规模变化对产业结构所带来的冲击；IRF of gsca to fsca 表示一个单位的金融规模变化对政府规模所带来的冲击，IRF of gsca to str 表示一个单位的产业结构变化对政府规模所带来的冲击，IRF of gsca to gsca 表示一个单位的政府规模变化对政府规模所带来的冲击。Errors are 5% on each side generated by Monte－Canlo with 1 000 reps：单边5%的置信水平上的1 000 次蒙特－卡罗模拟。

在贫困县地区以产业结构为被冲击变量时，金融规模对该变量的冲击在考察期内持续为负，且在初期达到了负向最大值，第一期该变量的波动幅度骤减，接近于0，后期逐渐收敛，即为作用时间短且作用小。产业结构对自身的冲击在初期影响较大，同样在第二期发生了骤减，自第二期开始收敛至0。政府规模对产业结构的冲击在考察期内持续为负，在第一期达到了负向最大值，随着时间推移效用递减，后期逐渐收敛，说明贫困县地区的政府有意引导第三产业发展，提高环境保护力度。

综合来看，百强县地区的政府规模、金融规模和产业结构三个变量之间的联动机制较为稳健，仅有少许冲击有显著作用，并且都能够在较短时间内恢复至稳态水平，表现在波动较大的变量在第一期都会出现波动幅度骤减趋势。说明我国百强县地区的经济发展较为稳定，有着较强的抵御风险和经济恢复能力。贫困县地区的变量之间的联动机制相较于百强县缺乏稳健，且大多数变量在受到冲击时都会发生显著的波动并持续较长时间。此外，贫困县地区的大多数变量面对冲击后经历较长的波动时间才可恢复至稳态，这一点与西部地区的波动情况类似。这说明贫困县地区应对风险的自我修复能力同样较差，经济系统不稳定，各变量之间的影响显著。

4. 方差分解

表13 显示了百强县和贫困县地区的方差分解情况，结果显示各变量均存在着较强的自我加强机制。

表 13　　方差分解

		百强县				贫困县		
		gsca	fsca	str		fsca	str	gsca
10	gsca	0.656	0.338	0.006	fsca	0.5	0.001	0.499
10	fsca	0.415	0.576	0.01	str	0.002	0.993	0.005
10	str	0.051	0.441	0.508	gsca	0.14	0.002	0.859
20	gsca	0.589	0.403	0.007	fsca	0.473	0.001	0.526
20	fsca	0.355	0.634	0.012	str	0.002	0.993	0.005
20	str	0.053	0.512	0.435	gsca	0.143	0.002	0.855
30	gsca	0.573	0.419	0.008	fsca	0.471	0.001	0.528
30	fsca	0.341	0.647	0.012	str	0.002	0.993	0.005
30	str	0.053	0.529	0.419	gsca	0.143	0.002	0.855

百强县的产业结构受影响最大的变量为其自身和金融规模，政府规模对其影响几乎为0，但金融规模的解释程度随时间推移逐渐上升，而产业结构自身的解释程度逐渐下降。贫困县的结果显示，对产业结构影响最大的变量为其自身，其贡献率达到了0.993，远大于其他两个变量贡献率之和，且在各期的解释程度都无显著差异。说明百强县的产业发展主要得益于金融机构的支持和建设，而贫困县以第一、第二产业为主的经济发展模式主要受当地的经济结构影响。

综合来看，百强县地区各变量受金融规模的影响普遍较大，这一点与东部地区是一致的，而产业结构的贡献率与其他地区的结果相同，除了对其自身影响较大外，对其他变量的贡献率普遍较低，其作用几乎可以忽略。这说明金融机构对于百强县地区的经济发展有着重要的意义，在经济体系中占据较大的主动权和影响力，而产业结构的影响力较弱。贫困县地区的产业结构和金融规模均受自身影响较大，远大于其他变量的贡献率之和。由此说明，贫困县地区的政府机构对于该地区的经济发展有着重要的意义，在经济体系中占据较大的主动权，这或许是因为贫困县地区的经济发展水平普遍较低，主要依靠政府的扶持和帮助来发展。

四、结　论

本文选用2005～2016年的县域数据，运用PVAR模型对金融规模、政府规模影响产业结构的互动机制进行分析，并分别对全国、东中西区域、贫困县与百强县的影响机制进行阐述，以探究我国各地区影响结构的差异性，本文的主要结论包括：

（1）全国层面的研究结果显示，产业结构在初期存在显著的自我加强机制作用，即以第三产业为主的经济发展方式会使得该产业占比不断上升。而政府规模和金融规模对产业结构影响为负，说明总体而言，政府和金融机构都在积极推进我国第三产业的建设，实行绿色环保的经济发展方式，这对于我国经济的持续健康发展是有显著的现实意义的。且各变量之间的影响机制较为稳健，主要表现为变量受到冲击时的波动范围较小，即使部分变量发生了较大波动也能够在短期内迅速恢复至稳态。从全国范围来看，我国经济在稳健中逐步前进。

（2）以东中西部分别为研究对象时发现，各地区的产业结构和政府规模对产业结构的影响方向是一致的，即产业结构自身的影响为正，而政府规模的影响为负。说明各地区的产业发展均存在着显著的自我加强机制，即东中部以第三产业为主的经济发展方式使得经济结构愈加环保高效，第三产业所占比例持续提升，而西部地区以第一、第二产业为主导的经济发展方式也会使得该产业占比逐渐增大。政府规模对各地区的产业结构影响为负说明政府，更乐于扶持我国各地区的第三产业发展，由于第三产业能耗低、附加值大、对环境友好，因此推动我国第三产业积极发展将有利于我国经济的长远发展。金融规模对产业发展的作用方向在各地区有所不同，东部和西部的影响方向为负，中部地区为正。由于我国东部地区以发展金融旅游业等为主，而中部地区有着大量的传统工厂，因此金融机构会将贷款发放给当地盈利值较高的企业，这在直观上是不难理解的。而西部地区的金融机构贷款余额多是依赖于政府的转移支付，因此在相当程度上会受到政府战略的影响，从而推动第三产业的发展。综合来看，东部地区变量之间的联动机制较全国更为稳健，说明我国东部地区的经济发展较为稳定，有着较强的抵御风险和经济恢复的能力；中部地区变量之间的联动机制较东部地区有了较大波动，但该波动能够在后期逐渐趋于平稳。这说明中部地区虽然抵御冲击的能力较差，大多变量均会发生显著波动，但该地区有着较强的自我恢复功能；西部地区变量之间的联动机制较东部和中部地区有了更大地波动，变量的波动方向和幅度也更为复杂。说明应对风险的自我修复能力较差，调整时间较长，经济系统的稳定性较差。

（3）以百强县和贫困县为研究对象时发现，百强县的变量影响机制与东部类似，但影响结果更为稳健。这是由于百强县大多位于我国的东部地区，且位于东部地区中发展程度较好的地域有关。贫困县的产业结构有着很强的自我加强机制，但持续时间较短，说明贫困县以第一、第二产业为主的经济发展方式相当契合当地的发展需求，因此使得该产业占比不断上升。政府规模和金融规模对产业结构的影响为负，且不同于百强县的各期影响无差异，贫困县的作用时间普遍较短，说明经济系统的联动性较弱。综合来看，与东部类似，百强县变量之间的联动机制较为稳健，并且都能够在较短时间内恢复至稳态水平，而贫困县地区经济系统的联动性较弱，经济系统不稳定。

参考文献

1. 陈时兴：《中国产业结构升级与金融发展关系的实证研究》，载于《中国软科学》2011 年第 2 期。

2. 范方志、张立军：《中国地区金融结构转变与产业结构升级研究》，载于《金融研究》2003 年第 11 期。

3. 李绍玲、栗建松：《区域金融发展对区域产业结构升级的影响研究》，载于《浙江金融》2014 年第 8 期。

4. 马智利、周翔宇：《中国金融发展与产业结构升级关系的实证研究》，载于《上海金融》2008 年第 2 期。

5. 苏建军、徐璋勇：《金融发展、产业结构升级与经济增长——理论与经验研究》，载于《工业技术经济》2014 年第 2 期。

6. 陶爱萍、徐君超：《金融发展与产业结构升级非线性关系研究——基于门槛模型的实证检验》，载于《经济经纬》2016 年第 2 期。

7. 王晋斌：《金融控制政策下的金融发展与经济增长》，载于《经济研究》2007 年第 10 期。

8. 王立国、赵婉妤：《我国金融发展与产业结构升级研究》，载于《财经问题研究》2015 年第 1 期。

9. 杨友才：《金融发展与经济增长——基于我国金融发展门槛变量的分析》，载于《金融研究》，2014 年第 2 期。

10. 赵亚辉：《金融发展与区域产业结构优化升级》，山东大学 2015 硕士论文。

11. Schumpeter, J. A., *The Theory of Economic Development*, Cambridge: Harvard University Press., 1911

12. Shaw, E., *Financial Deepening in Economic Development*, Oxford: Oxford University Press, 1973.

13. Goldsmith, R. W., *Financial Structure and Development*, New Haven, CT: Yale University Press, 1969.

14. Mckinnon, R. I., *Money and Capital in Economic Development*, Brooking Institution, Washington, D C., 1973, pp. 121 – 145.

15. Rajan G. R., Zingales L., Financial Dependence and Growth, *American Economic Review*, 88 (3), 1998, pp. 559 – 586.

Analysis of Heterogeneity of Industrial Structure Influenced by County Financial Scale and Government Scale

—Based on the Analysis of Panel PVAR Model

Zhao Fahai

(Center for Economic Research, Shandong University, 250100)

[**Abstract**] Based on the county data from 2005 to 2016, this paper uses pvar model to analyze the interaction mechanism of county financial scale and government scale affecting industrial structure from the national, Eastern, central and western, poverty-stricken counties and top 100 counties, in order to explore the regional differences of the interaction mechanism. The main conclusions of this paper are as follows: (1) At the national and regional level, the industrial structure has a significant self-strengthening mechanism in the early stage, and the government scale and financial scale have a negative impact on the industrial structure, that is, the government and financial institutions are actively promoting the construction of the tertiary industry in China, and implementing the green and environmental protection economic development mode, which is practical significant for the sustainable and healthy development of China's economy. (2) At the level of East and West, it is found that the influence direction of industrial structure and government scale on industrial structure is the same, the former is positive, the latter is negative; the effect direction of financial scale on industrial development is different in different regions, the East and West are negative, the middle is positive. (3) When the top 100 counties and poor counties are taken as the research objects, the variable influence mechanism of top 100 counties is similar to that of the East, but the influence result is more stable than that of poor counties.

[**Key Words**] County Financial Development Industrial Structure PVAR Model

JEL Classifications: G28 H81

房地产双属性特征与房价水平研究

——基于修正的 D－W 四象限模型

黄振宇　董　骥　吴立春*

【摘　要】本文基于房地产双属性特征，提出了能够更加准确刻画 2003～2017 年中国房地产市场发展过程的 D－W 修正模型，在此基础上利用我国 35 个大中城市的相关数据，实证研究了房地产双重属性特征与房价水平之间的因果关系。研究发现：（1）我国房地产的现状与修正的 D－W 四象限理论模型基本吻合，房地产双属性特征是引起中国房价水平上涨的主要原因。（2）考虑到城市水平，房地产双属性特征对房价水平的影响也是不同的：三线城市的房价水平受房地产双属性特征的共同影响；而对于一线城市与二线城市，房价水平主要受投资属性的影响，而房地产的消费属性并没有显著影响城市房价水平。

【关键词】**房地产双属性特征　房价水平　D－W 修正模型**

中图分类号：**F063**　文献标识码：**A**

一、引　言

自 1998 年以来中国房价整体持续上涨，尤其北上广深等国内一线热点城市的房价涨幅巨大①。随着房价快速增长，房地产市场的调控政策越来越严

* 黄振宇，经济学博士，山东大学产业与金融协同发展研究中心研究员，山东建筑大学商学院副教授；地址：（250100）山东省济南市山大南路 27 号；E-mail：landsun_ceo@126.com。董骥，经济学博士，山东财经大学统计学院讲师；地址：（250014）山东省济南市二环东路 7366 号；E-mail：dongji22137087@126.com。吴立春，经济管理硕士，高级工程师，山东工程职业技术大学理事长；地址：（250200）山东省济南市章丘区 6196 号；E-mail：18953115377@189.cn。

① 1998～2017 年中国住宅商品房平均销售价格增长 310%，北京、上海和深圳等城市的房价涨幅分别为 613%、722% 和 837%。2008 年中国住房价格略有下跌。

格。但是每当宏观调控政策有所放松时，房价很快又回归到上涨趋势。有些人认为，中国房地产市场特别是一线城市和特大城市房地产价格上涨速度过快，局部区域已形成房地产泡沫。无论这个观点是否正确，前车之鉴是2008年美国房地产市场泡沫破裂，引发次贷危机，导致全球金融危机，其危害历经十年至今仍未消除。因此，在当前房价持续高速增长的大背景下，分析中国房地产价格水平增长的原因具有重要意义。

我们认为要想深刻认识到房地产价格水平的增长必须要从房地产自身的双属性特征出发。杨赞等（2014）认为，一方面，住房作为一类消费品，是家庭生活的基本要素之一，因此住房具有消费属性特征；另一方面，住房也可以作为一类投资品，给家庭带来收益和增值，因此住房又具有投资属性特征。也就是说，这种消费和投资的双重属性通常难以被分割开来，共同作用于居民对住房的最终消费决策。在已有的研究中，住房大多被作为价值高、成本大的消费品，而其具有的投资和消费双重属性往往被忽略。因此，从房地产的双属性特征角度探究中国房地产价格水平的增长原因，也更加符合行业特征。

二、文献综述

鉴于房地产具有消费与投资两方面属性特征，因此，影响房价水平变动的因素也应兼顾这两个方面。房地产价格水平上升的主要因素历来是国内外学者的重点研究领域。考虑到房地产的消费属性特征，房价水平受基本的供求关系的影响（周亮锦等，2019）。房地产的供给方面主要涉及土地的供给与房地产投资两个方面。土地供给方面，供给的减少会滋生高土地价格，这会使得住房建筑成本的增加，进而提升房价水平（Knoll et al.，2017）；余华义（2014）发现土地供应量对房价有显著的负向影响；文乐等（2017）认为土地供给的减少导致了房价水平的显著提升；况伟大等（2018）、张清源等（2018）均研究得出政府增加土地供给有抑制房价持续上涨、防止房价泡沫的作用。房地产投资方面，古伊斯塔斯和卡洛斯（Cuestas and Carlos，2017）认为房地产投资会通过影响住房供应进而影响房价；陈淑云等（2014）认为房地产投资和房地产价格互为影响，短期中房地产投资的增加会导致房价水平的上升，但是在长期由于房地产投资会提升住房供给，因此会导致房价的降低。需求方面，伴随着我国城镇化水平的不断提升，大量的人口涌入城市，拉动住房刚需，进而导致房价水平提升。赛兹（Saiz，2007）认为人口流入导致了美国城市租金和房价的上升；王鹤、周少君（2017）认为快速城镇化是近十年来拉动房价上涨的主要因素之一；另外，随着经济水平不断发展，家庭可支配收入也不断提升，这在一定程度上提升了对住房的需求，进而提升房价水平。霍尔等（Holly et al.，2010）研究得出家庭收入每增长1%，会拉动住房价格上升1%；余华义和黄燕芬（2015）研究得出不论是东部城市还是中西部城市，城市居民收入水平的提升会提高城市房价水平。

房地产的投资特征属性方面，市场中大量的投机者的投机行为会导致房价水平脱离经济基础面的非理性上升。格赛泽和内桑森（Glaeser and Nathanson，2017）通过调查发现，人们普遍认为房价上涨之后，房屋的市场价值将会上升，对房价上涨的预期会扩大房地产的投资属性。伯恩赛德等（Burnside et al.，2016）证明投资者过度乐观的情绪与房价暴涨有关；阿拜尔德根等（Abildgren et al.，2018）指出投机者心理对房价的影响，他们认为投资者的过度乐观是导致20世纪80年代中期和2000年中期丹麦房价暴涨的重要原因；况伟大（2010）发现我国个别城市的房价变动是由预期和投机决定的；谭政勋（2013）表明投机和信用扩张所形成的房价预期拉动了所有城市房价水平的上涨；高波等（2014）认为影响我国房价水平脱离经济基本面而产生泡沫的主要因素是投机行为。

除此之外，也有很多学者研究发现政策因素对房价水平也会产生影响，这些研究大都集中在税收政策（Poterba et al.，2008；Sommer and Sullivan，2018；刘凤娟和司言武，2018）、政府干预（邹静等，2015；Floetotto et al.，2016）、信贷限制（Iacoviello，2005；Favara and Imbs，2015）等。

综上所述，许多学者从不同视角、不同层面、借助于不同研究方法对影响房价的主要因素展开了系统研究并取得了一系列成果，但绝大多数文献只是从单一层面对房价水平的影响因素进行研究，很少有文献能够全面考虑到房地产的双属性特征。因此，本文基于房地产双属性特征，在D－W四象限理论模型基础上，结合中国房地产市场实际情况，得到能够准确刻化中国房地产市场发展过程的D－W修正模型，并在此基础上利用我国35个大中城市的相关数据，实证研究房地产双重属性特征与房价水平之间关系。

三、理论模型

房地产与一般普通商品不同，它具有能够满足消费和投资的双重属性。习近平总书记明确提出“房子是用来住的而不是用来炒的”，因此，房地产的消费属性应当是第一属性，投资属性应服务于消费属性位居次要位置，即如果没有消费属性，房地产的投资属性无法存在。迪帕斯奎尔和惠顿（Dipasquale and Wheaton，1992）提出的D－W模型常被用于房地产市场的定性与定量分析，其本质上基于空间市场和资产市场两个市场（黄振宇，2010）。D－W 模型是系统分析发达经济体房地产市场中内外部因素如何影响房地产市场均衡的经典模型，能够与美国房地产市场实际年度数据较好地结合。部分学者利用 D－W 模型研究中国房地产市场，认为 D－W 模型适用于中国房地产市场（Leung and Wang，2007；Chow et al.，2008）。

经典的 D－W 四象限模型理论核心是房价本质上是未来租金的折现，房价由租金和利率共同决定，房价与房租成正比关系，与利率成反比例关系（见图 1）。房地产市场的非均衡状态或泡沫来自市场不能真实反映租金和利率，而利率又取决于整个资本市场，租金取决于住房需求和住房存量，住房需求和住房存量从根本上取决于经济的整体发展。

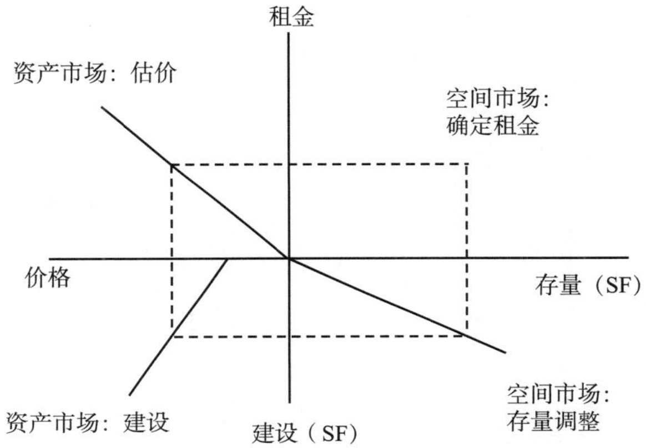

图 1　经典的 D－W 四象限模型

中国 20 年的房地产市场发展和住宅价格实际数据显示，房价与租金事实上受各种因素的干扰而呈现非正比的背离关系。这个问题的形成是非常复杂的，这里不是本文探讨的重点，但这种现象的存在是 20 年的现实。如果我们不基于现实而一味地套用 D－W 模型进而通过租金与房价的关系来推导中国近 20 年的房地产市场是否存在风险，既不能真实刻画中国房地产市场的现状，更不能够正确判断中国房地产市场的风险问题。为此，结合中国房地产市场 20 年的实际情况，我们将对 D－W 模型进一步修正，将原 D－W 模型中租金（R）和价格（P）变成当下价格（P_0）和未来价格（P_1），得到新模型（见图 2、图 3、图 4）。

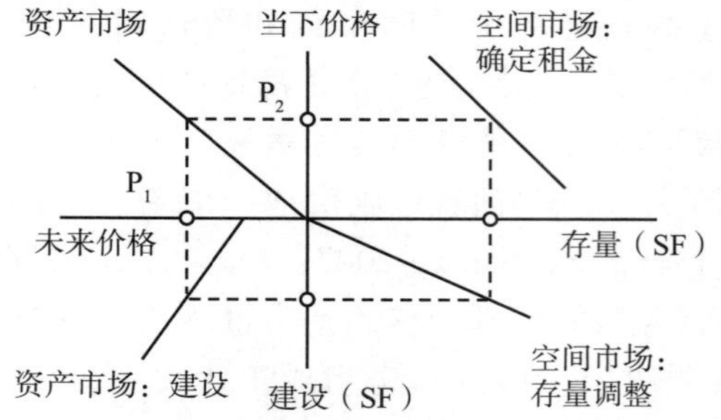

图 2　房地产市场均衡模型

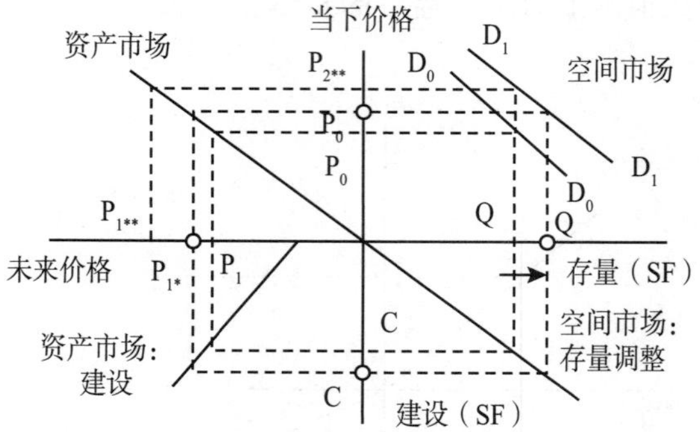

图 3　空间市场变化模型

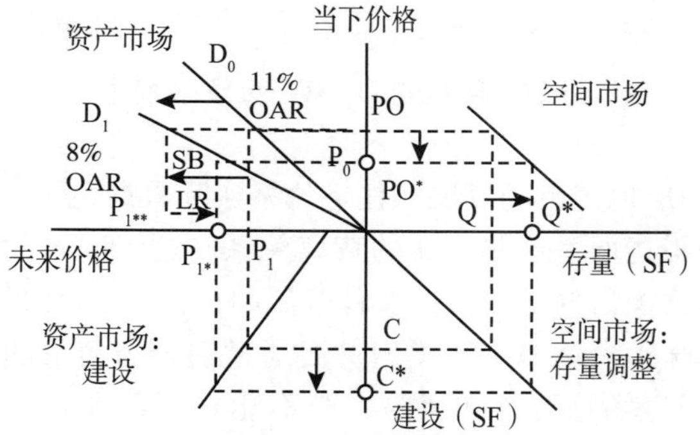

图 4　资本市场变化模型

一般情况下，住宅的购买行为同时具有自住和投资双重复合的动机，并且住房投资（机）的动机在行为和结果上都很难有严格的分界。现实的中国房地产市场中房价增幅过快而房租增长缓慢，那么住宅价格的高低很难由房租来决定。因此，住宅的买入价格（P_0）可以表示为：

$$P_0 = \sum_{t=1}^{T} \frac{\alpha D_t + \beta C_t}{(1+i)^t} + \frac{P_t}{(1+r_t)^T}$$

其中，D_t 是 t 时期的租金收益，C_t 是 t 时间自住房获利，α、β 是系数（α + β = 1），r_t 是折现因子，T 是资产持有期，P_t 是持有结束时的资产价值。一般情况下，租金收益和自住收益相对于转让价格可以忽略不计。买卖双方通常不会考虑交易之前产生的收益，他们只想以合适的价格尽快达成交易。也就是说，在业主通过资产转让获利或被征收府拆迁获取补偿时，D_t 和 C_t 并不能显著影响住房的评估价值。因此，得到简化式：

$$P_0 = \frac{P_t}{(1 + r_t)^T} \approx \frac{P_t}{r_t}$$

修正后的 D－W 模型能够更加准确地刻画 20 年来中国房地产市场发展历程，建立该模型的目的是方便研究当下中国房地产市场的风险问题，并在当前时点上判断中国房地产市场的风险。需要说明的是，该理论模型仅仅是对前 20 年中国房地产市场的刻画，并不一定代表中国房地产市场的未来。我们认为随着中国各个方面的不断完善，中国的房地产市场最终还要回归到经典的 D－W 模型。

图 2 房地产市场均衡模型。在修正后的四象限模型中，空间市场的当前存量决定了商品房的当下价格，资产市场中的当下价格决定了未来价格（预期价格），未来价格影响了新开工建设量，新开工建设量又影响了存量的变化。这体现出长期均衡状态下的房地产市场。

图 3 空间市场变化模型。当国内经济增长时，空间市场的需求曲线将向右上方平移，住宅的需求量和当下价格将会同时增加或提高。当下价格的提高将会使第二象限的未来转让价格提高，未来出售价格提高促使新开工建设量的增加，最终导致空间市场的存量增加。从而达到新的均衡状态。

图 4 资本市场变化模型。当市场利率下降时，会刺激市场需求量增加从而使得住房当下价格上升，房价的上涨又带动住宅新开发量增加，从而导致市场存量增加。存量增加必然会使市场上住宅供给量增加，最终促使住房当下价格下降，达到新的平衡。

中国房地产的现状与修正的 D－W 四象限理论模型基本吻合。基于修正的 D－W 四象限理论模型和实际观察，我们有理由认为引起住宅价格变化的主要因素是经济发展水平和市场投资规模两个方面。

四、实证分析

（一）实证分析模型与数据来源

本文利用一个区域的名义 GDP 作为衡量该区域经济发展状况的指标，作为房地产空间市场即消费市场的主要变量，利用货币供给量 M2 作为房地产资产市场即投资市场的主要变量，并选取适当的控制变量，通过搜集我国 35 个大中城市①2003～2017 年的相关数据，验证上一部分通过理论模型得出的房地产价格与房地产双重属性之间的影响关系。本文建立的普通面板基准回归模型为：

$$\ln HP_{it} = \beta_1 \ln GDP_{it} + \beta_2 \ln M_2 + X\gamma + \lambda_i + \eta_t + \varepsilon_{it} \tag{1}$$

模型中：

$\ln HP_{it}$表示 i 城市 t 时期的房价水平的自然对数值，数据来源于国家统计局每月公布的 70 个大中城市住宅价格变动指数，并通过 2017 年 12 月 35 个大中城市的房价水平计算得出；

$\ln GDP_{it}$表示 i 城市 t 时期的名义 GDP 的自然对数值，$\ln M_2$ 表示 t 时期的货币估计量 M2 的自然对数值，数据来源于中国经济社会研究大数据平台；

本文选取的控制变量有城市人均可支配收入（lnINCOME）、年末常住人口数（lnPEO）、绿化率（GREEN），数据来源于中经网统计数据库。

为使得实证结果更具有说服力，本文借鉴董骥和李增刚（2019）的做法，采用人均实际 GDP 作为衡量城市经济发展状况指标；而且由于货币供给量 M2 为国家层面数据，无法显示出各城市的投资市场的规模，因此，本文依据宏观经济上储蓄与投资的均衡关系，利用各城市金融机构人民币存款额作为衡量投资市场规模的指标变量，两者数据来源于各城市统计年鉴。得到城市房价水平的修正面板回归模型：

$$\ln HP_{it} = \beta_1 \ln PGDP_{it} + \beta_2 \ln SAV_{it} + X\gamma + \lambda_i + \eta_t + \varepsilon_{it} \tag{2}$$

（二）变量描述性统计

面板回归模型中各变量的描述性统计结果如表 1 所示。

表 1　各变量描述性统计结果①

变量	样本数量	均值	标准差	最大值	最小值
lnHP	525	8.754	0.646	10.792	7.152
lnGDP	525	8.015	1.016	10.330	4.976
lnPGDP	525	10.750	0.641	12.120	9.008

① 35 个大中城市分别为：一线城市有北京市、上海市、广州市、深圳市；二线城市有天津市、沈阳市、大连市、长春市、哈尔滨市、南京市、杭州市、宁波市、福州市、厦门市、济南市、青岛市、郑州市、武汉市、长沙市、重庆市、成都市、西安市、兰州市、乌鲁木齐市；三线城市有石家庄市、太原市、呼和浩特市、合肥市、南昌市、南宁市、海口市、贵阳市、昆明市、西宁市、银川市。

续表

变量	样本数量	均值	标准差	最大值	最小值
$\ln M_2$	525	13.402	0.662	14.340	12.307
lnSAV	525	17.871	1.107	21.045	14.706
lnINCOME	525	9.948	0.521	11.044	8.859
lnPEO	525	6.502	0.664	8.031	4.890
GREEN	525	0.391	0.077	0.703	0.181

注：由于数据在搜集时单位量级不同，相似指标之间的数值相差较大，但对最终实证分析结论不构成影响。

（三）面板单位根检验

由于本文的面板数据并非是 N 远远大于 t 的短面板数据，因此有必要对模型中所涉及的变量进行单位根检验。本文采用 LLC 检验与 Fisher－PP 检验，检验结果如表 2 所示。

表 2　各变量面板单位根检验结果

变量	LLC 检验		Fisher－PP 检验	
	统计量	p 值	统计量	p 值
lnHP	－7.069	0.000	107.117	0.003
lnGDP	－11.647	0.000	368.371	0.000
lnPGDP	－8.963	0.000	265.502	0.000
$\ln M_2$	－13.539	0.000	89.518	0.058
lnSAV	－9.507	0.000	131.865	0.000
lnINCOME	－12.343	0.000	254.259	0.000
lnPEO	－5.150	0.000	109.132	0.002
GREEN	－4.759	0.000	146.634	0.000

通过表 2 可以得出，回归模型中涉及的变量均能够通过面板单位根检验，因此，各变量可以采用原始序列进行回归分析。

（四）面板回归模型结果分析

图 5 显示了我国 1998～2017 年的名义 GDP 规模、货币供给量 M2 与住宅价格的变化情况。从图中可以看出，2008 年是房地产价格、货币供给量与名

义 GDP 的分界点。2008 年以后，中国房价增速明显加快，同时 M2 的发行量增速也加大，但是 GDP 增长的幅度明显低于前两者。也就是说，2008 年以后国民经济 GDP 曲线与全国平均房价 P 曲线的距离越来越大；相反，资本市场 M2 曲线与房价 P 曲线正在接近。2008 年是中国房地产行业发展与经济发展的重要的分水岭，因此本文在实证研究中，将 2008 ~2017 年的数据单独进行面板回归分析是可行的。

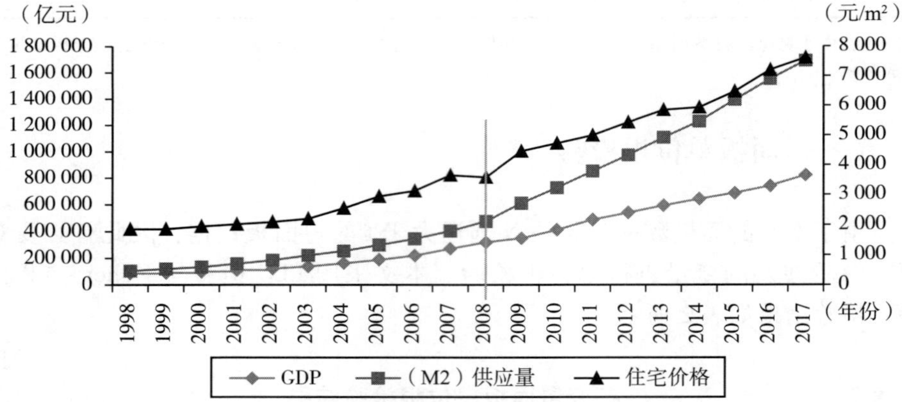

图 5　中国 GDP、M2、房价变化情况（1998 ~2017 年）

本文利用 2003 ~2017 年的相关数据对修正的面板回归模型（2）进行系数估计，再单独筛选出 2008 ~2017 年的数据对模型（2）进行系数估计，表 3 报告了系数估计结果。

表 3　修正的面板回归模型（2）的系数估计结果

变量	模型（2）a	模型（2）b	模型（2）c	模型（2）d	模型（2）e	模型（2）f
lnPGDP	-0.083 (-1.58)	-0.284 *** (-5.78)	0.082 (1.40)	0.297 *** (4.24)	0.150 ** (2.06)	0.350 *** (3.88)
lnPGDP * 一线城市		0.712 *** (8.21)		-0.337 (-1.50)		-0.873 *** (-3.08)
lnPGDP * 二线城市		0.430 *** (8.42)		-0.333 *** (-3.55)		-0.343 ** (-2.84)
lnSAV	0.236 *** (8.29)	0.364 *** (11.08)	0.288 *** (7.55)	0.146 *** (3.46)	0.174 *** (4.48)	0.081 * (1.95)
lnSAV * 一线城市		-0.136 *** (-2.81)		0.490 *** (3.56)		0.747 *** (4.68)

续表

变量	模型（2）a	模型（2）b	模型（2）c	模型（2）d	模型（2）e	模型（2）f
lnSAV＊二线城市		-0.236*** （-6.62）		0.314*** （4.49）		0.261*** （3.17）
lnINCOME	0.786*** （13.38）	0.703*** （12.96）	0.387*** （6.31）	0.316*** （5.36）	0.370*** （4.93）	0.283*** （3.72）
lnPEO	-0.217 （-8.04）	-0.181*** （-7.22）	0.490*** （5.78）	0.261*** （3.08）	0.472*** （4.51）	0.380*** （3.72）
GREEN	0.390*** （2.91）	0.318*** （2.61）	0.112 （0.92）	0.115 （1.02）	-0.019 （-0.13）	-0.062 （-0.44）
城市水平	控制	控制	控制	控制	控制	控制
固定效应	未控制	未控制	控制	控制	控制	控制
样本量	525	525	525	525	350	350
R-squared	0.886	0.908	0.959	0.966	0.959	0.967

注：括号内为t值，*、**、***分别表示10%、5%、1%的显著性水平。

为使得城市房价水平的面板回归模型更具有说服力，本文通过变量的有效替代，得到城市房价水平的修正面板回归模型，并利用相关数据，得到修正模型的系数估计结果。

通过表3可以得出：城市房价水平会受到城市发展水平与投资规模两方面因素的共同影响。考虑到城市的固定效应，城市房价水平的主要两个影响因素也会受到城市水平的影响。进而通过对交叉项系数的计算可以得出：三线城市的房价水平受城市发展水平和投资规模共同影响；而对于一线城市与二线城市，城市房价水平主要受投资市场规模的影响，城市实际发展水平没有显著影响城市房价水平。模型的主要结论也与我国实际情况相吻合，对于一线城市与二线城市，城镇化水平相对较高，城市规模与三线城市相比相对固化，因此，住房的投资属性特征是提升一线、二线城市的房价的主要因素而不是消费属性特征。

（五）稳健性检验

通过城市房价水平的修正的面板回归模型系数的估计结果，城市房价水平会受到城市发展水平与投资市场规模的影响，但城市房价水平的提升又会反过来影响城市发展水平与投资市场规模，因此，在模型中可能存在内生性。为进一步增强回归结果的稳健性，本文采用城市发展水平与投资市场规模两个变量的滞后一期作为解释变量，检验模型（2）系数估计的稳健性，表4展示了本文稳健性检验的结果。

表4　　　　模型（2）的稳健性检验

变量	模型（2）c	模型（2）d	模型（2）e	模型（2）f
$\ln PGDP_{-1}$	0.041 (0.65)	0.276 *** (3.60)	−0.027 (−0.34)	0.222 ** (2.25)
$\ln PGDP_{-1}$ * 一线城市		−0.230 (−0.97)		−0.678 ** (−2.25)
$\ln PGDP_{-1}$ * 二线城市		−0.337 *** (−3.41)		−0.419 *** (−3.30)
$\ln SAV_{-1}$	0.259 *** (6.65)	0.121 *** (2.71)	0.188 *** (4.69)	0.092 ** (2.15)
$\ln SAV_{-1}$ * 一线城市		0.419 *** (2.87)		0.660 *** (3.96)
$\ln SAV_{-1}$ * 二线城市		0.290 *** (3.93)		0.308 *** (3.63)
lnINCOME	0.441 *** (6.50)	0.367 *** (5.59)	0.436 *** (5.16)	0.305 *** (3.64)
lnPEO	0.470 *** (5.78)	0.221 ** (2.49)	0.438 *** (3.78)	0.278 ** (2.51)
GREEN	0.147 (1.16)	0.115 (0.97)	0.134 (0.73)	0.076 (0.44)
城市水平	控制	控制	控制	控制
固定效应	控制	控制	控制	控制
样本量	490	490	315	315
R − squared	0.958	0.964	0.959	0.966
F − statistics	982.04 ***	643.12 **	204.81 ***	138.16 ***

注：括号内为t值，*、**、***分别表示10%、5%、1%的显著性水平。

通过表4可以得出，城市房价水平受城市水平的影响。不同的城市水平，城市发展水平与投资市场规模对房价水平的影响也是不同的。表4回归模型的系数估计结果的显著性也未发生变动，这进一步验证了前面修正模型的一致性。

五、主要结论与含义

房地产与一般普通商品不同，它具有能够满足消费和投资的双重属性。本文房地产双属性特征，并对迪帕斯奎尔和惠顿（Dipasquale and Wheaton，1992）提出的D－W模型进行修正，提出了能够更加准确刻画2003～2017年中国房地产市场发展过程的D－W修正模型，在此基础上利用我国35个大中城市的相关数据，实证研究了房地产双重属性特征与房价水平之间的因果关系，得到如下主要结论：

第一，我国房地产的现状与修正的D－W四象限理论模型基本吻合，房地产双属性特征是引起中国房价水平上涨的主要原因。第二，通过分析35个大中城市的修正面板回归模型系数估计结果，城市房价水平主要受到房地产双属性特征的影响，在考虑到城市水平后，房地产双属性特征对房价水平的影响也是不同的：三线城市的房价水平受房地产双属性特征的共同影响；而对于一线城市与二线城市，房价水平主要受投资属性的影响，而房地产的消费属性并没有显著影响城市房价水平。

因此，对于房价水平增长速度较快的一线城市与二线城市，投资属性更容易滋生出房价泡沫，政府应高度重视预期和投机等投资属性对房价水平上升的影响，重点控制城市房价的上涨，打击恶意、不道德的“炒房”投资行为。

参考文献

1. 陈淑云、杨建坤、李伟华：《房地产税、房地产投资与房地产价格的联动分析》，载于《中国房地产》2016年第18期。

2. 董骥、李增刚：《金融开放水平、经济发展与溢出效应》，载于《财经问题研究》2019年第8期。

3. 高波、王辉龙、李伟军：《预期、投机与中国城市房价泡沫》，载于《金融研究》2014年第2期。

4. 黄振宇：《1998～2007年中国住宅市场价格上涨原因分析》，山东大学2010年博士毕业论文。

5. 况伟大：《预期、投机与中国城市房价波动》，载于《经济研究》2010年第9期。

6. 况伟大、陈晶、葛玉好：《贫富差距、供求弹性与房价》，载于《经济理论与经济管理》2018年第3期。

7. 刘凤娟、司言武：《房产税调控政策对商品房价的影响研究——基于合成控制法的分析》，载于《财经论丛》2018 年第 5 期。

8. 谭政勋：《空间效应、投机与房价波动的理论及实证》，载于《当代财经》2013 年第 5 期。

9. 王鹤、周少君：《城镇化影响房地产价格的“直接效应”与“间接效应”分析——基于我国地级市动态空间杜宾模型》，载于《南开经济研究》2017 年第 2 期。

10. 文乐、彭代彦、覃一冬：《土地供给、房价与中国人口半城镇化》，载于《中国人口·资源与环境》2017 年第 4 期。

11. 杨赞、张欢、赵丽清：《中国住房的双重属性：消费和投资的视角》，载于《经济研究》2014 年第 S1 期。

12. 余华义、黄燕芬：《利率效果区域异质性、收入跨区影响与房价溢出效应》，载于《经济理论与经济管理》2015 年第 8 期。

13. 张清源、苏国灿、梁若冰：《增加土地供给能否有效抑制房价上涨——利用“撤县设区”的准实验研究》，载于《财贸经济》2018 年第 4 期。

14. 周亮锦、夏恩君、魏星：《基于供求关系的房价波动分析》，载于《北京理工大学学报（社会科学版）》2019 年第 6 期。

15. 邹静、袁祖应、童中文：《政府干预、资产价格波动与银行系统性风险》，载于《金融论坛》2015 年第 9 期。

16. Burnside A C. , Eichenbaum M. , Rebelo S T. , “Understanding Booms and Busts in Housing Markets”, *Journal of Political Economy*, 124 (4), 2011, pp. 1088 – 1147.

17. Chow K K. , Yiu M S. , Leung C K Y. , et al. , “Does the Dipasquale – Wheaton Model Explain the House Price Dynamics in China Cities?”, *SSRN Electronic Journal*, 2008.

18. Cuestas. , Carlos J. , “House prices and capital inflows in Spain during the boom: Evidence from a cointegrated VAR and a structural Bayesian VAR”, *Journal of Housing Economics*, 37, 2017, pp. 22 – 28.

19. Dipasquale D. , Wheaton W C. , “The Markets for Real Estate Assets and Space: A Conceptual Framework”, *Real Estate Economics*, 20 (2), 1992, pp. 181 – 198.

20. Favara G. , Imbs J. , “Credit Supply and the Price of Housing”, *American Economic Review*, 105 (3), 2015, pp. 958 – 992.

21. Floetotto M. , Kirker M. , Stroebel J. , “Government Intervention in the Housing Market: Who Wins, Who Loses?”, *Journal of Monetary Economics*, 80, 2016, pp. 106 – 123.

22. Glaeser E L. , Nathanson C G. , “An Extrapolative Model of House Price

Dynamics", *Journal of Financial Economics*, 126 (1), 2017, pp. 147 – 170.

23. Holly S., Pesaran M H., Yamagata T., "A Spatiotemporal Model of House Prices in the USA", *Journal of Econometrics*, 158 (1), 2010, pp. 160 – 173.

24. Iacoviello M., "House Prices, Borrowing Constraints, and Monetary Policy in the Business Cycle", *American Economic Review*, 95 (3), 2005, pp. 739 – 764.

25. Knoll K., Schularick M., Steger T., "No Price Like Home: Global House Prices, 1870 – 2012", *American Economic Review*, 107 (2), 2017, pp. 331 – 353.

26. Leung C K Y., Wei W., "An Examination of the Chinese Housing Market Through the Lens of the DiPasquale – Wheaton Model: A Graphical Attempt", *International Real Estate Review*, 10, pp. 131 – 165.

27. Poterba J., Sinai T., Goldberg P K., "Tax Expenditures for Owner-occupied Housing: Deductions for Property Taxes and Mortgage Interest and the Exclusion of Imputed Rental Income", *American Economic Review*, 98 (2), 2008, pp. 84 – 89.

28. Saiz A., "Immigration and Housing Rents in American Cities", *Journal of Urban Economics*, 61 (2), 2007, pp. 345 – 371.

29. Sommer K., Sullivan P., "Implications of U. S. Tax Policy for House Prices, Rents, and Home Ownership", *American Economic Review*, 108 (2), 2018, pp. 241 – 274.

Research on the Dual – Attribute Characteristics of Real Estate and Housing Price

—Based on the Modified D – W Four – Quadrant Model

Huang Zhenyu

(School of business, Shandong University of architecture, 250100)

DONG Ji

(School of Statistics, Shandong University of Finance and Economics, 250014)

Wu Lichun

(Shandong Vocational and Technical University of Engineering, 250200)

[**Abstract**] Based on the dual-attribute characteristics of real estate, this paper proposes a D – W modified model that can describe the development process of China's real estate market from 2003 to 2017 more accurately. Then, this paper makes an empirical studies of the causal relationship between the dual-attribute characteristics of real estate and the housing price by using relevant data of 35 large and medium-sized cities in China. The findings of this paper are as follows: (1) The current situation of China's real estate is basically consistent with the modified D – W four-quadrant theoretical model. (2) Considering the city level, the two-attribute characteristics of real estate have different influences on the housing price level: the housing price level of third-tier cities is influenced by the two-attribute characteristics of real estate; And for first-tier and second-tier cities, the housing price level is mainly affected by the investment attribute, while the consumption attribute of real estate does not affect the urban housing price level significantly.

[**Key Words**] The Dual – Attribute Characteristics of Real Estate Housing Price the Modified D – W Four – Quadrant Model

JEL Classifications: R20

社会惩罚："搭便车"行为的社会控制[*]

——一个公共品实验研究述评

姚　宇　王　玮[**]

【摘　要】一系列实验研究表明"搭便车"者的存在是造成自愿公共品实验中长期合作水平不断降低的主要原因，如何利用社会制度设计控制"搭便车"行为成为促进人类社会合作和效率长期提升的关键。费尔和盖希特（Fehr and Gächter，2000）在公共品实验中首先引入了社会惩罚制度。在对他们经典实验设计详细分析基础上，本文梳理了后续研究对该实验十个方面的深化和发展，包括：惩罚者的惩罚动机、惩罚者的惩罚代价、"搭便车"者报复性惩罚的影响、惩罚引出的二阶"搭便车"难题、从分散式惩罚到集中式惩罚、惩罚制度的选择、从静态博弈到动态博弈、从物质惩罚到道德惩罚、从个体均质化到个体异质化、从完全信息到不完全信息。为保证对社会惩罚制度认识的完整性，本文同时对社会惩罚对"搭便车"行为治理的弊端和与其不同方向社会制度——社会奖励针对"搭便车"行为的控制两方面研究也进行了梳理。基于以上述评，论文最后提出了进一步研究的可能方向。

【关键词】**公共品实验　"搭便车"　社会惩罚　社会奖励　社会控制**

中图分类号：**F0**　文献标识码：**A**

---

* 基金项目：国家社科基金一般项目"虚拟资本时代社会公平与效率矛盾的解决路径研究"（16BKS040）。

** 姚宇，经济学博士，哲学博士后，陕西师范大学国际商学院副教授；通讯地址：（710119）陕西省西安市长安区西长安街 620 号；Email：1301424812@ qq. com。王玮，陕西师范大学国际商学院硕士研究生。

一、引　言

有关人类社会合作演进的研究，有两个重要问题需要回答：

首先，人类社会合作演进背后的原因是什么？费尔和菲施巴赫尔（Fehr and Fischbacher，2003）发表在 *Nature* 上的公共品实验，首先提到，人类社会代表着动物界一个巨大的反常现象，即大群体中基因无关个体之间的合作。他们认为：人类利他主义的独特模式为这个问题提供了答案；人类的利他主义远远超越了互惠利他和以信誉为基础的合作，表现为强烈的互惠；强互惠是利他主义奖励和惩罚的组合，利他主义奖励是一种倾向于对合作和遵守规范他人的奖励，利他主义惩罚是一种倾向于对违反规范的他人施加制裁；即使不能从自己的行为中获得任何经济利益，强互惠者也愿意承担奖励或惩罚的成本。

其次，即使人类存在独特模式的利他主义，如何基于此进行促进人类社会合作和效率提升的制度设计？实验经济学的公共品实验①为研究包含利他偏好的群体社会合作提供了方法。包括博姆（Bohm，1972，1983）、道斯等（Dawes et al.，1977，1980，1986）、马韦尔等（Marwell et al.，1979，1980）、奥贝尔等（Orbell et al.，1990）一系列实验研究一方面证伪了博弈论纳什均衡所要求的“理性人”利己性假设；另一方面也发现由于“搭便车”者的存在，社会合作在长期的不可持续。艾萨克、瓦克尔和托马斯（Isaac，Walker and Thomas，1984）研究发现，随着公共品实验的重复进行，被试对公共品的投资额逐渐下降，合作水平逐渐降低，这在公共品实验中被称为“期数效应”，它表明在自愿合作下，长期中社会合作会走向破裂。为了解释这一问题，菲施巴赫尔等（Fischbacher et al.，2000）进行了一项实验研究，他们的实验结果表明50%的公共品实验成员表现为条件性合作（conditionally cooperative），即其对公共品的贡献很大程度上取决于他人的贡献，还有30%的成员属于“搭便车”者，即对公共品的投资为0或者很少。实验结果对“期数效应”做出了解释：首先，任何群体都是由合作者和“搭便车”者组成；其次，合作者一开始做出很高的贡献，但是随着他们意识到“搭便车”者的存在，他们便会逐渐减低自己的合作水平。显然，“搭便车”

---

① 公共品自愿捐赠机制（Voluntary Contribution Mechanism，VCM）实验是公共品实验的基础形式，一个简化的实验内容是：4个被试可以在私人账户和公共账户中分配100元的实验货币。如果贡献给公共账户X元，产生的收益为4名被试贡献给公共账户的钱加总乘以2，再平均分给每个人。投资私人账户的钱为100－X元，产生100－X元的收益。这样，每个被试的总收益为公共产品收益与私人产品收益之和，即 $0.5\sum Xi+(100-Xi)$。

者的存在是造成自愿公共品实验中长期合作水平不断降低的主要原因，如果能够控制"搭便车"行为，那么社会合作水平能够显著提升。因此，如何利用社会制度设计控制"搭便车"行为成了促进人类社会合作和效率长期提升的关键。

二、公共品实验中社会惩罚制度的引入

社会惩罚是社会按照习俗、约定、法律和制度以一定强制手段对越轨者的物质、自由或精神进行惩处，使之为越轨行为付出一定代价，用以对其他社会成员类似行为动机进行警示或补偿因越轨行为造成的社会损失。黄少安和姜树广（2013）指出即使人群中存在着利他者和互惠者，但是如果没有强有力的约束，自利者的逐利本性必然导致追求违反合作规则，最终导致合作的崩溃。惩罚作为一种反向的激励措施，能够对违规合作规则的行为施加威慑从而阻止其经常性的发生。根据权力来源的不同，执行社会惩罚者包括两类人，一是政府和其他权力机构及其代理人，二是合作者中的第二人。两类人针对"搭便车"行为的社会惩罚，从学术角度看，前一种是公共惩罚，通过集权的、正式的惩罚制度管理"搭便车"行为，由此形成有效的威慑作用以稳定群体合作预期，属于政府治理；后一种则是私人惩罚，个体通过分散的、对等的、非正式的惩罚机制抑制群体合作中的"搭便车"行为，维持合作规范、促进群体合作，属于自愿合作。两种制度安排在社会生活中均得到了广泛使用，前者的问题在于面临高额的维护成本，而后者也面临二阶"搭便车"难题以及反社会惩罚的破坏作用。尽管社会惩罚的效果已经在社会生活中得到了普遍的验证，但是惩罚制度到底如何抑制"搭便车"行为、如何提升社会合作水平，其内在机理又是什么，仍然有待研究。

在公共品实验中首先引入社会惩罚制度的研究是费尔和盖希特（Fehr and Gächter，2000）。他们设计了一组 2×2 的混合实验，分别是有惩罚、无惩罚制度以及固定配对和随机配对。有惩罚和无惩罚的对比设置用来检验惩罚制度的效果，而固定配对（伙伴）与随机配对（陌生人）则用来排除当前惩罚活动的未来收益，以验证是否存在纯粹利他惩罚的存在。其中，无惩罚实验设置是一个典型的线性公共品实验；加入惩罚制度的设置体现在每个时期在被试进行出资决定之后，增加了第二个决策阶段；在第二阶段，当被试被告知其他小组成员的个人贡献后，他们有机会同时惩罚对方。而随机配对相比固定配对的变化在于，一个成员在下一时期碰到本期其他三位成员的概率从 100% 变为了 0.05%，随机配对排除了个体为了获取惩罚活动未来收益而进行惩罚的可能性。

实验研究发现，首先不论是在陌生人局还是在伙伴局中，无惩罚制度的实验局平均贡献随着时间的推移都会趋近于完全“搭便车”，而惩罚制度的加入都会使被试对公共品贡献水平大幅上升。尤其是陌生人局中当允许参与被试相互之间进行惩罚时，即使第二方惩罚者（second-party sanctions）不会收到任何物质奖励且惩罚需要花费高昂成本，也会自发地对“搭便车”者进行惩罚。而在伙伴局中，惩罚机会的存在甚至会导致合作水平大幅提高到非常高甚至完全合作的水平。此外，“搭便车”者的合作水平距离其他被试平均贡献越大，他们所受到的惩罚也越多。而在针对惩罚制度下“搭便车”者的跨时期决策分析发现，“搭便车”者受到惩罚后提升了自己的公共品投资额，群体平均公共品投资额因此上升，这使得条件合作者的投资额也得以提升。这正是惩罚机制得以提升群体合作水平的内在机理。

尽管费尔和盖希特（2000）开创性的研究证实了惩罚制度的引入会大幅提升个体的社会合作水平、抑制“搭便车”行为发生，但其实验设计并未能做到系统全面的讨论社会惩罚制度，综合后续学者研究成果，本文归纳了费尔和盖希特（2000）研究在十个方面存在进一步发展的必要和可能：

其一，惩罚者会不会花费代价对“搭便车”者进行惩罚，他们行为的动机是什么；其二，实验中第二方惩罚者愿意花费代价的标准或计算方法是什么；其三，是否应该存在与惩罚动机的情感假说①对应的报复性假说，即被惩罚的“搭便车”者会对惩罚者的惩罚也产生愤怒和不满情绪，从而产生一种报复性的惩罚，这种报复性惩罚的存在也会影响公共品供给效率；其四，惩罚也是一种公共品，如果其他人对“搭便车”者做出惩罚而自己则不对其进行惩罚，那么自己既可以省下惩罚支出，也可以避免被惩罚者的报复性惩罚带来的潜在损失，这就带来了二阶“搭便车”难题；其五，由参与实验被试的第二方发起的分散式惩罚与现实生活中更为普遍存在的第二方发起集中式惩罚以及第三方惩罚是否内涵和机理一致，需要进一步讨论；其六，制度的选择问题未做讨论，假设允许被试在无惩罚制度以及各种惩罚制度之间选择时，他们又会如何选择；其七，实验所采用的固定禀赋多期间断静态实验是否与连续动态实验机理和结论一致，如果只是在第一期给定初始禀赋将实验变为连续动态实验，惩罚的效果又当如何；其八，道德惩罚与金钱惩罚之间能否画等号，假设惩罚者仅仅可以对被惩罚者进行道德感的惩罚，惩罚的效果又会如何呢？其九，当发生从实验中被试禀赋和公共品收益均等同质化假设向现实社会中公众禀赋和公共品收益不等的异质化转变后，实验设计的惩罚制度是否还会有效；其十，当实验中设定的社会监控提供完全信息转变为现实世界社会监控提供不完全信息乃至出现信息混乱时，惩罚是否依然有效。

---

① 情感假说，即惩罚者是出于对“搭便车”者的不满情绪而做出的惩罚行为。

三、社会惩罚制度研究从十个方面的展开

基于费尔和盖希特（2000）的经典研究，后续学者从以上归纳的十个方面对社会惩罚制度基于公共品实验展开了更为系统和具体的研究。

（一）惩罚者的惩罚动机

针对为何惩罚者要花费代价对"搭便车"者进行惩罚这个问题，费尔和菲施巴赫尔（2002）的研究认为，惩罚者做出付出代价对"搭便车"者进行惩罚的行为背后是强互惠（strong reciprocity）动机。他们指出，强互惠对潜在的"搭便车"者构成了强大的约束，在纯粹自私的行为会导致合作彻底破裂的情况下，这种约束可以产生普遍的合作。费尔（2004）对第三方惩罚的研究表明，惩罚者花费昂贵成本的原因在于社会规范的要求，而这实际上也是一种强互惠行为。肖等（Xiao et al.，2005）的研究证实了情感表达对于惩罚决策所起的作用，当直接表达情感的渠道不可能或不受欢迎时，人们可能会转而求助于间接的甚至昂贵的方法来表达负面情绪，尤其是昂贵的惩罚；在不带惩罚的公共品实验（VCM）中之所以会出现"期数效应"，主要原因就在于在这一实验设置中合作者对"搭便车"者表达负面情绪的唯一方式只有降低公共品投资额，而带惩罚的公共品实验之所以能够阻止合作水平随期数下降甚至提高合作水平的重要原因很可能是惩罚制度为合作者表达负面情绪提供了一种替代方式。卡彭特和马修斯（Carpenter and Matthews，2012）的研究将第二方惩罚和第三方惩罚同时引入到了一个实验组内，证明了第二方和第三方惩罚的实施均出于愤怒情绪和互惠动机。综合以上研究可以发现，关于惩罚者实施惩罚的动机，大致上可以分为两类：一类是基于社会性偏好的互惠动机，一类则是出于对"搭便车"者的诸如愤怒等负面情绪。

（二）惩罚者的惩罚代价

针对惩罚者会不会不惜代价地对"搭便车"者进行惩罚这一问题，安德森和普特曼（Anderson and Putterman，2006）的研究表明，惩罚者不会不惜代价地对"搭便车"者进行惩罚。他们的实验证实，惩罚对于惩罚者而言更像是一种商品，从惩罚中获得了一定数量的满足，类似于从其他商品中获得的满足，因此可以通过与成本的合理比较来决定购买的数量。卡彭特（2007）在一个四人公共品实验中完成了类似的检验，发现被试对惩罚的需

求不仅敏感反映于惩罚价格，而且敏感反映于收入，是一种典型的普通商品和低档商品。范良聪等（2013）基于一个引入真实劳动和第三方的独裁者博弈实验的研究发现，第三方惩罚这种看似纯粹利他的行为背后也存在很强的经济考虑。综合以上可以发现，研究普遍认为惩罚实际上可以被看作一种商品，决策者从惩罚中获得的效用会因价格的上升而抵消，惩罚的决策行为本质是惩罚带来的正效用与因之付出负效用的均衡。

（三）“搭便车”者报复性惩罚的影响

针对被惩罚“搭便车”者是否对惩罚者的惩罚也产生愤怒和不满情绪从而产生一种报复性的惩罚的问题，福克等（Falk et al.，2005）的研究表明，被惩罚者也会对合作者产生恶意的报复性惩罚行为。尼基福拉基斯（Nikiforakis，2008）在已有被惩罚者存在恶意的报复性行为的证据下，在费尔和盖希特（2000）的原有自愿捐献机制（VCM）和惩罚阶段基础上增加了一个第三阶段即反惩罚阶段，在该阶段受到惩罚的被试被允许再次进行一次反惩罚。他们的研究发现，当加入反惩罚阶段后，反惩罚的个体会有策略地使用反惩罚来阻止未来的惩罚，报复的威胁削弱了合作伙伴的合作意愿。他们进一步分析道，由于反惩罚机会的引入使得合作者不太愿意惩罚“搭便车”者，惩罚数量的减少导致合作的崩溃，并降低了群体的收入。他们由此质疑通过第二方惩罚实现自愿合作自治的合理性，并因此认为中央当局（central authorities）即第三方惩罚的存在具有必要性。尼基福拉基斯和恩格尔曼（Nikiforakis and Engelmann，2010）的实验中阶段的数量由参与者的行为决定。他们发现，参与者认识到积怨的威胁，并通过采取防止积怨暴发的策略来应对。当争斗可以持续几个时期时，利他主义惩罚的程度就会大大降低，这导致合作和收入水平逐渐降低。赫尔曼、索恩和盖希特（Herrmann，Thöni and Gächter，2008）的研究记录了来自世界上 16 个地区的参与者参加的公共品实验。他们在证明反社会惩罚广泛存在的同时，还发现在一些地区的参与者组成的公共品实验中反社会惩罚的强度足以消除惩罚的合作促进效应。他们因此指出，公民合作规范的薄弱和一个国家法治的薄弱是反社会惩罚的重要因素，惩罚机会只有在强有力的社会合作规范的补充下才能对社会有益。综合以上可以发现，第二方惩罚存在着大量的反社会惩罚，这会导致潜在实施惩罚的个体的惩罚意愿降低，从而影响到合作提升的效果，这既表明了第二方分散式惩罚存在着严重的局限性，也说明了引入第三方惩罚的必要性。

（四）惩罚引出的二阶“搭便车”难题

一些学者试图通过在费尔和盖希特（2000）实验两阶段之上加入第三阶

段，即提供二阶惩罚机会以解决二阶“搭便车”难题，然而得出的结论却并不一致。辛雅布古玛等（Cinyabuguma et al.，2005）把费尔和盖希特（2000）的实验进行了扩充，加入了第三阶段，引入二阶惩罚机会。研究发现，由于这种二阶惩罚机会的加入，提高了贡献阶段的合作水平。与前者不同，尼基福拉基斯（2008）的研究却发现在有反惩罚机会的情况下，合作者不太愿意惩罚“搭便车”者，因此与“搭便车”占主导地位的不受惩罚的实验局相比，合作更易破裂，群体的收入更低。

实际上，仅仅通过进一步增加惩罚阶段给予被试惩罚机会在理论上是没有意义的，因为每一次增加惩罚机会一方面意味着对“搭便车”者的惩罚机会上升，另一方面又意味着报复性惩罚的惩罚机会也在上升，二阶“搭便车”难题转变为一个高阶“搭便车”难题。从合作演化的角度上解决二阶“搭便车”难题并解释惩罚制度的存续，需要借助计算机仿真实验模拟长期博弈加以分析。夏等（Xia et al.，2011）在研究中利用计算机仿真模拟了基于有限人口的进化公共物品游戏的合作进化。他们的研究发现，考虑基于有限理性的有限群体中惩罚博弈时，合作将会得到显著的促进，并且惩罚机制的存在对合作的持续性起着重要的作用。叶航（2012）在研究中通过一个多行为主体（Multi－Agent）演化博弈随机过程的计算机仿真证明，公共品的回报率对惩罚行为保持稳定演化趋势具有关键影响，随着公共品回报不断增加，二阶“搭便车”对惩罚者在演化中优势会不断缩小并最终可能被演化过程的随机性所抵消。此外，人类族群或社会中存在一些可以提高惩罚能力的机制，如韦倩（2016）指出的属于事前防范的威胁机制和属于事中安排的惩罚制度，即使在单个惩罚者的惩罚能力不能够满足惩罚行为稳定演化的条件下，这些机制也会自动调整其惩罚能力，使得利他性惩罚行为能够在人群中保持稳定演化，从而维持了社会的合作秩序。

除了借助演化模型以外，也有一些学者尝试通过制度设计解决二阶“搭便车”难题。希尔贝等（Hilbe et al.，2014）通过一个公共品实验发现，允许被试通过多数投票的方式进行制度选择时，他们选出带有二级惩罚的民主制度，从而实现对二阶“搭便车”的抑制。他们认为当使用多数票时，个人可以相互约束。这种相互约束的选择可能促使受试者从群体的角度出发，选择能够带来有益的群体动态的机构，而不是选择承诺个人优势的机构。奥佐诺等（Ozono et al.，2016）引入领导支持系统，这一机制允许得到支持的领导者自由惩罚其追随者，从而抑制了二阶“搭便车”行为。

综合以上可以发现，二阶“搭便车”难题已经被学者所重视，但有限的多阶公共品实验仅仅能够抑制而并不能完全解决该问题，计算机仿真技术的引入可以令这一问题得到解决，实证证明了即使二阶或多阶“搭便车”问题存在，在长期的博弈中惩罚制度的引入仍然能够维持合作。此外，通过一些巧妙的制度设计，二阶“搭便车”难题也能够得到一定程度上的解决。

（五）从分散式惩罚到集中式惩罚

针对费尔和盖希特（2000）研究第二方实施分散惩罚的片面性，集中式惩罚制度被后续学者提出，这一制度相比分散式惩罚制度在克服协调失败和“搭便车”的问题上更有优势。集中式惩罚制度与分散式惩罚不同之处在于，分散式惩罚的成本与惩罚的实施次数成正比，但是集中式惩罚需要在进行公共品投资之前建立制度，这意味着即使没有惩罚发生之前就发生一笔固定费用，这可以被看作是制度本身的成本。

有关集中式惩罚的研究大致可以分为两类，一类是由第二方实施的集中式惩罚，此类惩罚需要公共品实验的所有参与者首先进行管理费上缴，并以随机、民主或者其他方式从参与者中选出集中惩罚者执行惩罚。巴尔达萨里和格罗斯曼（Baldassarri and Grossman，2011）借助实验室实验和实地实验对由第二方实施的集中式惩罚进行了研究，他们发现在第二方实施的集中式惩罚制度下，参与者对公共品的贡献显著增加；同时惩罚者产生的方式对于合作水平也有影响，他们在实验中设置了随机产生惩罚者、投票选举产生惩罚者两个对照组，结果表明，除了惩罚的威胁之外，合作还取决于制裁当局的合法性。特劳尔森等（Traulsen et al.，2012）在研究中分别设立了第二方实施的分散式惩罚实验局、第二方实施的集中式惩罚实验局以及二者混合可选的实验局。他们发现，第二方实施的集中式惩罚可以在与第二方实施的分散式惩罚中胜出，但是前者尽管提高了合作的稳定性，却导致了效率的损失。这一结果的现实意义正如霍布斯所言，建立一个中央权威的目标不是为所有人实现最好的结果，而是防止所有人遭遇最坏的结果。另一类集中式惩罚是由利益无关的第三方实施的惩罚，他们用于惩罚的成本来自自身从外部获取的禀赋。费尔（2004）借助独裁者博弈实验和囚徒困境实验的研究表明，几乎2/3的第三方确实对违反分配规范的行为进行了惩罚，而且对该规范的违反越多，他们受到的惩罚就越多；利益无关的第三方实施的惩罚相比第二方惩罚要更加温和，无私的第三方惩罚可能是社会规范的有力执行者。他们认为第三方可能会以更公正、更“规范”、更受控制的方式进行制裁，而不是以自我为中心。但列伊勃兰特和洛佩兹—佩雷兹（Leibbrandt and López - Pérez，2012）的研究却发现许多第三方惩罚并非出于纯粹的利他偏好，他们不能以公正或规范的方式进行惩罚，实际上第三方惩罚的主要动机是不平等厌恶，且缺乏内在激励机制均是第三方惩罚的弊端。范良聪等（2013）通过独裁者博弈实验也证明即便利益无关，第三方惩罚这种看似纯粹利他的行为背后也存在很强的经济考虑。

综合以上可以发现，集中式的第二方惩罚与第三方惩罚避免了分散式第二方惩罚存在的反社会惩罚以及二阶"搭便车"问题，有效地提高了社会合作水平；但是，由于集中式惩罚相比分散式惩罚的高成本，它同时也造成了效率的损失；对于第三方惩罚的研究则表明，利益无关的第三方具有的纯粹利他性为社会合作水平的维持和提升做出了贡献。

（六）惩罚制度的选择

对于拥有关于有无惩罚的制度选择自由后，人们行为变化的研究，居雷尔克（Gurerk，2006）在标准公共品实验前设置了选择有惩罚和无惩罚两种制度的阶段，允许被试在进行公共品实验前进行制度选择。他们发现，被试在重复进行的公共品投资实验中会倾向于选择有惩罚的制度，在 30 轮实验结束后所有的被试都选择了有惩罚的制度，而且缴费量几乎达到了被试初始资金的 100%，而无惩罚制度则在 30 轮结束后被放弃，并且在持续进行的轮次中投资额不断下降直至为 0；在与无惩罚制度的竞争中，惩罚制度是无可争议的赢家，尽管最初有反感情绪，但整个人口都先后迁移到惩罚制度中，并进行了强有力的合作，而无惩罚制度则完全失去了人口。马库森等（Markussen et al.，2014）在研究中设置了与费尔和盖希特（2000）保持一致的无惩罚和非正式惩罚以及正式惩罚，正式惩罚是在无惩罚实验基础上，要求每个被试承担一个固定成本 C，并且私人账户的每单位投资均会导致 s 单位的成本，此外实验还设置了两个不同固定成本形成高低固定成本实验局，两个不同投资损失成本形成威慑性和非威慑性惩罚实验局。他们发现，与无惩罚制度相比，非正式惩罚和非威慑性的正式惩罚制度促成了社会合作水平的提高；大多数被试会投票选择低成本和有威慑的正式惩罚制度，而非正式惩罚制度随着期数的增加在后期也会越来越受欢迎。龟井等（Kameiet al.，2015）进行了类似马库森等（2014）的设计，他们的创新之处在于在其研究中正式惩罚制度的参数是内生的。他们的研究表明，对于正式惩罚制度和非正式惩罚制度的选择，取决于被试的偏好异质性，有时非正式惩罚制度也可以在竞争中战胜正式惩罚制度。在安德雷奥尼和吉（Andreoni and Gee，2012）引入了一个雇佣枪的第三方集中式自动惩罚机制（gun for hire）[①]，他们采用组内样本考察了在前 10 期给与被试自愿供给机制、对等分散式惩罚机制两种基线机制的情况下被试在后 10 期对该机制以及该机制与对等分散式惩罚混合机制的

① Gun for hire 的一个主要特点是成本低——执法人员不需要完美地记录所有的违规行为而只需要知道两个最大的不服从行为（最低贡献）的确切行动，执法人员只需要惩罚贡献最低的一个成员。惩罚力度正比于最低贡献成员与倒数第二最低贡献成员的差值。因此惩罚成本不会很大，只需要使最不服从（最低贡献）的人宁愿成为第二不服从的人。

对照机制选择权时（如果不选择对照机制则采用基线机制）他们的行为及其后果。他们发现，首先无论在自愿供给机制还是对等的分散式惩罚机制下该机制在后10期被选择的比例都超过了70%，并且在与对等分散式惩罚机制相比较时该机制使得群体收益提升了15%和40%。该机制与对等的分散式惩罚混合机制则令对等的分散式惩罚机制的使用减少了70%，这表明该机制的引入“排挤”了对等的分散式惩罚机制。

同时，制度选择的过程也是惩罚制度选择的重要方面。巴尔丹（Bardhan，2000）通过一项实证研究发现，在印度当地，当灌溉决策是由农民自行做出时，他们遵守规则的比例会很高。这表明，决策过程可以影响人们对公平及合作的态度，人们不仅关心分配的结果，而且关心分配的程序。与以往研究中激励机制的外生给定不同，近年来研究者开始在实验研究中探究通过民主协商、内生发育的激励机制对公共品供给和“搭便车”行为的影响。科斯菲尔德等（Kosfeld et al.，2009）设计了一个公共品实验，允许被试自由选择进入或者选择不进入民主表决决定第三方惩罚实施的公共品实验。他们发现，制度的形成对合作和群体福利产生了积极的影响。他们的研究结果强调了公平在制度形成过程中的作用。普特曼等（Putterman et al.，2012）则设计了让被试对集中式惩罚制度的具体参数进行投票选择的实验。他们发现，在采用投票惩罚方案的实验中，大多数的选择能够产生有效结果的参数，且在有投票机会时比没有投票机会时的合作水平和收益高出很多。在问卷调查的基础上，他们分析发现智力水平、合作倾向与赞成更高的惩罚成正相关，而与对向公共品贡献的政治立场①呈负相关。

综合以上可以发现，首先，相比给定的制度，制度的选择本身可以对于制度的效果产生影响，这背后的原因在于人类的公平感诉求；其次，在可选择的无惩罚与有惩罚制度之间，人们会自愿选择惩罚机制，而自动第三方集中式自动惩罚机制（gun for hire）在与对等的惩罚机制的竞争中赢得欢迎；此外，低成本和有威慑的正式惩罚制度最受人们欢迎，这与现实生活中人们更加偏爱效率型政府的诉求一致；最后，一旦赋予被试对集中式惩罚的具体参数进行选择的机会时，他们做出的选择接近理论上的最优选择。

（七）从静态博弈到动态博弈

现实生活广泛存在的并非静态结构而是动态结构下的公共品的问题，进一步增强对现实的解释力需要引入动态视角下的公共品实验研究。相比于静态视角，在动态视角下的惩罚机制具有双刃剑效应：一方面，个体若出于长

① 智力水平由IQ测试得出；合作倾向用菲施巴赫尔等（2001）的“策略方法”得出；对公共品贡献的政治观点则由the World Values Survey的8个测试问题得出。

期考虑在当期使用惩罚，则后期社会合作水平可能提升，这形成惩罚机制的合作促进效应；另一方面，由于惩罚存在成本，当期惩罚会减少后期投资禀赋，容易掉入“贫困陷阱”（poverty trap），这构成惩罚的毁灭性效应。动态视角下，究竟是合作促进效应占据主导还是毁灭性效应将会占据主导？居雷尔克等（2010）首次在动态博弈结构下研究惩罚机制的这一治理效应问题。他们发现，由于毁灭性效应的存在，带惩罚制度的实验局公共品自愿供给水平虽然并未显著高于无惩罚实验局，但带惩罚制度的实验局自愿供给水平维持在一个比较稳定的水平上，而无惩罚的实验局则呈现随期数下降现象，长期来看惩罚机制的合作效应还是占据主导。连洪泉等（2013）的研究改变了居雷尔克等（2010）实验设置中均等公共收益特征，并且设置了基准实验局、外生惩罚、事前内生惩罚和事后内生惩罚四种实验局。他们发现：首先，相比无惩罚的基准实验局，无论是外生惩罚还是内生惩罚均提高了公共品投资额，提高了合作水平；其次，无论是哪种惩罚机制，都不能够完全有效地解决“搭便车”现象。他们指出，导致这一现象的原因一方面由于惩罚行为会导致下期投资的初始禀赋低下，从而使得后续的惩罚可置信威胁能力降低；另一方面惩罚会引致被惩罚者的报复或者反惩罚，这两方面的问题一定程度上抵消了惩罚的合作效应，从而弱化了惩罚的效果。综合以上可以发现，在动态公共品实验中，由于毁灭性效应的存在弱化了惩罚制度的效果，但合作效应仍然占据主导，这表明过去的静态化公共品的研究存在着对惩罚制度的合作效应的夸大，也启示后续研究应当更加注意实验设置对于现实情境的拟合性。

（八）从物质惩罚到道德惩罚

大量的研究已经表明，物质惩罚是促进合作水平的一种行之有效的手段，但是物质惩罚也会产生一些消极的负面影响。首先，惩罚与公共合作秩序建立目的相违背。由于广泛存在的报复性惩罚，很有可能物质惩罚不是针对“搭便车”者而是针对合作者。其次，物质惩罚机制可能对公共合作秩序参与者的道德和信念产生负面影响，物质惩罚机制的加入会对自愿捐赠机制（VCM）下的自我奖励机制造成破坏。米尔德等（Mulder et al.，2006）在研究中还发现，物质惩罚机制有可能会造成社会资源损失。德雷伯等（Dreber et al.，2008）进一步发现，成本昂贵的物质惩罚虽然可以促进人们的合作水平，但是并不能提高整体的收益。基于物质惩罚存在的种种弊端，研究者们将目光转移到了道德惩罚上。

道德惩罚在社会生活中作为一种惩罚的手段广泛存在，并且在促进合作中扮演着重要角色。亚当·斯密（Adam Smith，1759）认为在个人利益和集体利益之间产生冲突的社会困境情况下，道德情感可以促进合作，道德可以激发人们表现出更关注集体利益的行为。由于道德上的惩罚不会减少被谴责者的收益，它更多体现了人们对遵守社会规范的自觉性，因此在一定程度上可以避免实施物质惩罚时出现的负面影响。科特拉尔和董（Ketelaar and Tung，2003）的研究表明具有内疚感的个体相比没有内疚感的个体会表现出更高的合作水平，这一发现提供了内疚有助于提高个体合作水平的证据。雅凯等（Jacquet et al.，2011）用公共品实验证明了羞耻感和荣誉感对合作水平的影响。他们在进行了10轮标准公共品实验之后，将平均公共品投资额最低的两人暴露在小组中，作为自然对立，也通过揭示两个平均公共品投资额最高的两人测试荣誉的效果。羞耻感和荣誉感所产生的非金钱和名誉效应，每一种都导致对公共利益的捐赠比对照组高出约50%，这表明羞耻感和荣誉感都能推动合作水平的提升。马斯克莱特等（Masclet et al.，2003）的研究中通过打分的方式表示赞同和反对，给参与者提供了表达对于他人贡献不满的机会以体现道德惩罚。他们发现，非货币惩罚最初提升的公共品投资额与货币惩罚一样多，在后期，货币惩罚比非货币惩罚在产生高投资水平方面更为有效，然而由于实施货币惩罚存在社会成本，两种制度下的总体收益相近。综合以上可以发现，除物质惩罚以外，道德惩罚也可以对于社会合作水平的提升起到作用，这表明道德惩罚的引入是对物质惩罚的有益补充，这也和社会生活中广泛存在的社会舆论评价影响个体行为的现象相一致。

（九）从个体均质化到个体异质化

现实生活中个体之间存在着诸多的异质化禀赋，这种异质化来源既包括历史文化所造成，也包括自然原因造成，但都客观存在。个体异质化可能会通过影响社会成员的社会偏好，进而影响到公共品自愿供给水平。一个社会个体同质化越强，个体就越可能具有较强的社会偏好；反之，一个社会个体异质化越强，个体就越可能具有较弱的社会偏好，从而“搭便车”的动机就会越强，最终导致这种社会中的公共品自愿供给水平较低。宋紫峰和周业安（2011）在一个由MPCR（边际公共品收益）不平等体现出的公共品收益不平等环境中考察了个体惩罚机制与一致同意惩罚机制对于公共品供给的影响，他们得到以下发现：在公共品收益不平等环境下，引入某种形式的惩罚机制能够显著且稳定地提高公共品供给水平；不同的惩罚机制效果有差异，相对而言，基于个体的惩罚机制运行效果要好于基于群体的惩罚机制。研究认为，实验结果发生的主要原因是基于群体的一致同意惩罚机制相当于一个门槛公共品，惩罚达成的难度大，因此惩罚的置信威胁小，而基于个体的惩罚机制下任何个体都能够独立地做出惩罚决策，其威慑效果会更好。综合以上可以发现，首先，在个体收益异质的情况下，惩罚制度的效果仍然稳健；其次，处境较好的被试的惩罚倾向较低且受到的惩罚更多，这表明一方面这一类个体更多存在二阶惩罚"搭便车"行为，另一方面表明优势个体的"搭便车"行为会受到弱势群体的监督和惩罚，而要保证弱势群体对优势个体的监督和惩罚，要求在社会生活中提高对社会个体的信息和行为的公开性。

（十）从完全信息到不完全信息

虽然大多数公共品实验研究都基于完全信息（在实验中体现为博弈方在做出惩罚决策前可以准确观察到其他博弈方在分配阶段的决策），但事实上无论在无惩罚、非正式惩罚还是正式惩罚制度公共品博弈中，人们对"搭便车"行为的观察都并非百分之百①。这一方面是因为现实生活中大多数情境下信息成本高、不易获取，只能得到有限的信息；另一方面是因为即使获取到的信息也可能存在不同程度的噪音，导致获取的信息不准确或不精确。帕尔弗里和罗森塔尔（Palfrey and Rosenthal，1994）最早将信息的成本引入公共品实验。卡森和卡恩（Cason and Khan，1999）则将不完全信息引入到标准公共品博弈中，他们选择让被试只能在每间隔 6 期实验后才能获取自己所在小组的总贡献水平。

一些学者进行了不准确信息下分散式惩罚的公共品实验研究。格雷琴等（Grechenig et al.，2010）在研究中为被试提供的其他人的信息中加入了一定的错误概率，他们发现噪声对惩罚对合作行为的影响至关重要，由于存在一定程度的噪声，惩罚不能维持较高的合作水平；同时，噪声大大降低了合作效率，公共品供给水平甚至明显低于没有惩罚机制的情境；但是，即使被试关于其他人投资额的信息是不准确的或嘈杂的，人们也会表现出很高的惩罚意愿，结果是人们在惩罚上花了大量的钱，而合作却维持得很差。他们的研究提供了两点启示：一方面，如果惩罚是基于存在杂音的信息，不提供惩罚可能更好；另一方面，如果惩罚必不可少的话，就必须以大量准确的信息为条件，以便尽量减少因错误信息造成的社会损害。安布鲁斯和格赖纳（Ambrus and Greiner，2012）的研究设定了 3（惩罚）×2（噪音）的对照组。在惩罚维度上设置无惩罚、常规惩罚和重惩罚②三个变量；在贡献显示（位于贡献阶段之后、惩罚阶段之前）维度上则设置了两种情况：在无噪音的情况下，显示的为实际贡献；在有噪音的情况下，未捐献的依然显示为零，而捐献的则有 10% 的可能显示为零。他们发现，在一个更加现实的基于不完全信

① 研究中心监控的不完全信息包括有限信息和错误信息两种。

② 常规惩罚：每花费惩罚者 1 个点数，被惩罚者损失 3 个点数；重惩罚：每花费惩罚者 1 个点数，被惩罚者损失 6 个点数。

息的监控环境中，惩罚的严重程度与平均净收益之间存在“U”型关系，即社会净收益随着惩罚的加重先减少后又增加。这表明，在噪音信息下使用标准的惩罚制度会显著降低净收益，一种非常严厉的惩罚制度带来的回报与无惩罚时大致相同，因为增加合作的好处抵消了惩罚的社会成本。

另外，一些学者进行了不准确信息下集中式惩罚的公共品实验研究。迪克逊等（Dickson et al.，2009）的研究中惩罚行为由一个被称为监督者的被试来实施，监督者在接收到其他被试合作行为时受到噪音影响，也就是说，这些信息可能是错误的。错误分为两类：一类错误是博弈者无论贡献多少都有可能被显示为没有贡献，另一类错误是博弈者无论贡献多少都有可能被显示为全部贡献。第一类错误信息下容易发生惩罚无辜者，而第二类错误下容易发生放过“搭便车”者。研究发现，在实验初期，两类错误对于被试合作水平影响均不明显，但经过多期实验后，第一类错误对于合作水平的负面影响显著地大于第二类错误。这主要是因为惩罚者担心错误地惩罚了无辜者。张岱（音译）等（Dai Z et al.，2015）的研究中被试的公共品投资行为会受到一定概率的审查，但被试并不知道审查概率。如果审查发现被试的分配水平低于小组平均，那么他就会受到外生性的正式惩罚。研究发现，低频率、不定期的审查行为会使得被试维持被高概率审查的信念，在这种情况下，即使撤销了审查，被试依然维持较高合作水平。

还有学者进行了不准确信息下惩罚制度选择的研究。尼克利施等（Nicklisch et al.，2015）以被试有关其他被试分配行为信息的透明水平为实验变量，研究被试通过用脚投票的方式来内生性地选择三种制度（无惩罚、非正式惩罚、正式惩罚）的情况。他们发现，完全信息的环境有利于分散的惩罚机制；在低噪音水平下，有鉴于分散式惩罚中存在的大量反社会惩罚，集中式惩罚更加适合；正式惩罚制度的形成取决于实施惩罚者对其他被试合作行为信息了解的完全程度以及他所选择社会的反社会惩罚水平。

此外，有学者研究了有限信息下的惩罚制度有效性问题。卡彭特等（Carpenter et al.，2012）考察了不同的网络结构①对惩罚制度下公共品合作水平、惩罚的实施以及效率②的影响。首先，就公共品合作水平而言，连接的网络比存在断开连接的网络的合作水平更高，完全连接的网络③的合作水平并不比其他连接的网络效率高很多；其次，就惩罚的实施而言，单向网络相比双向网络有更多的惩罚用于维持和增加公共品贡献；最后，就公共品的效率而言，连接网络比断开网络的效率更高。肖和豪斯（Xiao and Houser，2011）研究了惩罚贡献最低的被试以轻微惩罚的信息仅仅告知给被惩罚者的

---

① 在设计中考察了网络连接的四个特性：完整性、连接性、指向性以及节点度。

② 以净收益（net payoffs）度量。

③ 任何一个组内成员都与其他成员构成相互连接的结构。

私人惩罚局和告知给组内所有被试的公开惩罚局对合作水平的影响。她们发现，由于在公开惩罚局中惩罚这一社会规范被更加频繁地传达到每一个被试[①]，因此公开惩罚局更有效地建立起了社会规范，从而提高了合作水平。

综合以上可以发现，首先，在更加现实的基于不准确信息的监控环境中信息噪音的存在会降低分散式惩罚制度的效率，可能会出现人们在惩罚上花了大量的钱，而合作却维持得很差的状况；其次，在集中性惩罚制度下，监督者会由于担心错误地惩罚了无辜者而降低惩罚的频率，从而降低惩罚的置信威胁，导致惩罚制度的效果受到弱化，这表明要想提高分散式惩罚下公共品的合作水平，如果惩罚必不可少的话，就必须以大量准确的信息为条件；再次，被惩罚者在被惩罚频率的不准确信息约束下，会导致其维持高概率被惩罚的信念，从而提升了合作的水平，这表明即使惩罚制度的实施是概率性的，依然可以对合作水平的提升起到作用；最后，不完整的监控导致的有限信息也会影响惩罚的效果，相比公开惩罚信息给被惩罚者，公开信息给全体被试更有利于合作规范建立和合作水平提高。

四、从社会惩罚到奖惩结合

奖励是社会管理中与惩罚相对的社会制度。社会奖励与社会惩罚权力来源相同，但在执行同一社会控制目标时方式方法截然不同，奖励的手段是物质赠予或荣誉赋予。与社会惩罚中通过抑制"搭便车"行为提升公共品贡献水平的治理思路不同，社会奖励希望通过对社会成员合作行为的正向激励来提升公共品贡献水平。单纯的社会惩罚制度在过往研究中被证明是一种行之有效的制度设计，但由于其实施同时减少惩罚者和被惩罚者的收入，会产生较高的社会成本从而降低了社会效率，因此在研究上考虑引入社会奖励制度很有必要。

（一）惩罚制度存在的弊端

惩罚制度尽管可以提升公共品的合作水平，但是由于惩罚制度本身是一种负向激励且存在高昂的社会成本，它也存在着种种弊端。腾布龙塞尔和梅西克（Tenbrunsel and Messick，1999）的研究表明惩罚制度的存在，使人们更多地认为自己的决策行为是一种商业交易，也更容易忽视决策行为的道德方面。米尔德等（2006）的研究也支持了腾布龙塞尔和梅西克（1999）的观

① 私人惩罚局中在总30轮中每人平均接受到惩罚信息的次数为3次；公开惩罚局中则为15次。

点。他们发现，惩罚制度也可能让人们认为，其他人的行为是出于自身利益，并破坏了人们内心存在的其他人有内在动机进行合作的信念。他们在研究中还发现，物质惩罚机制有可能会造成社会资源的损失。塞夫顿等（Sefton et al.，2007）认为，惩罚对实施制裁的参与者和接受制裁的个人都是一种代价。以上研究表明，惩罚尽管效果很好，能够提升合作水平，但是惩罚的成本较高，如果社会合作本身收益有限，这种制度就显得得不偿失，因此寻找一种成本更低的制度来替代或补充惩罚制度具有必要性。

（二）奖励与惩罚制度对比

除了惩罚机制，也有少数研究者尝试在公共品实验中加入奖励机制来阻止合作水平下降，并且对惩罚和奖励制度进行了对比研究。安德烈奥尼等（Andreoni et al.，2003）使用了一个简单的独裁者博弈实验，首次对奖励和惩罚进行了比较，分析了四种不同的处理方式，分别是独裁者、胡萝卜—大棒（惩罚—奖赏）、胡萝卜（奖赏）、大棒（惩罚）。他们发现不论是惩罚制度还是奖励制度都提升了合作的水平，惩罚比奖励对合作的提升水平更高一些，惩罚和奖励制度的结合将导致最大限度的合作。受安德烈奥尼等（2003）的启发，塞夫顿等（2007）将惩罚和奖励制度的对比引入了公共品实验。他们的实验进行了三种设置，分别是经典的两阶段惩罚、两阶段奖励和两阶段奖惩（在第二阶段提供奖励和惩罚两种选择）。他们发现，首先，与安德烈奥尼等（2003）的结论一致，惩罚比奖励对合作的提升水平更高一些；其次，在奖惩组，起初被试选择奖励的级别高于惩罚，但奖励水平下降的速度比惩罚快，奖励似乎更容易被放弃；最后，惩罚组受到惩罚的数目与低于小组平均投资额的被试数之间呈现明显的正相关，但是奖励组并没有呈现类似的结果，这表明实施惩罚的方式效果比奖励更为直观。

以上两个实验保持了被试身份的匿名性，规避了声誉效应，避免了惩罚制度下反报复性惩罚的出现，但是这对奖励制度作用的发挥却是不利的。兰德等（Rand et al.，2009）对塞夫顿等（2007）的实验做出了更加符合现实的改进，他们给被试分配了固定身份，这允许被试之间在博弈中形成社会关系并产生声誉效应。他们得出结论：在重复的公共品实验中，奖励优于惩罚，在这种重复的环境中，人类的合作最好的支持是与他人的积极互动。这表明，在重复博弈情境下，积极互惠在维持公共合作方面能发挥比消极互惠更重要的作用。崔和安（Choi and Ahn，2013）在有限重复博弈实验中比较了惩罚和奖励制度的作用，他们发现在不改变小组成员的互动中惩罚和奖励制度在促进合作水平提升上没有显著差异。而在每轮改变小组成员的设置中惩罚制度的效果好于奖励制度。许彬和范良聪（Xu B and Fan L，2010）也得出了相同结论。奥埃尔（Hauert，2010）使用计算机仿真实验方法模拟了在大量人口群体中公共品实验投资的过程。研究发现：首先，惩罚和奖励制度在建立和维持合作方面各自具有优势，惩罚不能建立合作，但可以稳定合作，奖励可以建立合作，但不能维持合作；其次，一旦达到了合作目标，在惩罚制度场景中不需要做任何事情，而奖励行为需要不断的强化活动，积极的激励会随着时间的推移而逐渐消失，并变得无效，扣留奖励可能会被视为一种惩罚。这就可以解释在塞夫顿等（2007）的研究中自由选择奖惩组时奖励被放弃而惩罚被选择。奖励可能由于没有进行进一步的强化，而减弱了提升合作水平的作用，惩罚则不存在这样的问题。他们还发现，声誉对于通过奖励建立合作至关重要，这解释了从塞夫顿等（2007）到兰德等（2009）实验结论发生的变化：塞夫顿等（2007）的实验中保持了被试的匿名性，这不利于奖励制度建立合作作用的发挥，而兰德等（2009）的实验中允许了被试具有固定身份，这就使得声誉对奖励建立合作起到了作用。

还有研究者对以投票方式选择奖惩制度的普通被试的制度偏好以及领导者的制度偏好做了研究。萨特等（Sutter et al.，2010）将被试以民主制自愿选择奖惩制度时的制度偏好进行了研究。他们发现，在高奖励与高惩罚制度选项下，被试团队几乎只选择奖励选项。对这一现象他们认为可能被试在面对高惩罚成本时，会倾向于规避此成本转而选择可以分享潜在效率收益的奖励制度。这一心理过程影响了他们在实验中的表现，即小组内被试更倾向于奖励机制而不是惩罚机制，这可能是因为他们考虑到奖励的效率更高。他们认为，尽管在现实中惩罚制度更为常见，但是奖励在小群体中可能更加受到欢迎。古尔埃尔克等（Gürerk et al.，2009）研究了在实验团队环境中，领导者如何在奖励和惩罚之间做出选择，以及这种选择如何影响队友的贡献。他们发现，领导者最初对奖励表现出明显的偏好，但随着时间的推移，这种偏好在一些团队中逐渐减弱。

综合以上可以发现：首先，在匿名情况下，惩罚制度的效果好于奖励制度，但是在固定配对导致的声誉效应下，奖励制度的效果会得到加强，甚至优于惩罚；其次，奖励制度在建立合作方面的作用优于惩罚制度，而后者则在维持合作方面的作用优于前者；最后，奖励在小群体中间的效果更好，领导者则在长期中对奖励制度的偏好减弱，这表明，奖励和惩罚制度各有优劣，且奖励制度发挥作用有赖于声誉效应，而奖励在小群体中间的盛行印证了这一点，小群体中成员之间相互更加了解，声誉效应的发挥也更明显。

（三）两种奖惩制度结合方式

区别于奖惩制度的对比研究，奖惩制度的结合研究希望探讨同时发挥奖励和惩罚两种社会制度的优点进行社会控制的可能性。赫尔曼等（Herrmann et al.，2008）指出物质惩罚下惩罚者和被惩罚者会产生大量的惩罚成本，从而降低了社会总收益，而奖励制度的加入很可能会通过降低惩罚制度的这一成本而对其做出有益补充。奖惩制度结合的研究分为两种：一种是将奖励和惩罚的机会加入一个实验局中，另外一种则是将惩罚下被惩罚者的收入转移到其他成员从而实现奖励。

第一种奖惩结合的研究由安德烈奥尼等（2003）和塞夫顿等（2007）、古尔埃尔克等（2006）完成，本文在奖励与惩罚制度对比部分已经评述。第二种奖惩制度的结合是由塔尔波特等（Talbot et al.，2008）的研究开创。塔尔波特等（2008）的研究首次引入了一项设计：惩罚中损失的每一美元必须奖励给另一名团队成员。该研究发现，这一设计尽管没有减少对高贡献者的反社会性惩罚，但是由于奖励机制的存在提高了高贡献者的净收益。塔尔波特等（2013）进一步研究了当被惩罚方损失的资源必须由惩罚方转移给其他成员或集团成员时，奖励制度对代价高昂的惩罚实验的影响。在实验中他们设置了两个实验局，分别是普通的惩罚实验局（P）和惩罚再分配实验局（RP）。有再分配阶段的惩罚实验局是在带惩罚的公共品实验中加入了第三阶段，这个阶段是将惩罚决策中“搭便车”者被罚没的代币重新分配给小组的高贡献成员。他们得到了七个重要结果：其一，惩罚再分配局（RP）的贡献高于标准惩罚局（P），并且在统计上显著；其二，惩罚再分配局（RP）的收益显著高于标准惩罚局（P）；其三，相比标准惩罚局（P），惩罚再分配局（RP）中惩罚和反社会/报复性惩罚均减少；其四，在惩罚再分配局（RP）中贡献较低的被试受到了惩罚并且贡献越低的被试受到的惩罚越重；其五，罚没收入的再分配对象为贡献较高的被试；其六，相比标准惩罚局（P），惩罚再分配局（RP）中施予到高贡献者的反社会/报复性惩罚得到了减少；其七，惩罚再分配局（RP）中惩罚所阻止的潜在“搭便车”事件是标准惩罚局（P）的两倍多，并且会将贡献的回报从负变为正。这些结果可以得到以下结论：通过减少不当惩罚和增加提高贡献的激励，再分配惩罚不仅提升了合作水平而且提高了社会效率。此外，通过使惩罚再分配还降低了不当惩罚的动机和减少了不当惩罚。塔尔波特等（2013）的研究中惩罚再分配的设置实际上是一种激励相容制度——被试贡献得越多，得到的回报也就越多。当报酬足够肯定地从低贡献者转移到高贡献者时，它就变成了与贡献相容的激励。在这样的设置中，惩罚和奖励的目标都很明确，用来刺激较高的贡献。并且，惩罚和奖励被有机地结合了起来。

综合以上可以发现，奖惩制度的结合能够发挥奖励制度、惩罚制度各自的优点，同时做到规避各自存在的缺陷；更重要的是，奖惩制度的结合还促成了一种与贡献相容的激励，对于个体而言“搭便车”行为不再成为一种占优策略出现，这从根本上解决了个人利益与集体利益的冲突，从而在根本上解决了合作问题。

五、研究展望

通过对以上文献梳理，可以发现社会惩罚以及奖惩结合对"搭便车"行为社会控制具有正向作用，前面文献的结论也为现实中针对"搭便车"行为的社会控制方案制订提供了理论依据。梳理后我们发现，针对这一问题的未来研究还存在以下几个深化的方向：

首先，实验设计应当更加切合现实情况，更加本土化。从最早的费尔和盖希特（2000）的开创性研究到后来一系列的诸如报复性惩罚、集中式惩罚、集体决策方式、动态化、道德惩罚、不平等环境、不完全信息的研究，方向上都是在不断地从各个方面对真实社会状况进行拟合。宋紫峰和周业安（2011）的研究从不平等环境上进行了本土化改进，未来还需要在实验中更多地进行本土化尝试，即通过针对性的实验设计拟合我国社会运行的实际状况，探讨适合于我国实际情况的社会合作推进制度。

其次，实验制度设计从纯惩罚制度走向奖惩制度结合，实现制度的激励相容。单纯社会惩罚制度的弊端已经在实践和研究中越来越清晰，如何规避这些不足已经成为现实对研究要求的方向。把社会惩罚与社会奖励相结合在社会实践中已经长期使用，而科学研究的作用就是将这种自发推向自觉，即通过实验研究去发现这两种制度在不同情境下有机结合的规律，实现社会制度设计的知其然并知其所以然。塔尔波特等（2013）的研究从学理上证明了奖惩制度的结合是一种激励相容的制度，但是这一制度的现实应用性以及进一步针对不同社会情境的改进还有待进一步研究。

最后，从实验室实验走向实地实验。与其他实验类似，目前关于社会惩罚的公共品实验也普遍存在实验室实验的共同问题：不同研究在外生给定的参数设计上的不一致，这在一定程度上导致了实验结果的差异，而解释这些差异在实验室条件下又存在很大困难。实地实验尽管存在环境不可控、缺乏重复性等缺点，但它的参数是内生的，公共品实验的实地实验从实验结果的说服力上和现实应用性上可能都会更好，实地实验的设计和开展将会对实验室实验形成有效补充。

在人类的演进中，合作曾经扮演了重要角色。在现代社会里合作在个人层面上提高着经济主体的效用，此外在宏观层面上合作还与其他要素一起与经济增长之间互相促进、动态演变（黄少安和韦倩，2011）。此外，在国际社会中政治问题、环境问题的解决也有赖于各方合作的开展。因此，通过实验的方法积极探索促进合作的各项制度设计不仅仅在理论层面上进一步开拓了经济学的领域①，而且在现实层面上也将有助于人类共同目标的达成。

参考文献

1. 范良聪、刘璐、梁捷：《第三方的惩罚需求：一个实验研究》，载于《经济研究》2013 年第 5 期。

2. 黄少安、姜树广：《制度性惩罚与人类合作秩序的维持》，载于《财经问题研究》2013 年第 11 期。

3. 黄少安、韦倩：《合作与经济增长》，载于《经济研究》2011 年第 8 期。

4. 黄少安、韦倩：《合作行为与合作经济学：一个理论分析框架》，载于《经济理论与经济管理》2011 年第 2 期。

5. 连洪泉、周业安、左聪颖：《惩罚机制真能解决"搭便车"难题吗？——基于动态公共品实验的证据》，载于《管理世界》2013 年第 4 期。

6. 宋紫峰、周业安：《收入不平等、惩罚和公共品自愿供给的实验经济学研究》，载于《世界经济》2011 年第 10 期。

7. 韦倩：《强互惠行为与人类合作的演进：拓展与创新》，载于《理论学刊》2016 年第 3 期。

8. 叶航：《公共合作中的社会困境与社会正义——基于计算机仿真的经济学跨学科研究》，载于《经济研究》2012 年第 8 期。

9. Adam Smith. *The Theory of Moral Sentiments*. Liberty Fund Inc，2009.

10. Ambrus A，Greiner B. Imperfect public monitoring with costly punishment：An experimental study. *American Economic Review*，102（7），2012，pp. 3317 - 3332.

11. Anderson C M，Putterman L. Do non-strategic sanctions obey the law of demand? The demand for punishment in the voluntary contribution mechanism. *Games and Economic Behavior*，54（1），2006，pp. 1 - 24.

12. Andreoni J，Harbaugh W，Vesterlund L. The Carrot or the Stick：Rewards，Punishments，and Cooperation. *American Economic Review*，93（3），2003，pp. 893 - 902.

13. Andreoni J，Gee L K. Gun for hire：Delegated enforcement and peer punishment in public goods provision. *Journal of Public Economics*，96（11 - 12），2012.

14. Baldassarri D，Grossman G. Centralized sanctioning and legitimate authority promote cooperation in humans. *Proceedings of the National Academy of Sciences*

① 黄少安和韦倩（2011）指出，人类的竞争与合作，就像一枚硬币的两面，相对于人类的实际运行和人类进步而言，是同等重要的。因此，应该构建一个以"合作"为主线的经济学体系。

of the United States of America, 108 (27), 2011, pp. 11023 – 11027.

15. Bardhan P. Irrigation and Cooperation: An Empirical Analysis of 48 Irrigation Communities in South India. *Economic Development and Cultural Change*, 48 (4), 2000, pp. 847 – 865.

16. Carpenter J P, Matthews P H. Norm enforcement: anger, indignation or reciprocity? *Journal of the European Economic Association*, 10 (3), 2012, pp. 555 – 572.

17. Carpenter J P. The demand for punishment. *Journal of Economic Behavior and Organization*, 62 (4), 2007, pp. 522 – 542.

18. Carpenter J, Kariv S, Schotter A. Network architecture, cooperation and punishment in public good experiments. *Review of Economic Design*, 16 (2 – 3), 2012, pp. 93 – 118.

19. Cason T N, Khan F U. A laboratory study of voluntary public goods provision with imperfect monitoring and communication. *Journal of Development Economics*, 58 (2), 2004, pp. 533 – 552.

20. Choi J K, Ahn T K. Strategic reward and altruistic punishment support cooperation in a public goods game experiment. *Journal of Economic Psychology*, (35), 2013, pp. 17 – 30.

21. Cinyabuguma M, Page T, Putterman L. Can second-order punishment deter perverse punishment? *Experimental Economics*, 9 (3), 2006, pp. 265 – 279.

22. Dai Z, Hogarth R M, Villeval M C. Ambiguity on audits and cooperation in a public goods game. *European Economic Review*, (74), 2015, pp. 146 – 162.

23. Dickson E S, Gordon S C, Huber G A. Enforcement and compliance in an uncertain world: An experimental investigation. *The Journal of Politics*, 71 (4), 2009, pp. 1357 – 1378.

24. Dreber A, Rand D G, Fudenberg D & Nowak M A. Winners don't punish. *Nature*, 452 (7185), 2008, pp. 348 – 351.

25. Falk A, Fischbacher F U. Driving Forces behind Informal Sanctions. *Econometrica*, 73 (6), 2005, pp. 2017 – 2030.

26. Fehr E, Fischbacher U, Gächter S. Strong reciprocity, human cooperation, and the enforcement of social norms. *Human Nature*, 13 (1), 2002, pp. 1 – 25.

27. Fehr E, Gächter S. Cooperation and Punishment in Public Goods Experiments. *American Economn Review*, 90 (4), 2000, pp. 980 – 994.

28. Fehr E, Fischbacher U. Third-party punishment and social norms. *Evolation Human Behavior*, 25 (2), 2004, pp. 63 – 87.

29. Fehr E, Fischbacher U. The nature of human altruism. *Nature*, 425 (6960), 2003, pp. 785 – 791.

30. Fischbacher U, Gächter, S, Fehr E. Are people conditionally cooperative? Evidence from a public goods experiment. *IEW - Working Papers*, 71 (3), 2000, pp. 397 -404.

31. Grechenig K, Nicklisch A, Thöni C. Punishment despite reasonable doubt—a public goods experiment with sanctions under uncertainty. *Journal of Empirical Legal Studies*, 7 (4), 2010, pp. 847 -867.

32. Guererk O, Rockenbach B, Wolff I. The effects of punishment in dynamic public-good games. *MPRA Paper*, 2010.

33. Gürerk Ö, Irlenbusch B, Rockenbach B. Motivating teammates: The leader's choice between positive and negative incentives. *Journal of Economic Psychology*, 30 (4), 2009, pp. 591 -607.

34. Gurerk, O. The Competitive Advantage of Sanctioning Institutions. *Science*, 312 (5770), 2006, pp. 108 -111.

35. Hauert C. Replicator dynamics of reward & reputation in public goods games. *Journal of Theoretical Biology*, 267 (1), 2010, pp. 22 -28.

36. Herrmann B, Christian Thöni, Simon Gächter. Antisocial Punishment Across Societies. *Science*, 319 (5868), 2008, pp. 1362 -1367.

37. Hilbe C, Traulsen A, Röhl T, et al. Democratic decisions establish stable authorities that overcome the paradox of second-order punishment. P*roceedings of the National Academy of Sciences*, 111 (2), 2014, pp. 752 -756.

38. Houser D. Emotion expression in human punishment behavior. *Proceedings of the National Academy of Sciences of the United States of America*, 102 (20), 2005, pp. 7398 -7401.

39. Isaac R M, Walker J M, Thomas S H. Divergent evidence on free riding: An experimental examination of possible explanations. *Public Choice*, 43 (2), 1984, pp. 113 -149.

40. Jacquet J, Hauert C, Traulsen A, et al. Shame and honour drive cooperation. *Biology Letters*, 7 (6), 2011, pp. 899 -901.

41. Kamei K, Putterman L, Tyran J R. State or nature? Endogenous formal versus informal sanctions in the voluntary provision of public goods. *Experimental Economics*, 18 (1), 2015, pp. 38 -65.

42. Ketelaar T, Tung Au W. The effects of feelings of guilt on the behaviour of uncooperative individuals in repeated social bargaining games: An affect-as-information interpretation of the role of emotion in social interaction. *Cognition and emotion*, 17 (3), 2003, pp. 429 -453.

43. KosfeldM, Okada A, Riedl A. Institution Formation in Public Goods

Games. *American Economic Review*, 99 (4), 2009, pp. 1335 – 1355.

44. Leibbrandt A, López – Pérez, Raúl. An exploration of third and second party punishment in ten simple games. *Journal of Economic Behavior & Organization*, 84 (3), 2012, pp. 753 – 766.

45. Markussen T, Putterman L, Tyran J R. Self – Organization for Collective Action: An Experimental Study of Voting on Formal, Informal, and No Sanction Regimes. *Social Science Electronic Publishing*, 81 (1), 2011, pp. 301 – 324.

46. Masclet D, Noussair C, Tucker S, et al. Monetary and Nonmonetary Punishment in the Voluntary Contributions Mechanism. *American Economic Review*, 93 (1), 2003, pp. 366 – 380.

47. Messick T D M. Sanctioning Systems, Decision Frames, and Cooperation. *Administrative Science Quarterly*, 44 (4), 1999, pp. 684 – 707.

48. Mulder L B, Dijk E V, Cremer D D, et al. Undermining trust and cooperation: The paradox of sanctioning systems in social dilemmas. *Journal of Experimental Social Psychology*, 42 (2), 2006, pp. 147 – 162.

49. Nicklisch A, Grechenig K, Thöni C. Information-sensitive leviathans. *Journal of Public Economics*, (144), 2016, pp. 1 – 13.

50. Nikiforakis N. Punishment and counter-punishment in public good games: Can we really govern ourselves? . *Journal of Public Economics*, 92 (1 – 2), 2008, pp. 91 – 112.

51. Nikiforakis N, Engelmann D. Altruistic Punishment and the Threat of Feuds. *SSRN Electronic Journal*, 2010.

52. Ozono H, Jin N, Watabe M, et al. Solving the second-order free rider problem in a public goods game: An experiment using a leader support system. *Working Papers*, (6), 2016, pp. 38349.

53. Page T, Putterman L G, Garcia B. Getting Punishment Right: Do Costly Monitoring or Redistributive Punishment Help? . *SSRN Electronic Journal*, 2008.

54. Page T, Putterman L, Garcia B. Voluntary contributions with redistribution: The effect of costly sanctions when one person's punishment is another's reward. *Journal of Economic Behavior & Organization*, (95), 2013, pp. 34 – 48.

55. Palfrey T R, Rosenthal H. Repeated play, cooperation and coordination: An experimental study. *The Review of Economic Studies*, 61 (3), 1994, pp. 545 – 565.

56. Putterman L, Tyran J R, Kamei K. Public goods and voting on formal sanction schemes. *Journal of Public Economics*, 95 (9 – 10), 2011, pp. 1213 – 1222.

57. Rand D G, Dreber A, Ellingsen T, et al. Positive Interactions Promote Public Cooperation. *Science*, 325 (5945), 2009, pp. 1272 – 1275.

58. Sefton M, Shupp R, Walker J M. The effect of rewards and sanctions in provision of public goods. *Economic inquiry*, 45 (4), 2007, pp. 671 – 690.

59. Sutter M, Haigner S, Kocher M G. Choosing the Carrot or the Stick? Endogenous Institutional Choice in Social Dilemma Situations. *Review of Economic Studies*, 77 (4), 2010, pp. 1540 – 1566.

60. Traulsen A, Milinski T R. An economic experiment reveals that humans prefer pool punishment to maintain the commons. *Proceedings: Biological Sciences*, 279 (1743), 2012, pp. 3716 – 3721.

61. Van Miltenburg N, Buskens V, Barrera D, et al. Implementing punishment and reward in the public goods game: the effect of individual and collective decision rules. *International Journal of the Commons*, 8 (1), 2014, pp. 47 – 78.

62. Xia C Y, Zhang J J, Wang Y L, et al. Evolution of Cooperation in Public Goods Games. *Communications in Theoretical Physics*, 56 (4), 2011, pp. 638 – 644.

63. Xiao E, Houser D. Punish in public. *Journal of Public Economics*, 95 (7 – 8), 2011, pp. 1006 – 1017.

64. Xu B, Fan L. Research on Differences of Punishment and Reward: Evidence from Public Goods Experiments in the Stranger Condition. *Zhejiang University Social Science Laboratory*, 2009.

Social Punishment: Social Control of Free-riding Behavior

—A Review of the Research on Public Goods Experiment

Yao Yu　Wang Wei

(Shaanxi Normal University, School of International Business, 710119)

[**Abstract**] A series of experimental studies have shown that the existence of free-riders is the main reason for the continuous reduction of long-term cooperation in voluntary public goods experiments. How to use social system design to control free-riding behavior has become the key to promoting human social cooperation and long-term efficiency. Fehr and Gachter (2000) first introduced the social punishment system in public goods experiments. Based on a detailed analysis of their classic experimental design, this paper sorts out the deepening and development of the ten aspects of the experiment in the follow-up study, including: the punishment motive of the punisher, penalty cost of the punisher, the impact of retaliatory punishment from free riders, second-order free rider puzzles, from decentralized punishment to centralized punishment, choice of punishment system, from static game to dynamic game, from material punishment to moral punishment, from individual homogenization to individual heterogeneity, from complete information to no complete information. In order to ensure the integrity of the understanding of the social punishment system, the social punishment for the abuse of free-riding behavior and the different aspects of the social system-social rewards for the control of free-riding behavior have also been sorted out in this paper.

[**Key Words**] Public Goods Experiment　Free-riding　Social Punishment　Social Rewards　Social Control

JEl Classifications: D01

后　记

《制度经济学研究》已经入选中国社会科学引文索引（CSSCI）来源集刊，加入中国学术期刊网全文数据库（www. cnki. net）、台湾中国台湾·华艺数位股份有限公司中文电子期刊服务数据库（www. ceps. com. tw），成为中国人民大学书报资料中心、《中国社会科学文摘》等收录来源书刊。为进一步规范《制度经济学研究》的稿件格式，要求所有来稿必须符合以下体例：

1. 除海外学者外，稿件一律使用中文。应将打印稿一式三份寄至：山东省济南市山大南路27号山东大学经济研究院（中心）《制度经济学研究》编辑部，邮编：250100；或者通过电子邮件发送至：zdjjxyj@126. com 或者 casslzg@126. com。

2. 稿件第一页应包含以下信息：（1）文章标题；（2）作者姓名、单位以及通信地址、电话和电子邮箱；（3）感谢语（如果有的话）。

3. 稿件的第二页应提供以下信息：（1）文章标题；（2）200字左右的文章摘要；（3）三个中文关键词；（4）中图分类号；（5）文献标识码；（6）文章的英文标题；（7）200字左右的英文摘要；（8）三个JEL（Journal of Economic Literature）分类号。（注："中图分类号""文献标识码""JEL分类号"可以直接从http：//www. cer. sdu. edu. cn 中"制度经济学"栏目中查询）。

4. 稿件一律用Microsoft Word软件编辑。文章正文的标题、表格、图、等式必须分别连续编号；注释一律采用脚注，不得采用尾注，并请采用自动格式，按页编号；大标题居中，用中文数字一、二、三等编号，字体为四号、加粗、宋体；小标题左对齐，用中文数字（一）、（二）、（三）等编号，字体为五号、加粗、宋体；正文字体采用五号、宋体；其他编号一律使用阿拉伯数字；正文行距为单倍行距，页边距采用自动格式（上下各为2. 54厘米；左右各为3. 17厘米）。

5. 正文中的外国人名、地名翻译成中文。在文章中第一次出现时，在中文译名后用括号标出外文，以后再出现时直接采用中文，参考文献除外。

6. 文章的参考文献必须一律放在结尾处，按照先中文文献、后英文文献根据作者姓名的汉语拼音（或英文字母）顺序排列。以下为参考体例：

（1）黄少安：《关于制度变迁的三个假说及其验证》，载于《中国社会科学》2000年第4期。

（2）张军：《"双轨制"经济学：中国的经济改革（1978～1992）》，上海三联书店、上海人民出版社 1997 年版。

（3）Alchian, Armen A., Uncertainty, Evolution, and Economic Theory, *Journal of Political Economy*, Vol. 58 No. 3, June, 1950, pp. 211－221.

（4）Tullock, Gordon, *On Voting: A Public Choice Approach*, Northampton, MA: Edward Elgar Publishing, Inc, 1998.

7. 译文须注明原文出处，是否取得原文作者授权（投稿时同时提供作者或原出版单位的授权许可）；译文可以不提供中英文摘要，参考文献不必译成中文。

8.《制度经济学研究》不采用已经发表过的学术成果；稿件一经发表，未经允许不得转载或在其他地方再次发表。所有稿件自发出后三个月若无回音，请自行处理，恕不退稿；作者也可以在稿件发出两个月之后，通过 E-mail或电话询问审稿信息，联系电话：0531－88364050。

山东大学经济研究院
2020 年 1 月